JN415492

Main Idea로 푸는 사사기·룻기

HOLMAN Old Testament Commentary

Judges & Ruth

General Editor Max Anders | Author W. Gary Phillips

Copyright © 2003 TIMOTHY PUBLISHING HOUSE
A division of PAIDION MISSION
Translated and Published by Permission
Originally published in the U. S. A.
HOLMAN Old Testament Commentary
Judges & Ruth
Copyright © 2004 by Broadman & Holman Publishers
Nashville, Tennessee
All rights reserved.

Main Idea 로 푸는

사사기·룻기

맥스 앤더스(Max Anders) 책임 편집 | 게리 필립스(W. Gary Phillips) 지음 | 이중순 옮김

디모데

벳시(Betsy)에게.

"내 딸아 두려워 말라 내가 네 말대로 네게 다 행하리라
네가 현숙한 여자인 줄 나의 성읍 백성이 다 아느니라"(룻 3:11).

나는 모든 남자들 가운데 가장 복받은 사람입니다.
하나님이 우리에게 지난 30년 간 주셨던 기쁨을
앞으로 30년 간 더해주시기를 기도합니다.

추천의 글

요즘, 여러 사람들에게 읽히며 회자되는 목사님들의 설교나 글을 읽어보며 많은 생각을 하게 됩니다. 그 글들의 대부분은 성경보다는 성경 이후의 얘기나 성경보다 더 멋지게 말하려는 흔적들로 가득 차 있습니다. 그러한 글들이 처음에 쓰여질 때는 물론 성경에 근거를 두었겠지만 그 글에 영향을 입은 사람들은 성경은 없고 텍스트가 된, 성경과는 전혀 다른 모습의 인간상들을 만들어낼 가능성이 높아집니다.

변하지 않는 것이 있습니다. 사람은 변하지 않습니다. 그리고 하나님은 변하지 않습니다. 그러나 주위를 보면 변화되는 것들을 센스 있게 기록해놓은 것들로만 가득해서 변하지 않는 인간의 영혼, 그 깊숙한 곳의 문제들이 전혀 해결되지 않은 채 남아 있습니다.

영혼을 찔러 쪼개는 유일한 도구는 하나님의 말씀입니다. 그러므로 교회가 다시 성경의 근거를 마련하고 그 토대 위에 말씀을 세우는 작업을 놓쳐서는 안 됩니다. 이것은 이미 했다고 해서 무관심할 것이 아닌, 중단없이 계속되어져야 하는 것입니다. 제 이야기를 하자면, 제 속에 변하지 않는 모습을 봅니다. 하나님 말씀에 불순종하는 데 익숙한 제 모습입니다. 신앙 생활을 시작할 때 말씀 공부를 충분히 하면 어느 날엔가는 하나님의 말씀으로 풍성한 삶을 살 것이라 기대하며 오늘까지 달려왔습니다. 그러나 요즘 하나님 말씀에 불순종하는 변하지 않는 제 모습을 보며 경악합니다. 이런 제게 오직 주의 말씀이 은혜로 임할 때, 제가 그 말씀 앞에 순종하는 모습을 봅니다.

우리는 다시 성경을 보아야 합니다. 그 말씀이 무엇을 말하고 있는지 깊이 추적해야 합니다. 이 책, 「Main Idea 시리즈」는 하나님의 말씀에 순종하고자 하는 사람들에게 바른 길잡이이자, 말씀을 깊이 사랑하는 사람들에게 좋은 영향을 줄 책이라고 생각합니다. 또한 성경을 자신의 생각과 형편에 맞추어 해석하려는 것이 아니라 성경이 말하는 진정한 뜻을 찾는 사람들에게 큰 도움이 될 것입니다.

홍정길*(남서울은혜교회)*

우리 시대는 정보의 홍수 시대라고 할 만합니다.
문제는 이 홍수 속에서 우리가 향방 없이 떠밀려 내려가고 있다는 것입니다.
정보의 부재가 문제가 아니라 정보의 향방이 문제입니다.
우리 시대의 설교와 성경 공부가 동일한 위기에 직면해 있습니다.
이 책은 이런 위기를 돌파하는 예지를 제공합니다.
성경 텍스트의 메인 아이디어는 바로 메시지의 향방이어야 합니다.
저는 그래서 이 책이 모든 진지한 성경학도들과 설교자들을 위한
다윗의 물맷돌이기를 기도하며 추천하는 바입니다.

추천의 글

이 책은 명료한 요약, 명료한 주석, 명료한 적용, 명료한 결론이 명료하게 나타나 있습니다.
거기에 명료한 예문은 설교자의 구미를 돋구기에 가히 매력적입니다.
이 책의 매력에 중독되는 것이 오히려 한국교회 강단의 축복일 것을 예언하고 싶습니다.

감사와 기대를 담아
이동원*(지구촌교회)*

이동원

Contents
차 례

Main Idea로 푸는 사사기·룻기

하나님의 말씀과 하나님의 백성들과의 관계는 물과 물고기의 관계만큼이나 절실하고 심각한 관계다. 하나님을 사랑하는 사람들은 성경을 통해 말씀하시는 하나님의 음성을 듣기를 갈망한다. 그 이름이 목사든, 전도사든, 선교사든, 교사든 하나님의 말씀을 가르치는 모든 일꾼들 또한 영적으로 굶주린 사람들에게 하나님의 말씀으로 풍성한 양식을 공급함으로 그들이 영적인 활력을 갖게 되기를 갈망한다. 그래서 하나님의 말씀을 보다 쉽게, 보다 재미있게, 보다 분명하게 가르칠 수 있도록 인도해줄 자료를 구하지만 쉽게 찾아볼 수 없는 것이 현실이다. 성경을 가르치는 사람에게는 책임이 있다. 누구를 가르치든, 어느 본문을 가르치든 성경

본문 구성

들어가는 글_ 대표적인 그리스도인 작가들이 쓴 주옥같은 글을 인용함으로 각 개인과 그룹 모임을 하나님의 말씀으로 끌어들이는 토론으로 유도한다.

본문 이해_ 한 절 한 절을 쉽고 명쾌하게 해설한다.

메인 아이디어_ 각 장의 내용과 가르침을 요약하여 한눈에 파악하도록 돕는다.

결론_ 성경의 원리를 요약하고 그것이 삶과 연결되도록 다리를 놓는다.

에 대한 흥미를 자극하고, 성경에 대한 지식을 확대하며, 구체적으로 순종할 수 있는 성경의 원리를 발견하고, 발견한 진리를 삶에 적용함으로 그들의 삶에 변화가 일어나도록 해야 한다.

본서는 구약 성경을 공부해가는 동안 이러한 역동적인 결과를 얻어낼 목적을 가지고 특별한 틀로 구성하였다.

이 작은 도구가 성경을 보다 더 쉽게, 더 분명하게, 더 정확하게 배우고 가르치기를 원하는 모든 하나님의 종들의 손에 들려짐으로 성경에서 막 튀어나온 듯한 건강한 하나님의 백성들을 세우는 성령의 도구로 쓰여지길 기도한다.

발행인 양승헌

삶의 적용_ 현재의 삶과 성경의 진리를 연결하도록 돕는다.

기도_ 각 장에서 발견한 원리와 적용의 실행을 위해 기도할 수 있도록 돕는다.

티칭 가이드

티칭 가이드_ 성경 교사들을 돕기 위한 성경 교수 계획을 제시한다.

심층 연구_ 더 깊은 지식을 원하는 사람들을 위해 낱말과 어구와 주제에 대한 보다 깊은 연구로 인도한다.

사사기·룻기 서문

나는 이번 주 내가 존경하는 영웅 가운데 두 사람을 보러 갔었다. 두 사람 모두 죽음을 앞두고 있지만, 그리스도를 믿고 있다. 한 사람은 내가 다니던 군사 예비학교의 레슬링 코치였던 루크 워샴(Luke Worsham) 소령이었다. '소령' 은 많은 학생들을 훈련시키면서 그들이 근면과 공명정대, 책임감, 도덕성 등의 가치를 배울 수 있도록 도와주었고, 그 과정에서 전국대회 우승을 몇 차례 차지하기도 했다. 그는 우리에게 최선을 다한 후에 결과는 하늘에 맡기라고 가르쳤다. "이기든 지든 다음에 또 최선을 다하라. 삶은 모험이다. 어제에 안주하지 말고, 오늘을 즐기며, 내일을 준비하라." 그는 내 인생에 많은 영향을 미쳤다.

두 번째 사람은 뉴저지 출신의 경찰서장으로 비교적 젊은 나이에 은퇴한 후 동남부로 이주해 와 몇 가지 사업을 시작하면서 자신의 영향력을 이용해 지역사회에 그리스도를 전해 온 인물이었다. 밀러(Miller) '서장' 은 우리 교회의 복음전도 프로그램을 이끌었고, 모든 사람에게 항상 유쾌한 격려의 말을 아끼지 않았다. 어느 날 아침 그의 가정을 방문했을 때, 나는 환경미화원들이 그의 집으로 들어서는 진입로에

청소차를 주차해 놓은 것을 보았다. 내가 그것에 대해 물었을 때, 그의 아내는 웃으며 그들이 매주 거기에다 차를 세우고 기다린다고 대답했다. 서장이 그들에게 겨울에는 뜨거운 커피를, 여름에는 소다수를 제공하기 때문이라는 것이었다. 환경미화원들이 그렇게 잠시 머무는 동안, 그는 자신에게 호감을 갖고 있는 그 사람들과 함께 그리스도에 대한 이야기를 나누곤 했다.

진리를 철저하게 몸소 실천하는 영웅들은 그들을 존경하는 사람들에게 지대한 영향을 미친다. 신자들은 성경에 등장하는 영웅들의 가치를 안다. 우리는 성경 속에서 그들을 정기적으로 다시 찾아볼 수 있다. 하지만 한 개인의 이야기가 성경에 기록되어 있다는 사실이 그가 본받을 만한 가치가 있다는 것을 의미하지는 않는다. 사사기와 룻기의 내용이 인간 영웅들에 대한 이야기가 아니라는 사실을 깨닫는 데는 그리 오랜 시간이 걸리지 않는다. 그것은 최후의 영웅이신 하나님에 대한 이야기다. 하나님의 끊임없는 인내와 연민에 대한 이야기며, 자기 백성의 필요를 때마다 채우시는 하나님에 관한 이야기인 것이다.

사사기와 룻기에 대한 입문

나쁜 소식이 하나 있다. 사사기는 매우 현대적인(현대와 관련된) 책이다. 여기 좋은 소식도 있다. 룻기 역시 매우 현대적인 책이라는 사실이다. 두 책 모두 여호수아의 영도 아래 이루어진 이스라엘의 가나안 정복과 사울 왕에서부터 시작된 통일 왕국 사이의, 영적으로 매우 혼란한 시기에 일어났던 사건들을 다루고 있다.

사사기는 텔레비전의 식상한 재방송처럼 하나님께 등을 돌린 문명의 지루하게 반복되는 추락을 폭로한다. 그리고 점증하는 타락의 악순환 속에서 문명의 죄가 곧 하나님의 백성의 죄가 되었음을 보여준다. 바로 오늘날의 상대적 윤리를 예견케 하는 시대였던 것이다(삿 17:6, 21:25). 문명사회는 지금까지 타락의 축을 중심으로 도는 회전문에 비유되어 왔다. 역사가 제임스 히치콕(James Hitchcock)은 문명사회에 대한 비교 연구에서 다음과 같은 전제를 주장했다. 문명은 도덕의 쇠퇴라는 예측 가능한 '사회학' 을 따른다.

첫째로, 상상할 수도 없는 생각들이 표현된다(근거: "우리는 모든 견해를 들어보아야 한다"). 둘째로, '존경받는 사람들' 이 그런 생각들을 진지하게 고려한다(근거: "우리는 너무 경직된 사고를 갖지 말아야 한다"). 셋째로, '존경받는 사람들' 이 공개적으로 그 새로운 생각들을 수용 가능한 것으로 받아들인다(근거: "그들은 무엇이든 그들이 원하는 것을 할 권리가 있다"). 마지막으로, '존경받는 사람들' 이 그 생각들을 자신의 것으로 받아들인다고 공개적으로 인정한다(근거: "우리는 무엇이든 우리가 원하는 것을 할 권리가 있으며, 당신들은 너무 편협한 태도를 취해서는 안 된다").

그런 식으로 하여 놀라울 정도로 짧은 기간 내에 상상할 수도 없던 것이 새로운 정설이 되어 버린다. 동의하지 않는 사람들은 경직되고 괴상하며 심지어 사회에 위험한 인물로까지 간주된다. 조지 산타야나(George Santayana)는 이렇게 말한다. "역사의 교훈을 배우지 못하는 사람들은 그 실수를 반복하는 운명에 처할 수밖에 없다." 우리는 아주 더딘 학습자이기 때문에, 세계 최고 문명들의 평균 연령이 대략 200년이라는 사실은 그리 놀랄 일이 아니다.

하지만, 사사기와 그 다음에 나오는 룻기에 대한 연구는 분명 우리가 피해야 할 죄들을 드러내준다. 동시에 모방해야 할 본보기들도 담고 있다. 연약함의 순간도 있지만, 위대함의 순간도 존재한다. 하나님은 그분의 백성들에게 내레이션(narration)을 제공해주셨다. 우리가 그 속에 담긴 이야기들을 통해 하나님이 지금까지 그분의 언약과 언약의 백성들에게 충실해 오셨던 방식뿐만 아니라, 각 개인의 삶 속에서 역사해 오셨던 방식에 대해서 배울 수 있도록 말이다. 큰 격려가 되는 한 가지 핵심 요점이 분명하게 울려퍼진다. "우리는 미쁨이 없을지라도 주는 일향 미쁘시니 자기를 부인하실 수 없으시리라"(딤후 2:13).

사사기와 룻기의 배경

그러나 먼저, 우리가 이미 진행되고 있는 이야기 속으로 들어가고 있다는 사실을 인식해야 한다. TV나 라디오의 연재물을 시청한 적이 있는 사람이라면 누구나 '지난 회에서(in our last episode)' 라는 문구에 익숙해 있을 것이다. 그 문구는 시청자들을 그 이야기의 정황 속으로 다시 끌어들인다. 우리는 사사기를 펼치자마자 '지난 회에서' 와 같은 개념에 부딪히게 된다. 여기에서는 '여호수아가 죽은 후에' (삿 1:1)로 표현되어 있다. 마찬가지로 룻기도 우리에게 그 역사적 정황을 상기시킨다. '사사들의 치리하던 때에' (룻 1:1). 때문에 이 시기의 성경 역사를 다시 한 번 간략하게 개관해보는 것이 필요하다.

1. **퇴장하는 여호수아**: '과거에 그랬던 것처럼.' 여호수아서는 정복과 승리의 시기를 이야기한다. 여호수아는 말년에 모든 하나님의 백성과 지도자들에게 결단을 촉구했다(수 22-24장). 그는 다음과 같은 도전으로 영적 선을 그으면서 자신의 고별사를 마무리했다. "너희 섬길 자를 오늘날 택하라 … 오직 나와 내 집은 여호와를 섬기겠노라" (수 24:15). 그들은 그것이 누구든 혹은 무엇이든 하나님을 대신해 열심과 헌신과 충성과 사랑의 대상이 되도록 허용해서는 안 되었던 것이다.

2. **새 출발의 문턱에서 잠시 멈춰 선 이스라엘**: 과거와 미래 사이에서 갈팡질팡하다. 여호수아서와 사사기는 비교를 야기한다. 두 책 모두 리더십과 집단의 정체성, 집단적 순종과 불순종 등을 다루고 있기 때문이다. 룻기는 개인적인 순종과 충절, 섬김 등에 좀 더 초점을 맞추고 있다.

모세가 죽었을 때는 여호수아가 후계자로 지명되었다. 반면, 여호수아는 죽으면서 '오른팔 같은 사람' , 다시 말해 걸출한 후계자를 한 명도 남기지 않았다. 대신에 여러 명의 다양한 사람들이(남성과 여성 모두) 구원자로 등장했다. 여호수아는 항상 하나님의 도덕적 권위를 가지고 말했지만, 사사들 가운데 높은 도덕적 청렴성을 일관되게 유지한 사람은 거의 없었다. 여호수아서에서는 이스라엘이 정복이라는 목표 아래 통합되어 있었지만, 사사기에서는 분열되어 있었다. 여호수아서에서는 이스라엘 백성이 대체로 하나님께 순종했지만, 사사기에서는 반복적으로 가나안 신들을 좇았다. 여호수아서에서는 분명하고 객관적인 윤리가 유효한 상태로 존재하여 그것을 근거로 죄가 심판되었지만, 사사기에서는 죄를 묵인하는 주관적 윤리가 만연되어 있었다. 여호수아서에서는 하나님의 지도자들이 여호와께 의심할 여지없는 헌신을 보임으로 이스라엘에게 하나님을 섬기도록 도전했지만(수 24:15), 사사기에서는 하나님의 지도자들조차도 때로 타협했다. 따라서 하나님의 백성들도 당연히 도덕적 상대주의라는 특징을 보였다(삿 17:6, 21:25).

하지만 그런 대조를 보이는 가운데서도 룻기는 하나님이 자기 백성을 버리지 않으셨다는 사실과, 하나님을 저버리지 않은 그분의 백성들이 일부 잔존해 있었다는 사실을 암시한다. 경건한 사람들은 경건치 못한 시대에도 경건한 삶을 사는 것이 가능하다. 아래 대조표를 참조하라.

여호수아	사사기	룻기
한 명의 지도자	다수의 지도자	가부장제
도덕적 권위	군사적 권위	신성한 권위
단합	분열	하나 됨
밖으로 이동	아래로 추락	위로 승화
전쟁	용사들	평화
하나님을 섬김(24:31)	자기를 섬김(21:25)	타인을 섬김(1:16-17)
객관적 도덕성	주관적 도덕성	인상적인 도덕성
정복	재앙	평온함
땅	욕망	사랑
식민지 개척자	차지인(借地人)	난민
죄가 규제됨	죄가 묵인됨	은혜가 예시됨

3. **사사기와 룻기로 들어서다**: '좋았던 옛 시절' 이라고는 할 수 없다. 만약 크리스

천 영화 제작자가 영화 〈사사기〉를 만든다면, 그것은 '17세 미만 보호자 동반 요망(R)' 이나 '17세 미만 관람 불가(NC-17)' 판정을 받게 될 것이다. 사사기는 분명 '성인 관람용' 이다. 그것을 오락물이라고 부르기는 힘들겠지만 말이다. 사사기 카탈로그에 나와 있는 죄들을 일부 열거하면 다음과 같다. 우상숭배, 살인, 성도착, 음모, 매춘, 간통, 윤간, 납치 등. 그럼에도 불구하고 그 기간 속에는 승리의 고무적인 소품들도 존재한다. 사사기와 룻기 모두에서 말이다.

만약 룻의 이야기가 영화로 만들어진다면, 그것은 '전체 관람가(G)' 판정을 받게 될 것이다. 또한 가족의 가치를 보여주는 대표작으로 취급될 것이다. 그것은 불순종과 비극으로 시작되지만, 충절과 섬김의 도, 자기희생, 격려, 관용, 낭만적 사랑, 언약의 하나님에 대한 깊은 믿음 등의 긍정적인 덕목을 묘사하는 방향으로 빠르게 전개된다. 룻은 사사 시대라는 어두운 배경과 대조를 이루는 지극히 아름다운 보석에 비유되어 왔다. 그 빛은 하나님과 가족에 대한 그녀의 신실한 섬김과 "사람이 각각 그 소견에 옳은 대로 행하였던"(삿 21:25) 시대 사이의 대조로 인해 더욱더 빛난다. 그녀가 살았던 시기를 감안할 때, 룻의 이야기는 한창 소용돌이치는 도덕적 토네이도 속의 영적 고요와 같다고 비유될 수도 있을 것이다. 우리는 사사기에서 평균 이하의 삶을 사는 평범치 않은 사람들을 발견하게 된다. 반면, 룻기에서는 비범한 삶을 사는 평범한 사람들을 만나게 된다.

저자와 기록 연대

누가 이 책들을 썼을까? 그리고 언제 집필되었을까? 두 책 모두 작자 미상이다. 비록 외재적(外在的) 전승(유대교의 탈무드)이 두 책 모두 사무엘에 의해 기록되었다고 전하고 있지만 말이다. 그 견해를 뒷받침하는 내재적(內在的) 근거도 일부 존재한다. 우선, 저자의 집필 관점이 사무엘의 생존 시기인 통일 왕국 시대였다. "그 때에는 이스라엘에 왕이 없으므로(in those days Israel had no king)"(삿 17:6, 18:1,

19:1, 21:25)라는 반복적인 문구에 주목하라. '요즘(these days)' 이라는 단어와는 대조가 되는 표현이다. 그 문구는 또 솔로몬 사후 왕국이 분열되기 이전 시기를 암시한다. 만약 그 이후라면, '왕(king)' 이 아니라 '왕들(kings)' 로 기록되었을 것이기 때문이다.

집필 시기를 좁히는 데 도움이 되는 두 번째 내재적 근거는 여부스 족속에 대한 언급에서 찾을 수 있다. 사사기 1장에서는 현재 시제를 나타내는 '오늘날까지(to this day)' (삿 1:21)라는 문구가 사용되고 있다. 다윗은 기원전 1004년 여부스 족속을 쫓아냈는데(삼하 5:6-7), 그것은 사사기와 룻기가 그 시점 이전에 쓰였음을 의미한다. 셋째로, 언약궤는 사무엘 시대에 실로에서 다른 곳으로 옮겨진 바 있지만(삼상 4:3-11), 사사 시대 동안에는 여전히 거기에 놓여 있었다(삿 18:31). 이 모든 사실은 사울이 왕으로 즉위한 시점(기원전 1043년) 이후부터 다윗의 예루살렘 점령(기원전 1004년) 이전까지의 저자를 지목하며, 그것은 사무엘이 저자라는 탈무드의 전승과도 잘 맞아떨어진다. 탈무드에는 "사무엘이 자신의 이름을 지닌 책과, 사사들과 룻에 대한 책(the book of Judges and Ruth: 단수 명사로 표현되어 있다!)을 썼다" 라고 기록되어 있다(Baba Bathra, 14b). 유진 메릴(Eugene Merrill)은 "그 전승이 증명될 수는 없지만, 그것이 본질적으로 있을 법하지 않은 일이라고 볼 만한 증거도 전혀 없다" 라고 말한다(Bibliotheca Sacra, April-June, 1985, 139n).

이 시점에서 우리는 두 책 모두 왕정에 대해 반론을 제기하지 않고 있다는 사실에 주목해야 한다. 우선, 왕의 부재와는 상관이 없는 장기간의 평화와 번영이 존재했었다. 둘째로, 그 기간 동안에 발생했던 왕정에 대한 유일한 시도(아비멜렉, 삿 9)는 재앙이었다.

연대기적인 북엔드(bookend), 다시 말해 두 책이 기록하고 있는 '사건들' 의 발생 시점과 관련해서는 기원전 931년경 발생한 왕국의 분열에서부터 거꾸로 거슬러 올라가 솔로몬과 다윗과 사울의 통치 기간에다 삼손 이후 사사로 활동했던 것으로 보이는 엘리의 사사 재임 기간을 합쳐 약 150년을 더함으로써, 그 기간의 끝을 대략 기원전 1081년으로 추론할 수 있을 것이다(삼상 4:18, 13:1, 왕상 2:11, 11:42 참조). 이번에는 다른 방향에서부터 계산해보자. 우리는 출애굽 시점에서부터 시작하여 앞으로 나아가게 될 것이다(기원전 1446년경, 열왕기상 6장 1절에 언급된 솔로몬의 통치 연수와 광야에서의 방랑 생활, 출애굽 후 약 72년이 지난 시점에 여호수아가 110세를 일기로 사망한 사실 등을 고려할 때). 사사기 2장 7-10절에 열거된 세대들을 감안하면, 우리는 결국 기원전 1300년경에 도달하게 된다(신 29:5, 수 14:7, 10, 24:29 참조). 만약 그런 계산들이 정확하다면, 사사기의 사건들은 기원전 1300년에서부터 1043년까지 257년 동안에 걸쳐 발생한 것이다.

그러나 우리가 사사기에 주어져 있는 연수들을 모두 합치면, 총 407년이라는 수치에 도달하게 된다. 그렇다면 그 두 가지 정보가 어떻게 서로 들어맞을 수 있을까? 그 해답은 일부 사사의 재임 기간은 연속적이었지만('뒤에' , 삿 12:8, 11, 13), 동시 발생의 경우도 있었다는 사실이다. 중앙 정부라는 것이 존재하지도 않았고, 에훗과 기드온의 경우처럼 일부 이야기는 전국이 아니라 지역적인 사건이었다.

그런 시간의 틀 안에서, 다시 말해 '사사들의 치리하던 때에' (룻 1:1) 룻기의 사건들이 발생했다. 룻은 다윗의 증조모였기 때문에(룻 4:17), 룻의 시대는 아마도 기드온의 시대와 거의 유사한 시기인 기원전 12세기 후반쯤이었을 것이다.

사사기 개요

사사기 1:1-3:6 쇠퇴(정치적으로−1:1-36, 영적으로−2:1-3:6)

- 스타디움의 조명등처럼(나라 전체를 다룬다)
- 바이러스처럼(외부로부터 들어온 무언가가 당신 몸 속에 기생한다)
- 부모 동반 요망 등급의 다큐멘터리 영화처럼(사실적인 상황들 때문에)

사사기 3:7-16:31 반복되는 사이클(12명의 사사)

- 스포트라이트처럼(지파의 지도자들을 다룬다)
- 말라리아처럼(자꾸 재발하는 병과 싸워야 한다)
- 13세 미만 부적합 내지 17세 미만 보호자 동반 등급에 해당하는 누아르(noir) 영

화처럼(성행위와 폭력 장면 때문에).

사사기 17:1-21:25 붕괴(우상숭배–17:1-18:31, 내전–19:1-21:25)

- 레이저 광선처럼(개인들을 다룬다)
- 암처럼(그 병이 당신을 갉아먹고 있으므로, 유일한 치료는 당신 몸의 일부를 죽이는 길뿐이다)
- 17세 미만 관람 불가 등급의 공포영화나 슬래셔(slasher) 영화처럼(성폭력과 잔혹한 유혈 장면 때문에)

룻기 개요

룻기 1장: 룻의 결단("죽음이 우리를 갈라놓을 때까지")

- 가족의 상실(1:1-5)
- 친구의 상실(1:6-18)
- 체면의 상실(1:19-22)

룻기 2장: 룻의 헌신("소년, 소녀를 만나다")

- 소년이 소녀를 보다(2:1-7)
- 소년이 소녀를 만나다(2:8-13)
- 소년이 소녀에게 먹을 것을 주다(2:14-17)
- 소녀가 '어머니'께 고하다(2:18-23)

룻기 3장: 룻의 구원자("어느 황홀한 저녁")

- 나오미가 은밀히 계획을 세우다: 반려자(3:1-5)
- 룻이 청혼하다: 데이트(3:6-10)
- 보아스가 약속하다: 기다림(3:11-18)

룻기 4장: 룻의 보상("오래도록 행복하게")

- 소송(4:1-6)
- 교섭(4:7-12)
- 대(代)(4:13-22)

심층 연구

사사시대로 들어서면, 다섯 가지 이슈가 우리의 주목을 받을 만하다. '사사(judges)'의 의미와 가나안 족속의 신들, 베들레헴 3부작 등 처음 세 가지는 사사기를 설명하는 데 도움이 된다. 사사기와 룻기의 일관성과 사사기에서 제기되는 윤리적 문제 등 마지막 두 가지는 아직도 더 깊이 연구하고자 하는 사람들에게 사실상 좀 더 변증적이다.

1. **'사사들'은 누구였는가?** 대(major)사사 여섯 명과 소(minor)사사 여섯 명, 총 열두 명의 사사가 존재했다. 어떤 주석자는 그들을 "하나님이 일으켜 세워 이스라엘을 구원하는 특정 임무를 맡기셨던 카리스마 있는 군사적 지도자들"이라고 묘사했다. 사사들이 길게 늘어진 검정 예복보다는 갑옷을 입었을 가능성이 더 높은 것은 사실이지만, 그들이 항상 '카리스마'가 넘쳤다거나 모두가 군사작전에 관여했는지 여부는 확실치 않다. 분명한 것은 그들이 보통 사사라는 단어와 연관지어 생각할 만한 인물들은 아니었다는 사실이다.

'사사'에 해당하는 히브리어는 쇼페트(shophet)라는 단어로, 의미에 있어 어느 정도 융통성을 지니고 있어 민사 관련 의사결정자나 통치자, 군사적 구원자 등을 지칭할 수 있었다(삿 2:18-19 참조). 사사기 내에서의 용례를 주의 깊게 살펴보면 다음과 같은 소견을 얻게 된다.

첫째로, 일부 사사들은 지역적인 문제에 직면했다가 해방된 반면, 국가적인 위기에 직면했던 것으로 보이는 사사들도 있다. 둘째로, 사사들 가운데 어느 누구도 세습 왕조를 세우지 못했다(기드온의 아들 아비멜렉의 비극적인 이야기가 그 적절한 실례다). 셋째로, 일부 사사들이 이야기 전개 과정에서 잠시 언급된 사실은 사사기에 포함되어 있는 사사들의 목록이 완전하다는 것을 암시한다. 넷째로, 사사들 가운데도 타락이 있었다. 이야기는 고결한 사사들(옷니엘과 에훗, 드보라, 바락 등)에서부터 시작하여 의문스러운 유산을 남긴 주저하는 사사(기드온)와 악당 같은 사사(입다)를 차례로 거치고 나서 뻔뻔스러울 정도로 부도덕한 사사(삼손)로 옮겨간다. 하나님의 구원자들 사이에도 존재했던 그런 점진적인 타락은 사사기 17-21장에 기록된 참담한 상황에 대비하도록 우리를 준비시킨다.

2. **가나안 족속의 신들**. 하나님은 가나안 족속이 약속의 땅에 머물며 그들의 종교 관습을 행하는 것을 금하셨다. 그들은 자진해서 떠날 수 있었지만, 그렇지 않을 경우 죽임을 당하게 될 것이었다. 선택은 퇴거 아니면 처형이었던 것이다(네 번째 이슈 '사사기와 룻기의 일관성' 을 참고하라). 평소 다른 곳에서는 하나님이 한 문명 전체에 대해 그런 대대적인 포고를 발하지 않으셨다. 하나님은 가나안 족속과 관련하여 무엇이 그렇게 혐오스러워 그들이 약속의 땅에서 제거되어야 한다고 주장하셨던 것일까?

그 질문에 대한 답은 가나안의 종교 제도에 있다. 그들의 가장 대중적인 신은 비와 천둥의 신이자 엘(El)이라는 신의 아들인 바알(Baal)이었다. 바알이라는 단어는 '주인', '소유자', '주(lord)' 등의 뜻을 지닌 일반명사로, 구약에 71번 등장한다(53번은 단수로, 18번은 복수로). 바알은 땅과 가축과 인간의 생식을 주관한다고 여겨졌다. 그리고 두 여신 아세라(Asherah)와 아스다롯(Ashtoreth)이 이따금 바알의 배우자로 등장했다. 가나안 사람들은 그 두 여신을 거의 구별하지 않았던 것으로 보인다(삿 6:25 참조).

가나안 사람들은 바알과 그의 배우자 외에도 다른 '작은' 신들을 숭배했다. 민수기 25장 3절의 바알브올(Baal of Peor)과 여호수아 11장 17절의 바알갓(Baal Gad), 사사기 9장 4절의 바알브릿(Baal-Berith), 열왕기하 1장 2절의 바알세붑(Baal-Zebub) 등과 같이 지역에 따라 다양한 형태로 변형된 바알 숭배도 존재했다.

바알 숭배가 취했던 방식은 '공감 의식(sympathetic ritual)' 이라고 불린다. 숭배자들은 바알과 그의 배우자에게 성교가 어떻게 이루어져야 하는지 보여줌으로써, 그들이 관계를 갖도록 유도하려고 시도했다. 그리고 그 결과가 비였고, 땅과 가축의 풍요였다. 아마도 신전 창녀를 통해 이루어졌던 것으로 보이는 종교적 난교 행위는 흔한 일이었다. 그런 '공감 의식' 은 보통 구름과 가까운 높은 지역에서 행해졌다. 그래야 인간들이 하고 있는 짓을 바알이 보고 들을 수 있었기 때문이다(왕상 13:33, 14:23 등에 기록된 '산당' 에 대한 다양한 언급을 참조하라).

그것은 인간이 만들어낸 종교의 진수였다. 창조물들을 통해 하나님의 성품과 도덕적 속성을 재생하게 하려던 그분의 계획과는 정반대였던 것이다. 하나님은 그분의 뜻이 하늘에서 이루어진 것같이 땅에서도 이루어지기를 바라신 것이지, 그 반대를 원하신 게 아니다(마 6:10, 삿 2:11-13). 안타깝게도 사람들이 하나님께 등을 돌렸을 때, 문명사회의 겉치레가 한계에 다다르는 데는 그리 오랜 시간이 걸리지 않았다.

3. **베들레헴: 두 이야기의 도시**. 베들레헴이라는 작은 성읍은 사사기 말미에서 주목을 끌게 된다. 17장부터 21장 사이에서 일곱 번이나 언급되어 있다(17:7, 8, 9, 19:1, 2, 18). 사사기의 마지막 두 이야기는 죄의 중심 무대인 베들레헴 안이나 근처에서 일어났다. 만약 그것이 우리가 베들레헴에 대해 알고 있는 전부라면, 우리는 베들레헴을 소돔과 고모라와 똑같은 도덕적 범주 안에 두었을 것이다. 그러나 하나님은 가망이 없는 곳에도 구속과 은혜가 존재한다는 사실을 보여주기 위해 '베들레헴 이야기' 를 한 가지 더 허락하신다.

룻기는 본래 사사기에 덧붙여진 책이었을 가능성이 있기 때문에, 일부 학자들은 그 세 이야기를 통틀어 '베들레헴 3부작(Bethlehem Trilogy)' 이라고 부른다(베들레헴에 대한 추가적인 언급은 룻기 1장 1, 19, 22, 24절과 4장 11절에서 발견된다). 칠십인역(Septuagint: LXX)은 룻기를 사사기 뒤에 두었고, 오늘날의 성경 역시 그것을 그대로 따르고 있다. 오리게네스(Origen)와 제롬(Jerome)이 그랬듯이 요세푸스도 동의했다. 탈무드는 그 두 책을 하나의 책으로 언급했다. 하지만 현존하는 최초의 히브리 성경은 룻기를 잠언서 뒤에 두어 다른 배열을 보이고 있다(일부에서는 룻과 나오미가 잠언 31장에 나오는 여인의 본보기였기 때문일 것이라고 주장한다). 그러나 블록(Block)이 지지하는 또 다른 배열은 룻기를 시편 바로 앞에 두고 있다.

히브리 경전에서 룻기가 본래 어디에 위치해 있었는지 절대적으로 확신할 수는 없지만, 칠십인역의 견해를 지지할 만한 문학적 근거는 존재한다. 사사기와 룻기는 문학적 반의어로 서로 얽혀 있다(이 경우에는 정반대의 매력이라고 할 수 있다). 비록 사사기의 타락에 대한 마지막 예증이 베들레헴을 중심으로 전개되지만, 마지막 구원 역시 마찬가지다. 사사기에서 하나님은 끊임없이 그리고 일관되게 용서하고 구원하신다. 룻기에서는 보아스가 빚을 대신 갚아주고, 평화와 성취감과 장래에 대한 약속과 가정을 제공한다. 베들레헴에서 친족 구속자(kinsman-redeemer)가 나타난다. 하나님의 신실한 사랑이 유대인(나오미)과 이방인(룻)을 모두 품듯이 말이다.

베들레헴은 '다윗 성' 이기도 하며, 그의 이름은 룻기를 끝맺는 마지막 단어다(룻 4:22). 다윗의 마지막 '아들' 이신 주 예수 그리스도께서 오실 때, 그분의 십자가상에서의 구속 사역으로 말미암아 그분을 아는 우리는 영원토록 행복하게 살게 될 것이다(네 번째 이슈 '사사기와 룻기의 일관성' 을 참고하라). 룻기가 정전(正典) 순서상 사사기 뒤에 놓여 있도록 되어 있었는지 여부와 상관없이, 룻기는 연대기적으로(룻 1:1) 그리고 주제상으로 제자리에 놓여 있는 것이다.

4. **사사기와 룻기의 일관성**. 사사기를 읽어나가던 한 절친한 친구가 내게 물었다. "자네는 사사기 전체를 어떻게 이해하고 있나? 이야기가 토막토막 잘려 있는 것 같아. 마지막 부분은 마치 아무 이유 없이 그냥 덧붙여져 있는 것처럼 보이고 말이야." 그 친구는 성경의 진리를 믿으며 그 책이 어떻게 서로 들어맞는지 이해하고자 하는 강한 욕구를 지닌 통찰력 있는 독자다. 사실, 그는 사사기(Judges)를 읽는 판사(judge)였다! 이 부분의 목적은 큰 이야기 차원에서 사사기와 룻기를 구성하고 있는 부분들의 일관성을 증명하는 것이다. 사사기의 구조는 하나의 계획을 반영하고 있는가? 우리가 지금까지 사사기와 연결되어 있다고 주장해 온 룻기는 도대체 그 계획과 관련되어 있는가? 우리는 단계적으로 사사기와 룻기의 일관성을 검토해 볼 것이다.

사사기 1-16장의 일관성. 사사기의 첫 부분은 먼저 역사적 배경을 서술한 다음(1:1-3:6), 이어서 대사사 여섯 명과 소사사 여섯 명을 균형 있게 소개한다. 그리고 첫 번째 사사를 소개하는 부분에서 향후 주요 사이클이 따르게 될 패러다임을 밝혀준다(3:7-11, 반역 - 징벌 - 회개 - 회복 - 안식). 또한 쇠퇴의 테마도 소개된다. 지파 차원의 쇠퇴(1:27-36, 가나안 사람들이 이스라엘 백성 중에 거하도록 내버려두는 상황에서 이스라엘 백성이 오히려 가나안 사람 가운데 거하는 상황으로)와 세대 차원의 쇠퇴(2:7-11, 제3세대에 의한 배교)가 존재한다. 이런 쇠퇴는 사이클 자체의 쇠퇴를 통해 더 큰 차원으로 반영된다. 사이클이 범위 면에서(국가 차원에서 개인 차원으로), 윤리 면에서(칭찬할 만한 수준에서 의문스러운 수준을 거쳐 다시 부도덕한 수준으로) 그리고 구조면에서(마지막 사이클에서는 3:7-11의 패러다임이 깨진다) 점차 퇴보하기 때문이다. 불순종과 분열이 점차 심화되어가는 사이클을 통해 분명하게 드러나는 그런 퇴보는 1-16장 내내 문학적 통일성과 일관된 의도를 분명하게 보여준다.

사사기 17-21장의 일관성. 사사기 17-18장과 19-21장의 공통된 테마들은 그 두 이야기가 서로 관련되어 있음을 염두에 두고 만들어졌다는 사실을 거의 확실하게 증명해준다. 첫 번째 일화는 영적 타락을 다루고 있는 반면, 두 번째 일화는 그 결과로 일어나는 도덕적 타락을 다루고 있다. 두 일화 모두 개인들과 지파들의 방랑을 다루고 있고, 특별히 600명으로 구성된 전투부대를 언급하고 있으며(18:11, 16-17, 20:47), 이야기 속에 특정적으로 에브라임 산지를 포함시키고 있다. 뿐만 아니라, 두 이야기 모두 베들레헴을 중심 무대로 하고 있고(세 번째 이슈 '베들레헴: 두 이야기의 도시'를 참고하라), 끝맺는 부분에서 실로를 언급하고 있다(18:31, 21:19-24). 그리고 양쪽 모두 "사람마다 자기 소견에 옳은 대로 행하였더라" (17:6, 21:25)고 명백하게 기술하고 있어 도덕적 상대주의 원칙이 작용하고 있었음을 보여주는 사례 연구로 간주될 수 있을 것이다. 마치 저자가 룻의 이야기에 앞서 "상황이 이렇게까지 나빠질 수도 있답니다!" 라고 말하고 있었던 것처럼 말이다.

사사기 1-21장의 일관성. 사사기 전체의 앞뒤가 들어맞는가? 요컨대, 최후의 부도

덕한 사사는 삼손이었고, 그는 단 지파 출신이었다. 지파적 정체성은 두 베들레헴 이야기 가운데 첫 번째 것으로의 완벽한 전환을 제공해준다. 그 이야기는 단 지파의 타락을 다루고 있기 때문이다. 일관성의 추가적인 증거는 주제를 드러내는 북엔드에서 발견된다. 문학적 용어로는 인클루지오(inclusio) 기법이라고 할 수 있다. 다시 말해, 사사기는 반복되는 사이클을 기술하기 이전에 세 세대를 거치면서 도덕적, 영적으로 타락해가는 일정한 패턴이 있었다는 진술을 소개하고(2:7-11), 반복되는 사이클 이후에 다시 두 이야기로 마무리하면서 각각 모세(18:30)와 아론(20:28)의 손자를 포함시키고 있다.

사사기와 룻기의 일관성. 룻기는 그 계획과 잘 어울리는가, 아니면 사사기와는 전혀 관계가 없는가? 사사기의 마지막 두 이야기는 주제상으로 룻기와 묶여 있다. 긍정적으로(공통된 테마를 통해서) 뿐만 아니라, 부정적으로도(대조를 통해서도) 말이다. 세 부분(삿 17-19, 19-21, 룻 1-4) 모두 보통 사람들의 이야기를 제공하며, '민초들' 의 신실함 혹은 신실하지 못함을 보여준다. 세 부분 모두 잘 알려진 누군가의 '깜짝' 방문을 담고 있다(사사기 17-18장에서는 모세의 손자, 사사기 19-21장에서는 아론의 손자 그리고 룻기에서는 그녀 자신이 다윗의 증조모다). 그리고 셋 모두 '베들레헴' 이야기로 이스라엘의 지리적 중심에서 발생한 대표적인 사례들을 제공하고 있다(세 번째 이슈 '베들레헴: 두 이야기의 도시' 를 참고하라).

룻기는 큰 이야기 차원에서 사사기를 보완한다. 전혀 다른 결말로 하나의 이야기를 이루면서 말이다. 인간의 타락으로 인한 절망으로 끝나지 않고, 하나님의 은혜로 인한 구원이 존재한다. 베들레헴이 회복되고, 남성과 여성이 회복되며, 가족이 회복되고, 지파와 문화가 회복된다.

게다가 사사기 19-21장에서는 거의 모든 사람이 익명이다. 블록(Block)이 암시하고 있듯이, 그 이야기에 등장하는 여성은 모든 여성일 수 있고, 모든 여성은 간음을 저지를 수 있으며, 모든 무리는 여성을 상대로 악행을 저지를 수 있고, 모든 남편은 자기 아내를 저버릴 수 있으며, 모든 남성은 여성에게 무정할 수 있었다. 그리고 모든 여성은 강간과 살인의 잠재적 희생자였고, 모든 성읍은 잠재적 지옥이었으며, 모든 지파는 잠재적 갱단이었던 것이다. 그러나 룻기가 시작되면서 익명은 사라진다. 거의 모든 사람이 이름으로 불린다. 사람들이 정체성과 의미를 지니고 있기 때문이다. 사사기 19-21장의 '엽기적 포르노' 영화에서처럼 끔찍하게 학대받던 여성들에게 여기서는 희망이 주어진다. 사사기 이후 두 취약한 여성이 객체가 아니라 주체로서 존중받고 있기 때문이다. 그것도 베들레헴에서 말이다! 심지어 기근으로 고통받았던 땅조차 이제는 '자연의 순리를 따르므로', 그 소산물이 룻의 구원 스토리의 배경을 제공한다.

실로, 그 역사적 배경(룻 1:1)과 기근의 때라는 환경(룻 1:1, 6)으로 인해 사사기를 다시 떠올리며 시작했던 이야기는 물질적 · 윤리적 · 영적 번영이라는 정황 속에서 희망찬 앞날을 기약하며 끝이 난다.

그 세 부분에서 일관성과 대조를 보이는 중요한 측면을 한 가지 더 생각해보자. 바로 십계명이다. 사사기 17-21장에서는 십계명의 모든 율법이 하나도 빠짐없이 범해진다. 사사기의 저자는 타락의 심각성을 보여주는 카탈로그를 제공한다. 십계명을 하나하나 짚어보자.

- 제1계명: 하나님에 대한 우선순위(사사기 17-18장과 19-21장을 통해 계속해서 범해진다.)
- 제2계명: 우상은 물론, 아무 형상이든지 만들지 말라(사사기 17장 3-4절에서 범해진다).
- 제3계명: 하나님의 이름을 망령되이 일컫지 말라(사사기 17장 2절과 18장 6절에서 범해진다).
- 제4계명: 안식일을 거룩히 지키라(사사기 17장 5절에서 범해진다).
- 제5계명: 부모를 공경하라(사사기 17장 2절에서 범해진다).
- 제6계명: 살인하지 말라(사사기 18장 25, 27절과 19장 26-30절, 21장 10-11절 등에서 범해진다).
- 제7계명: 간음하지 말라(사사기 19장 2, 25절에서 범해진다).
- 제8계명: 도적질하지 말라(사사기 17장 2, 4절과 18장 14-20절, 21장 20-23절 등

에서 범해진다).

- 제9계명: 거짓말하지 말라(사사기 17장 3-4절과 18장 6절에서 범해진다).
- 제10계명: 탐내지 말라(사사기 17장 2절과 18장 9-10, 14절에서 범해진다).

요점은 이스라엘이 국가의 기본법을 위반했으므로 의심할 여지없이 언약의 하나님이신 여호와의 정당한 분노 아래 놓여 있다는 사실이다. 더욱이 법률 제정자의 손자가 한 지파를 거짓 예배로 이끄는 죄를 범하고 있지 않은가!

그와는 대조적으로, 룻기는 언약의 신실함을 그리고 있다. 아무리 이방인이라 할지라도 룻이 그랬던 것처럼 믿음으로 언약 안에 들어오면 '안식' 에 참여하게 된다. 역시 대조적으로, 룻의 증손자는 장차 이스라엘을 참된 예배로 이끄는 자가 될 것이다(삼하 7장, 룻 4장). 룻기는 언약의 규정들에 대한 위반을 전혀 담고 있지 않다(심지어 걸림돌이 된 더 가까운 친족조차도 나쁜 사람으로 보이지 않는다). 그렇다 하더라도 룻기는 율법의 책이 아니라 은혜의 책이며, 하나님의 호의를 담고 있는 책이다. 따라서 룻기를 사사기의 문학적 반의어로 그리는 그런 붓놀림이 단순히 우연의 일치라고 고집하기는 어려울 것이며, 오히려 절대자의 손을 암시해준다고 말할 수 있다.

5. **사사기에서 제기되는 윤리적 문제.** 하나님은 선하시다. 그러나 특별히 사사기에는 하나님에 의해 허락된 것이지만, 하나님의 선하심에 대해 의문이 제기되지 않도록 하기 위해 좀 더 숙고해야 할 필요가 있는 일부 관행들이 존재한다. 사사기를 읽어내려가다 보면 끊임없이 의문이 떠오르는 것을 어렵지 않게 경험한다. 하나님의 사사들이 정말 이렇게 행동했을까? 하나님이 정말로 그것을 명령하셨을까?

예를 들어, 가나안 사람들을 멸절하라는 명령(1-2장)이나 에훗에 의한 에글론의 암살(3:12-30), 야엘의 속임수와 시스라 살해(4-5장), 입다의 딸에 대한 '서원 이행' (11장), 삼손의 고질적인 파괴 행위와 보복에 의한 블레셋 족속의 도발(13-16장, 삼손은 분명 좋은 이웃이 아니었다!) 등을 볼 때, 우리는 윤리적 관점에서 '다시 한 번 쳐다보게' 된다.

우리는 그것들에 대해 어떻게 생각해야 할까? 우선, 단순히 행위가 기록되어 있다고 해서 그것이 꼭 필요하거나 허락된 것임을 의미하지는 않는다. 다시 말해, 성경에 기술된(described) 것과 규정된(prescribed) 것 사이에는 차이가 있다. 둘째, 하나님의 영이 사사들에게 임했다는 사실이 해당 사사가 하는 일이 모두 옳은 방식으로 행해졌음을 의미하지는 않는다(예를 들어, 기드온과 입다와 삼손의 이상한 행동을 생각해보라). 따라서 각각의 일화와 이슈는 개별적으로 검토되어야 한다.

가나안 족속의 멸절이라는 특정 문제에 대해 생각해보자. 성경이라는 더 큰 맥락에서 살펴보면, 우리가 그 특정 이슈를 균형 잡힌 시각으로 볼 수 있게 도와주는 세 가지 패턴의 진리가 떠오른다. '연대 책임' 의 원칙과 하나님의 정의, 하나님의 인내 등이 바로 그것이다.

'연대 책임' 의 원칙(집단과의 하나 됨). 하나님이 인간을 다루시는 방식을 보면, 종종 심판과 축복이 공히 집단 내에 있는 모든 사람에게 미치는 것을 볼 수 있다. 그 집단을 구성하는 각 개인의 장점(또는 단점)과는 상관없이, 그 중 한 사람의 장점(또는 단점)으로 인해서 말이다. 신학적으로 볼 때, 아담 안에서 모든 인류가 죄를 범하였고, 그로 인해 우리는 자신이 직접 행하지 않은 것에 대한 결과를 짊어지게 된다(하지만 우리에게도 기회가 주어졌다면 똑같이 죄를 범하였을 것이다, 롬 5:12-21 참조). 홍수 동안 여덟 명을 제외하고 모든 남자와 여자 그리고 아이들이 멸절되었다. 나는 노아 시대에 더 많은 죄를 지은 일부 개인과 비교적 죄를 덜 지은 사람들이 있었을 것으로 확신한다. 아이 성을 정복하는 동안, 하나님은 그분의 백성 가운데 상당수가 죽도록 내버려두셨다. 하나님은 그 이유를 "이스라엘이 범죄하여"(수 7:11)라고 설명하셨지만, 결국에는 아간이 "나는 이스라엘 하나님 여호와께 범죄하여"(7:20)라고 고백했다.

긍정적으로 볼 때, 연대 책임의 원칙은 우리에게 영원한 유익이다. '마지막 아담' 이신 그리스도 안에서 우리가 구속을 얻기 때문이다. 그것은 분명 우리가 행하지 않았던 것일 뿐만 아니라, 개인적으로 성취할 수도 없었던 것이다(롬 5:12-21, 고전 15:45, 고후 5:21). 물론 문제는 여전히 남아 있다. 결백하면서도(혹은 적어도 비난받을 만한 짓을 덜 했으면서도) 집단적인 심판을 받았거나 아니면 죄가 있으면서도 집단적인 은총을 받았던 사람들은 어떻게 할 것인가? 가나안 족속 가운데 흔치는 않겠지만 자기 집단의 도덕적 무절제를 덜 범한 사람들은 어떻게 할 것인가? 우리는 하나님이 최후의 심판에서 그런 이슈들을 해결하시리라고 믿는다. 그런 것들은 지극히 개인적인 문제가 아니겠는가!

거룩한 정의의 원칙. 창세기 18장 25절은 긍정적인 대답을 가정하는 근본적인 문제를 제기한다. "세상을 심판하시는 분께서는 공정하게 판단하셔야 하지 않겠습니까?"(표준새번역) 하나님의 전지성(全知性) 때문에, 하나님은 가나안 사람들이 그 땅에 머물며 그분의 백성들과 공존하게 내버려두면 어떤 일이 일어나게 될지 알고 계셨다. 이미 판명되었듯이 최악의 상황이 벌어졌고, 이스라엘의 타락은 참으로 심각했다. 만약 이스라엘이 하나님의 말씀에 순종했다면, 수세기에 걸친 심판과 고통을 피했을 것이다. 그랬다면 사실 에스더 왕비 시대에 이스라엘 민족 대량학살 시도도 없었을 것이다. 아말렉 족속의 후손이었을 가능성이 매우 높은 아각 사람 하만이 태어나지도 않았을 것이기 때문이다. 하나님의 정의에 대한 믿음은 하나님의 심판에 대한 우리의 제한된 이해를 완화시켜준다.

거룩한 인내의 원칙. 창세기 15장 16절은 "아모리 족속의 죄악이 아직 관영치 아니함이니라"고 기술하고 있다. 하나님은 아모리 족속(때로 '가나안 족속'이라는 말 대신에 사용되는 용어)이 회개하든지 아니면 약속의 땅에서 떠나도록 400년에 걸쳐 천천히 진행되는 카운트다운을 시작하셨던 것이다. 가나안 사람들은 이스라엘 백성이 그 땅의 권리를 주장하며 하나님이 그들에게 주신 기업으로 다시 돌아올 작정이라는 사실을 알고 있었다. 이스라엘이 애굽에서 노예 상태로 400년 이상을 머물러 있는 동안에도 하나님의 긴 도화선은 계속해서 타들어가고 있었던 것이다. 사실은 이스라엘이 광야에서 떠도는 동안 40년의 기간이 추가로 연장되었다. 가나안 사람들은 하나님의 초자연적인 힘에 대해 알고 있었고, 애굽에서 무슨 일이 일어났는지 듣고 있었다. 그들은 그 땅에서 떠날 기회를 여러 차례 놓쳤던 것이다.

게다가, 가나안 족속의 죄가 심각한 상황이었다(두 번째 이슈 '가나안 족속의 신들' 참조). 여호와께서는 그 땅이 그들을 토해낼 것이라고 말씀하셨다(레 18:21-27). 체내의 독성 물질로 인해 구토하는 생생한 이미지를 연상하지 않을 수 없다. 그러나 아말렉 족속은 떠나기는커녕 기습부대를 보내 이스라엘 행렬의 맨 뒤에 쳐져 있는 약한 자와 병든 자, 연로한 자들을 급습하여 낙오자들을 모두 잔인하게 살해했다(신 25:17-18).

요컨대, 하나님은 그들이 마음을 고쳐먹도록 수백 년을 주셨고, 다시 40년을 연장해주셨다(그리고 일부는 라합처럼 실제로 바뀌었다. 그녀는 이스라엘 백성에 관해 모든 걸 알고 있었고 여호와를 신뢰했다). 그리고는 하나님은 이스라엘 백성에게 가나안 족속을 쫓아내라고 명령하셨다. 추방이 멸절보다 우선이었다. 그들이 떠나기를 거부하지 않는 한 멸절 전쟁은 없었을 것이다. 다음과 같은 사실을 고려하라. 이스라엘 백성이 싸웠던 다른 모든 전쟁은 방어적인 것이었고, 성경에서 그것만이 유일하게 그들의 공격적인 전쟁이었다.

마지막으로 중요한 관점이 하나 남아 있다. 우리는 신자로서 항상 믿음의 문제에 직면하게 된다. 다른 환경에서는 어떤 일이 일어났을지 우리는 알지 못하지만, 하나님은 아신다. 우리는 다른 사람들의 동기를 알지 못하지만, 하나님은 알고 계신다. 우리는 다른 사람들이 마지막 날에 어떻게 심판받게 될지 알지 못하지만, 하나님은 아신다. 그러므로 우리의 무지와 그분의 전지성을 감안할 때, 불확실한 것들과 관련하여 그분을 신뢰하는 것이 논리적일 뿐만 아니라 위안이 되는 처신이 아니겠는가.

사사기 1장

하나님을 편집하는 어리석음

"악이 승리하기 위한 필요충분 조건은 선한 사람들이 아무 행동도 하지 않는 것이다."

- 에드먼드 버크(Edmund Burke)

이스라엘 백성은 하나님의 인도하심을 추구하며(1-2절) 멋지게 시작했지만, 곧 불순종에 빠지고 말았다. 이 장의 첫 번째 부분은 유다의 모험과 실패를 연대순으로 기록하고 있다(3-20절). 그 중간에 갈렙의 용기에 대한 기록도 일부 삽입되어 있다(11-15, 20절). 이 장 전체를 통틀어 거의 매 구절에서 불순종이 증가함에 따라 변명도 늘어난다. 이 장의 마지막 부분은 각 지파가 경험한 실패의 소용돌이 속으로 우리를 몰아넣는다(27-36절).

예루살렘의 지리적 개요

- 여부스 족속이 거주했던 지역
- 해발 762미터(성경에 '예루살렘으로 올라가다' 라는 표현이 27번 사용됨)
- '평화의 터' 라는 의미
- 성경에 다른 어떤 도시보다 더 자주 언급됨(752번)
- 종종 '시온' 으로 불림(162번, '요새' 라는 의미로 추정됨)
- 세상에서 가장 중요한 도시(문자 그대로 뿐만 아니라 상징적으로도, 시 87:2-5)
- 유다도 베냐민도 사사 시대 동안에는 그 성읍을 점령할 수 없었음
- 다윗 시대부터는 줄곧 하나님의 '거하시는 처소' 였음(왕상 8:13)
- 메시아의 부활과 승천과 재림의 장소(눅 24장, 슥 14:4-5)
- 하나님의 백성이 마지막으로 거할 처소는 새 예루살렘(New Jerusalem)이 될 것임(계 21:9-10)

헤브론의 지리적 개요

- 과거 아브라함의 거주지(창 13:18)
- 예루살렘 남서쪽 약 30킬로미터 지점에 위치
- '동맹' 이라는 의미
- 해발 926미터
- 성경에 67번 언급되어 있음
- 본래 지명은 기럇 아르바(Kiriath Arba) 또는 아르바의 도시(city of Arba)로, 아르바는 숫자 '4' (네 성읍 혹은 네 통치자의 고대 연맹체를 의미하거나, 아르바라는 이름의 개인을 지칭하는 것으로 추정됨(수 14:15)
- 사사 시대 이전에는 여호수아와 갈렙을 제외한 나머지 정탐꾼을 모두 겁먹게 했던 아낙 자손의 본거지였음(민 13:22-33)
- 가까운 장래에 갈렙이 기업으로 얻게 되는 땅의 중심지가 됨(수 14:13-14, 삿 1:10)
- 레위 지파의 소유 하에 도피성 역할을 했으며(수 20:7, 21:11), 갈렙이 소유하고 있던 그 주변 성읍과 밭과 촌락에 둘러싸여 그의 보호를 받았을 것으로 추정됨(수 21:12)
- 다윗이 초기 통치 7년 동안 유다를 다스렸던 성읍이 되었음(삼하 5:5)

벧엘의 지리적 개요

- '하나님의 집' 이라는 의미(야곱에 의해 명명됨, 창 28:19, 12:8 참조)
- 성경에 64번 언급되어 있음
- 예루살렘 북쪽 약 19킬로미터 지점
- 중요한 동서 교역로 상에 위치하여 전략적으로 중요
- 에브라임 영토 내에 포함됨(삿 1:22)
- 가나안 족속에 의해 루스로 불림(수 18:13, 삿 1:23)
- 분열왕국 시대 동안(기원전 931년 이후) 북왕국의 종교 중심지로 널리 알려지게 되었음(왕상 12:26-33)

들어가는 글

일시정지를 위한 무의미한 발걸음

우리가 사사기를 시작할 때, 첫 번째 장은 과연 그 속에 깊이 생각할 만한 게 있는지 우리를 궁금하게 만들 수 있다. 우리의 관심을 불러일으킬 만한 인간적 이해관계나 군사적 무용담 따위는 전혀 없이 '사실에 불과한 내용' 을 그저 다시 이야기하는 것에 지나지 않는 것처럼 보이기 때문이다. 하지만 우리가 이 장을 깊이 연구할 때, 사실이 '그냥 사실' 이 아니라는 사실에 직면하게 된다. "제임스타운(Jamestown)은 1607년 5월 북아메리카 대륙에 세워진 최초의 영국 정착지였다"는 진술은 실제로 사실이다. 그럼에도 불구하고 그것은 그 간결함 때문에 거의 오도(誤導)라고 할 수 있다. 그 진술 이면에는 열망과 신념, 꿈, 장벽, 죽음, 파괴 등으로 점철된 엄청난 역사가 존재하기 때문이다.

어떤 의미에서 이야기하기는 무엇을 제외시켜야 할지 아는 기술이다. 그러나 신중히 짜여진 이야기는 그 문맥과 반복되는 테마를 통해 그 말들을 그림으로 옮긴 유화의 간결함보다 훨씬 더 강력한 묘사를 드러낼 수 있다. 마찬가지로, 사사기 1장을 깊이 파고드는 것은 하나님이 당시 그분의 백성을 위해 무엇을 하고 계셨는지를 묘사하는 더 큰 그림에 우리를 노출시켜준다. 우리는 그들이 남겨 놓은 교훈을(좋은 것이든 나쁜 것이든) 어떻게 해석해서 자신에게 적용할 것인가?

주요 공항에는 대부분 긴 자동 보도가 여러 기 설치되어 있다. 그 덕분에 여행객들은 한 터미널에서 다음 터미널로 더 빠르게('속보' 로 걸을 때) 혹은 더 편리하게(보도가 움직이는 동안 휴식을 취할 때) 이동할 수 있다. 당신이 지금 자동 보도 위에서 반대 방향으로 걷고 있다고 상상해보라. 그 움직임이 충분히 느리기 때문에, 당신은 가고자 하는 방향으로 전진할 수도 있다. 그러나 만약 당신이 멈춘다면, 전진하지도 가만히 서 있지도 못한다. 퇴보할 수밖에 없는 것이다. 여러 가지 면에서 그리스도인의 삶도 그와 같다. 그래서 성경은 종종 그것을 '발걸음' 이라고 묘사하기도 한다. 그것은 언덕을 힘들게 올라가는 것도 미끄러지듯 내려가는 것도 아니다. 그저 꾸준히 걷는 것이다. 나쁜 소식은 '세상과 육체와 사탄' 이 모두 우리와 반대 방향으로 움직이고 있기 때문에, 당신이 유혹받을 때가 있다는 사실이다. 주님으로부터 돌아서도록 유혹받는 게 아니라, 한숨 돌리며 영적 훈련을 잠시 중단하도록 유혹받는다는 것이다.

당신의 영적 성장을 제어하는 리모컨 장치를 가지고 있다고 가정해보라. 대부분의 리모컨과 마찬가지로, 그 장치도 일시정지 버튼을 가지고 있다. 만약 당신이 다음과 같이 말한다면, 무슨 일이 일어날까? "하나님, 저 잠깐 당신으로부터 벗어나 쉬고 싶어요! 지금 도덕적인 삶의 방식으로부터 벗어나는 휴가를 계획하고 있답니다. 때로는 못 이기는 척하고 유혹에 넘어가고 싶기도 하거든요. 하지만 걱정하지 마세요, 하나님. 겨우 일주일이나 두 달 정도면 될 겁니다. 나중에 다시 따라잡을게요." 그러나 우리는 하나님을 일시정지시킬 수 없다. 게다가, 그 동안에 놓친 것을 만회하기 위해 빨리감기를 할 수도 없다.

사사기 1장에서 하나님의 백성들은 그분과 함께 걷기를 약속했지만, 오히려 하나님을 무시하고 그분을 일시정지시키려고 시도함으로써 퇴보하고 말았다. 하나님과의 동행에서 벗어나는 휴가 같은 것은 있을 수 없다. 다만 좋은 소식이 하나 있다. "너희 안에 계신 이가 세상에 있는 이보다 크심이라"(요일 4:4).

본문 이해

하나님을 편집하는 어리석음

Main Idea	여호수아의 죽음 이후, 하나님의 백성들은 완수해야 할 임무를 가지고 있었다. 하나님이 그들에게 주신 땅에 대한 점령을 그분의 인도하심과 능력으로 마무리하는 것이었다. 이스라엘 백성들은 비록 잘 시작했지만, 하나님의 명령을 '편집' 함으로써 점차 순종에서 불순종으로 옮겨갔다. 유다에서부터 시작된 이야기는 지리적으로 볼 때 남에서 북으로 이동하며 각 지파의 성공과 실패를 장황하게 설명하고 있다.

사사기 1장 1절부터 3장 6절까지가 하나의 단위를 구성한다. 1장은 신문 기사처럼 사실들을 연대순으로 기록하고 있다. 2장 1절부터 3장 6절까지는 그 사실들에 대한 신학적 해석을 제공하는 하나님의 사설면이다. 실제로, 미완성의 군사 정복과 그 이후 이어지는 사사들의 어두운 시대라는 '결과' 이면에 숨겨져 있는 영적 '원인'을 기록하고 있다.

A. 완전한 순종: 정도(正道, 1:1-2)

Supporting Idea	리더십의 진공 상태에서 이스라엘 백성은 하나님이 그들의 리더라는 사실을 인정하고 그분의 인도하심을 구했다. 하나님은 그들을 인도하셨을 뿐만 아니라 그들의 임무를 실현 가능케 해줄 그분의 능력도 약속해주셨다.

1:1. 인도하심이 요청되다. 1장의 간결함과 상세함이 오히려 신문 기사에 가깝다면, 1절의 전반부(여호수아가 죽은 후에)는 부고 기사며, 그 부분에 대해서는 2장 6-10절에서 부연 설명될 예정이다. 모세와는 달리, 여호수아는 후계자가 없었다. 리더십을 대신 떠맡아줄 '오른팔 같은 사람'이 없었던 것이다. 여호수아는 정복된 땅을 지파들 사이에 분배하고 그 경계와 관련된 협상과 합의를 감독했다(수 13-19장).

이스라엘 자손은 잘 시작했다. 여호수아가 그들에게 부탁한 마지막 권고는 하나님의 말씀에 순종하고 그분을 섬기라는 것이었다(수 24장). 그들은 이제 통일된 목소리로 여호와께 나아가 인도하심을 구했다. 그들은 어느 지파가 솔선수범하여 먼저 올라가서 가나안 사람과 싸워야 할지 물었다(아마도 우림과 둠밈을 사용하는 제사장에게 물었을 것이다, '심층 연구' 참조). 화합(1:1)으로 시작한 이 책이 내전(19-21장)으로 끝났다는 사실은 비극이자 아이러니가 아닐 수 없다.

1:2. 인도하심에 대한 요청이 받아들여지다. 유다가 군사 작전의 대미가 되었어야 할 일을 시작하도록 하나님에 의해 선택되었다. 이 장의 반은 유다 지파의 군사적 위업에 할애되어 있다(2-20절). 유다는 오래 전 이스라엘 민족을 이끌게 될 것이라고 예언되었고(창 49:10), 이스라엘 백성이 광야에서 행진할 때도 '선두' 자리를 차지했었다(민

2:9). 유다는 나중에 다시 선두에 서게 될 것이었다(3장 7-11절의 옷니엘, 20장 18절도 참고하라).

하나님은 그들의 물음에 응답하셨을 뿐만 아니라, 그 응답은 하나님이 이미 유다에게 승리를 **주셨다**는('주실 것이다' 가 아니다) 확언도 담고 있었다. 이 책과 이 시대에 더 이상의 전도유망한 출발은 있을 수 없었을 것이다. 지속적인 승리에 대한 기대는 그 꿈이 악몽으로 변질되었을 때 극명한 대조를 보였다.

B. 불완전한 순종: 굽은 길(1:3-15)

Supporting Idea	승리가 한창일 때(4-5절, 8-10절), 유다의 영적 결단이 두 번 굽혀졌다. 우선, 하나님이 단독 승리를 보장하셨음에도 불구하고 유다는 시므온 지파와 제휴를 형성했다(3절). 둘째로, 유다는 하나님의 분명한 명령을 어기고 아도니 베섹을 상대했다(5-7절).

1:3. 합병하다. 유다 지파 사람들은 정복 전쟁의 선두에 서는 영예와 책임을 받아들였다. 하지만 그들은 자기 형제인 시므온 지파 사람들을 끌어들여 상호 원조를 위해 함께 싸움에 나아가도록 요청했다. 그 합의에는 나름대로 논리가 있었다. 우선, 유다와 시므온은 어머니가 같은 친형제로 다른 지파들보다 더 가까운 사이였다(그들은 레아에게서 태어난 여섯 형제들 가운데 둘이었다, 창 29:33, 35). 둘째로, 시므온의 기업은 유다의 영역 내에 자리 잡고 있었다(수 19:1, 9). 셋째로, 시므온 지파의 전투원 수가 나머지 지파의 반도 안 될 정도로 적다(민 26:14)는 사실은 시므온에 의한 단독 정복이 설득력이 없는 것처럼 보이게 만들었을 것이다. 반면, 힘을 합치는 것이 서로에게 유리해 보였을 것이다.

하지만 유다는 여기서 '하나님을 편집하는' 죄를 범했다고 지적할 수 있다. 하나님은 "유다와 시므온이 올라갈지니라"고 말씀하시지 않았다. 그 협정은 때가 도래할 때(기드온의 경우처럼, 7:2, 7) 기적적인 승리를 통해 시므온의 프로필을 한 단계 끌어올리려는 하나님의 계획을 좌절시켰을지도 모른다고 추측할 수밖에 없다. 인간의 자원을 활용하는 것과 그것에 의존하는 것(우리가 이 본문의 문맥으로부터 추론해 볼 수 있는 태도라고 할 수 있다)은 전혀 다르다. 시므온이 수적으로 적은 이유는 바로 여호수아가 경고했던 것과 똑같은 종류의 죄로(다른 문화가 섬기는 신들과의 종교적 · 도덕적 타협으로) 인한 결과였다(민 25:1-14). 나중에 시므온은 사실상 식별 가능한 지파로 존속하는 데 실패했다(사사기 5장에 나오는 지파 목록에서조차 빠져 있음에 주목하라). 하나님이 주시는 승리는 인간적인 방법으로는 설명될 수 없고, 인간의 능력 저 너머에 계신 하나님을 증거할 때 그분은 가장 큰 영광을 받으신다.

1:4. 가나안 족속을 정복하다 I . 사사기의 이 첫 번째 전투는 규범이 되었어야 했던 것의 전형이었다. 그들이 거둔 승리의 원천은 의심할 여지없이 명백했다. 여호와께서 가나안 사람과 브리스 사람을 그들의 손에 붙이셨던 것이다. 가나안 사람(Canaanites)이라는 말은 종종 약속의 땅에 사는 거주민들을 총체적으로 지칭하는 데 사용되었다. 다른 때는 5절과 21절, 26절, 34-36절 등에서와 같이 개별적인 적들이 구체적으로 명시되었다.

1:5-7. 한 왕을 불구로 만들다. '베섹의 통치자' (아도니 베섹은 이름이라기보다는 칭호였을 것이다)는 침략해 들어오는 이스라엘과의 전투에서 패하여 도망쳤다. 이스라엘 군대는 그를 쫓아가서 사로잡아 그의 엄지손가락과 엄지발가락을 잘라 버렸다. 이 수족 절단 사건에 대한 사설 논평은 제공되어 있지 않다. 단지 희생자 본인에 의해 주어진 설명이 기록되어 있을 뿐이다. "내 상 아래서 먹을 것을 줍던 칠십 왕"의 유사한 수족 절단 사건에 대해 "하나님이 내게 갚으심이로다"(아도니 베섹은 자신의 마지막 운명이 그가 칠십 왕에게 가했던 것과 똑같게 되리라고 생각했지만, 실제로 그랬는지 여부에 대해서는 우리가 알지 못한다).

그런 조치의 실제적인 목적은 분명하다. 그 희생자는 전투를 이끌거나 무기를 휘두를 수 없는 것은 물론이고 쉽게 도망칠 수도 없었으며, 조롱과 모욕의 대상이 되었다. 그는 향후 몇 년 동안 유다가 긍지를 가지고 가리키며 자랑할 수 있는 인간 트로피가 될 것이었다(의문스러운 동기가 아닐 수 없다). 그러나 예루살렘으로 돌아오자마자 그는 거기서 죽고 말았다(예루살렘이 아직 정복되지 않았기 때문에, 그 시점에 대해서는 의문의 여지가 있지만). 세균 감염이나 출혈 과다 때문이었을 것이다. 하나님의 정의에 대한 그의 언급은 어떻게 보아야 할까? 그가 사용했던 하나님이라는 단어는 일반적인 용어로, 반드시 회개나 이스라엘의 하나님과의 어떤 관련성을 함축하지는 않았다.

이 이야기는 평가를 초래한다. 유다와 시므온의 합병은 그래도 어느 정도 일리가 있었지만, 유다가 그 통치자를 불구자로 만든 것은 사리에 맞지 않았다. 만약 우리가 그 통치자 자신의 해석을 인용한다면, 아도니 베섹은 하나님이 잔인함을 잔인함으로 갚고 계셨던 것이라고 이해했다. 하지만 '눈에는 눈' (탈리오 법칙)이라는 구약의 율법은 해당 범죄를 능가하는 복수를 피하고 보복 행위를 억제하기 위해 주어졌다. 보다 중요한 것은 하나님이 그분의 백성들에게 가나안 족속을 그 땅에서 쫓아내라고 아주 분명하게 말씀하셨다는 사실이다. 떠나기를 거부하는 사람들은 고문당하는 게 아니라 사형에 처해지도록 되어 있었다(신 7:1-2, 20:16-17). 일찍이 유다는 하나님의 인도하심을 받았지만(삿 1:2), 여기서는 그것을 추구하지 않았던 것이다.

유다는 하나님을 '편집' 했고, 그분의 인도하심을 무시했으며, 주요 포로들을 다루는데 있어 가나안 문화가 제시하는 지침을 받아들였다. 이로 인해 외부의 관찰자들에게는 이스라엘의 하나님이 가나안 신들과 전혀 다를 게 없다는 왜곡된 메시지가 전달되었을 것이다(사사기 15장 11절에 기록된 삼손의 태도를 참조하라).

1:8-10. 가나안 족속을 정복하다 II. 이스라엘 백성은 예루살렘을 정복하여 그 거주민을 모두 죽이고 성읍을 불태웠다. 가나안 문화를 가시적으로 표현하는 것들도 모두 파괴했을 가능성이 매우 높다. 그런 다음, 그들의 지형학에 의해 분류된 세 지역으로(산지와 남방과 평지로) 내려가 그곳에 거주하고 있던 가나안 족속을 정복했다. 산악 지역 내에 있던 헤브론이 정복되었고(실제로는 갈렙에 의해, 20절), 이름이 거명된 세 적장 세새와 아히만과 달매가 죽임을 당했다.

1:11-15. 한 승자에 관한 소품. 헤브론과 그 주변 지역은 갈렙이 여호수아로부터 분배받은 유산의 일부였고(수 14:6-15), 바로 이웃의 드빌은 그의 소유지에 중요한 전략적 요충지였다. 이 장은 우리가 사사기에서 이 위대한 인물을 보는 처음이자 마지막 순간을 기록하고 있다. 갈렙은 주목할 만한 제안을 내놓았다. 누구든 드빌을 점령하는 자가 결혼식에서 그의 딸 악사의 손도 잡게 될 것이었다. 갈렙의 조카이자 그나스의 아들인 옷니엘이 승자였고, 그들은 결혼했다.

나중에 악사가 자신의 아버지에게 관심사 하나를 털어놓지만, 그녀의 결혼 생활에 관한 문제가 아니었다. 오히려, 유산으로 물려받은 남방 땅 네겝(Negev: 사막 같이 메마른 땅)에 적절한 관개를 위한 수원이 전혀 없었기 때문이었다. 최근 수십 년 동안 이스라엘 백성은 극히 적은 규모의 농업에 종사해 왔는데, 악사는 잠언 31장에 나오는 여인처럼 자신의 가족을 잘 부양할 작정이었던 것이다. 갈렙은 그녀가 요구하는 대로 들어 주었다. 위와 아래(upper and lower)라는 문구는 아마도 시작점과 끝점을 표시해 '처음부터 끝까지' 를 의미하는 표현 방식인 제유법일 것이다(계 1:8 참조, 하나님이 '알파와 오메가' 라는 말씀은 분명 그 두 문자에 제한되지 않는다는 주장이며, 오히려 말씀은 처음이고 끝이며 그 사이에는 있는 모든 것이라는 의미다). 요점은 갈렙이 자신의 딸에게 위쪽 저수지와 아래쪽 저수지 그리고 그 사이에 있는 모든 것을 아낌없이 주었다는 것이다.

이 일화에서는 모두가 긍정적으로 그려지고 있다. 갈렙은 다정하고 관대했으며, 3장에서 모범적인 사사로 등장하게 될 옷니엘은 용감하고 너그러웠으며, 악사는 분석적이고 대담했다. 지금 생각해보면, 드빌 성읍은 '신랑 지참금' 이고 샘물들은 신부 지참금이었을지도 모른다(삼상 18:25 참조). 이 책의 시작 부분에 기록된 이 가족 모든 구성원의 칭찬받을 만한 행위는 이 책의 끝 부분에서 드러나게 될 가족의 붕괴 및 학대와 극명한 대조를 이룬다(삿 19:24-29, 21:19-23, 이 일화가 여호수아 15장 13-19절에도 기록되어 있음을 유의하라).

C. 불완전한 불순종: 내리막길(1:16-26)

Supporting Idea	이 부분에서 이스라엘 백성의 불순종은 좀 더 의도적이었던 것으로 보인다. 유다(16-20절)와 베냐민(21절), 에브라임(22-26절) 등 세 지파가 하나님의 인도하심에 따르지 않으려는 태도를 보였기 때문이다. 이 부분은 이스라엘 백성이 자신들의 불순종을 합리화하기 위해 사용했던 변명들도 기록하고 있다.

1:16-20. 기술에 대한 징계. 일찍이 모세는 겐 족속에게 이스라엘 백성에 합류하도록 청했었다. 결혼으로 맺어진 그들과의 관계 때문이었다(겐 족속은 미디안 내의 한 종족이었던 것으로 보인다). 그들은 이스라엘 백성에 합류하기는 했지만, 정복 전쟁에는 참여하지 않았다. 오히려 가나안 사람 중에 거하기를 선택했고, 결국은 '가나안 족속화(Canaanized)' 되어 모세의 하나님을 거부했던 사람들과 분간할 수 없게 되었다.

유다는 약속한 대로 그들의 형제 시므온 지파에 합류하여(3절) 스밧을 완전히 진멸하고 그곳을 '파멸' 이라는 뜻으로 호르마라 명명했다. 추가로 이루어진 긍정적인 진전은 유다가 가사와 아스글론, 에그론 등 다른 세 성읍과 그 경내도 정복했다는 사실이었다. 이 모든 희소식은 유다가 "산지 거민을 쫓아내었다"는 이 한 마디로 요약되었다. 그들이 지속적으로 승리를 거둘 수 있었던 이유는 무엇이었을까? 그 답은 분명하다. 여호와께서 유다와 함께하셨던 것이다.

승리는 산지 너머까지 미쳐 골짜기를 망라하는 완전한 것이어야 했다. 가나안 족속이 그 땅에 머물도록 내버려두는 것은 치명적인 결과를 낳게 될 것이기 때문이다. 그러나 골짜기에 거주하고 있던 적들의 병기는 산지에서는 쓸모없었을 한 장비를 포함하고 있었다. 철로 장갑한 병거가 바로 그것이었다. 현대식으로 비유하자면, 머스킷 총과 칼로 무장한 군대가 기관총과 로켓탄 발사기, 최신 탱크 등으로 무장한 군대와 맞서 싸우는 것과 마찬가지였을 것이다.

본문의 문맥은 그 모든 승리가 여호와께서 이스라엘과 함께하셨기 때문에 일어났다는 사실을 분명히 하고 있다. 그분은 인도하셨을 뿐만 아니라(2절), 승리도 주셨다(4, 19절). 적의 기술적 우위는 문제가 아니었다. 이스라엘 군대의 대장은 모든 물질을 창조하셨을 뿐만 아니라 소유하고 계신 분이 아니었는가! 고지대에서의 승리가 하나님으로부터 왔듯이, 그분은 저지대에서도 승리를 주셨을 것이다. 그들이 그분께 도움을 구하기만 했다면 말이다. 하나님은 그 땅에 대한 정복과 처분이 인간적인 방법으로 설명할 수 없는 것이 되기를 바라셨지만, 불행히도 유다는 인간적인 방법이 하나님의 능력을 제한하도록 내버려두었다! 그들의 관점으로는 병기가 아도나이(Adonai: 우리 주)를 이겼던 것이다. 그 동안 전해 들었던 기적들(전염병과 출애굽, 홍해 등)과 직접 눈으로 보았던 기적들(특히, 기술적으로 우위에 있던 여리고의 정복)에도 불구하고, 그들은 하나님이 더 이상 그런 기적들을 일으킬 만큼 충분히 강력하지 못하다는 태도를 취하고 말았다.

헤브론이 갈렙에게 주어졌고 그가 거기서 아낙의 세 아들을 쫓아내었다는 사실을 포함시킨 것은 유다의 신실하지 못함과 대조를 이루는 역할을 했다(수 14:9, 신 1:36 참조). 갈렙의 일관된 태도는 인간이 마주칠 수 있는 모든 장벽보다 하나님이 더 크시다는 것이었다(민 13:30, 14:24). 나중에 드보라와 바락은 이스라엘 백성을 이끌고 구백 승의 철 병거를 보유한 군대와 맞서 싸웠고, 하나님은 기적적인 승리를 감사하는 찬양을 받으셨다(삿 4-5 참조).

1:21. 용납의 일화. 하지만 갈렙의 철저한 순종 및 승리와는 대조적으로, 베냐민 지파

는 정복이라는 도전 과제를 공존의 편안함과 맞바꿈으로써 여부스 사람들을 쫓아내지 못했다. 이것은 우리가 마주치는 진술들 가운데 그들의 불순종에 대해 어떤 변명도 담고 있지 않은 노골적인 첫 번째 사례다. 여기서의 침묵은 오히려 많은 이야기를 담고 있다. '사실에 불과한 내용' 을 조심스럽게 제시함으로써, 베냐민 지파가 여부스 사람들과 함께 예루살렘에 살았던 것은 그들이 선택했기 때문이라는 해석을 불러일으킨다. 적어도 베냐민 지파는 가나안 족속을 덜 불쾌하고 덜 위험한 존재로 간주하고, 가나안 신들의 위험성을 하나님이 밝혀주신 것보다 덜 심각하게 여기기로 선택했던 것이다. 나중에 베냐민이 타락상을 보여주는 마지막 사례 연구의 지리적 배경 역할을 했던 것은 전혀 놀라운 일이 아니다(19-21장).

1:22-26. 목적이 수단을 정당화하다. 에브라임 지파(요셉 족속)도 벧엘을 치러 올라갔고, 승리는 다시 한 번 여호와에 의한 것으로 돌려졌다. 하나님이 그들에게 명령하셨던 것으로는 보이지 않지만, 그들은 정탐 작전을 전개했다. 정탐꾼들이 그 성읍에서 한 사람이 나오는 것을 보고 그가 목숨을 부지하기 위해 정보를 제공할 의향이 있음을 알아차렸다. 그 남자는 그들에게 성읍으로 들어가는 길을 가르쳐주었다(아마도 사무엘하 5장 8절에 나오는 수로 같은 비밀 통로였을 것이다). 그 대가로 그와 그의 온 가족은 도망치는 것이 허용된 반면, 에브라임 지파는 하나님이 벧엘의 모든 거민에게 선언하셨던 사형 선고를 경감시켜준 책임을 떠맡게 되었다. 하나님은 그들과 함께하셨고, 그 목적을 달성하기 위해 사용된 수단과는 상관없이 그들에게 승리를 주셨을 것이다.

하지만 에브라임 지파는 하나님 외에 그들 자신의 지혜로 그 성읍을 정복하기로 선택했고, 그 남자와 그의 가족을 상대로 구속력 있는 조약을 맺었다(그가 선대될 것이라는 약속은 히브리 원문의 언약 용어보다 훨씬 덜 강제적이다). 그 남자와 그의 가족은 당연히 추방되었지만, 라합(언약 용어가 마찬가지로 사용된 여호수아 2장 12절을 참조하라)과는 달리 이스라엘 백성의 언약의 삶 속으로 통합되지 않았다. 대신, 그는 가나안 족속의 관행을 계속 유지하고 새로운 성읍을 지으며 사실상 벧엘(루스)과 그 문화를 그대로 이식하도록 허용되었다. 이 타협은 아무 문제도 해결하지 못했다. 그저 문제를 나중으로 미루었을 뿐이다. 이것은 이 장에서 이스라엘 백성이 하나님의 명령을 '편집' 하는 쪽을 택했던 두 번째 사건이다.

D. 완전한 불순종: 추락(1:27-36)

Supporting Idea	저자는 점령되지 않은 스물한 곳을 일일이 확인했다. 이스라엘 백성은 몇 번이고 되풀이하여 가나안 족속을 쫓아내고 진멸하기보다는(신 20:11-17) 그들이 그냥 머물 수 있도록 내버려두었다. 그들의 실패는 그들이 저지른 죄(하나님을 믿지 않는 것)의 결과였고, 그 결말은 예견된 실패들에 대한 장황한 설명이었다.

1:27-28. 므낫세의 실패. 므낫세 지파는 하나님의 명령에 순종하기를 거부했다. 그들은 벧스안과 다아낙과 돌과 이블르암과 므깃도 등지에 사는 거민들과 그 주변 정착지들을 쫓아내지 못했던 것이다. 그리하여 다섯 성읍과 그 주변의 모든 마을들은 아무 방해 없이 그대로 머물 수 있도록 묵인되었다. 우리가 짐작할 수 있는 유일한 이유는 가나안 사람들이 결심했기 때문이었다. 다시 말해, 머무르고자 하는 가나안 족속의 결심이 하나님께 순종하고자 하는 이스라엘 백성의 결심보다 더 컸다는 것이다. 이스라엘 백성은 그들을 다 쫓아내지 않았다. 나중에 이스라엘 백성이 군사적 우위를 점하게 되었을 때도 그들을 강제 노역에 활용했다. 이스라엘 백성의 삶을 덜 고되게 만들기 위해서였다. 이것은 이스라엘 백성에 의해 행해졌다고 이 장에 언급되어 있는 네 차례의 징발 가운데 첫 번째 경우다(30, 33, 35절). 그러나 결국에는 이스라엘 백성 자신이 가나안 주인들을 위해 강제 노역에 동원될 것이었다.

1:29. 에브라임의 실패. 에브라임도 게셀에 거한 가나안 사람을 쫓아내지 못했다. 오히려, 그들은 나중에 전략적 군사 요충지로 판명될 장소(남북로와 동서로의 교차 지점)에서 이스라엘 백성과 함께 살았다.

1:30. 스불론의 실패. 좀 더 북쪽으로 옮겨간 스불론도 하나님께 순종하는 데 실패했다. 하지만 기드론과 나할롤 거민이 자신들 중에 거하도록 허용하면서 그들을 강제 노역에 활용했다.

1:31-32. 아셀의 실패. 다른 정복 시도에서 이스라엘 백성은 가나안 저항 세력이 그들 사이에 거하도록 묵인했고, 그것은 비참한 결과를 초래하게 될 것이었다. 아셀의 경우에는 악고와 시돈, 알랍, 악십, 헬바, 아빅, 르홉 등의 성읍이 아셀에게 저항했을 뿐만 아니라, 처음으로 이스라엘 백성이 가나안 주인들 사이에 거하도록 허용된 침입자로 묘사되기까지 했다.

1:33. 납달리의 실패. 다시 한 번 이스라엘 백성이 가나안 족속 가운데 거하도록 허용되었다. 납달리는 벧세메스와 벧아낫(특별히 가나안 종교에 바쳐진 장소들이었다)의 거민들을 쫓아내지 못했을 뿐만 아니라, 이번에도 이스라엘 백성이 그 땅 거민 가나안 사람 가운데 거하면서 그들을 강제 노역에 활용했다.

1:34-36. 단의 실패. 훨씬 더 북쪽에서 벌어진 실패담은 최고조에 달했다. 단 지파는 아모리 족속(사사기에서는 여기서 처음으로 언급된다)에 의해 압도되었다. 그들은 너무 위축된 나머지 골짜기로 내려갈 수도 없었다. 나중에 요셉 족속이(에브라임 지파가) 강성해져 단 지파의 영토 일부를 합병한 이후에는 일부 아모리 족속을 압박하여 강제 노역을 시켰다. 요컨대, 27-36절을 쭉 훑어보면 알 수 있듯이 하나님의 명령에 대한 불순종이 지루하고 반복적인 결과를 낳고 있음이 분명하다.

Main Idea 복습	여호수아의 죽음 이후 하나님의 백성들은 완수해야 할 임무를 가지고 있었다. 하나님이 그들에게 주신 땅에 대한 점령을 그분의 인도하심과 능력으로 마무리하는 것이었다. 이스라엘 백성들은 비록 잘 시작했지만, 하나님의 명령을 '편집' 함으로써 점차 순종에서 불순종으로 옮겨갔다. 유다에서부터 시작된 이야기는 지리적으로 볼 때 남에서 북으로 이동하며 각 지파의 성공과 실패를 장황하게 설명하고 있다.

결론

하나님의 백성이 '가나안 족속화' 될 때

유사 이래 기독교가 지금보다 더 설득력 있는 변증법적 정보를 활용 가능한 상태로 보유하고 있던 때는 없었다. 그럼에도 불구하고 사람들은 아직도 설득되지 않고 있다. 왜일까? 기독교를 반대하는 지적 이유의 압도적 타당성 때문이 아니다. 오히려, 사람들은 도덕적 선택을 하고 그것에 자신의 신념을 일치시킨다. 슬픈 일이지만, 그것은 교회 내에서도 마찬가지다. 기독교 서점을 둘러보면, 성경 공부나 세상에 영향을 미치는 것과 관련된 주제를 다루는 책들이 아니라 세상이 우리에게 영향을 끼쳐 온 방식에 대처하는 데 도움을 주기 위해 기획된 책들의 수에 압도당하게 될지도 모른다. 문명의 죄는 고스란히 교회의 죄로 이어져 왔다. 이스라엘 백성이 종교적 · 도덕적 타협을 통해 그들이 정복하기로 되어 있는 사람들처럼 되었던 것은 놀랄 일이 아니다.

비록 그리스도인들이 하나님의 백성이기는 하지만, 우리는 때때로 우리가 누구인지 그리고 우리의 주인이 누구인지 잊어버린다. 우리가 일단 도덕적 타협에 빠지면, 더 낮은 도덕적 규범을 즐기게 되고, 마침내는 그것에 맞춰 우리의 믿음을 조정하고 만다. 감사하게도 하나님의 말씀은 우리가 그런 유혹에 넘어가지 않도록 권고와 사례를 제공해준다. 우리가 하나님을 편집하지 않는 한 말이다.

■ 진리 알기

• 하나님은 믿는 자들에게 성장을 위한 세 가지 자원을 주셨다. 우리 앞에 있는 그분의 말씀과 우리 안에 계신 성령 그리고 우리를 둘러싸고 있는 교회가 바로 그것이다. 우리가 그 가운데 어느 것 하나라도 소홀히 한다면 영적 위험에 직면하게 될 것이다.
• 갈렙이 그랬던 것처럼, 타협하지 않고 하나님의 말씀의 진리 위에 서는 것은 하나님께 영광을 돌리는 가시적인 증거를 제공해준다.
• 우리에게 일어나는 어떤 승리도 여호와로부터 오는 것이다(삿 1:2, 4, 19, 22, 약 1:17 참조).
• 하나님은 우리의 승리가 너무 엄청난 것이어서 인간의 설명을 초월하고 우리 너머에 계신 그분을 증거하는 것이 되기를 바라신다.

■ 적용하기

• 하나님은 의미하는 바를 말씀하시고 말씀하는 바를 의미하신다. 하나님을 '편집' 하지 않도록 주의하라.
• 하나님을 일시 정지시켰다가 퇴보함 없이 당신의 영적 발걸음을 다시 시작할 수 있을 거라고 가정하지 말라. 우리는 막대한 수업료를 지불하지 않은 채 하나님으로부터 벗어나 '봄방학' 을 가질 수 없다.

- 죄에 빠지게 될 때, 주저하지 말고 다시 일어나라. 하나님은 용서해주겠다고 약속하신다(요일 1:9). 몇 번이고 이스라엘 백성을 용서하셨듯이 말이다.
- 끝까지 신실하라! 너희 속에 착한 일을 시작하신 이가 그리스도의 날까지 이루실 것이다(빌 1:6).

삶의 적용

황소들과 함께 달리기

1924년 어니스트 헤밍웨이는 스페인 팜플로나(Pamplona)의 한 지역 축제에 참가했다. 그 축제는 헤밍웨이가 그의 소설「태양은 또 다시 떠오른다(The Sun Also Rises)」에서 소재로 사용한 후 유명해져 국제적인 주목을 받게 되었다. 그것은 황소들에 의해 이 거리 저 거리로 끌려다님으로써 순교당한 한 성직자의 이름을 따서 명명된 산 페르민 축제(La Fiesta de San Fermin)의 일부다. 지난 6세기 동안, 팜플로나의 여러 거리를 거쳐 그 지역의 스타디움으로 향하는 '황소들의 달리기' 에 참여하는 것은 남성다움의 상징으로 간주되어 왔다. 사실, 헤밍웨이가 그것을 낭만적으로 묘사했던 1924년 이후로 많은 사람들이 죽임을 당했다. 아무래도 덩치가 아주 큰 성난 황소들 앞에서 달리는 것은 현명한 짓이 아니다. 위험하기 때문에 자진해서 개입하고 싶지 않은 무분별한 상황이 일부 있게 마련이다. 우리는 잘 알면서도 때로는 아무 생각 없이 하지 말아야 할 것을 하기로 선택한다.

이스라엘 백성은 가나안 족속을 그 땅에서 쫓아내거나 진멸하기보다는 오히려 하나님께 불순종하는 쪽을 선택했다. 그들은 위험이 끝났다고 느꼈고, 적어도 황소들을 우리 속에 가두어 날뛰지 못하게 진정시켰다고 생각했다. 설마 하나님의 백성들이 다치는 일은 생기지 않겠지! 의심할 여지없이 우리는 이미 충분히 이루었어! 그리고 만약 황소들이 어떻게 해서 다시 깨어난다 하더라도, 분명히 다른 누군가를 좇아가게 될 거야. 후자는 실제로 황소들과 함께 달리는 사람들이 행하는 도박이지만, 그 가능성은 희박하다. 사실, 영적 삶을 위한 지침으로서는 그것이 실패할 수밖에 없는 전략이다. 그 결과는 가나안 족속이 마침내 다시 세력을 얻고 이스라엘 백성이 황소들 앞에서 달리며 짓밟히지 않기 위해 절박하게 피난처와 안식을 찾는 자신을 발견하게 되는 것이었다. 이 장은 어둡고 음울하다. 그와는 대조적으로, 하나님은 우리가 그분께 순종하며 세상을 이기신 그분의 승리 안에서 살아가기를 바라신다(요 16:33).

기도

주님, 우리의 가시적인 행동은 다른 사람들이 볼 수 있지만, 우리의 동기는 당신 앞에 그대로 드러나게 됩니다. 당신은 우리가 솔직할 때도 아시고, 앞에 놓여 있는 장애물에 대한 우리의 시각이 당신의 위대한 능력과 진리의 말씀에 대한 우리의 시각을 왜곡시키도록 우리가 방치할 때도 아십니다. 때때로 우리의 환경은 당신의 약속보다 우리에게 더 실제적인 것처럼 보입니다. 우리가 스스로를 편안하게 만들기 위해 당신의 진리를 왜곡할 때 우리를 용서해주옵소서. 우리의 삶이 우리의 방식으로는 설명될 수 없지만, 참으로 승리를 주시는 우리 너머에 계신 오직 한 분만을 증거하게 되기를 원합니다. 우리 주 예수 그리스도의 이름으로 기도합니다. 아멘.

심층 연구

A. 출석 점호

사사기 1장은 기본적인 사실을 기록하는 데 있어 매우 완벽하고 의도적이기 때문에, 어떤 생략도 의미가 있다. 만약 누군가 1장을 자세히 훑어보면서 '출석을 부르게' 된다면, 르우벤과 갓, 레위, 잇사갈 등 네 지파가 빠져 있는 사실을 발견하게 될 것이다. 르우벤과 갓이 빠져 있는 것은 이치에 맞다. 그들은 약속의 땅 밖에 살았고(수 22장), 그들의 적 아모리 족속은 이미 모세에 의해 정복되었다(민 21장). 마찬가지로, 레위도 따로 할당받은 영역 없이 다른 모든 지파들의 영역 내에 흩어져 살았다(민 18:20-21, 신 14:27, 29). 잇사갈의 부재만이 설명되지 않지만, 사사기에서 잇사갈의 존재는 드보라와 바락(삿 4-5, 5:15 참조) 그리고 돌라(삿 10:1)에 의해 대표된다. 잇사갈은 왕정 시대 동안 수적으로 꽤 많았고 두각을 나타냈다(대상 7:5).

B. 우림과 둠밈(1:1)

이스라엘 백성에 의해 추구된 인도하심은 아마도 포함과 배제(혹은 승인과 거절)의 수단을 사용했을 것이다. 그리고 그 수단은 제사장 의복의 일부로 '우림과 둠밈' 이라고 불렸다. 그것은 여호수아에게 주어져(민 27:21) 여호수아 7장에서 아간을 지목하는 데 사용되었을 가능성이 있다(다른 성경 구절들도 참조하라, 출 28:30, 레 8:8, 신 33:8, 삼상 28:6, 스 2:63, 느 7:65). 사사기 1장 1-2절에 묘사된 인도하심은 우림과 둠밈을 통해서, 그리고 일부 선지자의 예언을 통해서도 일어났던 것일 수 있다. "내가 이 땅을 그 손에 붙였노라" 는 격려의 말씀이 계시되었기 때문이다(2절).

C. 브리스 사람(1:4)

브리스 사람(Perizzites)이라는 용어는 인구가 조밀한 지역에 사는 어느 소집단이나 가나안 땅 자체에 거주하는 한 종족을 지칭하는 데 사용되었다. 학자들은 그들이 어디에 살았는지 확신하지 못하고 있지만, 그들은 구약에 여러 차례 언급되어 있다(창세기 13장 7절에서부터 느헤미야 9장 8절까지, 그러나 사사기에는 겨우 세 번 언급되어 있다). 한 가지 일반적인 소견을 피력하고 넘어가고자 한다. 우리는 사사기를 통해 잘 알지 못하는 사람들(때로는 민족들)과 아직 확인되지 않았거나 지금은 우리에게 잊혀져 버린 지리적 위치들을 만나게 될 것이다. 설사 그렇다 하더라도, 우리의 지리적 무지가 이 중요한 책이 주는 메시지에 대한 우리의 이해에 영향을 미치지는 못한다.

D. 사사기 1장의 예루살렘: 정복되었는가(1:8), 아니면 저항했는가(1:21)?

예루살렘은 8절에서 정복되었던 것처럼 보이지만, 결국에는 21절에 정복되지 않은 지역으로 나타난다. 우리는 이 모순을 어떻게 이해할 수 있을까? 블록(Block)은 이렇게 설명한다. "예루살렘은 유다와 베냐민의 경계선 상에 위치한 경계도시였다. 8절에 불탄 성읍은 아마도 기드론과 힌놈의 골짜기 사이의 남쪽 구릉에 있는 여부스 족속의 요새였을 것이다. 다윗은 결국 그곳을 점령하여 자신의 수도로 만들었다. 따라서 21절에 기록된 베냐민의 실패는 좀 더 북쪽에 있는 성채를 상대로 한 시도였음에 틀림없다"(Block, 92).

E. 하늘이 맺어준 인연?(1:11-15)

다른 문화의 관습은 이상해 보이게 마련이다. 중매결혼은 대부분의 세상에서 이치에 딱 맞는 반면, '데이트' 개념은 그들에게 이해가 되지 않는다. 여러 해 전 내가 가르치는 학생 가운데 한 명이 인도 태생의 매우 논리 정연한 전기공학 박사였는데, 그는 자신의 아내를 결혼식 날 처음 만났다. 요즘 그들은 행복한 가정을 유지하며 서로를 깊이 사랑하고 있다. 갈렙이 자기 딸의 손을 걸고 시합을 주선했을 때, 그의 의도는 그녀를 무시하려는 게 아니라 그녀를 위해 훌륭한 남편이자 보호자를 확보해주려는 것이었다. 나중에 그녀가 요구 사항을 가지고 갈렙을 찾아왔을 때, 그는 먼저 그녀를 위해 무엇을 해 줄 수 있을지 물었고 그녀의 요구 사항을 존중해 수용했다.

갈렙의 가족과 관련하여 아이러니한 것은 그들 가운에 어느 누구도 열두 지파의 후손이 아니었다는 사실이다. 모두가 개종자였던 것이다(그니스 족속). 하지만 그들은 이스라엘의 하나님을 믿는 매우 독실한 신자들이었다. 갈렙이 유다를 대표하는 족장으로서 민수기 13장의 정탐꾼들 가운데 한 명으로 선택되었던 사실을 감안할 때, 그는 악사가 태어나기 이전부터 자신이 동화되었던 지파인 유다 내에서 상당히 존경받는 인물이었을 것이다(민 32:12, 수 14:6,14, 창 36:11.15, 42 참조).

F. 1장의 구조

성경 본문을 내용별로 구분하는 데는 때로 한 가지 이상의 방법이 존재한다. 서로 다른 기준이 적용되기 때문이다. 군사적 기준을 적용하면, 1장을 성공(1-15절)과 실패(16-36절)로 나눌 수 있을 것이다. 그 땅을 정복하고 그 거민들을 쫓아내라는 하나님의 명령에 대한 이행 여부를 기준으로 할 경우, 다소 진부한 타이틀을 사용하여 '선한 자(1-15절)와 악한 자(16-26절) 그리고 추한 자(27-36절)' 로 구분해 볼 수도 있다. 지리적 기준을 적용하면, 유다(3-20절)와 베냐민(21절), 요셉(에브라임, 22-26절) 등 남쪽의 싸움에서 므낫세(27-28절)와 스불론(30절), 아셀(31-32절), 납달리(33절) 그리고 최북단의 단 지파(34절) 등 북쪽의 싸움으로 옮겨가는 매우 의도적인 패턴을 볼 수 있다(여기서는 29절의 에브라임만이 예외라고 할 수 있다). 그러나 이후 전개되는 사사기의 내용에 비추어 우리는 하나님에 대한 순종이라는 렌즈를 이용하여 이 장을 구분하기로 선택했다.

고안

A. 들어가는 글

1. '일시정지를 위한 무의미한 발걸음' 이야기로 시작하라.
2. 배경 설명: 여호수아의 영도 아래 이루어진 정복 전쟁 이후, 이스라엘 백성은 잘 출발했지만, 곧 하나님의 명령을 훼손하기 시작했다. 이 장의 끝부분은 책 전체의 축

소판으로, 불상사의 행렬 속에 이따금 박혀 있는 승리의 소품이라고 표현할 수 있다. 블록은 유다(옷니엘)에서부터 시작하여 베냐민(에훗)과 에브라임(드보라), 므낫세(기드온), 길르앗(입다) 등을 거쳐 단(삼손)까지 이어지는 사이클의 이동이 이 첫 번째 장에서 설정된 방향과 일치한다고 설명하고 있다.

3. 적용: 사사기의 이 첫 번째 장은 여호수아의 시대가 끝나고 사사들의 어두운 시대가 시작된 영적 원인을 밝히기 전에 기본적인 사실들을 기록한 연대기다. 여호수아 22-24장에서 하나님의 지도자 여호수아는 하나님의 백성들에게 하나님의 약속을 주장하기 위해서는 그분의 인도하심을 따라야 한다고 경고했다. 사사기 1장에서 하나님의 백성들은 지도자 없이 하나님의 인도하심을 무시하면서 점점 더 큰 불순종에 빠져든다. 사사기 2장은 그런 불순종을 떠받치고 있는 영적 원인에 대한 고찰을 제공해줄 것이다.

B. 본문 이해

1. 완전한 순종: 정도(1:1-2)
    1) 인도하심이 요청되다(1:1)
    2) 인도하심에 대한 요청이 받아들여지다(1:2)
2. 불완전한 순종: 굽은 길(1:3-15)
    1) 합병하다(1:3)
    2) 가나안 족속을 정복하다 I (1:4)
    3) 한 왕을 불구로 만들다(1:5-7)
    4) 가나안 족속을 정복하다 II (1:8-10)
    5) 한 승자에 관한 소품(1:11-15)
3. 불완전한 불순종: 내리막길(1:16-26)
    1) 기술에 대한 핑계(1:16-20)
    2) 용납의 일화(1:21)
    3) 목적이 수단을 정당화하다(1:22-26)
4. 완전한 불순종: 추락(1:27-36)
    1) 므낫세의 실패(1:27-28)

2) 에브라임의 실패(1:29)

3) 스불론의 실패(1:30)

4) 아셀의 실패(1:31-32)

5) 납달리의 실패(1:33)

6) 단의 실패(1:34-36)

C. 결론: “하나님의 백성이 ‘가나안 족속화’ 될 때”를 읽어주라.

토의 질문

1. 먼저 여호수아 1장 7-8절을 읽고 나서 야고보서 1장 23-25절을 읽어보라. 이 두 성경 본문을 당신이 어떻게 살아야 하는지 말해주는 두 명령(의무)으로 바꾼다면 무엇이 되겠는가?

2. 갈렙은 신자의 훌륭한 본보기로, 그의 증언은 이 어두운 장에서 유일하게 빛을 발한다. 여호수아 14장 6-15절을 공부하고, ‘챔피언의 기질’에 대한 프로필을 만들어보라.

3. 다음 생각에 대해 토론해보라. 하나님께 순종하기를 거부하는 것은 영적 타협으로 이어질 것이다. 그리고 당신이 타협할 때, 결코 승리할 수 없다. 곰을 막 쏘려 했던 한 남자에 관한 옛 우화를 기억하는가? 곰이 말했다. “잠깐요! 뭘 원하시는 거죠?” 그 사냥꾼이 말했다. “겨울에 입을 모피 코트 한 벌을 원한단다.” 곰이 말했다. “저는 배불리 먹고 싶거든요. 협상하는 게 어때요.” 잠시 후, 곰이 일어나 어슬렁어슬

렁 사라졌다. 혼자서 말이다. 곰은 배를 채웠고, 사냥꾼은 모피 코트를 뒤집어쓸 수 있었던 것이다. 영적 타협은 항상 일방적이다. 당신이 잡아먹히게 될 것이다(벧전 5:8). 사탄은 사자이기 때문에, 결코 공정하게 게임하지 않는다(요 8:44).

4. 이 부분에 대해 생각해보자. 당신은 농담을 하는 데 있어 믿지 않는 친구들과 어떻게 다른가? 당신이 선택하는 유흥이나 시간을 보내는 방법, 다른 사람에 대해 이야기하는 방식, 돈을 쓰는 스타일 등은 어떤가? 당신을 예수님의 제자로 특징지어주는 주목할 만한(그리고 매력적인) 어떤 차이가 있는가?

5. '불완전한 순종'과 '불완전한 불순종' 사이에 동기의 차이가 있다고 가정해보자. 당신은 그것이 무엇일 거라고 생각하는가?

사사기 2장

영적 광기 증세

"배가 있어야 할 곳은 바다지만, 만약 바다가 배 안으로 들어온다면 하나님이 도우신다."

- D. L. 무디(D. L. Moody)

이 장은 여호와께서 보내신 사자의 거룩한 방문에서부터 시작된다(1-5절). 하나님은 그 방문을 통해 그분이 이스라엘에게 신실하셨음에도 불구하고, 그들은 그분께 신실하지 못했다는 사실을 설명하신다. 여호수아와 그를 추종하던 2세들이 살아 있는 동안에는 이스라엘이 여호와를 충실히 섬겼지만, 겨우 한 세대가 지나자 영적 기억상실증 증세를 보이며 '탕자 같은 민족'이 되어 버렸다(6-10절). 바퀴를 괴고 있던 버팀목이 제거되었고, 쇠퇴의 내리막길이 마침내 시작되었다(11-23절). 3-16장에서 반복될 사이클들을 통해서 말이다.

들어가는 글

당신에게 미쳐 있다

잠시 동안, 남편이 부정을 저지르고 있다고 의심하는 어느 사랑하는 아내의 세계로 들어가 보자. 상심한 그녀가 남편을 다그치자, 그가 고백하기 시작한다.

"그래, 당신은 지금까지 내게 충실했고 무조건적으로 나를 사랑해주었지만, 나는 지금 당신에게 충실하지 못한 게 사실이야."

"어디, 말해봐요." 아내가 묻는다. "그녀를 사랑해요?"

"응, 그녀를 정말로 사랑해."

"그 동안 우리가 동고동락하며 함께했던 날들은 어떻게 하고요?"

"나도 어쩔 수가 없어."

"그녀가 그렇게 예뻐요?"

"응, 모델이야."

"나보다 더 젊어요?"

"글쎄, 그녀가 고안된 1959년도에는 십대였지, 아마."

다소 어리둥절한 표정의 아내가 계속 다그친다. "그녀를 사랑하는 이유가 뭐예요? 그녀도 당신을 사랑하고 있나요? 이름이 뭐예요? 그녀의 뭐가 그렇게 특별한 거죠?"

"잠깐만, 한 번에 하나씩만 물어봐. 처음에는 단지 그녀의 외모에 끌렸던 걸 인정해. 이름은 바비(Barbie)야. 정말 아름답지. 그녀는 놀라운 몸매를 가지고 있지만, 내게 아무것도 요구하지 않아. 사실, 내가 무엇을 하든 내가 좋아하는 것이고 내가 보기에 옳은 일이라면, 그녀는 전혀 개의치 않아. 하지만 그녀에게도 딱 두 가지 문제가 있어. 키가 25cm밖에 되지 않는다는 점과 너무 큰 옷장을 가지고 있다는 사실이야. 그녀가 나를 사랑하는지 여부에 관해서는 아직까지 한 마디도 하지 않고 있어."

아내가 남편을 바라보며 묻는다. "당신 미쳤어? 정신이 어떻게 된 거 아니야?"

이 시나리오는 정말로 둔해 보일지 모르지만, 앞서와 같은 광기나 현실에 대한 균형 잡힌 시각의 부족은 가나안 족속의 신들을 좇기로 했던 이스라엘의 선택과 다르지 않다. 사실, 우상 숭배는 무엇이든 최고의 가치를 지니고 있다고 여기는 것을(돈이든 소유물이든 스포츠든 사람이든 일이든) 하나님 앞에 두는 것이다. 우리가 하나님을 밀어낼 때, 그분은 무한한 슬픔(그것들이 우리의 갈망을 충족시킬 수 없다는 사실을 아시기 때문에)과 무한한 질투(그분은 열정적인 하나님이시기 때문에)를 느끼며 우리의 보잘것없는 우상들을 바라보신다.

죄는 논리적이지 않다. 철저하게 비이성적이다. 우리가 죄를 짓기로 선택하는 순간, 우리는 우리의 논리적인 능력을 억누르며 이렇게 말한다. "이 점에 대해서는 내가 하나님보다 더 잘 안다. 더군다나, 이것이 내게 나쁠 거라는 생각은 전혀 들지 않아. 단기적으로든 장기적으로든 말이야. 설사 나를 만드시고 내게 삶의 지침서까지 주신 창조주께서 이것을 하지 말라고 말씀하시더라도, 나도 제 앞가림 못할 정도로 그렇게 어리석지는 않아. 나는 하고 싶은 대로 할 거야." 그렇게 해서 우리는 하나님의 인도하심을 억누르고, 하나님에 대한 우리의 인식을 억누르며, 영적 광기로 묘사될 수밖에 없는 것을 선택한다.

본문 이해

영적 광기 증세

Main Idea	하나님은 항상 그분의 자녀들에게 신실하시다. 하지만 우리가 신실하지 못할 때, 그분은 우리가 스스로 선택하도록 내버려두신다. 우리에게 자기 파괴적인 고통을 주는 선택까지도 포함해서 말이다. 설사 그렇다 하더라도, 그분은 우리를 포기하지 않으시고, 탕자의 아버지처럼 그분의 너그러운 사랑의 팔로 회개하고 돌아오는 우리를 안아주시려고 항상 기다리고 계신다.

A. 대면: 한 사자에 의해 강하게 비난받다(2:1-5)

Supporting Idea	하나님은 특별한 사자를 보내어 이스라엘 백성에게 두 가지 진리를 들이대셨다. 하나님은 신실하셨음에도 불구하고, 이스라엘은 불순종으로 반응했다는 것이다. 이제 심판이 뒤따르게 될 것이었다.

2:1. 방문의 원인: 하나님은 신실하셨다. 하나님은 이 특별한 위기의 시기에 여호와의 사자를 보내어 그분의 메시지를 수령자에게 전달하셨다. 그 사자가 단순히 하나님의 말씀을 '1인칭' 으로 대언하는 하나님의 메신저('사자' 의 원래 의미대로)였을 가능성도 있지만, 미리 인간의 모습으로 현현하신 그리스도였을 수도 있다('심층 연구' 참조). 그분의 출발 기점은 길갈이었고, 그것은 '메시지 속의 메시지' 역할을 했을지도 모른다. 길갈은 구약에서 38번 언급되었고, 지리적으로보다는 신학적으로 더 큰 의미를 지니고 있었다. 그곳은 이스라엘 백성이 요단강을 건너고 나서 그 역사적 사건을 기념한 장소였던 것이다(수 4:19-20, 5:9-10). 이스라엘 백성은 거기서 진을 쳤고, 열두 개의 돌로 기념비를 세웠으며, 2세로 태어난 모든 남자에게 할례를 행했고, 유월절을 기념했다(Block, 110).

보다 더 중요한 것은 여리고 성에 대한 전투 계획이 '여호와의 군대장관' (수 5:15)에 의해 여호수아에게 계시되었던 곳이 바로 길갈이었다는 사실이다. '군대(army: NIV)' 나 '큰 무리(host: NASB)' 는 천사의 군대를 의미한다(계 19:11-21 참조). 만약 그 군대장관이 앞서와 같은 위격(divine person)이었다면, 하나님의 도전은 분명했다. "너희들이 여리고에서 내 말에 순종할 때, 승리를 거두지 않았느냐. 그러니 지금도 내게 순종하라. 너희들이 길갈에서 신실함을 맹세하지 않았느냐. 그러니 지금 그 약속을 지켜라." 하나님의 신실하심을 주장할 수 있는 두 가지 근거가 출애굽 사건과 가나안 정복으로 언급되었다. 하나님의 신실하심을 증명하는 이 두 사례에 이어 곧바로 약속이 주어졌다. 내가 너희에게 세운 나의('우리의' 가 아니라) 언약을 영원히 어기지 아니하리라(레 26:12 참조).

2:2. 방문의 원인: 이스라엘은 신실하지 못했다. 하나님은 그분의 백성에게 두 가지 명령을 주셨지만, 그들은 둘 다 불순종했다. 그분은 이스라엘 백성에게 이 땅의 거민과 언약을 세우지 말라고 말씀하셨다. 하지만 그들은 하나님의 적들과 언약을 맺었을 뿐만

아니라, 그들의 단을 허는 데도 실패했다(출 23:20-33, 34:11-15, 삿 2:12-13, 6:25-28 참조, 하나님의 명령은 폐기되지 않았다). 하나님은 웅변적으로 물으셨다. 너희가 어찌하여 이런 일을 하였느냐? 하나님의 요점은 죄가 결코 논리적 선택이 아니라는 사실을 강조했다. 가나안 족속의 제단은 말하지 못하고 느끼지 못하는 신들을 상징했다. 그와는 대조적으로 하나님은 말씀하시고(실제로 응답을 요구하시며), 그분의 자녀들이 보았듯이 깊이 느끼신다. 그분은 질투하는(열정적인) 하나님이시며, 노하기를 더디 하시지만 진노하실 때는 행동하신다(또는 이 경우처럼 그분의 적극적인 보호를 거두신다). 천 년 이상이 지난 뒤에 죄 때문에 슬퍼하셨던 바로 그분이 그 죄를 위해 죽으시게 될 것이었다(사 53:6, 11, 고후 5:21).

2:3. 방문의 결과: 하나님이 손을 떼셨다. 하나님이 행동을 취하신 원인은 그분의 신실함에도 불구하고 이스라엘이 신실하지 못했기 때문이다. 그 결과는 두 가지였다. 우선, 하나님이 이스라엘로부터 그분의 보호와 임재를 거두셨다. 그분은 가나안 족속을 쫓아내지 않으셨을 뿐만 아니라, 그들이 오히려 옆구리의 가시가 되어(외적 부담, 민수기 33장 55절과 여호수아 23장 13절에 묘사된 이미지에 유의하라) 이스라엘 백성을 압박하는 동시에, 그들의 우상은 지속적인 유혹거리로 작용하여(내적 부담, 올무에 해당하는 히브리말의 어원은 '미끼를 놓다' 라는 의미를 지니고 있다) 하나님의 백성이 점점 더 자기 파괴에 빠지도록 만들게 될 것이었다. 그것이 바로 하나님이 하시겠다고 약속하셨던 것이다(수 23:13). 하나님의 명령에 대한 불순종은 자유가 아니라 속박을 초래한다.

2:4-5. 방문의 결과: 이스라엘이 울었다. 두 번째 결과는 이스라엘 백성의 세 가지 반응으로 나타났다. 우선, 그들이 소리를 높여 울었다(민 14:1-2). 둘째로, 그들은 끓어오르는 감정의 폭발을 오래도록 잊지 않기 위해 그 장소를 '울음(weeping)' (보김)이라고 명명했다. 셋째로, 그들은 여호와께 제사를 드렸다. 하지만 그것으로는 미흡했을 뿐만 아니라 너무 늦었다. 사무엘은 후에 이렇게 말했다. "순종이 제사보다 낫다" (삼상 15:22, 시 51:16 참조). 그들의 눈물 흘리는 광경이 진정한 회개를 반영한 것이었다면, 사사기는 이 시점부터 전혀 달라졌을 것이다. 이스라엘은 몇 번이고 되풀이하여 그들의 여호와를 망각했다. 주의 집중 범위가 좁은 유아처럼, 이스라엘은 자신을 더럽히고 나서 누가 돌봐줄 때까지 큰소리로 울며 그런 다음에도 (돌봐주는 사람은 생각도 않고) 스

스로 자초한 다음 위기가 찾아올 때까지 자아 몰두에 빠지곤 했다. 유아라면 이해할 수 있지만, 언약의 맹세를 한 사람들로서는 상상도 할 수 없는 일이다.

B. 기념: 한 영웅의 유산(2:6-10)

Supporting Idea	여호수아와 그를 따르던 바로 다음 세대의 추종자들이 살아 있는 동안에는 이스라엘이 하나님을 거부하지 않았다. 이스라엘의 변절은 한 번의 의사결정이나 사건의 산물이 아니라, 3세대에 걸쳐 이루어진 무수한 의사결정의 축적물이었다.

2:6-9. 백성이 여호수아와 장로들의 사는 날 동안에는 하나님을 섬겼다. 이에 대해서는 약간의 재검토가 필요한데, 저자는 그 단초를 제공하고 있다. 우리는 이스라엘의 변절을 초래한 근본 원인이 정치나 경제, 지리 등과는 아무 상관이 없었다는 사실을 상기하게 된다. 간단히 말해서, 그것은 이스라엘이 하나님을 망각했기 때문이었다. 영적 기억상실증의 잠식이 겨우 3세대 만에 완료되었던 것이다. 그것은 건망증 증세가 아니라, 과거 이스라엘을 위해 행하셨던 하나님의 역사의 의미를 의도적으로 거부하는 것이었다. 그것은 하나님이 2절에서 "그리 함은 어찜이뇨?"라고 물으신 웅변적인 질문에 대한 답이기도 했다. 설명은 지난 역사로 거슬러 올라가고, 이제 본문은 플래시백(flashback)을 제공한다(수 24:28-30 참조).

여호수아가 이스라엘 백성을 해산시킨 후, 110세에 죽었고 가아스산 북쪽 에브라임 산지에 위치한 그의 기업의 경내 딤낫 세라에 장사되었다. 우리는 그가 여호와의 종이었다는 사실도 상기하게 된다. 그것은 구약에서 단 세 명에게만 사용된 용어였는데, 나머지 두 사람은 모세와 다윗이었다(메시아를 의미하는 여호와의 종과 관련해서는 이사야 42장 19절을 참고하라). 여호수아(그리고 갈렙) 이후, 사사들 가운데 어떤 지도자도 이스라엘을 집단적 순종으로 이끌 능력이 없는 것처럼 보였다.

여호수아의 생애 끝까지 그 세대는 그들의 지도자를 따랐고 여호와를 섬겼다. 그것은 이치에 맞는다. 그들은 어린 시절 이집트에 내려진 역병과 홍해의 갈라짐, 율법의 부여, 광야에서의 보호 등을 직접 목격했고, 어른이 되어서는 여리고에서의 놀라운 승리와 약속의 땅 정복에 참여했다. 그들은 수시로 하나님의 직접적인 인도하심을 경험했던 것이다. 그들은 하나님을 알았고, 자신들의 삶 속에서 그분의 역사를 보았다. 그들은 종종 하나님의 은혜와 그분의 심판을 모두 목격했다. 그 다음 세대 역시 하나님을 알았고 그분이 과거에 하신 일에 대한 이야기를 알고 있었다. 하지만 그분을 스스로 경험하지는 못했던 것이다.

2:10. 백성이 하나님을 무시하고 각자의 소견에 옳은 대로 행했다. 3세들은 여호와를 알지 못하며 여호와께서 이스라엘을 위하여 행하신 일도 알지 못했다. 어느 시점에선가 하나님의 진리를 다음 세대에 전하는 과정에 문제가 발생했던 것이다. 제사장들이 제 역할을 다하지 못했다. 그들은 "여호와께서 모세를 통하여 주신 모든 규례를 이스라엘 자손에게 가르치도록" 되어 있었기 때문이다(레 10:11). 아버지들도 제 구실을 하지 못했다. 신명기 6장 1-9절에 의하면, 그들은 공식적으로나 비공식적으로나 하나님의 진리를 가르치고 세상을 교실 삼아, 삶을 실험실 삼아 하나님의 진리를 생생하게 전달해야 했다.

그 결과는 오래지 않아 하나님의 백성이 영적 기억상실증 증세를 보이는 것이었다(기억하는 것의 중요성에 대해서는 사 1:14, 호 4:1-6, 렘 8:4-12, 9:23-24 등을 참고하라). 본문에서 한 세대가 오고 갔다는 단 몇 마디로 표현된 기간 만에 독자들은 이제 가나안 족속과 전혀 달라 보이지 않는 이스라엘을 마주하게 된다(삿 17:6, 21:25 참조).

C. 재앙: 쇠퇴의 그림(2:11-23)

Supporting Idea	의도적 반역과 도덕적 쇠퇴의 장황한 이야기가 몇 번이고 되풀이하여 비극적으로 전개되었다. 하나님의 사랑의 어두운 면이 그분의 사랑하는 백성들에게 심판이 내려지는 것을 허락하신다. 그래도 하나님은 이스라엘을 놓지 않으실 것이다. 심지어 그분에 대한 계속적인 거부와 다른 신들에 대한 추구가 한창일 때조차도 말이다.

2:11-13. 하나님에 대한 이스라엘의 거부 I. 이 부분 전체는 이스라엘 자손이 여호와의 목전에 악을 행하였다는 서두의 말로 제목을 삼을 수 있을 것이다. 그 말은 이 장의 나머지를 압축하고 있다. "여호와의 목전에 악을 행하였다"는 표현은 구약에 약 60번 등장하며, 사사기에는 8번 나타난다[2:11, 3:7, 12(2회), 4:1, 6:1, 10:6, 13:1]. 그 문구는 옷니엘과 에훗, 드보라/바락, 기드온, 입다, 삼손 등의 사사직 개시를 알리는 역할을 하게 될

것이다. 그 표현은 말라기 2장 17절에서 비틀려지기 때문에 특히 흥미롭다. 말라기 선지자는 소위 신자라고 하는 일단의 '2세' 들을 다음과 같은 말로 규탄하고 있다. "너희는 말로 여호와를 괴롭게 해 드렸다. 그런데도 너희는 '악을 행하는 모든 자도 여호와의 눈에 선히 보인다' 고 말하며 '우리가 어떻게 여호와를 괴롭게 해 드렸습니까?' 하고 묻는다." 하나님과의 직접적인 경험에서 멀리 떨어져 있는 사람들은 앞 장에서도 언급했듯이 하나님의 명령을 편집하는 데 별로 주저하지 않는다.

여기서 악(evil)이라는 말은 언약의 정황 속에서 하나님의 계시된 명령을 의도적으로 위반하는 것을 의미한다. 이것은 외부로부터 부과되어 본인이 모르고 있는 규칙을 위반한 사람의 악이 아니라, 오히려 위반하지 않겠다고 명확히 약속한 법을 의도적으로 위반하는 것을 말한다.

그들의 악은 두 가지였다. 먼저, 그들은 열조의 하나님 여호와를 버리고 자신들이 받은 모든 가르침을 저버렸다(신 6:1-9). 그들은 하나님이 과거에 자신들을 위해 하셨던 일, 다시 말해 애굽 땅에서 그들을 인도해내셨고 그들을 보호하셨으며 그들을 위해 싸우셨다는 사실에 대해 가르침을 받았다. 그들은 광야에 대해서 알고 있었고 여리고에 대해서도 알고 있었지만, 그들 스스로 여호와와의 관계를 직접 경험하지는 못했다. 그들은 그분을 본 적도 없고, 그분의 역사를 목격한 적도 없었던 것이다.

그에 반해서, 현지의 가나안 신들은 시각적으로 볼 수 있었다. 믿음이 아니라 구경거리를 좇아 걸었던 그들은 자신들 주위 사방에 있는 백성의 신들을 좇아 그들에게 절했다. 아이러니컬하게도 가나안 족속의 신들은 금속과 돌과 나무에 불과한 반면, 여호와께서는 인간이 우상을 만드는 데 사용한 모든 물질의 창조자셨다. 그들은 창조주 대신에 창조의 한 구성 요소를 숭배하면서(롬 1:25) 여호와를 저버렸고, 그것이 여호와를 진노케 했다.

그들의 종교적 애착의 대상은 바알과 아스다롯이었다. 바알이라는 말은 '주인과 소유주, 주' 등을 의미하는 일반적인 칭호로, 구약에 71번(53번은 단수, 18번은 복수로) 등장한다. 바알은 많은 신들을 언급하는 데 사용되었지만, 날씨의 신과 관련된 경우가 가장 많았다. 바알의 여성 배우자는 아스타르테(Astarte)였고, 그 복수형이 우리 본문에 아스다롯으로 등장한다. 이 말 역시 그 여신의 현지화 된 다양한 형태를 대표했지만, 풍요와 관련된 경우가 가장 많았다.

가나안 족속은 이 두 신에 대한 '숭배'를 종교적 난교 의식의 형태로 결합시켰다. 그들은 시범을 보임으로써 그 신들이 성교 행위를 하도록 유도하려고 했다. 그 신들에 대한 숭배는 보통 구름과 가까운 높은 지대에서 이루어졌다. 그래야 인간들을 더 잘 보고 들을 수 있었기 때문이다(구약에 74번 등장하는 용어인 '산당'을 파괴하고 헐어 버리라는 명령에 유의하라). 그것이 바로 그들의 숭배가 '음란하듯 좇아'라는 말로 표현된 이유였다(17절, 호 4:12-14 참조). 가나안 족속의 신들에 대한 숭배는 인간이 만든 종교와 영적 간음의 진수로, 하나님에 대한 참된 숭배와 정반대되는 것이었다.

이사야는 이스라엘 백성들에게 이렇게 촉구했다. "너희는 여호와를 만날 만한 때에 찾으라 가까이 계실 때에 그를 부르라 악인은 그 길을, 불의한 자는 그 생각을 버리고 여호와께 돌아오라 그리하면 그가 긍휼히 여기시리라 우리 하나님께로 나아오라 그가 널리 용서하시리라 여호와의 말씀에 내 생각은 너희 생각과 다르며 내 길은 너희 길과 달라서 하늘이 땅보다 높음 같이 내 길은 너희 길보다 높으며 내 생각은 너희 생각보다 높으니라"(사 55:6-9).

하나님의 백성은 하나님의 뜻을 생각하고 하나님의 길을 걸어야 한다. 그리고 그 초점은 창조물이 아니라 창조주의 영광이 되어야 한다. 가나안의 제사 의식에서는 그 목적이 땅에서 행해지고 있는 것을 하늘에서도 행하도록 신들에게 간청하는 것이었다. 반면, 이스라엘의 예배 의식에서는 참된 예배자들이 창조를 신화로 만들지 않고(날씨는 생명도 없고 사람도 아니다), 하나님이 초월적이고 전능하시다는 사실을 이해하며, 하나님이 그분 자신을 계시하셨고 자신들을 위해 그렇게 하셨다는 사실을 납득하고, 그 결과로서 자신들의 삶을 그분의 계시된 뜻에 일치시킨다. 하나님은 새 언약 아래 사는 그분의 백성들에게 "뜻이 하늘에서 이룬 것같이 땅에서도 이루어지이다"(마 6:10)라고 기도하도록 부탁하신다. 그분의 경배자들이 땅에서 행하는 것을 하늘에서도 반복하도록 하나님이 설득되어야 한다는 게 아니다. 여호와에 대한 그들의 거부는 더 이상 파괴적일 수 없었다. 하나님에 대한 그들의 생각은 틀렸다. 간단히 말해서, 그들은 '언약을 어겼던' 것이다(삿 2:20).

2:14-16. 이스라엘에 대한 하나님의 심판 I. 그 결과는 너무나 당연한 것이었고, 아주 분명하다. 여호와께서 이스라엘에게 진노하사 노략하는 자의 손에 그들을 붙이셨다. 뿐만 아니라, 하나님은 그들을 파셨다. 그리고 한걸음 더 나아가 여호와의 손이 그들에게

재앙을 내리셨다. 이 성경 본문은 먼저 역사가 하나님의 주요한 목적들을 이행할 때 하나님은 졸(혹은 부차적인 원인)에 불과한 나라들의 움직임에 대해 절대적인 주권을 가지고 계시다는 사실을 보여준다(단 2, 4:17, 25, 9 참조). 두 번째로는 돌이나 나무, 금속 등으로 만들어진 우상은 무감각하고 무정했을지라도 하나님은 그렇지 않으셨다는 사실을 보여준다. 그분의 감정은 분노에서부터 연민까지 다양했다. 이스라엘의 괴로움이 심하였을 때, 하나님의 반응은 사사를 세우시고 "그 사사의 사는 날 동안에는 그들을 대적의 손에서 구원하시는" 것이었다(삿 2:18).

하나님은 그분의 자녀들을 사랑하신다. 부모들이 개입할 수 있는 상황에서 자기 자녀의 고통스러워하는 모습을 보고 싶어 하지 않듯이, 하나님도 다정한 분이시기 때문에 적절한 시점에 간섭하신다.

2:17. 하나님에 대한 이스라엘의 거부 II. 가엾게도, 이스라엘은 다시 한 번 다른 신들을 음란하듯 좇아 그들에게 절했다. '반역 - 징벌 - 회개 - 회복 - 안식' 으로 이어지는 이 사이클은 앞으로도 몇 번이고 되풀이하여 반복될 것이었다. 사사가 해방시키면 이따금 안도(안식)의 순간이 있었지만, 그 '안식' 도 오래 지속되지는 못했다.

2:18. 이스라엘에 대한 하나님의 심판 II. 그러나 이스라엘이 대적의 압제 아래서 슬피 부르짖을 때, 여호와께서 뜻을 돌이키셨다. 여기서 '슬피 부르짖다' 는 두 팔이 부러진 사람이 내는 발음이 분명치 않는 신음소리를 묘사하는 데 사용되는 단어다(겔 30:24 참조). 하나님은 열정적인 하나님이시며, 지금까지 엄청난 은혜를 베풀어주셨을 정도로 그분의 백성을 지극히 사랑하신다. 그분의 백성이 압박('압착되고 눌리다' , 민 22:25 참조)과 괴롭게 함을 받았을 때, 하나님도 영향을 받으셨던 것이다('괴롭게 함을 받다' 로 번역된 단어는 구약에서 단 2번 등장하며, 요엘 2장 8절에서는 "공간을 확보하기 위해 서로 밀치는 군중을 묘사하는 데 사용되고 있다" , Block, 130).

2:19. 하나님에 대한 이스라엘의 거부 III. 사사가 죽은 후에는 반역이 다시 나타났다. 사이클이 다시 시작되었을 뿐만 아니라, 각 사이클이 더 깊은 수준의 타락으로 빠져들었다. 따라서 각 사이클과 어울리는 이미지는 수평면을 따라 형성되는 게 아니라 내리막 경사면을 따라 형성되어 노예의 이미지로까지 전락한다. 그들은 자신들의 열조보다 훨씬 더 타락된 행위들을 저질렀고, 불행히도 그 행위와 패역한 길을 그치지 아니함으로써 폭력과 악행의 소용돌이 속으로 더 깊이 추락했다. "그들은 여기저기 구멍이 생겨 위태

위태한 그 둑에 대해 근본적인 보수를 시행하지 않고 그들의 손가락으로 틀어막았다. 그 손가락이 제거되자마자, 물이 점점 더 세차게 뿜어져 나왔던 것이다"(Block, 132).

2:20-23. 이스라엘에 대한 하나님의 심판III. 하나님의 마지막 심판은 이 구절들에 묘사되어 있다. 그 원인은 하나님이 그 열조와 세운 언약을 이 백성이 어겼고(1절), 그것은 하나님의 목소리를 청종치 아니하였음을 의미하기 때문이다. 이스라엘이 보통 이방 민족에게만 사용되는 용어인 '이 백성'으로 묘사되어 있다(21절과 23절에서는 같은 용어인 고임(goyim)이 이교도 가나안 족속을 묘사하는 데 사용되어 있다).

요점은 이스라엘 백성의 행위와 가나안 족속의 행위 사이에 차이가 거의 없었다는 것이다. 그 결과는 여호수아가 남겨둔 열국을 하나님이 다시는 그들 앞에서 하나도 쫓아내지 아니하실 것이다. 가나안 족속은 오히려 이스라엘이 성공할 때까지 치르고 또 치를 수 있는 지속적인 시험거리로 남게 될 것이다. 마치 허들의 바가 지속적인 도전 과제 역할을 하기 위해 특정 높이로 고정되어 있는 것처럼 말이다. 하나님은 그 바를 높이지 않으셨다. 그분은 단지 이스라엘 백성이 여호와의 도를 지켜 행하는 방법을 배우기를 바라셨을 뿐이다.

이 장의 에필로그는 마지막 구절에서 발견된다. 하나님이 그 열국을 머물러 두사 그들을 쫓아내지 아니하셨다. 한 가지 질문이 남는다. 이스라엘 백성이 가나안 족속과 구별할 수 없게 된 이후에도, 하나님은 왜 계속해서 그분의 백성을 기다리시고 사랑하시며 보호하시고 돌보셨던 것일까? 그 이유는 분명히 신실하지 못한 이스라엘 백성의 순종이나 사랑스러움과는 거리가 멀었다. 하나님의 신실하심은 그분의 성품에 기반을 두고 있는 것이지, 우리의 성품과는 아무 관련이 없기 때문이다. 그분은 '탕자 같은 민족'이 다시 돌아오기를 기다리시는 사랑이 넘치는 아버지시다.

Main Idea 복습	하나님은 항상 그분의 자녀들에게 신실하시다. 하지만 우리가 신실하지 못할 때, 그분은 우리가 스스로 선택하도록 내버려두신다. 우리에게 자기 파괴적인 고통을 주는 선택까지도 포함해서 말이다. 설사 그렇다 하더라도, 그분은 우리를 포기하지 않으시고, 탕자의 아버지처럼 그분의 너그러운 사랑의 팔로 회개하고 돌아오는 우리를 안아주시려고 항상 기다리고 계신다.

결론

한밤중에

한밤중이었다. 한 남자가 사랑스러운 아이가 잠들어 있는 방으로 조심스럽게 걸어 들어갔다. 잠시 후 그가 손으로 아이를 붙잡자, 아이는 고통스러워하며 큰 신음 소리를 냈다. 그 남자는 여전히 잠들어 있는 아이를 모포로 뒤집어씌우고 서둘러 집을 빠져나와 기다리고 있던 차에 올라탔다. 차 안에 있던 그의 동료는 아까부터 출발 준비를 마치고 그가 오기만을 기다리고 있던 중이었다. 그 남자는 차로 이동하는 동안 아이가 발버둥치지 않도록 꼭 붙들었고, 경찰이 그들을 수상쩍게 보고 멈춰 세우지 않도록 조심했다. 그들이 마침내 공장처럼 보이는 건물에 도착하자, 소년은 겁에 질린 표정을 지었다. 그 남자는 소년을 다른 사람들에게 넘겨주었는데, 그들은 모두 마스크를 쓰고 있었다. 그들은 소년을 어느 방으로 데려가 움직이지 못하게 고정시켜 놓고는 날카로운 물체로 고통을 주기 시작했다. 이윽고 소년을 집에서 데려온 남자가 방에 들어왔다. 그 역시 마스크를 쓴 상태였다. 그는 소년을 한 번 쳐다보더니 칼을 들어 소년의 배 속에 밀어 넣고는 천천히 갈라 열었다.

내가 방금 어린이를 유괴해 살해하는 잔혹한 장면을 묘사했을까, 아니면 한 외과의사가 자기 아들을 병원으로 급히 데려가 맹장 수술을 집도하는 장면을 묘사했을까? 위의 내용을 억지로 뜯어 맞춘다면 어느 쪽 시나리오든 가능할 것이다. 첫 번째 시나리오는 추악하고, 두 번째는 사람을 살리지만 여전히 고통스럽다. 그것은 행위자의 동기와, 그와 희생자의 관계에 달려 있다. 하나님은 가나안 족속이 그 땅에 머물러 있도록 허락하셨다. 그분의 목적은 자기 백성을 파멸시키는 것이 아니라, 그들을 보존하려는 것이었다(창 50:20 참조). 때로는 위대한 의사(Great Physician)가 그분의 자녀들에게 수술을 시행하실 필요가 있다. 그들의 영혼을 살리기 위해서 말이다.

▣ 진리 알기

- 하나님은 역사의 주인이시며, 그분의 목적을 이루기 위해 왕과 통치자를 포함하여 인간들을 사용한다(단 4:17).
- 우리는 하나님께 의지하는 마음을 잃어버리고, "우리가 그를 힘입어 살며 기동하며 존재한다"(행 17:28, 개역개정)는 사실을 잊어버릴 수 있다. 대부분의 2세, 3세 신자들처럼 우리도 하나님의 은혜를 당연한 것으로 여기는 경향이 있다.
- 죄는 그 희생자를 둔감하게 만드는 비상한 재주가 있다. 우리가 동일한 죄를 반복해서 짓게 되면, 나중에는 그것들이 처음 저질렀을 때만큼 그렇게 나쁘거나 '사악해' 보이지 않는다.
- 하나님의 성품은 변하지 않는다. 그분은 약속을 충실히 이행하시며, 그것은 우리의 실체 때문이 아니라 그분의 실체 때문이다. "우리는 미쁨이 없을지라도 주는 일향 미쁘시니 자기를 부인하실 수 없으시리라"(딤후 2:13).

▣ 적용하기

- 지구상의 어떤 것도 하나님을 깜짝 놀라게 하지 못한다는 사실에 감사하라. 우리 모두는(집단적이든 개별적이든) 그분의 손 안에 있다.
- 당신의 영적 일람표를 만들라. 당신이 다른 누군가의 믿음에 의한 믿음에서 그리스도와의 직접적인 1세대 경험으로 변천해 왔음을 확인할 수 있도록 체크해보라.
- 당신의 죄를 고백하라. 이 영적 규율을 소홀히 하여 죄를 쌓아 두지 말라.
- 하나님의 축복을 마음껏 누리되, 그로 인해 하나님 중심보다는 축복 중심이 되지 않도록 주의하라.

삶의 적용

하나님은 할아버지가 아니시다

내 이야기가 극적이거나 독특하지는 않다. 한편, 기독교계에서 보기 드문 것도 아니다. 나는 크리스천 가정에서 태어나 신앙심이 깊은 부모님 밑에서 성장했다. 두 분은 서로를 극진하게 사랑하셨고, 일관되게 사셨으며, 나와 여동생이 주님을 사랑하도록 키우기 위해 애쓰셨다. 행복한 우리 가정은 항상 친구들과 웃음으로 가득 차 있었다. 내 여동생은 별 흔들림 없이 주님을 영접하고 어린 시절부터 그분과 동행했던 것으로 보인다. 그녀는 고난의 길을 걸었지만 그것은 그녀를 더 강하게 만들었고, 지금까지도 주님과 동행하고 있다.

내 길은 구불구불한 길에 좀 더 가까웠다. 내가 일곱 살 되던 해 말로 신앙고백을 했을 때, 사실은 주일학교 같은 반 아이들 가운데 여러 명이 세례를 받고 있는 상황에서 나 혼자만 뒤처지고 싶지 않았다. 성장기 때는 기독교의 교리를 진리로 받아들였지만, 예수 그리스도와의 관계를 가지고 있지는 못했다. 지금 돌이켜보면, 나는 부모님을 믿었고 그들은 내게 거짓말을 하지 않았기 때문에, 그들이 내게 예수님에 대해 말할 때 나는 그들을 믿었던 것이다. 나는 내 믿음을 그들의 믿음 위에 두었다. 말하자면, 나는 하나님의 자녀가 아니라 그분의 손자였던 것이다. 그 이후 여러 해 동안 내가 취했던 길과 선택은 중생의 증거를 거의 제시하지 못했다.

결국, 나는 아주 진보적인 대학의 넓은 문에 도착했고, 거기다 내 인생의 4년을 투자했다. 내가 기독교 진리에 대한 중대한 도전에 직면하는 데는 그리 오랜 시간이 걸리지 않았다. 어느 날 밤, 나는 기숙사로 향하는 길에 막 내린 눈 위를 걸으면서 부모님의 믿음을 믿는 것으로는 충분치 않다는 사실을 깨닫게 되었다. 그것은 구원에 이르는 믿음이 아니었던 것이다. 하나님께는 손자가 없고 오직 자녀만이 있다는 사실을 깨달은 나는 내 개인적인 믿음을 예수 그리스도 안에 두게 되었다. 나는 그 뒤 철학을 전공했고, 당시에는 기독교의 변증론이나 우리 믿음의 훌륭한 지적 유산에 대해서는 아는 게 전혀 없었지만, 내 속 깊은 곳에서는 기독교가 진리라는 사실을 알고 있었다. 비록 당시에는 나를 괴롭히는 의문들에 대한 답을 찾지 못한 상태였지만 말이다. 그것이 진실임을 내가 알았던 이유는 내 속에 계신 그리스도 때문이었고, 내가 성장한 가정에서 꾸준히 지켜보았던 '오랜 순종'의 진실성 때문이었다.

이스라엘은 경건한 유산을 가지고 있었다. 그들은 여호수아의 삶이나 그 뒤에 생존했던 장로들의 삶과 같은 본보기뿐만 아니라, 갈렙 같은 다른 경건한 사람들의 경험도 가지고 있었다. 그럼에도 불구하고, 이스라엘은 하나님께 등을 돌리기로 선택했다. 주위의 이교도 문화가 지니고 있는 매력과 흥분이 순종의 삶과 내면의 영적 평화보다 더 유혹적이었던 것이다.

경건한 유산을 가지고 있는 사람들은 모두 비슷한 선택에 직면하게 된다. 분명히, 하나님께는 손자가 없다. 분명히, 그분은 우리 각자와 1세대 관계를 원하신다. 분명히, 하나님은 그분 자신을 우리에게 강요하지 않으신다. 그분은 문 밖에 서서 두드리신다. 만약 우리가 그분을 들이면, 그분은 우리가 드려야 하는 최소한의 것을 받으시겠지만, 대신 그분의 '자녀들'에게 생각할 수 있는 모든 영적 축복을 주실 것이다(엡 1:3, 계 3:20).

기도

아버지여, 우리는 눈에 보이는 세계는 보지만, 눈에 보이지 않는 세계는 보지 못합니다. 하지만 당신은 양쪽 세계 모두의 주인이십니다. 우리는 당신을 우주의 전능하신 아버지보다는 눈이 침침하고 귀가 어두운 할아버지로 대하고 싶어질 때가 종종 있습니다. 우리는 죄가 그렇게 사악하지 않으며 당신의 은혜가 그렇게 진귀한 게 아니라고 생각하고 싶은 유혹을 받습니다. 우리가 앞서 가신 분들의 오랜 순종을 잊지 않고, 우리 세대 앞에서 신실한 섬김과 충성스러운 사랑을 보이게 하옵소서. 우리 주 그리스도의 이름으로 기도합니다. 아멘.

teaching guide

티칭 가이드

심층 연구

A. 창조주와의 대면

이 장은 사사기에서 이루어진 하나님과 이스라엘 사이의 세 차례 대면 가운데 첫 번째 것을 기록하고 있다(6:7-10, 10:10-16 참조). 블록은 그 세 대면을 비교하면서 "하나님의 응답을 전하는 전달자가 야훼의 사자에서(2:1-5) 야훼의 선지자로(6:7-10) 다시 야훼 그분 자신으로(10:10-16) 진전되는 것을 볼 수 있다" 고 기록하고 있다(Block, 110).

B. 여호와의 사자의 정체

여호와의 사자는 미리 인간의 모습으로 현현하신 그리스도일 가능성이 매우 높다. 그분은 장차 우리를 위해 육신의 몸을 입고 오시게 될 것이었다. 여기에 여호와의 사자가 인간 이상의 존재였음을 증명하는 몇 가지 성경적 근거가 있다. 그분은 여호와와는 구별되지만, 여호와로 불렸다(창 16:7-13, 18:1-21, 19:1-28, 22:11-12, 출 3:2-6, 삿 13:3-22). 마노아는 여호와의 사자가 하나님이라고 말했다(삿 13:3, 9, 18, 19-22). 여호와의 사자도 그분 자신이 하나님이라고 주장했다. 출애굽기 3장 2-6절에서는 '여호와의 사자' (2절)가 '나는 네 조상의 하나님이니' (6절)로 바뀌는 것에 주목하라.

C. 2장의 연대순 배열(2:6-10)

사사기는 대체로 연대순이지만, 때때로 주제와 관련된 플래시백도 존재한다. 특히, 6-10절이 그런 경우라고 할 수 있다. 2장은 기본적인 정보를 제공함으로써 이 책의 나머지 부분을 위한 발판을 마련하지만, 일부 사건들은 여호수아서에서 일어났던 일화들로 거슬러 올라간다. 사이클이 반복되는 시기(3:7-16:31)에 앞서 완벽을 기하기 위해 여기에 배치되어 있는 것이다. 좋은 이야기에서의 플래시백처럼, 우리는 지파별 점령이 이미 상당 부분 시작되었음을 알게 된다(수 15:13-19).

D. 작문 기법

마지막 부분(11-22절)의 문학적 구조는 두서없는 기소장처럼 보일 수도 있는 것 안에서 목적의 통일성을 보여주고 있다. 앞부분(11-13절)은 ABC/CBA 구조로 교차 대구법(交叉 對句法)이다. 이스라엘은 바알을 섬겼다(11, 13절). 이스라엘은 여호와를 버렸다(12, 13절). 이스라엘은 다른 신들을 좇았다(12절). 뒷부분(16-22절)은 AB/AB/AB(반역/심판) 형태로 나타난다.

고안

A. 들어가는 글

1. '당신에게 미쳐 있다' 이야기로 시작하라.
2. 배경 설명: 사사기 1장은 사사들의 '어두운 시대' 동안 나타난 이스라엘의 쇠퇴 이면에 있는 사실들, 다시 말해 무슨 일이 일어났는지에 대한 역사를 제공해주었다. 사사기 2장은 신학적인 내용으로, 그런 역사가 '왜' 일어났는지에 대해서 말해준다. 어떤 면에서 사사기 2장은 사사기의 축약판으로, 첫 번째 사이클과 그 사사 옷니엘에 대해 이야기하기 전에 우리를 미리 준비시킨다고 할 수 있다(삿 3장).
3. 적용: 어떤 주요 참사와 관련하여 사실을 찾아내는 것과 '그것이 왜 일어났는지'를 묻는 것은 전혀 다르다. 그 사건이 인간의 선택에 의해 초래된 영적 재앙일 때, '왜' 라는 질문은 우리로 하여금 더 깊은 이슈들을 들여다보지 않을 수 없게 만든다. 우리의 죄뿐만 아니라 우리의 동기까지도 발가벗기는 그런 종류의 이슈들 말이다. 앞으로 3장에서는 하나님의 구원의 영광과 대비되는 인간의 죄의 적나라한 풍경 속으로 들어가게 된다.

B. 본문 이해

1. 대면: 한 사자에 의해 강하게 비난받다(2:1-5)
   1) 방문의 원인: 하나님은 신실하셨다(2:1)
   2) 방문의 원인: 이스라엘은 신실하지 못했다(2:2)
   3) 방문의 결과: 하나님이 손을 떼셨다(2:3)
   4) 방문의 결과: 이스라엘이 울었다(2:4-5)
2. 기념: 한 영웅의 유산(2:6-10)
   1) 백성이 여호수아와 장로들의 사는 날 동안에는 하나님을 섬겼다(2:6-9)
   2) 백성이 하나님을 무시하고 각자의 소견에 옳은 대로 행했다(2:10)
3. 재앙: 쇠퇴의 그림(2:11-23)
   1) 하나님에 대한 이스라엘의 거부 I (2:11-13)
   2) 이스라엘에 대한 하나님의 심판 I (2:14-16)
   3) 하나님에 대한 이스라엘의 거부 II (2:17)
   4) 이스라엘에 대한 하나님의 심판 II (2:18)
   5) 하나님에 대한 이스라엘의 거부 III (2:19)
   6) 이스라엘에 대한 하나님의 심판 III (2:20-23)

C. 결론: '한밤중에' 를 읽어주라.

토의 질문

1. 하나님은 왜 사람들을 '내버려두시는' 걸까? 사사기 2장 1-5절에서의 하나님의 행동과 로마서 1장 18-32절에서의 하나님의 행동을 비교해보라. 특히, 로마서 1장 24, 26, 28절에서 발견되는 반복적인 문구에 주목하라. 하나님은 왜 그분의 사랑하는 백성이 자기 파괴적인 행동을 선택하도록 내버려두시는 걸까?

2. 이스라엘 백성은 기꺼이 여호와와의 집단적인 역사에 안주했다. 크리스천 가정에서 성장한 사람들은(특히, 부모가 영적 고결함 속에서 살았던 경우) 자신의 믿음을 부모의 믿음 안에 두는 경향이 있다. 그러나 하나님께는 자녀가 있을 뿐이지, 손자란 없다. 하나님의 자녀는 그분과 직접 관계를 맺고 있기 때문에, 경건한 유산으로부터 생기는 거짓 담보에 의존하지 않는다. 한 개인이 자신의 믿음이 진짜고 부모로부터 빌린 게 아니라는 사실을 확인하기 위해 무엇을 할 수 있다고 생각하는가?

3. 죄로 추락하는 과정에서 일어날 수 있는 몇 가지 단계를 여기에 소개한다. 우선, 당신이 삶에서 죄를 '별일 아닌 것' 으로 묵인한다. 둘째로, 그 죄를 통상적인 것으로 받아들이기 시작한다. 셋째로, 하나님이 한때 당신의 삶 속에서 역사하셨던 방식을 잊어버리기 시작한다. 넷째로, 하나님의 말씀을 무시하기 시작한다(수 1:7-8, 22-24). 다섯째로, 더 이상 하나님의 관점으로 상황을 보지 않는다. 여섯째로, 삶에서의 모든 승리가 당신 측면에서 설명될 수 있다고 생각하기 시작한다. 혹시 이 목록에 추가하거나 삭제할 게 있는가?

4. 하나님은 우리를 감성적이고 이성적이며 의지적인 존재로 만드셨다. 그리고 일부 사람의 경우에는 하나가 다른 것들을 지배하기도 한다. 감정 역시 우리 신앙의 중요한 일부다. 사사기 2장에서 하나님이 이스라엘에게 도전하셨을 때, 이스라엘의 감정은 너무나 깊어 소리 높여 우는 것으로 표출되었다. 그러나 이스라엘의 그 감정적 반응이 회개의 징후였을까? 민수기 14장 1-2절과 말라기 2장 13-15절에 기록된 비슷한 상황들을 비교해보라.

5. 신명기 6장 1-9절에서 발견되는 가족 내 세대를 통한 제자훈련의 패턴에 대해 생각해보라. 하나님의 진리를 가르치는 다양한 방법을 확인할 수 있는지 다시 한 번 살

펴보라. 우리가 어떻게 하면 신자들의 다음 세대에게 미온적인 기독교 신앙을 주입하는 것을 피할 수 있겠는가?

사사기 3장

늘 똑같은 이야기

"당신은 누군가를 섬겨야 한다네. 글쎄, 그게 사탄이 될 수도 있고 주님이 될 수도 있겠지. 그러나 어쨌든 누군가를 섬겨야 한다네."

- 밥 딜런(Bob Dylan)

사사기 3장은 사사 시대 동안 내내 반복될 패턴을 소개한다. 이스라엘이 여호와의 목전에 악을 행한다. 하나님은 그분의 백성을 적의 손에 넘겨줌으로써 징계하신다. 이스라엘 백성이 하나님께 부르짖는다. 하나님이 들으시고 그분의 백성을 구원하기 위해 지도자 또는 지도자들을 세우신다.

인물 개요: 옷니엘

- 본래 갈렙의 조카로, 갈렙의 사위가 되었음
- 드빌을 정복한 챔피언(삿 1:11-15)
- 집안이 태생적으로는 이스라엘 백성이 아니나, 개종하였음
- 유다 지파로 동화됨
- 사이클이 뒤에 이어지는 모든 사이클의 모범이 됨
- 아무 도덕적 결함도 기록되어 있지 않음

인물 개요: 에훗

- 집안은 베냐민 지파 출신이었음
- 이스라엘 백성 사이에서 크게 존경받았음
- 용감하고 영리함
- 자신의 부하들을 배려할 줄 알았음
- 양손잡이 전사로 훈련되었음

인물 개요: 삼갈

- '소' 사사들 가운데 첫 번째 인물
- 전체 사사 가운데 가장 짧은 이야기
- 그의 아버지의 이름은 가나안 족속이 섬기는 전쟁의 여신의 이름과 동일함
- 삼갈은 히브리 이름이 아님
- 그에 대해서는 알려진 게 거의 없음

들어가는 글

지루하고 예측 가능한

그 젊은 여성은 내 책상 앞에 앉아 화장지 한 통을 다 비우고 있었다. 그녀의 눈물은 억수같이 흘러내렸고, 그 흐느낌은 그녀의 영혼까지 흔들어 놓는 것 같았다. 그녀의 스토리는 너무나 안타깝게도 예측 가능한 것이었다. 나는 그런 얘기를 전에도 들어본 적이 있었고 앞으로도 듣게 될 것이라고 생각했다. 그녀는 남자 친구를 사랑했고, 두 사람은 함께 자제력을 잃고 성적인 범죄에 빠지고 말았다. 그녀는 곧 임신했고, 그녀의 남자 친구는 아무 말 없이 그녀의 삶에서 사라져 버렸다. 그 비극이 더욱 심화되었던 것은 여기에서부터다. 어느 큰 교회 집사였던 그녀의 아버지는 '자신의 좋은 평판' 이 더럽혀지는 것을 도저히 참을 수 없었고, 결국은 자신의 딸이 낙태 수술을 받도록 이끌고 말았다. 그렇게 해서 아무도 몰랐다. 하나님을 제외하고는 말이다. 그리고 약 5년이 지난 후 나를 제외하고는 아무도 몰랐다. 그리고 10여 년이 지난 지금까지도 독자 여러분을 제외하고는 아무도 모른다.

이런 사이클이 단조로운 규칙성을 띠며 얼마나 자주 반복되고 있는가? 이름과 일부 세세한 내용만 바뀔 뿐이다. 현실을 직시하자. 죄는 지루하게 반복되며 예측 가능하다. 그것은 사사기를 대충만 훑어보더라도 분명하다. 영화감독 빌리 와일더(Billy Wilder)가 한번은 새로 나온 어느 영화를 좋아하는지에 대해 질문을 받았다. "이렇게 말씀드리면 어떨까요." 그가 말했다. "영화가 8시에 시작했습니다. 저는 한밤중이 됐을 거라고 생각하고 시계를 들여다봤죠. 8시 15분밖에 안 됐더군요." 하나님의 백성들의 삶 속에서 전개되는 죄의 줄거리는 너무나 예측 가능한 것이어서 그것이 어떻게 나타났는지에 대한 상세한 내용은 우리에게 거의 주어져 있지 않다. 사사기에서 그것은 '늘 똑같은 이야기' 다. 반면에, 하나님의 구원은 다양성을 보이며 예측 불가능하다. 이 장에 나오는 세 명의 구원자 옷니엘과 에훗, 삼갈 등은 참으로 이상한 삼총사를 형성한다. 그들이 보여주는 사이클은 첫째로 죄는 악취를, 그것도 고약하게 풍긴다는 사실과, 둘째로 하나님은 그분의 백성을 구원하시되 그것도 철저히 그리고 때로는 거의 장난스럽게 구원하신다는 사실을 우리에게 상기시킨다.

본문 이해

늘 똑같은 이야기

Main Idea	하나님의 백성이 죄의 예측 가능한 패턴 속으로 추락한다. 반역과 징벌, 회개, 회복, 안식 등의 사이클이 진행되는 동안, 전혀 다른 세 명의 사사가 하나님에 의해 세워졌다. 이스라엘 백성을 향해 품고 계신 그분의 목적을 이루기 위해서였다. 하나님은 그분의 언약의 백성을 절망적인 상태로 내버려두지 않으셨다. 심지어 그들이 퇴보하여 죄의 수렁에서 뒹굴 때도 하나님은 그분의 약속에 충실하셨다.

A. 이스라엘의 타락(3:1-6)

Supporting Idea	첫 부분은 이스라엘의 적들을 개괄적으로 보여주는 '광각 렌즈' 를 우리에게 제공해준다. 그 '출석 점호' 는 약속의 땅 내에 남아 있는 저항 세력의 지형을 상술하고 있다. 그 적들은 이스라엘이 여호와께 신실함을 증명해야 하는 시험이었다. 그러나 불행히도 이스라엘은 그 시험에 비참하게 실패하고 말았다.

3:1-3. 출석 점호: 네 개 그룹(과 집단 속의 집단들). 여호와께서는 가나안 족속을 쫓아내지 않으시고 그분의 백성을 시험하기 위해 그 땅에 남겨두셨다. 이스라엘이 가나안 전쟁에 어떻게 대처하는지 그분이 알고 싶어서가 아니라, 그들이 '언약의 백성으로서의 지위를 받아들이고 그에 따른 모든 특권과 의무를 수용할 것인지' 여부를 선택할 수 있는 지속적인 기회로서 남겨두셨던 것이다(Block, 137). 그 세대는 아직 전쟁을 알지 못했으므로, 그 땅에 거주하기 위해서는 먼저 여호와를 의지해야 한다. 하나님은 가나안 족속의 멸절을 명령하셨지만, 이스라엘은 "아니요"라고 대답했다.

그 결과 블레셋 다섯 방백과 가나안 모든 사람과 시돈 사람과 히위 사람 등 하나님의 적들이 남게 되었다('심층 연구' 참조). 그 목록은 정치적이거나 경제적이거나 연대순이 아니며 심지어 완전하지도 않다. 그것은 지리적 관점에서 쓰인 것으로, 남동쪽(가나안 족속)과 북동쪽(히위 족속), 북서쪽(시돈 족속), 남서쪽(블레셋 족속) 등 사방을 모두 가리킴으로써 그 도전의 완전성을 상징한다.

3:4. 이유: 이스라엘에 대한 시험. 가나안 족속의 존재를 뒷받침하는 이유는 신학적이었다. 그들은 이스라엘을 시험하기 위해 남겨졌다(2:22, 3:1 참조). 하나님의 자녀들에게 시험이 주어졌던 것이다. 그 성적은 하늘에 게시될 게 아니라(마치 하나님이 그 진전 상황에 대해 확실히 모르시는 것처럼), 온 세상이 볼 수 있도록 드러나게 될 것이었다. 핵심은 이것이다. 그들이 여호와의 명령을 청종할 것인가, 청종하지 않을 것인가? 하나님의 말씀은 모세를 통해 왔고(성문화된 모세오경을 언급하는 것으로 추정된다), 그들의 열조에게 주어졌으며, 이제 그들의 이행 여부를 평가하는 원형이 되었다.

3:5-6. 성적-'C.I.A.' 그 시험 성적은 참담했다. 그들은 동거(Cohabitation)와 다른 종족과의 혼인(Intermarriage), 배교(Apostasy) 등 모든 영역에서 실패했다.

우선, 이스라엘은 가나안 족속이 그들 중에 거하도록 묵인했을 뿐만 아니라, 가나안 사람들 사이에 거하기까지 했다. 여섯 가나안 족속이 언급됨으로 그런 관행이 예외가 아니라 통례였음을 암시하고 있다. 이스라엘 백성은 매번 하나님께 순종할 수 있는 기회를 가졌지만, 그 때마다 가나안 사람들 사이에 안주했다. 다음 두 가지 항목이 분명히 밝히고 있듯이, 그들은 기꺼이 가나안 문화를 받아들였고 가나안의 삶의 방식을 채택했다.

둘째로, 이스라엘은 그들의 딸들을 취하여 아내를 삼으며 자기 딸들을 그들의 아들에게 줌으로써, 하나님의 명령을 정면으로 위반했다(신 7:1-5, 수 23:12 참조). 불신자들을 결혼으로 데려와 그래도 그들이 하나님의 율법에 의해 다스려지는 환경 속에서 살도록 하는 것과, 딸들이 가나안 종교와 문화의 틀 속에서 살도록 허용함으로써 이교도들이 부리는 변덕의 희생자로 생존할 수도 생존하지 못할 수도 있게 만드는 것은 전혀 다르다. 요점은 이스라엘의 아버지들이 자기 딸들에 대한 보호(경건한 가르침은 고사하고)보다 자기 자신의 편안함에 더 높은 가치를 두었다는 사실이다.

셋째로, 가장 고약한 것은 이스라엘이 그들의 신을 섬겼다는 사실이다. 가나안 신들을 숭배하는 방식은 앞서 논의된 바 있기 때문에, 여기서 추가로 언급될 필요는 없을 것이다. 그들은 문화적으로도, 가정적으로도 그리고 영적으로도 실패했던 것이다.

B. 옷니엘을 통한 구원(3:7-11)

Supporting Idea	옷니엘의 사이클은 훌륭한 사사의 전형적인 인물상과, 반역 - 징벌 - 회개 - 회복 - 안식으로 이어지는 거의 원형이라고 할 수 있는 사이클을 들여다볼 수 있는 '표준 렌즈' 를 제공해준다. 그것은 기본적인 골격에 불과하지만 매우 유용하다. 옷니엘은 전설적인 영웅이었고, 우리는 그의 성품을 높이 평가해야 한다.

3:7. 반역. 이스라엘 자손이 여호와 목전에 악을 행하였다(2:11-13 주석 참조). 하나님이 그들을 위해 하셨던 모든 일에도 불구하고, 그들은 믿음보다 보고 들을 수 있는 것을 ('보이는 대로 걷기' 를) 선택했다. 그 지방의 신들은 실제로 볼 수 있었던 반면, 어디에나 존재하시는 여호와는 멀리 떨어져 있는 것처럼 느껴졌던 것이다.

그들의 반역과 관련하여 상호보완적인 두 가지 측면이 언급되어 있다. 첫째로, 그들은 단순히 '하나님(the God)' 이나 '신(a God)' 이 아니라 자기들의 하나님으로 알려져 있는 여호와를 잊어버렸다. 둘째로, 그들은 바알들과 아세라들을 섬겼다. 다시 말해, 그들은 창조주보다 오히려 창조물을 숭배하고 섬겼던 것이다(롬 1:25). 그리스 신화에서 나오는 사이렌(Siren)들은 포르키스(Phorkys)와 아켈로오스(Acheloos: 강의 신)의 딸들로, 반은 여성이고 반은 물고기인 정령들이었다. 그들은 시실리 섬과 이탈리아 사이에 위치한 섬들의 절벽에 살았다. 사이렌들은 감미로운 노랫소리로 부주의한 여행자들을 유혹해 섬에 상륙하게 만든 다음, 그들을 갈기갈기 찢어 잡아먹곤 했다.

이스라엘 백성들은 도덕적 타협에 빠짐으로써, 그들이 쫓아냈어야 할 사람들과 똑같이 되어 버렸다. 불행히도, 사탄은 삼킬 자를 찾아다니는 우는 사자며, 하나님의 자녀들은 그의 메뉴판 맨 위에 올라 있다. 죄는 그 희생자들을 잡아먹는다는 사실을 잊지 말라.

3:8. 징벌. 하나님이 이스라엘에게 진노하셨다. 우리는 그것이 어떤 지파들을 향한 분노인지 알지 못하지만 말이다. 아마도 그 적의 광대한 세력 때문에 그 압제는 이스라엘의 대부분에 영향을 미쳤을 것이다. 하나님은 반역의 대가로 이스라엘을 적들에게 파

셨다. 이 표현은 소유물의 이전을 의미한다. 이스라엘은 하나님께 속해 있었기 때문에, 그분만이 그들을 '빌려' 주기로 선택하실 수 있었던 것이다. 그들의 예속은 8년간 지속되었다.

메소포타미아 왕 **구산 리사다임**(Cushan-Rishathaim king of Aram Naharaim)의 정체는 알려져 있지 않다. 만약 아람(Aram)이 시리아와 동일하다면(70인역에서처럼), 그 함축된 의미는 매우 중요하다. 아람은 "갈릴리 바다의 북동쪽에서부터 북쪽으로 타우루스 산맥(Taurus mountains)까지 뻗어 있었고, 동쪽으로는 유프라테스 강 상류의 하부르(Habur) 지류까지 펼쳐져 있었다"(Block, 152). 나하라임(Naharaim)은 '두 강 사이의(of the two rivers)' 라는 의미를 지니고 있고, 아마도 티그리스 강과 유프라테스 강을 지칭하는 것으로 추정된다. 따라서 그 왕은 단순히 어느 가나안 도시의 지도자가 아니라, 사사기 전체에서 가장 강력한 적군이었을 가능성이 있다. 그의 이름은 '두 배로 사악한 구산(Cushan of Double Wickedness)' 이라는 의미를 가지고 있다. 아마도 표적으로 삼고 있는 희생자들의 마음속에 두려움을 심어주기 위해 만들어진 표현이었을 것이다. [만약 상대방에게 공포를 심어주고자 한다면, "내 이름은 터미네이터 썬더(Thunder)다!"라고 선언하는 것보다 짧고 높은 톤으로 "내 이름은 연극배우 썬더다!"라고 말하는 것이 당연히 덜 효과적일 것이다.]

3:9 상. 회개. 이스라엘이 **부르짖었다**. 그들의 부르짖음은 포괄적이거나 불특정한 것이 아니었다. 그것은 **여호와를 향한 부르짖음**이었다. 성경은 그들의 탄원이 복종을 포함하고 있었는지 여부나 그들의 간청이 회개를 동반하고 있었는지 여부에 대해 말해주지 않는다.

3:9 하-10. 회복. 하나님의 반응과 관련하여 두 가지 측면이 주목할 만하다. 우선, 이 사사직에 대한 발의가 하나님으로부터 왔다는 사실이다. 그분이 **한 구원자를 세우셨던** 것이다. 이스라엘의 부르짖음에 방향성이 있었던 것처럼, 하나님의 발의에도 방향성이 있었다. 그 행위는 그들을 위해, 다시 말해 그분의 언약의 백성들을 위해 행해졌다. 둘째로, 우리가 1장 11-15절에서 만났던 옷니엘은 부정적인 면이 전혀 기록되어 있지 않은 몇 안 되는 사사들 가운데 한 명이었다. 일찍이 우리는 옷니엘이 갈렙의 조카라는 사실을 언급했다. 그는 유다 지파에 동화되었던 개종자 집안 출신이었다.

옷니엘은 **이스라엘을 구원했다**. 독자들에게는 '단순한 사실' 로만 제시되어 있지만,

사실 그것은 깜짝 놀랄 만한 승리였다. 성경 본문은 그 방법을 이렇게 설명하고 있다. 여호와의 신이 그에게 임하셨으므로, 그가 이스라엘 백성을 이끌고 나가 싸웠다. 우리의 호기심(언제, 어디서, 어떻게?)을 만족시킬 만한 상세한 내용은 우리에게 전혀 주어져 있지 않다. 그것이 우리가 알고 '싶은' 것일지도 모른다. 그러나 우리가 알 '필요'가 있는 것은 바로 누가 했느냐(who)다. 여호와께서 아람 족속의 압제라는 굴레를 깨뜨리는 그 승리를 가능케 하셨던 것이다(슥 4:6).

3:11. 안식. 그 결과는 옷니엘의 남은 수명에 해당하는 40년 동안 그 땅이 태평한 것이었다. 이 부분의 주인공은 이스라엘도 옷니엘도 아니다. 주인공은 바로 하나님이시다. 그분은 이스라엘의 절박한 간청을 들으셨고, 구원자를 세우셨으며, 그에게 능력을 부여하여 독재자를 정복하셨고, 그분의 백성에게 안식을 주셨다.

C. 에훗을 통한 구원(3:12-30)

Supporting Idea	에훗의 사이클은 광각 렌즈도 표준 렌즈도 아니다. 그것은 우리에게 사이클의 중요한 부분을 상세히 보여주는 줌 렌즈다. 에훗은 독특한 영웅이었다. 우리는 그의 용기를 높이 평가해야 한다.

3:12 상. 반역. 우리는 이스라엘 자손이 죄와 심판의 사이클을 시작하는 지루한 패러다임을 반복하면서 또 여호와의 목전에 악을 행하였다는 사실을 듣게 된다(2:11 참조). 다시 한 번 강조하지만, 이것은 영적 간음 사건이었다. 이스라엘의 사랑하는 남편인 여호와께는 견디기 힘든 고통의 사건이었던 것이다.

3:12 하-14. 징벌. 종전과 같이 하나님의 반응은 이스라엘 백성을 적들의 손에 의한 응징에 넘겨주시는 것이었다. 이 경우에는 모압 왕 에글론이었고, 그는 자신이 하나님의 목적에 사용되고 있다는 사실을 모르고 있었다(단 4:17). 롯의 딸들 가운데 한 명의 후손인(창 19:36-37) 모압 족속은 역사적으로 이스라엘에 적대적이었다(민 22-24장 참조). 암몬과 아말렉 자손들을 규합하여 동맹 관계를 구축한 에글론의 연합군은 이스라엘을 쳐서 종려나무 성읍인 여리고를 점령한 후, 그곳을 이스라엘에서의 작전기지로 삼았다. 에글론은 여리고에 접근하기 위해 먼저 르우벤, 갓, 므낫세 반 지파 등 요단 동편 지파들을 정복해야 했다. 그래야 이스라엘의 나머지 지파들을 공격하기 위해 요단강을

건널 수 있었기 때문이다. 그 예속은 18년간 지속되었다.

3:15 상. 회개. 다시 한 번 이스라엘 자손이 여호와께 부르짖었다(과거에도 그랬고 앞으로도 그럴 것이다). 이스라엘은 다른 신들을 좇았지만, 결국 곤경에 처했을 때는 달려갈 곳이 언약의 남편인 여호와밖에 없다는 사실을 깨닫게 되었을 뿐이다(요 6:68 참조).

3:15 하-29. 회복. 하나님은 에훗이라는 이름의 전투 전문가를 구원자로 세우셨다. 저자는 음모와 용기, 영리함 등으로 점철된 이야기를 펼친다. 이 계략의 주인공은 가문과 지파와 독특한 특징으로 그 신원이 확인되었다. 그는 '내 오른손의 아들' 이란 뜻의 베냐민 사람 게라의 아들이었고(대상 7:10, 8:3, 5, 7 참조), 아이러니컬하게도 왼손잡이였다. 왼손잡이라는 말은 문자적으로 '오른손이 제어된' 이란 의미를 지니고 있다.

그 개념은 분명 그의 오른손에 장애가 있어 그 보상 작용으로 왼손잡이가 되었다는 게 아니다. 그 말은 아마도 소년들의 오른손을 묶어('제어해') 억지로 양손잡이가 되게 만드는 관행을 의미할 것이다. 양손잡이 전사는 훨씬 더 가공할 상대였다. 대부분의 군사들이 칼과 방패로 오른손잡이 적수를 막는 데 이용되었기 때문이다. 양손잡이 전사는 왼손으로 싸울 수 있었을 뿐만 아니라, 만약 전투 환경이 허락한다면 손을 바꿈으로써 적을 혼란스럽게 만들 수 있었던 것이다. 그것은 사사기 뒤편에서 다른 베냐민 사람들이 받았던 훈련과도 잘 맞아떨어진다(삿 20:16, 대상 12:2 참조).

에훗은 특별히 지략이 뛰어났다. 그는 특별한 계획을 가지고 있었고, 우리는 이야기가 진행되면서 비로소 그것을 깨닫게 된다. 그의 군사적 목표는 분명했고(에글론을 암살하고 모압의 속박을 타도하는 것), 그 목표를 달성하기 위한 수단 또한 적절했던 것으로 보인다(모압 왕 알현 기회를 이용한 계략과 이례적인 루트를 통한 대담한 탈출, 결정적인 기습공격 등). 에훗의 뛰어난 지략은 그가 장이 한 규빗 되는 좌우에 날 선 칼을 만들어 우편 다리 옷 속에 찼다는 대목에서 더 잘 드러났다. 그 칼은 분명 손잡이가 없었을 것이다. 에훗은 그것을 주의가 산만해진 호위병들이 쳐다볼 생각을 못할 만한 곳에 고정시켜 두었다.

에훗은 모압 왕에게 공물을 바치는 대리인으로 선택되었다. 우리는 그 이유에 대해 듣지 못한다. 그를 따라 전투에 나가기를 마다 않는 군대를 일으킨 그의 능력으로 미루어 보아(27-28절) 분명 그는 이스라엘 백성들 사이에서 크게 존경받았던 것으로 보이지만 말이다. '조공의 임무' 가 완료된 후, 에훗과 그의 수행원들은 모압 왕에게 작별을 고했다. 그러나 에훗은 그 뒤 길갈 근처에서 수행원들을 떠나보낸 후, 그 자신은 계략의 임무를 완수하기 위해 돌아왔다. 에훗은 여전히 옷 속에 칼을 숨긴 채로 에글론을 즉시 알현할 수 있도록 허락받자 그에게 말했다. 왕이여, 내가 은밀한 일(secret message)을 왕에게 고하려 하나이다. 일(message)에 해당하는 용어가 분명치 않다. 그것은 '목적(object)'을 의미할 수도 있으며, 그 모호성은 의도적인 것일지도 모른다!

뇌물이나 적어도 자기에게 득이 될 무언가를 기대했던 모압 왕은 어리석게도 호위병들을 물러가게 한 다음, 에훗을 알현실 옆에 있는 방으로 불러들였고, 그 자신은 그곳에 앉아 있었다. 이번에는 에훗이 그에게 하나님의 명을 받들어 고할 일이 있다고 말했다. '신(god)'을 뜻하는 보다 포괄적인 용어를 사용했기 때문에, 에글론이 모압의 신 키마슈(Chemosh)로부터의 신탁을 기대하고 있었을 가능성이 있다. 여하튼, 그는 자신의 거대한 몸집을 에훗에게 노출시키며 (아마도 천천히 그리고 힘겹게) 일어섰고, 에훗은 왼손으로 우편 다리에서 칼을 빼어 왕의 몸을 찔렀다.

그 일화의 사실성을 증명해주는 섬뜩한 내용이 상술되어 있다. 칼자루도 날을 따라 들어갔고, 기름이 칼날에 엉기었다. 그 때문에 에훗은 칼을 빼지 않고 그대로 두었고, 에글론의 창자가 느슨해지면서 배설물이 바닥을 더럽혔다(에글론의 등 뒤로 나온 것이 칼 자체임을 암시하는 NIV의 해석은 잘못된 것이며, 이 일화 전체의 언어적 묘사는 관찰자에게 오감의 대부분이 포함된 인식을 불러일으킨다). 에훗은 아마도 궁전을 빠져나가면서 싸우게 될 가능성도 예상했겠지만, 필요 없을지도 모르는 무기를 회수하는 것보다 자신의 손과 옷에 피를 묻히지 않는 것이 더 중요했을 것이다.

그 뒤의 전개는 고도의 서스펜스다. 시간이 흘렀다. 호위병들은 에훗이 떠나는 것을 보지 못했지만, 다락문들이 안에서 잠겨 있다는 사실은 의심할 여지없는 냄새와 결부되어 왕이 다락방에서 용변을 보고 있음에 틀림없다는 결론으로 연결되었다. 축어적으로 '발을 가린다'는 표현은 배설하는 동안의 옷의 모양을 묘사한 완곡어법이다. 그들이 결국 부끄러움을 당하게 되는 순간까지 기다리는 동안, 에훗은 무사히 도망칠 수 있었다.

에글론이 비둔하게 묘사되었을 뿐만 아니라, 그의 정예 군대 역시 우둔하게 그려졌다. 그들은 어떤 이의도 제기하지 않고 암살자 앞에 자신들의 주인을 홀로 남겨두었고, 에훗이 도망칠 수 있도록 내버려두었으며, 그 동안 내내 그가 방을 나갔는지 여부를 궁금하게만 여길 뿐 아무 생각 없이 중간에 들어가 왕의 안전을 확인해야 할지 여부를 망설였던 것이다. 무시무시한 모압의 친위대원들은 무능하고 서투른 키스톤 경찰들(Keystone Cops)과 유사했다. 그들은 결국 열쇠를 취하여 방을 열어보았고, 자신들의 주가 이미 죽어 땅에 엎드려져 있는 것을 발견했다.

에훗은 스이라에 도착하여 에브라임 산지에서 나팔을 불었다. 그것은 분명 미리 약속된 신호였을 것이다. 그는 산지에서 내려오는 이스라엘 백성들과 합류하여 그들을 이끌었다. 에훗은 특공대원(commando)에서 지휘관(commander)으로 그 역할이 바뀌었고, 하나님의 언약의 이름으로 자기 부하들의 사기를 북돋았다. 여호와께서 너희 대적 모압 사람을 너희의 손에 붙이셨느니라. 이것은 사사기에서 인간이 여호와의 이름을 언급한 첫 번째 경우다. 전략적인 의사결정이 이루어졌다. 이스라엘 군대는 모압 맞은편 요단강 나루를 점령했다. 그 목적은 단순히 교통을 방해하는 것이 아니라, 모압 사람들이 자기 땅으로 후퇴하는 것을 막기 위해서였다. 그들은 적과 전투를 벌였고, 그 뒤 전장으로부터 이런 보고가 들어왔다. 모압 사람 일만 명가량을 죽였으니 다 역사요 용사라. 한 사람도 피하지 못하였더라.

3:30 상. 안식. 그 날 모압 사람은 이스라엘의 수하에 항복했다. 모압의 예속이 얼마나 오래 지속되었는지에 대해서는 우리가 듣지 못하지만 말이다. 감사하게도, 그 땅이 팔십 년 동안 태평하였다. 따라서 두 세대는 교훈을 깨닫고 하나님의 심판에서 제외될 수 있었다. 죄는 분명 불가피한 것이 아니다. 이스라엘의 경우처럼, 우리의 선택도 항상 개인적이고 독특하다. 한 가지 사실은 분명하다. 하나님은 에훗을 그분의 도구로 세우셨고, 결국 이스라엘에게 승리를 주셨다. 하나님 없이는 속박이 있을 뿐이다. 하나님이 계신 곳에 자유가 있다.

D. 삼갈을 통한 구원(3:31)

Supporting Idea	삼갈의 사이클은 광각 렌즈도 표준 렌즈도 아니며, 줌 렌즈도 아니다. 그것은 우리에게 사이클에 관한 작은 스냅사진을 제공하는 현미경렌즈라고 할 수 있다. 삼갈은 대체로 알져지지 않은 영웅이었지만, 그의 대담성은 감탄할 만하다.

3:31. 우리는 삼갈에 대해 거의 모른다. 그는 지속적으로 하나님의 백성을 이끌거나

'재판' 하지 않았다. 우리는 그가 다른 신자들과 맺고 있던 관계에 대해 아는 바가 전혀 없다. 설사 그런 관계가 존재했더라도 말이다. 사실, 우리는 그가 여호와와 맺고 있던 관계에 대해서도 아는 바가 전혀 없다. 우리는 그로 인해 지속된 평화의 기간이나 그 이후의 행적에 대해서도 전혀 모른다. 우리는 그의 이름과, 그가 아낫(Anath)의 아들이었다는 사실 그리고 그가 선택한 무기가 소 모는 막대기였다는 사실을 알고 있을 뿐이다. 하지만 그런 기본적인 사실들이 추가적인 의문을 불러일으킨다.

우선, 그의 이름은 히브리 이름이거나 어떤 표준적인 히브리 의미를 지니고 있는 것 같지 않다(간접적으로 '복종' 을 의미하는 단어와 관련이 있을 가능성이 있기는 하지만 말이다).

둘째로, 아낫은 가나안의 전쟁의 여신으로 바알의 배우자들 가운데 하나였다. 그것은 또 군대를 일컫는 말이기도 했다. '아낫의 아들(son of Anath)' 은 이집트 파라오의 휘하에 있는 군사들을 지칭하는 통상적인 호칭이었던 것이다. 어떤 경우든, 삼갈은 전형적인 이스라엘 자손이 아니었다. 설사 그가 실제로 히브리인이었다 하더라도, 그에 관한 어떤 정보도 그의 출신 가문 내에 존재했던 영적 인식을 암시하지 않는다.

셋째로, 소몰이용 막대기는 2.4-3m 길이의 나무장대로, 양쪽 끝에 금속이 부착되어 있었다. 한쪽 끝은 소를 재촉하는 대못이었고, 다른쪽 끝은 소가 끄는 쟁기를 청소하는 일종의 끌이었다. 블레셋 사람 육백 명을 상대로 한 그의 승리는 구체적으로 설명되어 있지 않다. 우리는 그 승리가 일정 기간에 걸쳐 이루어졌는지, 혹시나 좁은 통로에서 한꺼번에 일어났는지, 아니면 다른 어떤 시나리오 속에서 발생했는지 궁금할 수밖에 없다. 어쨌든 그 역시 하나님의 백성의 적들과 맞서 싸운 것으로 분류되어 있다. 따라서 그도 (옷니엘, 에훗과 함께) 이스라엘을 구원하였다.

사사기의 본문 문맥을 통해 한 가지 점만은 분명히 알 수 있다. 하나님이 삼갈과 함께 하심으로 그의 승리를 가능케 하셨다는 사실이다. 다시 한 번 강조하건대, 하나님은 이상한 도구를 사용하시면서 그분의 목적을 이루셨다. 그분은 때로 레이저빔을 사용하시지만, 가끔은 큰 해머도 사용하신다.

Main Idea
복 습

하나님의 백성이 죄의 예측 가능한 패턴 속으로 추락한다. 반역과 징벌, 회개, 회복, 안식 등의 사이클이 진행되는 동안, 전혀 다른 세 명의 사사가 하나님에 의해 세워졌다. 이스라엘 백성을 향해 품고 계신 그분의 목적을 이루기 위해서였다. 하나님은 그분의 언약의 백성을 절망적인 상태로 내버려두지 않으셨다. 심지어 그들이 퇴보하여 죄의 수렁에서 뒹굴 때도 하나님은 그분의 약속에 충실하셨다.

결론

하나님이 사용하시는 사람

하나님은 옷니엘과 에훗과 삼갈을 사용하셨다. 하나님은 학자였던 바울도 사용하셨고, 어부였던 베드로도 사용하셨다. 하나님이 사용하시는 사람의 프로필은 무엇인가?

한 학자는 노바스코샤의 어부인 자신의 장인에 대해 이렇게 묘사했다.

> 그는 내가 받았던 수년 간의 대학 교육을 받아본 적이 없다. 나는 세상에서 벌어지고 있는 일들과 철학과 과학적 방법의 한계 등에 대해 그보다 더 인상 깊게 논할 수 있다. 내 어휘력 역시 그보다 훨씬 뛰어나다. 그러나 범선을 타고 케이프브레턴(Cape Breton) 섬의 바위투성이 해변을 출발해 바다로 나가보면, 그는 본능적으로 모든 곳의 수심을 아는 것 같다. 그는 안개 속에서 항해 보조장비 없이도 불가사의한 방법으로 사방 300km 내에 있는 모든 항구를 찾아갈 수 있다. 바다의 가르침을 받은 이 놀라운 사람으로 인해 나는 어쩔 수 없이 서툴고 무능한 신출내기 선원이 되어버린다. 게다가, 그는 우리 집을 방문하면 수선이 필요한 것을 찾아 돌아다닌다. 나는 도구를 다루는 데 서툴고 기술이 좀 필요한 일에 직면하면 어찌할 바를 모르지만, 그는 한쪽으로 기울어진 우리 집 정원 문을 고쳐 놓는다. 내게는 가

공할 만한 어려움이었던 것이 그에게는 오후 소일거리에 불과하다.

내가 그보다 더 나은 사람일까? 우리 두 사람은 어떤 저울에 의해 평가되어야 할까? 우리 가운데 누가 도덕적 우위에 있다고 말할 수 있을까? 나는 성경을 더 효과적으로 인용할 수 있으며, 사람들은 내가 설교할 때 종종 감동받는다. 내 기도와 목회 사역을 통해 그는 최근 오랜 방황을 끝내고 하나님께 돌아왔다. 그런데 지금 그가 그리스도와 성경 안에서 누리는 기쁨은 나를 부끄럽게 만들고 있다. 그는 지난 몇 개월 동안 내가 과거 수년 동안 이루었던 것보다 더 많이 발전했던 것 같다. 나는 그 앞에서 책망 받고 있다.

누가 우리를 평가하여 둘 중 어느 사람이 하나님 앞에서 더 낫다고 말해줄 것인가? 만약 내가 하나님의 임재 속으로 들어간다면, 그 질문은 외설 행위처럼 미해결 상태로 남아 있을 것이다. 그런 질문을 하는 것 자체가 잘못이라는 사실을 나는 안다. 하나님의 위엄이 내 시야에 충만할 때, 인간의 위대함에 대한 모든 질문은 무의미한 것이 되기 때문이다. 나는 무릎을 꿇고 엎드린다. 그런 하나님이 나를 그분의 자녀로 부르신다는 사실에 놀라움으로 떨며 눈물 흘린다. 나의 속 좁음과 비열함, 어리석은 속임수, 추한 욕심 등에 부끄러움을 느끼면서도 동시에 내가 용서받고 사랑받는 존재며 그분이 나를 원하신다는 사실을 인식하게 된다. 내가 어떻게 하나님의 임재 앞에서 내 형제보다 더 낫다고 주장할 수 있겠는가? 그들 가운데 가장 작은 자라는 사실만으로도 그저 행복할 뿐이다(John White, The Fight, IVP, 1976, pp.146-147).

■ 진리 알기

- 하나님은 그분의 모든 자녀들을 부르신다. 그들의 전(全) 존재를 순종 속에서 그분의 전(全) 존재 앞으로 인도하기 위해서 말이다.
- 하나님은 다양한 사람들을 통해 다양한 방법으로 역사하신다. 하나님은 그분의 진리에서 벗어나시는 법이 없지만, 항상 우리의 기대에 부응하시지도 않는다.
- 하나님은 삶의 환경이 우리의 영적 탄력(spiritual resilience)을 시험하도록 허락하신다. 우리가 죄에 굴복하면 하나님을 무시하여 위태롭게 되지만, 우리가 인내하면 그분의 은혜로 점

점 더 강해진다!

- 죄에 대한 굴복은 자기변명과 자기연민, 자기몰두, 자기중심 등의 이기주의에 빠지는 추락의 시작일 수 있다.
- 우리가 회개할 때마다 하나님은 반드시 나타나신다.

▣ 적용하기

- 당신이 하나님께 모든 걸 맡겨 드리면, 그분이 당신을 쓰실 것이다. 당신의 능력이 하나님에 의해 쓰일 수 없는 것이라고 생각하지 말라. 그분은 오늘의 당신을 만드신 분이다! 그분이 당신을 쓰실 수 있도록 맡겨 드려라!
- 당신 주위를 돌아보라. 현재 하나님에 의해 쓰임 받고 있는 다른 그리스도인들에 대해 질투하기보다는 하나님이 그들에게 주신 능력에 대해 감사하라.
- 명심하라. 보이는 대로 걷지 말고 믿음으로 걸으라(고후 4:16-18 참조).
- 당신의 주인을 선택하라! 만약 당신이 예수의 '종'이 된다면(롬 6:15-23), 지금까지 경험해 본 적이 없는 최대의 자유를 누리게 될 것이다.

삶의 적용

서로 다른 재능의 3인조

이 장은 서로 다른 세 가지 재능과 서로 다른 사람들로 구성된 3인조를 보여준다. 그 세 사람에 대해 생각해보자. 옷니엘의 주요 자질은 그가 위대하고 경건한 유산을 지니고 있었다는 점이다. 에훗의 핵심 자질은 그가 왼손잡이였다는 사실이다. 삼갈의 주요 자질은 글쎄 아마도 그가 막대기를 보유하고 있다는 점이 아닐까! 그들은 서로 아주 달랐다. 옷니엘은 이스라엘 역사에서 가장 위대한 인물들과 연결고리를 가지고 있었다. 그는 우리가 종종 유혹받듯이 그 유산에 기대어 성공하려고 하기보다는 그 위에 자신만의 새로운 업적을 쌓았다.

이 장의 대부분은 에훗에게 할애되어 있다. 에훗는 로빈훗이나 람보처럼 거의 신화적인 존재에 가까운 암살자요 전사였다. 그는 여러 가지 감탄할 만한 자질을 보여주었다. 우선, 그는 용의주도했다. 그는 미리 계획을 세웠고, 암살에 사용할 칼을 만들었으며, 자신의 신호를 기다릴 레지스탕스를 조직했던 것으로 보인다. 그 전체 계획은 세심하게 만들어졌고 분 단위로 세분화되었다. 둘째로, 그는 용맹했다. 그는 자신의 계획을 수행하기 위해 목숨까지 걸었다. 그 자신도 살아서 빠져나오게 될지 여부를 장담할 수 없었다. 너무나 많은 것들이 잘못될 수 있었기 때문이다. 셋째로, 그는 자신의 동료들을 배려할 줄 알았다. 그들의 목숨을 위험에 노출시키기보다는 그들을 먼저 안전한 곳으로 이동시킨 다음, 자신의 목숨을 희생할 각오로 위험천만한 계획을 실행에 옮기기 위해 돌아갔던 것이다. 그리고 에훗은 여호와를 신뢰했다. 그는 승리를 위해 그분께 의지했다. 그는 완전한 구세주를 신뢰하는 불완전한 종이었던 것이다.

에훗의 이야기가 재미있는(그러나 성인용이다!) 단편 소설에 가깝다면, 삼갈의 일화는 한 문장으로 된 재담이라고 할 수 있다. 소몰이용 막대기는 소에게 쓰도록 되어 있었다. 따라서 삼손의 나귀 턱뼈처럼 적에 대한 조롱을 시각적으로 보여주는 이미지였을 것이다. 삼갈은 분명 짧은 기간 동안 이스라엘을 구원하였던 것으로 보인다. 아마도 한 번의 결정적인 전투에서였을 것이다. 세부 사항이 개략적으로 그려진 것이 아니라, 아예 존재하지 않는다! 우리가 아는 한, 그는 위대했던 한때가 정전(正典)에 실리는 영광을 안은 사람이었다. 나는 그가 유대인이었다고 생각한다. 그러나 그의 아버지의 이름은 성과 전쟁을 상징하는 가나안의 여신의 이름과 동일하고, 그 자신의 이름 역시 유대인 식이 아니다. 삼갈은 분명 가정에서 영적 지도자가 되도록 훈련받지 못했다. 그는 우상 숭배를 행하는 집안 출신의 농부에 불과했던 것이다.

그 세 사람이 공통점을 가지고 있었을 가능성은 거의 없다. 그들은 전혀 다른 배경과 재능을 가지고 있었기 때문이다. 하나님은 그들 각자를 사용하셔서 그분의 목적을 이루셨다. 다른 신자들을 보면서 그들이 우리처럼 생기지 않았기 때문에, 우리처럼 말하지 않기 때문에, 우리처럼 옷을 입지 않기 때문에 '이상적인 자질' 을 갖추고 있지 않다고 결론 내리고, 따라서 하나님에 의해 사용될 수 없다고 생각해본 적이 있는가? 혹은 하나님이 쓰실 수 있는 사람의 타입을 우리 마음속에 정해 놓고, 자신이 그 이상적인 타입에 맞지 않기 때문에 하나님이 우리 삶에 주시는 소명으로부터 혹시라도 면제되어 있다고 생각하고 있지는 않은가?

일부 사람들은 놀라운 지적 능력을 가지고 있고, 인상적인 리더십이나 음악적 재능, 남다른 동정심, 뛰어난 운동 능력 등을 가지고 있는 사람들도 있다. 어떤 사람들은 그저 소박하고 평범하다. 그러나 어쩌면 그들도 삼갈처럼 막대기를 보유하고 있을지 모른다! 하나님은 우리 가운데서 재능이 한정된 사람들을 사용하실 때, 훨씬 더 큰 영광을 받으신다. 의심할 여지 없이, 영원불멸의 영향력은 결코 우리 측면에서 설명될 수 없기 때문이다! 게다가 예수님은 이렇게 말씀하셨다. "나를 떠나서는 너희가 아무것도 할 수 없음이라"(요 15:5). 하나님은 폭군을 쓸어버리고 독재자를 파멸시켰던 분이시다. 어떤 적이라 하더라도 인간의 위대함은 하나님의 위대함과 비교될 수 없다. 그분은 '세상에 있는 이'(요일 4:4)보다 더 위대하시기 때문이다.

기도

오 주님, 당신은 사람들이 당신의 영광을 위해 쓰일 수 있도록 능력을 부여하는 방법에 있어 무한하십니다. 우리는 자신보다 더 뛰어난 재능을 가진 다른 그리스도인들을 보면서 부러워하고, 자신보다 못한 능력을 가진 사람들을 보면서 우쭐댈 때가 많습니다. 우리가 남들과 비교하며 점수를 매겨 왔음을 고백하지 않을 수 없습니다. 주님, 용서하여 주옵소서. 그리고 우리 자신과 다른 사람들에게서 눈을 떼어 우리 믿음의 중심이신 예수님만을 바라볼 수 있도록 도와주옵소서(히 12:1-2). 우리 주 예수 그리스도의 이름으로 기도합니다. 아멘.

심층 연구

A. 네 개 그룹(과 집단 속의 집단들)(3:1-3)

'블레셋 다섯 방백' 은 본래 가나안 족속이 아니었지만, 그 땅에서 누구도 당해낼 수 없는 강력한 존재가 되었다. 이 다섯 성읍의 연합체(펜타폴리스: pentapolis)는 에그론과 가드, 아스글론, 아스돗, 가사 등을 포함하고 있었다(수 13:3, 삿 1:18 참조). 다음 그룹은 '가나안 모든 사람' 으로, 겹치는 목록들 속에 등장하는 다른 종족들을 포함하여 가나안에 사는 모든 민족을 통칭하는 말이었다. 시돈 사람(시돈을 주요 도시로 하는 페니키아인들, 1:31 참조)과 히위 사람(구약에 25번 언급되어 있으며, 팔레스타인 북부와 중부에 히위 족속의 여러 성읍들이 있었다)도 네 개 그룹 속에 포함되어 있었다.

B. 과장된 에글론의 부풀려진 자아: 함축된 의미를 지닌 암시

에글론은 자신이 여호와보다 더 강력하다고 착각하고 있는 보잘것없는 왕의 흥미로운 캐리커처를 제공한다. 그의 이름은 '황소(bull)' 의 지소어(지소사가 붙어 본래 말이 가지는 뜻보다 작은 뜻을 의미하거나 친애의 감정을 나타내도록 파생된 말 - 역주) 형태로, 음성학적으로는 '통통하게 살찐' 이란 의미의 'rotund' 라는 단어와 관련이 있다. 그는 탐욕스럽고 제멋대로며 어리석고 미숙했던 사람으로 소개되어 있을 뿐만 아니라, 그의 자아는 아첨에 쉽게 휘둘리는 경향이 있었다. 12-17절에서 그의 이름이 나올 때마다 '모압 왕' 이라는 칭호가 함께 등장한다. 20절 이후부터는 그의 이름이 더 이상 언급되어 있지 않으며, 그의 죽음(찌꺼기가 뒤섞여 있는 지방 덩어리)에 대한 묘사는 기괴한 느낌마저 든다. 어느 학자는 에글론을 거의 '만화 주인공' 처럼 소개하면서 하나님이 대조법을 사용하여 이스라엘이 얼마나 추락할 수 있는지 보여주고 계신 것이라고 설명한다. 이스라엘이 다시 순종으로 돌아가도록 거의 조롱에 가까운 방법까지 사용하시면서 말이다. 본질적으로 하나님은 이렇게 말씀하고 계셨던 것이다. "봐라, 저 우둔하고 보잘것 없는 정복자들을. 너희가 나를 거부할 때, 나는 너희를 노예로 만들기 위해 저런 인간들도 강력하게 만들 수 있단다! 그래, 너희가 바라는 명성이 바로 이거냐?" 무엇보다도, 누가 캐스퍼 밀크토우스트(Capar Milquetoast: 나약한 겁보를 상징하는 만화 주인공 - 역주)에게 얻어맞았다는 사실이 알려지는 것을 원한단 말인가? 설마, 그럴 리가 있겠는가.

C. 에훗과 수세식 화장실

바룩 핼펀(Baruch Halpern)은 알찬 조사와 추론이 결합된 어느 기사에서 에훗의 수수께끼 같은 탈출에 대해 흥미로운 주장을 한 바 있다(Halpern, "The Assassination of Eglon", Bible Review, December 1988, 33-41,44). 아카데미상 7개 부문의 후보작으로 지명되었던 걸작 〈쇼생크 탈출(The Shawshank Redemption)〉에서 주인공은 오수처리 시설을 통해 도저히 빠져나갈 수 없는 감옥에서 탈출했다. 에훗이 모압 왕궁에서 탈출했던 방법도 그것과 전혀 다르지 않다. 분명 알현실과 떨어진 곳에 화장실이 있었고, 에훗은 다른 문들을 모두 잠근 후에 그 화장실을 통해 도주했을 것이다.

D. 암살의 전략

우리의 본문은 암살에 대한 윤리적 평가를 요구하지 않는다. 그 핵심은 만약 이스라엘이 지속적으로 하나님께 반역한다면, 하나님의 묵인 하에 심지어 에글론 같은 '만화 주인공들' 의 손에 의해서조차 고통 받게 될 것이라는 사실을 보여주는 것이다. 하지만 우리는 이런 의문을 품게 될지도 모른다. 하나님은 선택적으로 암살을 승인하시는가?(삿 4:17-21, 왕상 2:5-8 참조) 물론 우리는 그 이야기가 서술적이지 규범적이 아니며, 한 개인의 방법을 기술하고 있을 뿐이라고 말할 수도 있을 것이다. 그럼에도 불구하고, 우리는 스스로에게 자문해야 한다. 만약 내가 1939년에 히틀러를 암살할 수 있었다면 그렇게 했을 것인가? 그런 다음 그것이 과연 옳은 것인가라는 후속 질문도 물어야 할 것이다. 이것이 사사기에서 여호와께서 인도하셨다거나 그렇게 하도록 여호와의 신이 사사에게 '임하셨다' 고 언급되어 있지 않은 드문 경우 가운데 하나라는 사실은 주목할 만한 가치가 있다. 그것이 의미 있는 생략일까? 하나님은 연장 창고에서 둔탁한 도구를 꺼내실 때도 있다.

교안

A. 들어가는 글

1. '지루하고 예측 가능한' 이야기로 시작하라.
2. 배경 설명: 이 장은 우리가 이미 2장 22절에서 알게 된 시험에 관하여 상세히 설명해준다(1-6절). 세 명의 독특한 사사들을 통한 하나님의 구원을 살펴본 후에, 우리는 준비된 마음으로 어울릴 것 같지 않은 또 다른 한 쌍 드보라와 바락을 통한 하나님의 계속된 구원 이야기를 놀라지 않고 보게 된다(4-5장).
3. 적용: 하나님의 백성이 그분께 등을 돌릴 때, 그들이 감당해야 할 결과는 때로 파괴적이다. 자기 파괴는 결코 옆에서 유쾌하게 지켜볼 수 있는 게 아니다. 그럼에도 불구하고, 하나님은 우리의 필요에 주의를 기울이시며, 우리가 회개하고 그분께 돌아오기를 기다리신다(그분의 구원 방법이 때로 독특하기는 하지만).

B. 본문 이해

1. 이스라엘의 타락(3:1-6)
   1) 출석 점호: 네 개 그룹(과 집단 속의 집단들)(3:1-3)
   2) 이유: 이스라엘에 대한 시험(3:4)
   3) 성적- 'C.I.A.' (3:5-6)
2. 옷니엘을 통한 구원(3:7-11)
   1) 반역(3:7)
   2) 징벌(3:8)
   3) 회개(3:9 상)
   4) 회복(3:9 하-10)
   5) 안식(3:11)
3. 에훗을 통한 구원(3:12-30)
   1) 반역(3:12 상)

2) 징벌(3:12 하-14)
3) 회개(3:15 상)
4) 회복(3:15 하-29)
5) 안식(3:30)

4. 삼갈을 통한 구원(3:31)

C. 결론: '하나님이 사용하시는 사람' 을 읽어주라.

토의 질문

1. 이 장은 단순해 이해하기 쉽다. 하나님의 백성들이 죄를 범하고 그 결과가 뒤따랐다. 이상한 것은 하나님이 계속 '시험' 을 유지하셨다는 점이다(1, 4절). 이스라엘은 그것을 통해 스스로를 평가해볼 수도 있었을 것이다. 그것은 분명 하나님의 인내심을 알 수 있는 척도다. 신약의 다음 성경 구절들은 심판의 정황 속에서 드러나는 하나님의 인내심에 대해 말해주고 있어 묵상할 만하다. 베드로전서 3장 20절과 베드로후서 3장 9, 15절을 공부하여 하나님의 성품에 대해 우리가 무엇을 배울 수 있는지 알아보자.

2. 이 장은 또 하나님의 정의와 자비의 조화에 대한 우리의 이해를 강화해준다. 다음 성경 구절들이 그리스도인들에게 하나님의 정의에 대해 어떻게 알려주고 있는지 살펴보자(롬 6:23, 고전 3:10-4:5, 고후 5:10, 살후 1:8-9, 히 11:6).

3. 마지막으로, 하나님이 사용하시는 사람의 타입에 대해 성경이 말하고 있는 내용에

대해 생각해보자. 신자들에게 서로 비교하지 말도록 권고하고 있는 고린도전서 12장 12-26절을 읽어보라.

사사기 4-5장

경외심에 젖은 커플

"리더십이란 사람들이 원하지 않는 것을 하도록 만들고 좋아하도록 만드는 능력이다."

- 해리 트루먼(Harry Truman)

세상 통치자들의 계획에도 불구하고, 하나님의 백성을 위한 그분의 계획은 피할 수 없다(unavoidable). 하나님은 그분께 속한 사람들을 위해 모든 장벽을 극복하시며, 가망이 없어 보이는(unlikely) 사람들을 사용하여 예측할 수 없는(unpredictable) 방법으로 상상할 수도 없는(unthinkable) 일을 이루신다.

사사기 4-5장의 문학적 개요: 스테레오(stereo)로 들려주는 이야기

사사기 4장과 5장은 두 장이지만 하나의 단위를 구성하므로 함께 공부하게 될 것이다. 성경학자들은 이 쌍둥이 장의 병렬 배치가(출애굽기 14-15장과 함께) 성경과 대부분의 고대 문학에서 흔치 않은 경우이기 때문에 매우 흥미롭게 여기고 있다. 두 장 모두 똑같은 이야기를 말해주고 있지만, 서로 다른 두 가지 방식으로 전하고 있다. 둘은 일란성 쌍둥이가 아니라, 이란성 쌍둥이인 것이다. 4장은 사건들을 사실에 입각해 전하고 있는 반면, 5장은 동일한 사건들을 시적으로 서술하고 있다. 4장이 역사 수업을 위한 것이라면, 5장은 음악 수업을 위한 것(무엇보다도 그것은 노래다, 5:1)이다. 4장은 가르쳐주고, 5장은 즐겁게 해준다. 4장은 사진같고, 5장은 인상주의 그림에 더 가깝다. 두 장은 서로를 반박하지 않는다. 오히려 서로를 보완하고 함께 정보를 제공함으로써, 우리를 감동시켜 항상 언약을 지키시는 하나님을 찬양하도록 유도한다. 두 장 모두 이야기를 온전하게 전해주지 않는다. 그나마 4장이 연대기적 줄거리를 제공하고 있어 다행이지, 그것 없이 5장만으로는 많은 추측이 필요했을 것이다. 주의 깊은 독자들은 두 장이 서로 정보를 주고받는 다음과 같은 특징을 발견하게 될 것이다.

사사기 4장의 산문에서 생략된 내용	그 내용을 보완해주는 사사기 5장의 구절	사사기 5장의 시문에서 생략된 내용	그 내용을 보완해주는 사사기 4장의 구절
여호와의 구체적인 도움	5:4-5	야빈 왕의 주도적 역할	4:2
전쟁에 참여한 지파에 대한 출석 점호	5:13-18	드보라와 바락에 대한 배경 설명	4:4-9
하나님의 하늘에서의 전투	5:20-21	야엘의 남편 헤벨에 대한 정보	4:11
시스라의 어머니에 대한 이야기	5:28-30	시스라에 대한 바락의 실망스러운 추격	4:16-22

들어가는 글

이스라엘의 왕엄마

2002년 4월 9일, 영국의 모후 엘리자베스 앤젤라 마거릿(Empress Dowager Elizabeth Angela Marguerite)이 1952년에 먼저 사망한 그녀의 남편 곁에 매장되었다. 그녀가 조지(George)와 결혼할 때는 왕비가 될 가능성에 대해서는 전혀 생각지도 못했다. 왕위 계승의 계보가 그녀와 그녀의 남편 옆으로 지나가 버렸기 때문이다. 그러나 예기치 못한 왕위의 포기가 그녀의 삶을 완전히 그리고 영원히 바꾸어 놓았다. 수줍음이 많고 말을 더듬는 그녀의 남편이 갑자기 조지 6세가 되자, 그녀도 한 나라의 왕비가 되었던 것이다. 제2차 세계대전 동안 윈스턴 처칠 수상이 그녀의 안전을 위해 영국을 떠나 있으라고 권했지만, 그녀는 오히려 고집스럽게 폭격으로 파괴된 런던 곳곳을 걸어서 돌아다니며 삶의 터전을 잃어 고통 받고 있는 보통사람들과 이야기 나누는 일을 계속했다. 그녀는 항상 그 시찰을 위해 제일 좋은 옷을 고집했다. 품위 있는 모습이 날마다 혼란 속에서 살아가는(그리고 밤마다 독일의 공습에 시달리는) 사람들에게 용기를 북돋워주는 안정감을 전달해준다고 생각했기 때문이다.

향년 101세를 일기로 사망한 모후는 21세기 전 기간에 걸쳐 제국을 지켜보았다. 두 차례의 세계대전을 겪으면서 비행기의 발전과 내연기관의 상용화는 물론, 그 이후 우주시대와 사이버 공간 시대까지도 말이다! 그 '왕엄마(Queen Mum)' 만큼 국민들의 존경을 받았던 여성은 거의 없었다. 그녀의 생애는 자신의 역할에 대한 오랜 신실함과 용기와 도덕적 권위로 점철된 삶이었다.

이스라엘의 지도자로서 하나님을 섬겼던 다음 인물에 대해 읽으려고 사사기를 펼칠 때, 그 인물이 남자가 아니라 여자라는 사실을 발견하고 놀라게 된다. 드보라는 골다 메이어(Golda Meir)나 인디라 간디(Indira Ghandi), 마거릿 대처(Margaret Thatcher), 샌드라 데이 오코너(Sandra Day O' Connor) 등과 같이 역사에 뚜렷한 족적을 남긴 많은 여성들의 특징을 혼합해 놓은 이스라엘의 '왕엄마' 였다(5:7). 어찌보면 애니 오클리(Annie Oakley)나 마리아 본 트랩(Maria von Trapp)과 비슷한 데가 좀 있다. 마치

〈사운드 오브 뮤직(The Sound of Music)〉이 5장에서 울려퍼지는 것처럼 말이다.

그러나 그 여장부들 가운데 누구라도 어떤 결점이든 가지고 있었겠지만, 이 경건한 여성의 삶 속에는 어떤 결점도 드러나 있지 않다. 드보라는 여선지자로서 하나님을 대변했고, 사사로서 백성들의 존경을 받았으며, 이스라엘은 그녀의 지혜에 기꺼이 복종했다. 그러면서도 아내와 어머니로서의 역할에 여전히 충실했다. 하나님은 특별한 목적을 위해 특정한 장소와 시기에 그녀를 두셨던 것이다. 당시 남자들 가운데 가장 유력한 인물이었던 바락조차도 그녀가 함께 가지 않으면 전투에 나가려 하지 않았다. 4장은 '이상한 커플' 드보라와 바락의 이야기를 전해주고, 5장은 '경외심에 젖은 커플' 로부터의 찬가를 들려준다.

본문 이해

경외심에 젖은 커플

Main Idea	하나님의 백성을 위한 그분의 계획은 야빈과 시스라 같은 세상 통치자들의 계획에 의해 구속받지 않는다. 하나님은 그분께 속한 사람들을 위한 그분의 목적을 이루기 위해 모든 장벽을 극복하시며, 그분의 백성을 자유와 신실함으로 회복시키기 위해 드보라와 야엘처럼 쓰임 받기를 자원하는 사람들을 사용하신다.

A. 이상한 커플(4:1-24)

Supporting Idea	우리의 연약함과 두려움에도 불구하고, 하나님은 그분의 인내와 능력으로 우리의 떨림을 승리로 바꿔 놓으신다.

4:1-3. 프롤로그: 폭군과 무자비한 장군. 다시 한 번 반역(4:1) - 징벌(4:2) - 회개(4:3) - 회복(4:4-24) - 안식(5:31)의 사이클이 등장한다. 그러나 이번 사이클에서는 그 반복이

해석용 틀로서 역할하기보다는 기정사실로 주어져 있다. 우리는 이제 그 죄의 지루한 패턴에 익숙해져 있다. 걸출한 지도자가 죽은 후에, 이 경우에는 에훗이 죽은 후에 이스라엘 자손이 또 여호와의 목전에 악을 행하였다. 하나님의 반응은 그분의 백성에게 하셨던 약속과 일치했다. 만약 그들이 죄에 빠지면, 하나님은 그 대가로 그들을 징계에 넘겨주실 것이었다(롬 1:24, 26, 28 참조). 여호와께서 이스라엘의 적의 손에 그들을 파셨다. 그것은 하나님이 심술궂어서가 아니라 자애로우시기 때문이다. 땅에서 약간의 지옥을 경험하는 것이(그로 인한 회개와 회복과 안식 등도 함께 말이다) 진짜 지옥에서 지옥을 경험하는 것보다 낫다.

이번 사이클에서 하나님이 그분의 백성을 탄압하도록 허락하신 왕은 하솔에 도읍한 가나안 왕 야빈이었다. 아마도 야빈은 왕조 이름이었을 것이다. 그의 군대 장관은 시스라였고, 그는 이후 펼쳐지는 드라마에서 아주 중요한 역할을 맡았다. 시스라는 20년이라는 기간 동안 철병거 구백 승을 보유한 그의 군대로 이스라엘 북쪽 지파들을 공포에 떨게 함으로써, 마침내 하나님의 백성들이 여호와께 부르짖도록 만들었던 것이다.

4:4-10. 대치. 지난 부분은 가나안 족속 중에서 두 명의 주인공을 소개했지만, 이 부분은 이스라엘 백성 중에서 세 명의 주인공 가운데 두 사람을 소개한다(야엘은 4장 17절에서 만나게 될 것이다). '꿀벌' 이라는 뜻의 이름을 지닌 드보라는 미리암(출 15:20)이나 훌다(왕하 22:14)처럼 구약에 나오는 다른 여성들과 함께 여자 선지자였다. 랍비돗이 그녀의 남편으로 언급되어 있지만, 그는 이후 전개되는 내용에서 아무 역할도 하지 않는다. 드보라는 이스라엘을 이끌 때는 행정 권위자로서, 이스라엘 자손이 그녀에게 나아가 재판을 받을 때는 사법 권위자로서 그리고 하나님이 그녀를 통해 말씀하실 때는 영적 권위자로서 역할을 했던 것으로 보인다. 에브라임 산지 라마와 벧엘 사이 드보라의 종려나무 아래는 이스라엘 백성 대다수가 좀 더 쉽게 접근할 수 있는 중심적인 위치였다.

하나님이 말씀하시자, 드보라는 순종하여 우리의 두 번째 인물인 납달리 게데스 출신의 아비노암의 아들 바락에게 메시지를 전달했다. 우리는 드보라와 바락(그 이름의 뜻은 '번개' 다) 사이에 사전 관계가 있었음을 가정해야 한다. 그가 지도자와 전사로 알려져 있었기 때문이다. 그는 하나님의 백성을 압제로부터 해방시키기 위해 그분에 의해 선택된 사람이었다.

드보라를 통해 바락에게 주어진 하나님의 메시지는 이것이었다. 너는 납달리 자손과 스불론 자손 일만 명을 거느리고 다볼 산으로 가라. 이 원뿔 모양의 산은 주변의 이스르엘 평원보다 396m 더 높은 해발 610m 정도로 우뚝 솟아 있다. 하나님은 또 이렇게 약속하셨다. 야빈의 군대 장관 시스라와 그 병거들과 그 무리를 기손 강으로 이끌어 네게 이르게 하고 그를 네 손에 붙이리라. 하나님은 적장의 계획까지도 주관하시기 때문에, 그분의 목적은 좌절되지 않을 것이다. "왕의 마음이 여호와의 손에 있음이 마치 보의 물과 같아서 그가 임의로 인도하시느니라"(잠 21:1).

그러나 바락은 드보라에게 한 가지 조건을 내걸었다. 당신이 나와 함께 가면 내가 가려니와, 당신이 나와 함께 가지 아니하면 나는 가지 않겠노라. 바락은 분명 믿음을 가지고 있었지만(히 11:32), 그의 믿음은 주저하는 믿음이었다. 적어도 처음에는 말이다. 어쩌면 그는 드보라가 받고 있는 보편적인 존경이 짧은 통고로 군대를 일으키는 일을 용이하게 해줄 것이라고 생각했을지도 모른다. 혹은 그가 하나님의 선지자(또는 여선지자)의 입회를, 군대와 함께하시는 하나님의 임재를 가시적으로 상징하는 것으로 간주했을 수도 있다. 드보라는 그의 조건을 받아들였지만, 바락이 그 일에 착수하려고 하는 방식으로 인해 여호와께서 시스라를 여인의 손에 파실 것이므로 영광을 얻지 못하게 될 것이라고 경고했다. 추측컨대, 바락은 그 여인이 드보라 자신을 의미한다고 생각했을 것이다. 바락에게는 드보라와 함께 영광을 나누는 것 자체가 영예였던 것이다.

그리하여 바락은 스불론과 납달리(그 자신이 속해 있던 지파)를 소집하여 짧은 시간 내에 일만 명의 군대를 일으켰다. 성경 본문은 우리에게 드보라도 그와 함께 올라갔다는 사실을 상기시킨다.

4:11-13. 부패. 다음 성경 구절은 우리를 전장으로 이끌지 않고, 겐 사람 헤벨이라는 이름의 타락한 배신자를 소개한다. 모세를 통해 이스라엘과 관계를 맺게 되었던 유목 민족인 겐 사람들은 하나님의 백성들과 호의적인 관계를 유지하고 있었다(1:16). 그러나 헤벨은 자기 족속을 떠나(지리적으로 떨어져 있었을 뿐만 아니라, 가문에 대한 충성도 면에서도 동떨어져 있었다) 게데스에 가까운 사아난님 상수리나무 곁에 이르러 장막을 쳤다. 이곳은 바락이 군대를 일으키고 있었던 지역이기 때문에, 여기에 헤벨의 이야기가 삽입된 이유는 헤벨이 자기 사람들을 시켜 시스라에게 아비노암의 아들 바락이 다볼 산으로 올라갔다는 사실을 밀고한 배신자였기 때문일 가능성이 높다.

시스라는 헤벨과 이미 아는 사이였고 그를 신뢰하고 있었기 때문에(4:17 참조), 그 반란을 즉시 진압하기 위해 철병거 구백 승과 자신의 모든 군사를 이방 하로셋에서부터 기손 강으로 모았다. 다볼 산에서 약 16km 떨어져 있는 기손 강은 연중 대부분의 기간 동안 말라 있었기 때문에, 시스라가 보유하고 있던 전투 병거의 기동성에 전혀 문제가 되지 않았던 것이다.

4:14-16. 섬멸. 이야기는 이제 10절에서부터 다시 시작한다. 14절은 5장의 노래가 나올 때까지 우리가 드보라로부터 듣게 되는 마지막 연설이다(잔 다르크와는 달리, 그녀는 전투에 참여하지 않았다). 드보라는 두 가지 요점으로 바락을 독려했다. 우선, 바로 오늘 여호와께서 시스라를 네 손에 붙이셨다는 선언적인 약속이 주어졌다. 둘째로, 웅변적인 질문이 제시되고 있다. 여호와께서 너에 앞서 행하지 아니하시느냐? 누가 그 전투를 책임지고 있었는지에 대해서는 의문의 여지가 없다. 왕들이 있었다면 그들이 충성스런 군대에 '앞서 행하여' 전투에 나가겠지만(삼상 8:20), 여기서는 대신 여호와께서 그들에 앞서 나아가시게 될 것이었다.

바락이 순종하여 진군하자, 여호와께서 시스라와 그 모든 병거와 그 온 군대를 패주시키셨다. '패주시키다(rout)' 라는 동사는 군중의 혼란과 공황 상태를 떠올리게 한다(출 14:24). 우리는 5장에서 그 원인을 알게 된다. 병거들이 수렁에 빠지면서 장점이 되기보다는 짐이 되었던 것이다. 칼이 하나님에 의해 휘둘러질 때, 인간의 어떤 군대나 장군(시스라)도 그분께 저항할 수 없다. 뿐만 아니라 인간의 어떤 군대나 장군(바락)도 개인적 영광을 주장할 수 없다. 시스라의 온 군대가 그 칼에 엎드러져 섬멸되었다. 그러나 아주 중요한 한 사람이 탈출했다. 시스라가 자신의 병거를 버리고 도보로 도망갔던 것이다. 그는 분명 허둥대며 달아나는 자신의 군사들과 다른 방향으로 도망쳤을 것이다.

4:17-21. 암살. 시스라를 잡기 위한 대대적인 수색 작전이 개시되었고, 포위망은 점차 좁혀지고 있었다. 드보라가 이야기에서 사라진 상태이기 때문에, 우리는 한 여인의 작용을 통해 승리가 이루어질 것이라는 드보라의 예언(9절)이 어떻게 실현될 수 있을지 궁금하게 된다. 한편, 헤벨(11절)은 이스라엘을 시스라의 손에 팔았던 밀고자로 추정되기 때문에, 시스라가 헤벨의 집을 안전한 도피처로 생각한 것은 당연했을 것이다.

성경 본문은 이제 헤벨의 아내인 야엘이란 이름의 여인을 우리에게 소개한다. 그녀는 밖으로 나가 시스라를 영접하면서 자신의 장막으로 초대했다. 야엘('야생 염소')은 그에게 말로써 확신을 주고(두려워하지 마소서) 육체적 편안함(두툼하고 따뜻한 이불과

우유)을 제공했다. 이불은 소음을 줄여주고 따뜻함을 주었으며, 우유는 잠을 유발하는 데 도움이 되었을 것이다. 곤비하였던 시스라는 깊이 잠들었다(동일한 표현이 창세기 2장 21절에 나오는 아담의 혼수상태의 잠과, 요나 1장 5절에 기록된 폭풍 속에서의 요나의 잠에도 사용되어 있다). 그러자 야엘은 장막 말뚝과 방망이를 취하여 유목민의 아내들이 종종 통상적인 역할의 일부로 수행하는 것을 실행에 옮겼다. 그녀는 장막 말뚝을 땅에 박았지만, 이번에는 그 말뚝이 시스라의 살쩍을 꿰뚫은 상태에서 땅에 박혔고, 시스라는 죽고 말았다. 아비멜렉의 두려움(삿 9:54)이 시스라에게는 현실이 되었던 것이다. 어느 학자는 그것을 '고대 근동 지방에서 행해졌던 환대의 예외적인 위반 사례' 라고 표현한다.

4:22-24. 에필로그: 여인과 승리의 장군. 바락은 시스라의 뒤를 따라 열심히 쫓아왔지만, 야엘의 장막에 너무 늦게 도착했다. 그는 백병전을 벌여 시스라를 죽일 작정이었기 때문에, 분명 '약간의' 영예라도 얻을 기회가 아직 남아 있기를 기대했을 것이다. 야엘은 앞서 시스라를 영접했던 것처럼, 나가서 바락을 맞이했다. 야엘이 바락에게 "내가 너의 찾는 사람을 네게 보이리라" 고 말했을 때, 그가 칼을 손에 든 채 어떤 기대를 하고 있었는지 어렵지 않게 상상할 수 있을 것이다. 하지만 바락이 발견한 것은 말뚝이 살쩍에 박혀 죽어 있는 시스라였다. 드보라를 통한 하나님의 말씀이 이행되기는 했지만, 바락이 예상치 못한 방식을 통해서였다. 드보라가 시작한 것을 야엘이 마무리했던 것이다.

이 승리는 결코 작지 않은 대단한 전과였고, 야빈에게는 종말의 시작이기도 했다. 여호와께서 시스라에게 하셨던 것처럼, 하나님이 가나안 왕 야빈을 이스라엘 자손 앞에서 패하게 하셨던 것이다. 전투가 승리로 끝이 났고, 그 전쟁 역시 마찬가지였다. "만군의 여호와께서 말씀하시되, 이는 힘으로 되지 아니하며 능으로 되지 아니하고 오직 나의 신으로 되느니라" (슥 4:6 하).

성경 본문은 야엘의 행동에 어떤 비난도 돌리지 않는다. 오히려 그녀는 다음 장에서 여장부로 칭송받고 있다(삿 5:24-27, 5장 28-31절에 나오는 시스라의 어머니와 대조를 이룬다). 야엘에게 비판적인 사람들은 시스라가 "이십 년 동안 이스라엘 자손을 심히 학대했다" (4:3)는 사실과 그가 하나님의 사망선고 아래 놓여 있었다(신 7:2)는 사실을 기억해야 할 것이다.

B. 경외심에 젖은 커플(5:1-31)

Supporting Idea

하나님이 승리를 허락하실 때, 우리는 아무리 많은 어려움이 있더라도 하던 일을 잠시 중단하고 '만복의 근원' 이신 하나님을 찬양해야 한다. 이 장은 전주곡(구원에 대한 찬가, 1-8절)과 교향곡(구원의 대행자들, 9-18절)과 후주곡(구원의 행위들, 19-31절) 형식으로 하나님의 역사를 찬양하는 노래다.

5:1-3. 선언. 이 시점에서 우리는 사이클이 '안식' 에 대한 언급으로 끝나기를 기대하게 된다. 무엇보다도 이야기가 완료된 상태이고, 사이클이 반역(4:1)과 징벌(4:2), 회개(4:3), 회복(4:4-24)으로 이어지는 제 코스를 달려오지 않았는가. 하지만 그 종결은 5장 끝에서 이루어질 것이다. 운문과 장단으로 지난 일을 회상하며 여호와를 찬양하는 축하 노래가 먼저 불려야 하기 때문이다. 그 노래는 4장에 '의존하고' 있기 때문에, 만약 그것이 없었다면 사전 지식이 없는 독자들이 그 암시의 상당수를 이해하지 못했을 것이다(이 장의 첫머리에 게시된 도표를 참조하라).

4장은 우리에게 드보라와 바락을 '이상한 커플' 로 소개하지만, 5장에서의 그들은 하나님의 은혜에 감격하여 만복의 근원이신 하나님께 찬양을 드리는 '경외심에 젖은 커플' 이다. 그 노래는 왕들과 방백들에게 귀를 기울이라고 요구하면서 시작되고, 드보라와 바락은 구원을 노래하는 인상적인 듀엣을 부른다. 그것은 이스라엘의 하나님 여호와를 향해 불려지고 있다. 세 가지 주제가 이 시의 구조 속에 엮어져 있다. 우선, 하나님은 가나안의 신들처럼 지역화되거나 특정 영역을 관할하는 분이 아니라, 온 우주의 창조주(creator)이시다. 둘째로, 하나님의 목적은 결코 좌절되지 않을 것이다. 그분은 모든 피조물의 지휘관(commander)이시기 때문이다. 셋째로, 하나님은 그분을 따르는 자들을 사용하셔서 그분의 뜻을 이루신다. 드보라를 통해서 알 수 있듯이, 하나님은 그분을 존중히 여기는 자를 존중해주시는 칭찬자(commender)이시다.

5:4-5. 찬미. 불확실한 전쟁 지역으로 이스라엘 백성에 앞서 나아가시는 하나님이 직접적으로 묘사되고 찬미되어 있다. 비록 가나안 족속이 바알을 폭풍의 신으로 섬겼다 하더라도, 여호와께서 모든 창조를(자연 현상까지도 포함해서 말이다) 주관하시는 창조주이심이 분명하다. 그분의 주관 하에 땅이 진동하고 하늘도 새어서 구름이 물을 내렸으며, 산들도 여호와 앞에서 진동하였다.

5:6-8. 황폐함. 드보라는 이 세 구절에서 구원받기 전 생활상의 참혹함을 묘사하고 있다. 그녀는 사건들을 연대기적으로 아낫의 아들 삼갈의 날과 야엘의 날에 고정시킴으로써, 자신에게 스포트라이트가 주어지는 것을 피하고 있다. 그 날들 동안에는 대로가 비어 있었다. 의로운 사람들이 압제자들의 손에 의해 공격당하고 괴롭힘당하는 것을 두려워했기 때문이다. 행인들은 어쩔 수 없이 여행할 때마다 소로로 다님으로써 사람들의 눈을 피했다. 농업과 교역도, 다시 말해 촌락 생활도 중단되었다(개역한글의 7절에 나오는 '관원' 에 해당하는 히브리 원어를 NIV는 'village life' 로 해석하고 있고, 개역개정과 공동번역도 각각 '마을 사람들' 과 '촌읍들' 로 번역하고 있음 - 역주). 그러나 하나님은 이스라엘의 어미 드보라를 사용하기로 결심하셨다.

히브리말이 어렵긴 하지만, 8절의 표현은 아마도 '무리가 새 신들을 택하였으므로' 가 아니라 "하나님이 새 사람들을 택하셨다"(새 사람들이란 '지도자들' 을 지칭한다, 1, 9절 참조)로 해석되어야 할 것이다. 12-18절에서 찬미될 그들의 용기는 그들이 극복해야 할 장벽들과 대비되어 두드러지게 설정되어 있다. 적들이 잘 무장되어 있었을 뿐만 아니라, 이스라엘 사만 명 중에는 방패와 창이 단 한 개도 보이지 않았기 때문이다. 왕의 군수물자보다 하나님의 명령을 의지하는 것이 더 낫다.

5:9-11. 칭송. 자랑스러운 어머니처럼, 드보라의 마음은 이스라엘의 방백들과 백성 중에서 즐거이 헌신한 자들에게 가 있었다. 신자들과 하나님께 등을 돌렸던 부당 이득자들이 모두 여호와를 찬송해야 한다. 드보라는 이스라엘의 희생을 대가로 부유해진 사람들, 흰 나귀를 탄 자들, 귀한 화문석에 앉은 자들 그리고 적에게 협력하기 때문에 길을 걸어가는 것이 두렵지 않은 사람들에게 대중이 모이는 물 긷는 곳에서 공개적으로 여호와를 찬양하는 데 동참하도록 요청하고 있다. 거기서 그들은 여호와의 의로우신 일과 이스라엘 용사들의 의로운 업적을 칭술하게 된다.

5:12-18. 평가. 독자들은 하나님이 드보라를 향해 깨어 노래하라고 긴급히 부르시는 장면의 한가운데 놓이게 된다. 마찬가지로, 바락도 사로잡은 자를 끌고 갈 것을 권고 받고 있다. 마치 전투가 이미 끝난 것처럼 말이다(하나님의 시각으로는 그것이 사실이었다). 그런 다음, 여호와께 신실했던 사람들에 대한 '출석 명부' 가 지파별로 제시되어 있다. 칭송받는 사람들은 에브라임(드보라의 지파)과 베냐민과 므낫세(마길)와 스불론과 잇사갈(바락의 지파) 지파 출신이다. 하지만 다른 지파들은 그렇게 협력적이지 않았다.

야빈 왕의 손에 고통 받았던 르우벤 지파는 마치 아무런 중대사도 발생하지 않았다는 듯이 양의 우리 가운데 앉아 목자의 저 부는 소리를 들을 정도로 한가로운 삶을 만끽하면서 전쟁 참가 여부를 놓고 여러 차례 논의만 했을 뿐이다(마음에 크게 살핌이 있도다). 오늘날의 일부 신자들과 마찬가지로, 그들은 하나님의 명령에 귀 기울이기로 결심하고 여러 차례 숙고를 거듭한 끝에 위원회를 구성하여 수년 동안 연구를 한 뒤 강한 어조로 표현된 보고서를 발행했던 것이다. 그들은 순간적으로 흥분했지만, 희생하는 자리까지 나아가지 못했다. 위대한 계획들을 마음에 품고 있고 막상 책임 영역도 떠맡게 되지만, 결국은 끝까지 완수해내지 못하는 사람들처럼 말이다.

갓 지파(길르앗, 수 13:24-28)는 르우벤과 같은 제스처도 없이 아예 나타나지 않았다. 단과 아셀 지파도 어떤 이유로 해서 전투에 참여하기 위해 육지로 올라오려 하지 않았다(두 지파 모두 예전부터 바다로 진출하는 것을 추구해왔기 때문에 분주해 있었다). 하나님의 부르심이 그들의 재정적 일상사보다 덜 중요했던 것이다. "불러줘서 무척 고맙긴 하지만, 당신의 싸움에 관여하는 것이 내 개인적 필요를 채워주지는 못하거든." 그와는 대조적으로, 두 지파는 특별한 언급을 받을 만하다. 스불론은 죽음을 무릅쓰고 생명을 아끼지 아니한 백성이요, 납달리도 들의 높은 곳에서 그러하도다.

앞서 언급한 대로 사사기 5장은 '명예의 전당'과 '오명의 전당'을 모두 포함하고 있다. 오명의 전당에는 '불명예 제대'를 당할 만한 사람들(갓, 단, 아셀)과 '탈영'을 범한 사람들(르우벤) 그리고 '반역'을 저지른 사람들(메로스)이 있는 반면, 명예의 전당에는 청동성장을 받을 만한 사람들(에브라임, 베냐민, 므낫세, 잇사갈)과 상이기장을 받을 만한 사람들(스불론, 납달리) 그리고 명예훈장을 받을 만한 사람들(야엘)이 있다.

5:19-23. 대결. 그 전투의 전체 모습이 이 다섯 구절 안에 압축되어 있다. 가나안 왕들은 평소 해왔던 대로 은이나 전리품을 약탈하지 못했을 뿐만 아니라, 창조주의 힘에 의해 패배당했다. 그분은 별들(가나안 점성술과의 대비)과 기손 강과 말들(가나안 군마들과의 대비)을 그분의 군대로 동원하셨다. 한마디로 기손 강은 그 무리를 표류시켰다. 하나님이 폭풍을 일으키시고, 쏟아진 비로 기손 강이 범람하자 병거들이 수렁에 빠지고 말들이 미친 듯이 날뜀으로 말미암아 시스라의 가장 큰 장점이 가장 큰 부담이 되어 버렸던 것이다.

이 부분은 예기치 못한 저주로 마무리되지만(23절), 곧이어 강력한 축복이 뒤따른다

(24절). 그 저주는 메로스에 대한 것으로, 그들이 여호와를 도우러 오지 않았기 때문이다. 메로스의 위치는 비록 알려져 있지 않지만, 그 의미는 분명하다. 일단의 이스라엘 백성이 자기 동포를 가나안 족속에게 '팔아' 하나님의 진노 아래 놓이게 되었다는 것이다. 그 저주는 르우벤과 갓, 단, 아셀 등에 대한 책망(15-17절)보다 더 엄하다는 사실에 유의하라.

5:24-27. 칭송. 돕지 않았던 이스라엘 백성들과는 대조적으로, 이스라엘 백성이 아니었을 가능성이 있음에도 불구하고 뜻밖의 도움을 제공했던 야엘은 가장 축복받은 여인이었다. 이 부분은 시스라에 대한 그녀의 행동을 열심히 묘사하고 있다. 야엘은 시스라를 쳐서 머리를 뚫되 곧 살짝을 꿰뚫었고 … 시스라는 그 꾸부러진 곳에 엎드러져 죽었도다. 주장하고자 하는 요점은 이것이다. 하나님의 적들은 일개 보병에서부터 장군에 이르기까지 완전히 철저하게 무조건적으로 파괴된다는 것이다.

5:28-30. 기대. 야엘과는 대조적으로, 아주 가슴아플 수도 있는 시스라의 어미에 대한 이야기가 이제 펼쳐진다. 그녀는 창문을 통해 밖을 응시하며 그녀의 아들이 전투에서 돌아오기를 기다리고 있었다. 병렬로 배치된 두 이야기를 비교 고찰하는 사람이라면 누구나 나름대로 평가를 내리기 위해 드러난 사실들에 대해 곰곰이 생각하게 될 것이다. 무자비한 젊은 여성은 자신의 장막에 피난했던 한 남자를 속여 잔인하게 살해한 반면, 그 남자의 어머니는 자신의 아들이 전투에서 돌아오기를 기다리며 아들이 더디 오는 것이 그가 다쳤음을 의미하지 않기를 소망했다. 그녀가 자신의 궁전에서 걱정하며 궁금해 하고 있는 동안(그의 병거가 어찌하여 더디 오는고?), 우리는 그가 돌아오지 않을 거라는 사실을 알고 있다. 그녀의 시녀들은 지혜롭게(추측컨대, 보복당하지 않으려고) 그가 단지 전리품의 분배를 감독하고 있는 중일 거라고 말하며 그녀를 안심시킨다.

그러나 모든 상황이 항상 겉으로 드러난 것과 같지는 않다. 우리는 이미 야엘이 하나님의 백성들에 대한 압제에 종지부를 찍는 데 기여한 역할로 인해 여호와의 축복을 받았다는 사실을 알고 있다. 그렇다면 시스라의 어머니에 대해 어떻게 생각해야 할까? 20년의 압제 기간 동안 시스라의 어머니의 욕구는 이스라엘 백성들 사이에 널리 알려져 있었을 것이다. 따라서 우리 앞에 펼쳐져 있는 장면이 그들에게는 전혀 놀라운 일이 아니었을 것이다. 성경 본문은 그녀의 초상화를 두 가지 굵직한 붓놀림으로 그리고 있고, 그 속에는 각 사람을 위한 한두 명의 처녀와 그녀를 위한 채색옷이라는 노략물이 묘사되어 있다.

그녀는 자신에게 돌아올 전리품을 상상하자, 흥분이 고조되었다. 그녀의 부푼 기대는 채색옷에서 수놓은 채색옷으로, 다시 양편에 수놓은 채색옷으로 옮겨갔다. 그런 옷감을 얻기 위해서라면 다른 여성들이 강간과 죽임을 당해도 상관없었던 것이다. 그녀는 철저한 공리주의자로 그려져 있다. “사람들은 나와 내 욕망을 만족시켜줄 때만 가치가 있다.” 다른 여성들에 대해 그보다 더 무정하고 차가우며 잔인한 태도를 지닌 사람은 성경에서 찾아볼 수 없을 것이다.

5:31. 결론. 이 부분은 여호와의 모든 적이 그와 같이 망하게 될 것이고, 그분을 사랑하는 사람들은 해가 힘 있게 돋음 같게 될 것이라는 기원으로 마무리된다. 고대 근동 지역에서는 태양이 신으로 숭배되거나 신의 현시로 여겨져 신과 관련되어 있었다. 그러나 여기서의 태양은 여호와께 속한 사람들이 역경(어두움)을 이기고 거두는 승리를 상징한다.

노래(5:1-30)로 반역(4:1)과 징벌(4:2), 회개(4:3), 회복(4:4-24) 등의 구성요소들을 재구성한 뒤, 마침내 사이클이 ‘안식’ 을 표현하는 문구로 완료된다. **그 땅이 사십 년 동안 태평하였더라.**

Main Idea 복습	하나님의 백성을 위한 그분의 계획은 야빈과 시스라 같은 세상 통치자들의 계획에 의해 구속받지 않는다. 하나님은 그분께 속한 사람들을 위한 그분의 목적을 이루기 위해 모든 장벽을 극복하시며, 그분의 백성을 자유와 신실함으로 회복시키기 위해 드보라와 야엘처럼 쓰임받기를 자원하는 사람들을 사용하신다.

결론

내가 곧 길이다

어느 늙은 나무꾼이 호저(porcupine) 잡는 방법에 대해 조언해준 적이 있었다. "먼저, 그 놈 위에 큰 빨래통을 하나 떨어뜨리시오." "그건 왜죠?" 라는 질문을 받자 그는 말했다. "어쨌든 그 빨래통이 당신에게 앉을 자리를 제공해줄 거요. 당신이 다음 조치를 생각할 동안 말이오." 때때로 우리는 다음에 무엇을 해야 할지 전혀 감을 잡지 못한다.

위대한 선교 경륜가 E. 스탠리 존스(Stanley Jones)는 아프리카 정글에서 길을 잃어버린 어느 선교사의 이야기를 전해주었다. 당시 그 선교사는 아무런 경계 표지도 찾을 수 없었고, 길은 사라져버린 상태였다. 결국 작은 오두막 하나를 우연히 발견한 그는 거기에 사는 원주민에게 길을 안내해줄 수 있는지 물었다. 그 원주민은 고개를 끄덕이더니 벌떡 일어나 관목숲 속으로 곧장 걸어갔고, 선교사는 그의 뒤를 따라 좇아갔다. 그들은 한 시간 이상을 마치 벽처럼 빽빽이 들어찬 덩굴과 수풀을 헤치고 나아갔다. 선교사는 서서히 걱정되기 시작했다. "이게 길이 맞습니까? 길이라곤 전혀 보이지 않는데요." 그 아프리카인이 웃으면서 어깨 너머로 말했다. "선교사 나리, 여기에는 길 따윈 없어요. 내가 곧 길이랍니다."

우리는 살아가면서 한 치 앞도 내다볼 수 없는 때가 있다. "주님, 무엇을 해야 할지, 무엇을 생각해야 할지 전혀 모르겠어요. 제가 어디로 가야 하죠? 이 문제를 어떻게 처리할까요?" 주님께서 말씀하신다. "아들아, 내가 곧 길이란다. 길이요, 진리요, 생명이란다. 나를 믿어라. 내가 항상 너와 함께하리라. 세상 끝날까지 말이다."

그러나 그런 약속들에도 불구하고 그분이 멀리 있는 것 같고, 그분을 신뢰한다는 것이 무척 어렵게 느껴질 때가 있다. 그것은 우리가 보이는 대로 걷는 게 아니라 믿음으로 걷고 있음을 의미한다. 우리 '눈에 보이는' 것들은 아주 강력한 흡인력을 지니고 있기 때문이다. 이 장에서 이스라엘은 화력이 뒤지고(철병거 대 무기 하나 없는 상태, 5:8), 위치가 불리하며(강 유역 대 산지), 인원이 절대적으로 부족했다(4만 대 1만, 4:10). 따라서 지극히 인간적인 세 가지 반응은 먼저 무기를 생산하기 위해 제련소를 건설하고,

더 많은 군사를 모으기 위해 징병 제도를 실시하며, 적의 병거가 무용지물이 되도록 산지에서만 싸우는 전략이었을 것이다. 그러나 하나님은 전혀 다른 전략을 가지고 계셨고, 하나님의 백성들이 깨닫게 되었듯이 그분은 처음부터 끝까지 함께하셨다. "당신 앞에 놓여 있는 과업은 결코 당신 뒤에 있는 능력보다 더 크지 않다." 우리는 하나님의 약속이라는 능력을 가지고 있지 않은가. "너희 안에 계신 이가 세상에 있는 이보다 크심이라"(요일 4:4).

■ 진리 알기

- 하나님은 인간의 자발적인 행동을 결합하여 그분의 목적을 이루신다. 그분은 우리를 꼭두각시처럼 조정하시는 분은 아니지만, 우리는 그분의 손 안에 있는 점토다(창 50:20).
- 우리의 이득은 하나님의 영광보다 중요하지 않다.
- 우리의 불확실성에도 불구하고 하나님은 그분의 약속에 충실하시며, 그분의 계획은 좌절되지 않을 것이다.
- 영적 무기력은 하나님께 심판받게 될 죄이다(삿 5:12-18).

■ 적용하기

- 만약 당신이 하나님의 약속을 받았고 그분의 뜻을 알고 있다면, 믿음으로 전진하라.
- 당신의 결점(당신의 구식 장비나 '무기'의 부족)만을 생각하며 시간을 보내거나, 당신 앞에 놓여 있는 장벽(당신을 향해 배치된 '철병거')에 압도당하지 말라. 하나님은 당신이 겪고 있는 어려움과 문제들보다 더 크시다는 사실을 명심하라.
- 영적 '명예훈장' 수상자가 되도록 노력하라(마 25:21, 고후 5:10).
- 이번 주 매일 아침 '만복의 근원 하나님(찬송가 1장)'을 부르며, 그 가사를 깊이 묵상해보라.

삶의 적용

히브리어와 골치 아픈 일과 찬송가

나는 교회에서 성장했지만, 솔직히 내가 부르는 찬송가의 가사에 대해 별로 생각해 본 적이 없다. 신학생 때는 그 무감각에서 벗어났지만, 평상시에는 그렇지 못한 게 사실이다. 금요일이었던 것으로 기억된다. 히브리어 교수님이 갑자기 장문의 리포트를 월요일까지 제출하라는 과제를 내주셨다. 그런 다음 우리는 그날의 해석 수업에 앞서 찬송가를 불렀다. 나는 찬송가를 부르는 동안 그 과제에 대해 투덜대며 친한 친구 빌을 힐끗 쳐다보았다. 그는 두 눈을 감은 채 찬송을 부르고 있었다. 사실 그는 찬송을 부르고 있는 게 아니었다. 그는 자신을 하나님께 복종시키고 자기 스케줄을 하나님께 맡기는 방법으로 그 가사를 통해 하나님께 기도하고 있었던 것이다. 나는 노래를 부르고 있었지만, 그는 경배하고 있었던 것이다.

예배에서 우리의 초점은 사람들의 능력이 아니라 하나님의 속성에 맞추어져야 한다. 솔리스트의 아름다운 목소리나 악기 연주 실력은 인간을 증거하는 것이 되어서는 안 된다(그 은사를 잘 활용하는 청지기로서의 삶에 대해서는 높이 평가해야겠지만 말이다). 오히려 그런 것들은 그 개인 너머에 계신 하나님, 그런 은사를 허락하시고 창의성을 사랑하시며 음악을 창조하신 그분을 증거하는 것이 되어야 한다.

또한 예배에서의 우리의 초점은 이 땅보다는 하늘에, 받는 것보다는 주는 것에 맞추어져야 한다. 교회 좌석이 얼마나 편안한지, 내 앞 세 번째 줄에 앉아 있는 사람 때문에 내가 얼마나 짜증이 나는지, 내가 목사님의 넥타이를 좋아하는지 여부에 초점이 맞추어져서는 안 된다. 사실 우리는 하나님의 임재 가운데 예배하면서 나의 보잘것없음에 만족할 수 없다. 우리의 예배는 절대자 앞에 나아가 그분을 뵙는 것이다. 따라서 우리가 "나는 그 찬송이 마음에 들지 않았다"라든가 "오늘 설교는 내게 별 도움이 되지 않았다"고 말할 수는 없을 것이다. 예배의 목적은 하나님께 영광을 돌리는 것이다. 우리가 하나님께 예배 드림으로 인해 그분이 좋아지는 게 아니다. 좋아지는 건 바로 우리다. 예배에서 우리는 천사들과 함께 영원하신 하나님을 찬양하게 된다(단 7:10, 계 4:4-8, 5:11).

우리는 얼마나 자주 자신이 부르는 귀한 찬송의 가사를 소홀히 하는가? 대부분의 교회가 매주 부르는 찬송가 하나를 생각해보자. '만복의 근원 하나님(The Doxology)' 은 하나님에 대한 찬양을 촉구하는 대표적인 송영이다. 닥쏘(doxo)는 '영광' 을 뜻하는 그리스어다. '만복의 근원 하나님' 은 하나님께 영광을 돌리는 짧은 찬송으로, 그 가사는 다음과 같다.

> 만복의 근원 하나님
> 온 백성 찬송 드리고
> 저 천사여 찬송하세
> 찬송 성부 성자 성령

각 소절의 가사를 음미해보자. 우선, 찬양이 만복의 근원이신 하나님께 돌려지고 있다. 그런 다음, 두 번째와 세 번째 소절은 하나님을 찬양하도록 초대받은 이들을 밝히고 있다. 인간과 동물로 구성된 '이 땅(here below)' 의 모든 창조물과 '천사(heavenly host)' 라고 불리는 천상의 모든 창조물이 바로 그들이다. 마지막 소절은 좀 더 구체적으로 하나님께 찬양을 돌리고 있다. 삼위일체 하나님('성부, 성자, 성령')을 개별적으로 언급하면서 말이다. 사사기 4장과 사사기 5장의 노래에 대한 공부를 마친 우리는 시편 기자의 말에 고개를 끄덕이게 된다. "여호와는 광대하시니 극진히 찬송하리로다"(시 48:1, 94:4, 145:3).

기도

오 주님, 당신은 우리의 찬양과 경외를 받으시기에 합당하신 분입니다. 우리의 신실함은 느슨하고 우리의 믿음은 제한적인 것임을 고백합니다. 우리의 영적 무기력을 인내하시는 당신의 확고부동한 사랑을 찬양합니다. 우리의 예배가 당신께 기쁨을 드리게 되기를 바라며, 당신의 "뜻이 하늘에서 이룬 것같이 땅에서도 이루어지는" 데 우리가 참여하게 되기를 원합니다. 우리 주 예수 그리스도의 이름으로 기도합니다. 아멘.

심층 연구

A. 드보라는 구원자인가?

우리는 다음과 같은 이유로 드보라가 이스라엘의 전통적인 사사 가운데 한 명이 아니었다는 결론에 이르게 된다. (1) 사사('구원자')라는 용어가 그녀에게는 적용되어 있지 않다. (2) 그녀에게는 하나님이 사사를 '일으키셨다' 는 전통적인 주장 역시 적용되어 있지 않다. (3) 하나님은 시스라를 드보라의 손이 아니라 바락의 손에 붙이시겠다고 말씀하셨다. (4) 그녀가 하나님의 영에 의해 능력을 부여받았다고 주장하는 언급이 전혀 없다(다른 사사들과는 대조적으로 말이다). (5) 히브리서 11장 32절에 기드온, 삼손, 입다 등과 함께 등장하는 인물은 드보라가 아니라 바락이다. 그녀는 하나님의 응답을 하나님의 백성들에게 중계하는 역할을 했지만, '그녀 자신' 이 하나님의 응답은 아닌 것이다(Block, 195).

B. 야엘의 가계

만약 야엘의 남편 헤벨이 현장에 있었다면, 틀림없이 자기 아내의 행위를 허락하지 않았을 것이다. 그는 이스라엘에게 반역자였던 반면, 그녀는 하나님의 자녀들에게 호의적이었다. 야엘 그녀 자신은 이스라엘 자손이며(그 불순종의 시대 동안에는 다른 종족과의 결혼이 성행했기 때문에), 따라서 시스라는 실제로 그녀의 적이었을 거라는 주장은 한번 확인해볼 만한 가치가 있는 추론이다.

C. 수준이 한참 떨어지는 어미

시스라의 어머니가 스스로를 위로했던 말의 무심함은 끔찍하기까지 하다(5:28-30). 처녀(girl, NIV)로 옮겨진 히브리 원어는 문자적으로 '자궁' 을 의미한다. 다시 말해, 시스라의 어머니는 다른 여성들을 군사들에 의해 이용당하고 학대받는 생식 기관으로밖에 보지 않았다는 말이다. 그것은 '각 사람이 욕보일 두 명의 매춘부' 보다 더 잔인한 말이었을 것이다. '소녀' 와 '처녀' 를 뜻하는 정중한 표현이 히브리 언어에 있음에도 불구하고, 이 구절에서 사용되고 있지 않음에 유의하라.

교안

A. 들어가는 글

1. '이스라엘의 왕엄마' 이야기로 시작하라.
2. 배경 설명: 사사기 3장에서 하나님은 독특한 세 명의 남자를 통해서 역사하셨다. 사사기 4장과 5장에서는 그분이 두 명의 평범한 여인(드보라와 야엘)과 한 명의 주저하는 장군(바락)을 통해서 역사하신다. 사사기 6장에서는 그 기질이 매우 의심스러운 한 남자를 소개받게 될 것이다. 그릇이 누구든지 간에, 승자는 바로 하나님이시다. 그분은 불꽃 같은 눈으로 그분의 백성을 지키신다.
3. 적용: 에훗과 삼갈의 흥미진진한 이야기 뒤에 나오는 이번 영웅은 기드온이나 삼손이 아니라, 실은 드보라라는 이름의 여인이었다. 그녀는 바락과 연합하여 팀을 형성했고, 하나님은 그 땅에서 20년 간의 압제를 몰아내기 위해 그 팀을 사용하셨다. 그 결과는 평화가 찾아왔고, 그 평화는 40년 간 지속되었다.

B. 본문 이해

1. 이상한 커플(4:1-24)
   1) 프롤로그: 폭군과 무자비한 장군(4:1-3)
   2) 대치(4:4-10)
   3) 부패(4:11-13)
   4) 섬멸(4:14-16)

5) 암살(4:17-21)

6) 에필로그: 여인과 승리의 장군(4:22-24)

2. 경외심에 젖은 커플(5:1-31)

1) 선언(5:1-3)

2) 찬미(5:4-5)

3) 황폐함(5:6-8)

4) 칭송(5:9-11)

5) 평가(5:12-18)

6) 대결(5:19-23)

7) 칭송(5:24-27)

8) 기대(5:28-30)

9) 결론(5:31)

토의 질문

1. 이스라엘 지파들은 그들의 동포를 지원하기 위해 군대를 동원해달라는 요청을 받았지만, 일부는 응했고 일부는 응하지 않았다. 5장 13-18절과 23절을 다시 한 번 검토하고, 언급되어 있는 모든 지파들을 두 부류로(도움이 되었던 사람들과 방해가 되었던 사람들로) 나누어보라.

2. 이스라엘 백성의 경우처럼, 하나님은 때때로 우리 앞에 모종의 사역을 내놓으신다. 그들과 마찬가지로, 우리도 종종 '현역 복무' 를 피하기 위해 변명을 늘어놓는다. 우리가 하나님 앞에서 우리의 참여 부족을 합리화하기 위해 사용할 수도 있는 세 가지 변명을 생각해보라. 그분이 우리의 변명에 의해 설득된다고 생각하는가?

3. 사사기 4장과 5장에는 중요한 역할을 하는 세 명의 여인이 등장한다. 각 여인당 하나씩 세 개의 세로 행을 만들고 각 여인이 언급된 성경 구절을 모두 찾아 그들에 대한 내용을 모두(좋은 것이든 나쁜 것이든) 기록하라. 우리가 그들의 삶을 공부함으로써 배울 수도 있는 긍정적인 교훈과 부정적인 교훈은 무엇이라고 생각하는가?

4. 다음 명제에 대해 곰곰이 생각해보라. "하나님은 자유로운 인간의 선택을 사용하셔서 그분의 영원한 목적을 이루신다." 이제 그 명제를 '형성하는' 다음 성경 구절들을 찾아보라(창 50:20, 욥 1-2장, 합 1-3장, 행 2:23).

사사기 6장

소심한 영웅

"순종으로 한 발짝 나아가는 것은 순종에 관해 수년 동안 연구하는 것만큼의 가치가 있다."

- 오스왈드 챔버스(Oswald Chambers)

하나님은 그분의 구원을 이루고 그분의 영광을 드러내기 위해 소심한 구원자를 선택하셨다. 우리가 약할 그 때에 곧 그분 안에서 강함이라(고후 12:10).

들어가는 글

하나님의 어리석음

하나님은 항상 모든 걸 정도로 행하시지 않는다. 적어도 우리가 흔히 생각할 수 있는 방식은 아니다. 그분의 전략은 때로 이상하다. 우리같으면 가말리엘의 뛰어난 문하생 출신으로 바리새인이요 히브리 학자였던 바울을 유대인의 사도로 보내고, 비교적 단순한 어부 출신의 베드로를 야만적인 이방인들의 사도로 보냈을 것이다. 그러나 하늘나라 탁아소의 영적 아기들처럼, 하나님은 그들을 태어날 때부터 바꿔 놓으심으로써 이방인에게는 바울을, 유대인에게는 베드로를 보내셨다. 사실, 우리가 1세기의 세상을 뒤집어놓을 일단의 사람들을 선발하는 책임을 맡았다면, 아마도 경제계의 C.E.O.들과 군 출신의 장군들, 정치계의 원로원 의원들, 유대 종교계의 성직자들을 선택했을 것이다. 그러나 예수님은 전혀 다른 계획을 가지고 계셨고, 인간적으로 말해서 그 삶이 전혀 별 볼 일 없는 사람들 가운데서 선택하셨다.

- 베드로 - 성급한 데다 마음이 쉽게 흔들리며 변덕으로도 유명하다.
- 야고보와 요한 - '우레의 아들', 갈릴리 경찰의 비행청소년부서와 문제가 있었던 것으로 보인다.
- 도마 - 유명한 동화 〈곰돌이 푸우는 아무도 못 말려(Winnie the Pooh)〉에 등장하는 당나귀 이요르(Eeyore)의 화신처럼, 어떤 희소식이든 항상 맨 마지막으로 믿는다.
- 빌립 - 뛰어난 제자는 아니었으며(요 6:5-7, 14:8), 기막힐 정도로 생각이 모자란 말을 하기도 했다.
- 작은 야고보(James the Less: KJV) - 키가 작아서 '작은(Shorty)' 야고보로 불리기도 했으나, 그에 관한 정보는 어디에도 없다.
- 셀롯인 시몬 - 과거 친로마 유대인들을 죽이기 위해 단검을 가지고 다니던 무장 집단의 일원이었다.

• 마태 - 친로마 유대인으로 세리였으며, 사복음서 어디에서도 말 한 마디 하지 않았다.

단점이 없었던 것으로 보이는 유일한 사람이 유다라는 이름의 남자였고, 그가 제자들의 존경받는 C.F.O(최고 재무책임자)가 되었다(요 12:6)는 사실은 아이러니가 아닐 수 없다. 유다는 분명 제자들 가운데 지도자 역할을 맡을 수 있는 유일한 후보자였을 것이다.

하나님은 '포커스 그룹(focus groups: 여론이나 반응 조사를 위해 표적시장에서 추출한 소비자 그룹을 지칭하는 마케팅 용어 - 역주)' 을 근거로 행동하시지 않는 게 분명하다. 그분은 세상의 약한 것들을 택하여 세상을 완전히 바꿔 놓으시기 때문이다(고전 1:26-31). 비록 나는 기드온이라는 이름에 대해 경외심을 지닌 채 성장했지만, 우리는 먼저 포도주 틀 안에 웅크리고 있는 그를 만나게 된다. 그리고 그 포도주 틀은 '불평 짜내는 기구' 로 불려야 했을 것이다. 기드온이 자기 집 뒷마당을 살펴보기보다는(실제로 거기에는 우상이 있었다.) 자신의 어려움을 하나님 탓으로 돌리고 있었기 때문이다. 하나님은 누가 주관자인지를 아주 분명히 하기 위해 가장 가망이 없어 보이는 영웅을 선택하셨던 것이다. 하나님은 평범한 사람들을 사용하셔서 그분의 영광을 위해 놀라운 일을 이루신다.

본문 이해

소심한 영웅

Main Idea	이스라엘의 신실하지 못함과 기드온이 보인 초기의 소심함에도 불구하고, 하나님은 그분의 백성을 구원하기 위해 기드온을 불러 용기를 북돋워주셨다. 하나님이 기드온에게 보이신 오랜 인내 속에는 이스라엘을 향한 그분의 오랜 인내가 예증되어 있었다.

A. 구원에 대한 필요(6:1-10)

Supporting Idea	이스라엘의 끊임없는 죄는 결국 백성들의 사기를 완전히 떨어뜨리는 미디안 족속의 탄압으로 이어졌다. 여호와께서 이스라엘을 심판하셨고, 그 심판은 이스라엘이 스스로 자초한 것이었다.

6:1. 위반. 죄와 심판의 사이클이라는 공식이 다시 전개되지만, 우리는 놀라지 않는다. 다시 한 번 그들의 악행이 **여호와의 목전**에서 행해졌다. 구체적인 내용이 전혀 주어져 있지 않지만, 더 이상 필요치도 않다. 그 원인은 예측 가능한 결과를 낳았다. 여호와께서 그들을 다른 압제자들의 지원을 받은(3절) **미디안의 손에 붙이셨던** 것이다. 이번에는 그 기간이 **칠 년 동안**이었다. 미디안 족속은 아브라함이 그두라를 통해서 낳은 후손들로(창 25:2-4), 하나님의 백성들에게 항상 적대적이지는 않았다(이드로, 출 2장). 그러나 이스라엘의 세력이 커지자 미디안의 적개심도 점차 커졌고, 마침내 직접적으로 탄압하는 지경에까지 이르렀던 것이다.

6:2-5. 압제. 이스라엘 백성에게는 약탈하는 미디안 족속을 피해 숨을 곳이 별로 없었다. 그들은 피난처로 산에 있는 **구멍과 굴**, 방어가 용이한 구릉지대(**산성**) 등 세 가지 지형지물을 이용했다. 탄압의 패턴은 이스라엘 백성들이 낙심할 정도로 너무나 극심했고, 매년 똑같이 되풀이되었다. 이스라엘 백성이 심어 놓은 곡식을 추수할 때가 되면 어김없이 **미디안 사람**과 **아말렉 사람**(본래 에글론과 동맹 관계에 있었던 이스라엘의 숙적, 3:13) 그리고 **동방 사람**(아라비아 사막의 유목민 집단으로 추정된다)의 **침입**을 받는 식이었다. 이 적들은 모든 마을을 **약탈하고 그 땅을 두루 돌아다니며 토지 소산물**을, 다시 말해 포도와 올리브, 밀, 보리 등 생존에 필요한 식물을 모두 망쳐 놓았다. 게다가 그들은 가축도 모두 훔쳐갔다. 압제자들에 대한 묘사는 공포를 불러일으킬 만하다.

첫째로, 그들은 **자신들의 짐승과 장막**까지 가져왔다. 그들이 단지 치고 빠지는 기습부대가 아니었음을 보여준다. 그들은 자신들의 가축을 데려와 새로 싹이 돋아난 들판에 풀어놓았고, 그들이 떠날 때는 이스라엘 백성의 가축에게는 아무것도 남겨지지 않았다. 둘째로, 그들은 수적으로 너무 많아 **메뚜기 떼처럼** 보일 정도였다. **세는 것이 불가능**할 정도의 숫자였던 것이다. 셋째로, 그들은 새로운 '기술'을 가지고 들어왔다. **약대**는 물 없이도 4일 동안 여행할 수 있는 동물이다. 따라서 미디안 족속은 이스라엘 영토 내

한 지역에 정착하기보다는 장거리 이동 타격 부대 구실을 할 수 있는 역량을 지니고 있었다. 요컨대, 그들은 이스라엘에 침입하여 그 땅을 황폐화시켰던 것이다. 농경사회에서 그보다 더 음울한 시나리오는 결코 상상할 수 없었을 것이다.

6:6-7. 탄원. 그 결과는 미디안이 이스라엘 백성을 너무 곤궁하게 만듦으로 말미암아(히브리 원문에 의하면, 이스라엘이 '작아졌다') 마침내 그들이 여호와께 도움을 청하는 것이었다. 그들의 경제, 그들의 자아, 그들의 감정은 피폐해졌고, 그들의 고통은 극심했다. 그들은 미디안을 인하여 여호와께 부르짖었지만, 자신들의 죄 때문에 부르짖지는 않았다. 그들이 여호와께 의지하기를 꺼려하는 것은 이 책에 연대순으로 기록되어 있듯이 그들에게 순종이 결핍되어 있음을 의미한다. 그들은 스스로 아무것도 할 수 없을 때만, 그것도 오랜 기간이 지나고 나서야 그들의 언약의 여호와께 부르짖는 것을 고려하곤 했던 것이다.

6:8-10. 비난. 그러나 처음으로 하나님이 즉각적인 구원으로 응답하지 않으셨다. 그분은 대신 한 선지자를 보내셨고, 그의 임무는 이스라엘 백성을 위로하는 것이 아니라 그들을 비난하는 것이었다. 그들은 참회로 여호와께 부르짖고 있지 않았다. 그저 고통으로 울부짖고 있었던 것이다. 하나님으로부터 온 그 메시지는 세 가지 요점으로 압축될 수 있을 것이다. 나는 너희를 여러 차례 구원해주었고, 너희 적들을 쫓아내주었건만, 너희는 내게 순종치 아니하였다. 또 다시 말이다!

무명의 선지자는 이스라엘 백성에게 '이스라엘의 하나님 여호와의 말씀에'라고 말하면서, 하나님이 과거 그들에게 신실하셨음을 상기시켰다. 첫째, 내가 너희를 애굽에서 인도하여 내며, 너희를 그 종 되었던 집에서 나오게 하였다(그들의 현재 삶이 노예나 다름없음을 상기시키는 통렬한 언급이었다). 둘째, 그는 또 이스라엘 백성에게 하나님에 비하면 애굽 사람과 너희를 학대하는 모든 자(현재의 미디안 족속을 포함하여)의 힘이 아무것도 아니라는 사실을 상기시켰다. 실제로 하나님은 처음에 그들을 이스라엘 앞에서 쫓아내고 그 땅을 이스라엘에게 주셨던 것이다. 그러나 에덴동산에서 아담과 하와에 의해 무시되었던 하나의 금지사항처럼, 하나님은 그들에게 아모리 족속의 신들을 섬기지 말라고 말씀하셨다. 그리고 아담과 하와처럼 그들 역시 하나님의 명령을 무시했고, 그 결과로 기소가 이루어졌던 것이다. 너희가 내 목소리를 청종치 아니하였느니라.

이 연설에 뒤이어 집단적인 회개가 일어났다는 기록은 없다. 독자들은 하나님이 이스라엘을 구원하실 거라고 반드시 기대하지는 못했을 것이다. 그분이 그들을 위해 행동하시지 않을 이유들을 제시하고 계신 것처럼 보였기 때문이다. 그들은 구원에 대해 어떤 기대도 할 수 없는 상태에서 자신들의 반역에 대해 곰곰이 생각해보도록 그냥 남겨져 있을 뿐이다. 따라서 다음 부분은 뜻밖이며, 언약의 백성을 위한 하나님의 준비의 과분한 특성을 강화해주는 구실을 한다. 이스라엘 백성이 신실하지 못할 때에도 그분은 여전히 그들에게 신실하셨던 것이다.

B. 구원자의 선택(6:11-24)

Supporting Idea 하나님은 기드온이라는 이름의 소심한 청년을 불러 이스라엘의 구원자로 임명하셨다.

6:11-12. 대면. 장면은 이스라엘 백성 중에서 별로 중요해 보이지 않는 한 인물에게로 옮겨간다. 그는 **미디안 사람들로부터** 해를 당할까봐 두려워 떨며 자신의 밀을 숨기고 있었다. 그는 부분적으로 폐쇄된 공간인 **포도주 틀**에서 곡식을 **타작하는** 거의 불가능한 일을 시도하고 있었던 것이다. 보통 타작은 언덕 위에서 행해졌다. 그래야 겨와 곡식알이 뒤섞인 혼합물이 공중으로 던져져 껍질은 바람에 날려 흩어지고 낟알은 곧바로 떨어져 바닥에 쌓이게 할 수 있었기 때문이다. 미디안 족속의 탄압이 이스라엘을 그런 불쌍한 행동을 하는 지경으로까지 몰아갔던 것이다.

여호와의 사자가 찾아갔던 사람이 바로 이 가망 없어 보이는 청년이다. 그의 이름은 **기드온**이었고(농경 사회라는 정황과 관련하여 '베어 넘어뜨리는 자'라는 의미, 블록은 그 이름을 '자르는 사람' 또는 '베는 사람'이라고 해석하고 있다), 그는 **아비에셀 사람 요아스**의 아들이었다. 여호와의 사자가 그에게 건넨 인사말은 깜짝 놀랄 만한 것이었다. **큰 용사여, 여호와께서 너와 함께 계시도다**. 기드온의 현재 상황은(그의 모습은 말할 것도 없고) '큰 용사' 하면 생각나는 것과 가까운 이미지를 전혀 불러일으키지 못하고 있었기 때문이다. 기드온이 그 호칭에 반응을 나타내지 않았던 것으로 보아, 그 인사말을 심각하게 받아들이지 않았던 것 같다.

6:13. 불평. 기드온은 아마도 그 존재의 태도나 모습에서 초자연적인 것을 전혀 인식하지 못했던 것 같다. 그는 분명 경외심으로 반응하지 않았다. 그러나 악의 문제와 관련

하여 해묵은 신학적 불평을 제기했다. 만약 하나님이 전능하시고 절대적으로 선하시다면, 왜 악이 존재하도록 내버려두시어 특히 그분의 택한 백성을 괴롭히도록 허락하시는 걸까? 여기에서는 두 가지 요점이 중요하다.

첫째로, 기드온은 이스라엘의 속박이 전적으로 하나님 탓이라고 생각하고 있었다. 심판을 자초한 이스라엘의 역할에 대해서는 전혀 생각하지도 않은 채 말이다. 둘째로, 기드온은 여호와께서 그(여기서의 '너'는 단수형이다)와 함께 계신다는 사자의 인사말을 주의 깊게 듣지 않고 불평으로 응대했다. 여호와께서 우리(복수형)와 함께 계시면, 어찌하여 이 모든 일이 우리(복수형)에게 미쳤나이까?

게다가, 기드온은 기적의 시대가 어디로 사라져버렸는지 물었다. 우리 열조가 일찍이 우리에게 일러주었던 그 모든 이적이 어디 있나이까? 기드온은 앞으로 다가올 일에 대해 전혀 눈치채지 못한 채, 스스로를 어려운 신학적 난제 속으로 밀어넣고 있었다. 그에게는 분명 여호와께서 그들을 버리신 것처럼 보였던 것이다. 그러나 기드온이 나중에 깨닫게 되듯이, 기적에 대해 하나님과 논쟁한다는 것이 얼마나 멋쩍은 일인가?

6:14. 명령. 우리가 이제 여호와 그분 자신인 것으로 이해하는 그 사자는 하나님의 방법에 대한 신학적 논쟁에 관여하지 않고, 기드온에게 임무를 부여했다. 너에게 있는 그 힘을 가지고 가서 이스라엘을 미디안의 손에서 구원하라. 그 이론적 근거는 물론 기드온의 힘 자체가 그 임무에 적합하기 때문이 아니었다. 기드온의 힘은 "내가 너를 보낸 것이 아니냐"라고 선언하시는 여호와 안에서 찾아야 했던 것이다.

6:15. 푸념. 그 놀라운 선언을 들은 기드온은 갑자기 의로운 분개에서 뒷걸음질치며 자신이 왜 관여해서는 안 되는지 변명을 늘어놓기 시작했다. 나의 집은 므낫세 중에 극히 약하고, 나는 내 아비 집에서 제일 작은 자니이다. 두 번째 이유는 사실일지도 모르지만(기드온은 막내아들이었다), 첫 번째 변명은 결코 진지하게 받아들여질 수 없었다. 탄압이 극심했던 시기임에도 불구하고, 기드온 자신은 10명의 종을 거느린 주인이었고(27절), 그의 아버지 요아스는 지역 사회를 위해 바알 숭배 장소를 제공했기 때문이다(25-26절).

6:16. 약속. 여호와께서 다시 한 번 기드온에게 그분의 임재를 약속하셨고(내가 반드시 너와 함께하리니), 압도적인 승리에 대한 약속으로 그분의 명령을 새롭게 하셨다(네가 미디안 사람 치기를 한 사람을 치듯 하리라). 기드온은 잘못된 기준을 사용하고 있었

던 것이다. 하나님은 결코 사회적 지위나 인적 자원에 제한 받으시는 분이 아니다. 간단히 말해, 하나님의 임재 속에 힘이 있다(마 28:20). 여호와의 구원의 유효성은 인간 구원자의 능력에 달려 있지 않기 때문이다.

6:17-24. 확인. 기드온은 기적에 대해 관심이 많았다(13절). 그래서 기적을 하나 보기 전까지는 움직이지 않기로 결심했다. 그의 입장은 행동에 나서기 전에 하나님의 확인이 필요하다는 것이었다. 표징을 내게 보이소서. 기드온은 또 그 표징의 종류까지 결정했다. 그 부분은 이런 식으로 전개된다. 우선 기드온이 예물을 준비했고, 둘째로 하나님이 사르는 불꽃을 제공하셨으며, 마지막으로 기드온이 두려움으로 반응했다.

기드온은 염소 새끼 하나와 많은 양의 무교전병, 국 등으로 구성된 예물(식사가 아니다)을 준비했다. 그러자 하나님의 사자가 그에게 고기와 무교전병을 근처에 있는 반석 위에 놓고 국을 그 위에 쏟아 흠뻑 적시라고 말했다. 그 사자는 자신의 지팡이 끝을 내밀어 반석 위에 놓여 있는 예물에 대었고, 그 반석에서 불이 나와 모든 걸 불살라버렸다. 그 뒤 곧 그 신적 존재는 사라졌다.

이상하게도 기드온의 반응은 일어났어야 했던 것과는 정반대였다. 하나님이 그분의 임재를 재확인시켜주었지만, 기드온은 자신이 하나님을 대면하여 보았기 때문에 곧 죽게 될 것이라고 생각하며 두려움에 떨었던 것이다. 어쨌든 여호와께서는 다시 한 번 은혜를 베풀어 기드온에게 말씀하셨다. 너는 안심하라. 두려워 말라. 죽지 아니하리라. 그에 대한 반응으로 기드온은 제단을 쌓고 그 이름을 여호와 살롬(The Lord is Peace)이라고 명명했다. 역사적 정확성에 관심이 많은 여느 학자들과 마찬가지로, 저자도 자신이 집필하고 있던 당시 그 제단이 검증 가능한 상태에 있었음을 언급하는 삽입 구절을 덧붙이고 있다. 그것이 오늘까지 아비에셀 사람에게 속한 오브라에 있더라.

C. 우상 숭배로부터의 구원(6:25-32)

Supporting Idea	기드온이 이스라엘을 구원하기 전에, 하나님은 그에게 '최종 리허설'의 기회를 주셨다. 그는 먼저 자기 공동체 내의 우상 숭배를 타파해야 했던 것이다.

6:25-27. 행동. 이야기의 흐름상 이 시점에서 우리는 33-35절에서 발견되는 종류의

행동이 전개되고, 거기서 다시 7장의 행동으로 건너뛰기를 기대했을 것이다. 그러나 하나님은 거룩한 임무를 부여하신 직후(이 날 밤에) 기드온에게 먼저 집에서 구원 사역을 시작해야 한다고 말씀하셨다. 다른 사람의 죄를 다루기 전에 먼저 자신의 죄를 다스려야 한다(마 7:1-5). 게다가 기드온 자신의 집이 여전히 바알 숭배에 사용되고 있다면, 이후 어떤 승리가 일어나더라도 그 배후의 신적 능력이 의심받게 될지 모른다.

그리하여 기드온은 자기 아버지의 황소 중에서 가장 좋은 칠 년 된 수소를 취하고 바알과 아세라의 제단을 헐어버렸다. 그런 다음 (아마도 바알과 아세라의 제단 잔해 위에다 그리고 헐어낸 것을 다시 재료로 활용하여) 여호와를 위하여 제단을 쌓고, 그 위에서 수소를 희생 제물로 드렸다. 그 수소의 나이는 다음과 같은 의미를 지니고 있을 가능성이 높다. 그 수소는 미디안의 압제가 시작된 해에 태어났다. 따라서 그 각각의 해는 모두 미디안 족속의 공포 아래 보낸 해였던 것이다.

하지만 그 작전은 간단치 않았다. 기드온은 자기 아버지를 찾아가 자신의 의도를 알리지 않았다. 그의 소심함(그는 아비의 가족과 그 성읍 사람들을 두려워했다)은 그로 하여금 어둠 속에서 몰래 습격하도록 만들었다. 혼자 그 일을 이룰 수 없었던 기드온은 종열의 도움을 필요로 했지만, 우리가 금방 알게 되듯이 열한 사람 사이에 공유된 극비 정보는 사실상 비밀이라고 할 수 없다. 게다가 기드온이 실제로 두려워할 만한 이유가 있었다는 사실이 밝혀졌다. 그의 성읍 사람들이 모두 바알 숭배에 철저히 빠져 있었던 것이다.

6:28-32. 반발. 기드온의 성읍 사람들은 다음 날 아침 일찍 일어나 자신들의 바알 숭배 중심지가 파괴된 것을 발견하고 분개했다. 그들은 흥분하여 서로 물었다. 이것이 누구의 소위인고? 곧바로 '비밀' 이 폭로되었고 답이 주어졌다. 요아스의 아들 기드온이 이를 행하였도다. 유력한 가문이든 아니든 상관없이, 성읍 사람들은 집단적으로 요아스에게 즉각적인 처형을 위해 그의 아들을 끌어내라고 요구했다. 그들의 반응은 주목할 만하다. 하나님의 택한 백성들이 그분의 첫째 계명에 대한 위반인(출 20:3) 우상 숭배의 부속물이 훼손된 것을 보고 도덕적인 분개를 드러내는 것은 아이러니컬하게도 사형에 처해지도록 되어 있었기 때문이다(신 13:6-15).

기드온의 아버지 요아스의 반응은 기드온이 자기 가족에 대해 가지고 있었던 두려움(27절)을 고려할 때 이상하다. 요아스는 자신의 가장 좋은 수소와 이교도 성소를 잃어

버린 것에 대해서는 무시하고 자기 아들을 변호했다. 왜일까? 아마도 기드온의 행동이 그런 우상 숭배에 반대하도록 그의 마음을 흔들어 놓았거나, 아니면 그가 스스로 바알의 무능력에 충격을 받았을 것이다(그가 자기 성읍 사람들에게 언급했던 이유처럼). 어쩌면 그가 적의를 품고 있는 자기 성읍 사람들의 일시적인 기분에 자신의 아들을 내주려 하지 않았던 그저 완고한 고집쟁이였는지도 모른다. 결국 우리는 그의 동기를 알지 못한다.

하지만 그의 논리는 분명했다. 그는 그들에게 반응하는 데 있어 대결적인 자세를 취했다. 구원이 필요한 신을 왜 구원하려고 하는가? 그는 거기다 도전적인 말까지 덧붙였다. 그를 위하여 쟁론하는 자는 이 아침에 죽음을 당하리라! 그것은 누구든 그의 아들을 죽인다면 그가 즉시 보복하겠다는 의미일 것이다. 게다가 바알이 과연 신이라면 스스로 쟁론할 수 있을 것이라는 주장은 진정 최고의 신학이었다. 우상들과는 대조적으로 이스라엘의 하나님은 분명 기적적인 수단을 통해 스스로를 변호하실 수 있었기 때문이다(사 41:21-24 참조). 요아스가 그들에게 물었듯이, 참된 '하나님' 이 인간의 보호를 필요로 한다는 게 말이 되는가? (열왕기상 18장 27절에 나오는 엘리야의 비웃음을 참고하라.)

분명 그 성읍 사람들은 그 이후 위협적인 언사를 그만두었던 것으로 보인다. 그 충돌이 빚어낸 한 결과는 기드온에게 여룹바알이라는 이름이 주어졌다는 사실이다. 그리고 그것은 "바알이 그와 더불어 쟁론하게 하라(Let Baal contend with him)"는 의미였다(삿 7:1, 8:29, 35, 9:1 등 참조). 참고로 기드온이 이 시점부터 여호와를 전심으로 섬겼다고 생각하는 사람들은 그가 남긴 유산을 알아야 할 것이다(삿 8:27, 33).

D. 구원자를 구원하다(6:33-40)

Supporting Idea	여호와께서는 먼저 기드온으로 하여금 군대를 모집할 수 있게 하시고, 둘째로 양털이라는 수단을 통해 그분의 뜻을 확인시켜주심으로써 그에게 승리를 보장해주셨다.

6:33-35. 군대를 모집하다. 이제 이야기는 24절에서 이어지리라 기대했던 부분에서 다시 시작된다. 아무것도 모르는 미디안 사람과 아말렉 사람과 동방 사람들이 이스라엘

곡식과 소유물에 대한 연례적인 '추수' 작업을 재개했다. 그들은 이스르엘 골짜기에 자리를 잡았다. 이 시점에서 하나님의 신이 기드온에게 강림하셨고(히브리 원어의 뜻은 '덮어 씌웠다'), 그는 양의 뿔(나팔)을 불어 자기 씨족인 아비에셀 족속을 불러모았다. 군대 동원령은 므낫세 전역에도 전달되었고, 아셀과 스불론과 납달리에까지 확대되었다. 놀랍게도 그들 모두 반응을 보이며 올라와서 그를 영접했다. 우리는 그 반응이 주저하는 기드온에게서 발산되는 어떤 카리스마적 매력보다는 하나님의 영의 강력한 역사에 의한 것이었음을 안다. 사실 그런 폭발적인 반응은 기드온에게 용기를 북돋워주기는커녕, 두려움과 의심의 새로운 풍랑을 불러일으켰던 것이다.

6:36-40. 하나님을 농락하다. 기드온의 이야기를 처음부터 읽어온 독자들에게 이 일화는 전혀 뜻밖이다. 기드온은 이제 성령에 의해 능력을 부여받았을 뿐만 아니라 수천 명의 군사들에 의해 둘러싸여 있었음에도 불구하고, '의심 많은 기드온'으로 되돌아갔기 때문이다. 기드온의 의구심을 표현하는 말투("주께서 이미 말씀하심 같이", 36, 37절)가 그를 고발하고 있다("내가 반드시 너와 함께 하리니", 16절 참조). 하나님은 말을 더 듣지 않으셨다. 기드온 역시 그분의 말씀을 분명히 이해했다. 그는 단지 하나님의 말씀을 곧이곧대로 믿는 데 어려움을 겪고 있었던 것뿐이다. 기드온의 문제는 바로 하나님의 계시와 능력에 대한 낮은 시각이었다. 어쩌면 적의 능력에 대한 과장된 시각도 함께 작용했을 것이다.

기드온은 확인을 위해 또다시 기적적인 표징을 요구했다. 그는 하나님께 밤새도록 이슬을 통제하여 이슬이 양털에만 남아 있고 주변의 땅은 말라 있게 해달라고 요청했다. 은혜로우신 하나님은 의심으로 가득 찬 기드온의 마음에 친절을 베푸셨다. 그러나 기드온은 기적의 환경을 설정하는 데 있어 자신이 현명치 못하게 행동했다고 생각했을지도 모른다. 어떤 양털이든 흙보다는 더 많은 수분을 보유하고 있으므로, 흙이 습기를 흡수하고 있다 하더라도 말라 있는 것처럼 보일 수도 있기 때문이다. 다른 말로 하자면, 그게 정말 기적이었을까?

기드온은 자신이 살얼음판 위에 서 있음을 깨달으면서도 다시 한 번 하나님께 그 표징을 되풀이해달라고 요구했다. 단지 거꾸로(마른 양털, 젖은 땅)라는 점만 달랐지만, 이번에는 도저히 우연의 일치로 설명될 수 없는 것이었다. 다시 한 번 그 날 밤 하나님이 그대로 행하셨다. 이스라엘 백성을 구원코자 하는 하나님의 관심이 그분의 뜻을 알고

자 하는 기드온의 필요를 이겼던 것이다. 그 당시에는 말이다('심층 연구' 참조).

Main Idea 복습	이스라엘의 신실하지 못함과 기드온이 보인 초기의 소심함에도 불구하고, 하나님은 그분의 백성을 구원하기 위해 기드온을 불러 용기를 북돋워주셨다. 하나님이 기드온에게 보이신 오랜 인내 속에는 이스라엘을 향한 그분의 오랜 인내가 예증되어 있었다.

결론

95퍼센트 순종

기드온은 하나님께 순종하는 데 전념했다. 대체로 말이다. 다음 장에서 보게 되겠지만, 그의 헌신은 불완전한 것이었고 철저하지 못했다. 만약 95퍼센트 순종이 우리의 목표라면 어떻게 될까? 만약 우리가 그것을 정말로 자랑스럽게 여긴다면 어찌 될까? 다른 분야와 관련하여 생각해보자. 95퍼센트 효율성은 어떤 모습일까? 만약 전화 회사가 95퍼센트 효율성을 지니고 있다면, 당신은 매일 1시간 12분 동안 전화 서비스를 받지 못하게 될 것이다. 이 페이지 안에는 틀린 철자의 단어가 16개나 있을 것이고, 28,000,000통 이상의 제1종 우편물이 잘못 배달될 것이다. 매일 말이다. 마찬가지로, 당신은 매일 1시간 12분 동안 전기를 이용할 수 없기 때문에, 요리는 물론이고 냉장고와 컴퓨터도 사용할 수 없을 것이다. 당신의 자동차는 매년 18일 동안 공장에 들어가 있어야 하고, 의사와 간호사들은 매년 175,000명의 신생아들을 떨어뜨릴 것이다. 당신은 매년 18일 동안 안전하지 못한 물을 마셔야 하고, 병원에 있는 생명 유지 장비는 매년 18일 동안 제대로 작동할 수 없을 것이다.

하나님과의 불완전한 동행 속에는 기쁨이 없다. 야고보는 불안정한 특징을 보이는 '두 마음을 품은' 자가 되지 말라고 경고했다(약 1:8). 헌신이 분산되어 있는 사람은 주님의 것을 충분히 즐길 수 없을 정도의 세상과 자신에게 주어진 세상의 것을 충분히 즐길 수 없을 정도의 주님을 속에 품고 있는 것이다. 결과적으로 그는 '정함이 없고(unstable)' 불행하다. 그것이 바로 여호수아가 가나안 정복을 앞두고 이스라엘 백성들에게 여호와든 세상이든 둘 중 하나를 택하라고 도전했던 이유인 것이다(수 24:15).

■ 진리 알기

- 하나님은 우리의 약함이 그분의 강함을 드러낼 때 영광 받으신다.
- 하나님은 삶을 위한 훈련 지침서, 즉 성경을 통해 우리를 인도하신다. 우리는 어떻게 살아야 하는지 고민할 필요가 없다. 오히려 그분의 말씀 속에서 발견되는 원리들을 따름으로써 어떻게 살아야 하는지를 배워야 한다.
- 우리가 하나님의 방법으로 하나님의 일을 할 때, 그분은 우리 앞서 가시며 우리의 길을 지도하신다(잠 3:5-6).
- 하나님은 때로 우리의 약함을 용납하시지만, 그분의 오래 참으심을 지나치게 기대하는 것은 현명하지 못한 일이다.

■ 적용하기

- 당신 자신의 뒷마당에 있는 죄를 먼저 다루라. 그런 다음 그것을 하나님께 영광 돌리는 제단으로 바꿔버려라.
- 상황이 악화될 때 하나님을 탓하지 말고 다른 원인들을 찾아보라.
- 하나님의 인도하심을 따라 한 걸음 한 걸음 나아가라. 하나님이 당신을 그분이 원하시는 사람으로 빚어주실 것이다.
- 하나님의 말씀을 신뢰하고 그것에 따라 살라. 변화되는 삶을 만들어가는 것이 당신의 청사진이다.

삶의 적용

개구리와 전갈

어느 날 전갈이 강기슭을 따라 걸으면서 강을 건너갈 수 있는 방법을 찾다가 우연히 개구리를 만났다. 전갈은 개구리에게 자신을 등에 태워 강 건너로 데려다줄 수 있는지 물었다. 개구리가 대답했다. "싫어, 나는 절대 전갈을 내 등에 태우지 않을 거야!" 전갈이 그 이유를 묻자 개구리가 대답했다. "만약 내가 너를 내 등에 태우면, 우리가 겨우 반쯤 건너갔을 때 네가 나를 쏠 거야. 그러면 물에 빠져 죽게 되잖아!" 전갈이 재빨리 응수했다. "아니야, 개굴아. 내가 너를 쏘면 나도 빠져 죽게 될 텐데." 개구리가 그 말을 곰곰이 생각해보더니, 마침내 고개를 끄덕였다. "네 말이 맞는 것 같아. 너를 태워다줄게." 전갈은 개구리의 등에 올라탔고, 그들은 강을 건너기 시작했다. 그런데 반쯤 건너갔을 때, 전갈이 독침으로 개구리를 쏘고 말았다. 독이 자기 몸 전체에 퍼지는 걸 느낀 개구리는 전갈을 쳐다보며 물었다. "도대체 왜?" 돌아온 대답은 이것이었다. "나는 전갈이니까. 그게 내 본성이거든."

이 우화를 부연 설명하자면, 개구리는 전갈을 멀리해야 한다는 사실을 알고 있었다. 올챙이 시절부터 전갈을 멀리하라는 말을 들으면서 자랐기 때문이다. 개구리는 본능적으로 전갈을 피해야 한다는 사실을 알고 있었다. 그리고 무엇보다도 중요한 것은 그 개구리를 만드신 분께서 사실상 "너는 전갈을 피해야 할지니, 그렇지 않으면 그들의 거짓말에 넘어가게 될 것이다"라고 명령하셨다는 사실이다. 매력적이고 호의적인 전갈이 어떤 약속을 하든지 간에 전갈은 전갈일 뿐이다.

이스라엘 백성은 우상을 숭배할 때마다 항상 독침에 쏘였다. 그럼에도 불구하고 그들은 거의 의도적으로 하나님에 대한 순종이 삶을 살아가는 최선의 방법이라는 교훈을 배우기를 거부했다.

기도

오 주님, 우리가 당신의 명령보다는 세상에 귀를 기울일 때 우리를 용서하소서. 당신의 인도하심과 보호하심과 인내하심 그리고 당신의 능력에 감사를 드립니다. 우리의 삶이 영원한 차이를 만들어낼 수 있다는 사실을 알게 되어 얼마나 기쁜지 모릅니다. 우리가 약할 그 때에 곧 당신의 성령의 능력으로 우리가 강하기 때문입니다. 우리 주 예수 그리스도의 이름으로 기도합니다. 아멘.

심층 연구

A. 압제자들

이 사이클에서는 세 부류의 압제자들이 밝혀져 있다. 먼저, 미디안 족속이 주요 압제자였다. 1절은 다른 압제자들에 대한 언급 없이 이스라엘 백성이 7년 동안 미디안의 손에 붙여졌음을 보여준다. 미디안 족속은 아브라함이 그두라(창 25:2-4)를 통해서 낳은 후손이었기 때문에, 이스라엘 백성과 다소 관련이 있었다(사사기 8장 24절에서는 '이스마엘 사람' 으로 표현되어 있음을 참조하라). 블록은 그들이 시나이 반도와 아라비아 서부에서 온 반(半)유목민이었던 것으로 추정한다. 모세의 아내는 긍정적인 문맥 속에서 묘사된 미디안 사람 이드로의 딸이었다(출 2:15-22, 18). 아말렉 족속은 에서의 후손으로, 이스라엘과는 적대적인 역사를 가지고 있었다. 그들은 초기 사이클에서 모압 족속과 연합하여 이스라엘을 탄압했었다(삿 3:13). 우리는 '동방 사람들' 이 누구인지 알지 못한다. 하지만 그들이 민족적으로 확인되지 않는(또는 확인할 수 없는) 사막 건너에서 온 베두인(Bedouin) 습격자들의 연합체였을지도 모른다.

B. 약대(6:5)

여기에 언급된 약대는 아마도 백트리안(Bactrian) 쌍봉낙타가 아니라, 아라비아산 단봉낙타일 것이다(욥 1:3 참조). 이 동물들은 매우 일찍부터 주로 사막 주변 지역에서 사용되었다(창 12:16, 24:10 참조). 낙타의 사용은 주로 아라비아 지역 남단과 동단에서 발견되었고, 미디안 족속 역시 그곳에서 왔다. 낙타는 기수를 제외하고 약 150킬로그램의 짐을 운반할 수 있고, 물 없이도 3, 4일을 견딜 수 있으며, 하루에 대략 45킬로미터를 이동할 수 있었다.

C. 황소 시장(6:25-26, 28)

이 구절들의 세부적인 내용과 관련된 어법과 의미는 의문에 싸여 있지만, 아주 단순하게 해석하면 다음과 같다. 바알 제단과 아세라 상을 헐어버리는 데 사용된 '최상급' 7년생 수소가 한 마리 있었다. '둘째(second)' 로 번역된 히브리 단어가 '고귀한, 신분이 높은' 이라는 의미로 사용될 수도 있기 때문이다(Block, 266). 그런 다음 여호와를 위한 제단이 만들어졌을 때, 그 수소가 여호와께 희생 제물로 드려졌다(NIV가 '둘째 수소' 라고 일관되게 번역하는 것과는 대조적으로).

D. 하나님을 '농락하다'

'양털' 에 대한 기드온의 요구를 하나님의 인도하심을 받는 하나의 모델로 받아들이는 사람들은 어리석고 무분별하다. 기드온의 요구는 믿음의 표현이 아니라, 하나님의 약속과 능력에 의문을 제기하는 것이었다. 그것은 하나님께 그분의 섭리로 환경을 통제하여 갈 길을 인도해주시도록 요구하는 것과는 전혀 다르다. 게다가 기드온은 자신이 부분적인 반역과 불신앙으로 행동하고 있다는 사실을 알고 있었다("주여 내게 진노하지 마옵소서", 39절). 심지어 그런 요구를 하는 와중에도 말이다.

이 이야기를 인도하심을 받는 모델로 적용하는 경향이 있는 사람들은 종종 그것을 완벽하게 혹은 정확하게 적용하지도 못한다. 기드온은 하나님께 우연의 일치를 요구하고 있었던 게 아니다("만약 금요일 5시까지 제 차를 팔게 된다면, 제가 시애틀로 이사가는 것을 하나님도 원하시는 걸로 알겠습니다"). 그는 하나님께 기적을 요구하고 있었다("만약 제 차에 입이 생겨 '시애틀' 하고 말한다면, 제가 거기로 이사하는 것을 하나님도 원하시는 걸로 알겠습니다"). 양털을 사용함으로써 인도하심을 받고자 하는 사람들은 아마도 양털 하나를 얻어 하나님께 문자 그대로 잔디의 젖음과 마름을 바꿔 달라고 요구해야 할 것이다. 기드온이 했던 것처럼 말이다. 그런 다음 필히 회개해야 할 것이다.

고안

A. 들어가는 글

1. '하나님의 어리석음' 이야기로 시작하라.
2. 배경 설명: 4장과 5장은 드보라와 바락의 이야기를 전해주면서, 이스라엘의 신실하지 못함에도 불구하고 신실하셨던 하나님을 찬양하는 찬가로 마무리되었다. 다음 이야기는 기드온의 소명(6장)과 승리(7장), 그의 삶(8장)과 유산(9장) 등을 차례로 다루면서, 이 책에서 가장 긴 사이클 가운데 하나로 우리를 인도한다.
3. 적용: 우리는 드보라와 바락의 승리 이후 이스라엘이 교훈을 배웠으리라고 기대했을 것이다. 하지만 그 다음 세대가 여호와께 등을 돌림으로 말미암아 이스라엘 백성의 사기를 완전히 떨어뜨리는 탄압이 초래되었다. 하나님은 이미 알려져 있는 지도자들을 통해 역사하시지 않고, 처음으로 평범한 사람을 택하여 비범한 임무를 수행하도록 능력을 부여하셨다.

B. 본문 이해

1. 구원에 대한 필요(6:1-10)
    1) 위반(6:1)
    2) 압제(6:2-5)
    3) 탄원(6:6-7)
    4) 비난(6:8-10)
2. 구원자의 선택(6:11-24)
    1) 대면(6:11-12)
    2) 불평(6:13)
    3) 명령(6:14)
    4) 푸념(6:15)
    5) 약속(6:16)

6) 확인(6:17-24)

3. 우상 숭배로부터의 구원(6:25-32)

1) 행동(6:25-27)

2) 반발(6:28-32)

4. 구원자를 구원하다(6:33-40)

1) 군대를 모집하다(6:33-35)

2) 하나님을 농락하다(6:36-40)

C. 결론: '95퍼센트 순종' 을 읽어주라.

토의 질문

1. 고린도전서 1장 26-29절을 읽고 묵상하라. 하나님은 왜 약한 자들을 불러 우리가 강한 자들에게 위임되어야 한다고만 생각하는 일을 하도록 맡기시는 걸까?

2. 기드온은 두 가지 문제를 가지고 있었다. 의기소침과 자질 부족이 바로 그것이다. 예수님이 신자들과 항상 함께 계시겠다고 한 약속(마 28:18-20)과 성령의 '보혜사' (요 14:16-17, 문자적으로는 '곁으로 부름 받은 자')로서의 역할이 지니고 있는 중요성에 대해 곰곰이 생각해보자. 하나님은 당신이 자신의 자질 부족을 어떻게 보기를 원하시겠는가? 자질 부족이 무위(無爲)로 이어져야 할까, 아니면 공급하시고 힘주시는 하나님에 대한 믿음으로 이어져야 할까?

3. 기드온은 하나님이 그의 영향력이 미치는 범위를 확대하시기 전에, 먼저 자신의

뒷마당에 있는 죄를 다루어야 했다. 당신은 그래야만 했던 이유가 무엇이라고 생각하는가? 그것이 당신 삶에는 어떤 의미가 있겠는가?

사사기 7장

주저하는 영웅

"당신 앞에 놓여 있는 임무는 결코 당신 뒤에 있는 능력보다 더 크지 않다."

- 무명

압도적인 열세에도 불구하고, 하나님은 기드온과 그를 좇는 사람들에게 기적적인 승리를 허락하셨다.

들어가는 글

한 차례의 엄청난 정체성 위기

당신은 자신의 실체에 대해 궁금해본 적이 있는가? 나는 당신이 정말로 누구인지, 무엇으로 만들어져 있는지를 의미하는 것이다. 당신이 보여주는 이미지가 아니라, 당신이 소유하고 있는 정체성 말이다. 허울의 모든 껍질이 벗겨지는 깊은 고통을 경험해본 사람만이 자신이 누구인지, 자신이 정말로 어떤 모습인지 가장 분명하게 깨달을 수 있다는 말은 일리 있는 이야기다. 내가 지금 말하고 있는 요점은 우리가 여러 가지 면에서 우리 자신을 잘 모른다는 사실이다.

1964년, 시카고 무디 교회의 전임목사 앨런 레드패스(Alan Redpath)는 거의 치명적인 뇌졸중으로 쓰러지면서 우울증에 빠졌다. 그는 하나님께 화가 나 한때 이렇게 기도했다. "주님, 이 사탄의 공격으로부터 저를 구해주세요. 저를 곧바로 집으로 데려가주세요!" 그는 후에 자신이 우울증으로 고생했던 시기에 대해 글을 쓰면서, 그 당시 주님이 이렇게 말씀하고 계시는 것을 느꼈다고 했다. "너의 삶 속에 이런 경험을 집어넣은 것은 바로 나다. 바로 너의 구세주다. 네가 과거의 것들이라고 생각했던 너의 모든 죄된 생각과 유혹들이 그대로 남아 있는 지금의 네 모습이 앞으로도 변치 않을 네 모습이라는 사실을 보여주기 위해서란다. 그러나 내 은혜를 너에게 베풀기 위해서라는 사실도 잊어서는 안 된다."

참으로 하나님만이 우리를 아신다. 성경은 말한다. "우리가 이제는 거울로 보는 것 같이 희미하나 그 때에는 얼굴과 얼굴을 대하여 볼 것이요 이제는 내가 부분적으로 아나 그 때에는 주께서 나를 아신 것같이 내가 온전히 알리라"(고전 13:12). 오직 하나님만이 우리를 즉시, 친밀하게 그리고 무한히 아신다. 그리고 그리스도 안에서의 우리의 정체성은 우리가 생각하는 우리의 실체가 아니다.

나는 희극 배우 릴리 톰린(Lily Tomlin)이 했던 말을 좋아한다. "나는 항상 누군가가 되기를 원했었지만, 지금 생각하면 좀 더 구체적이어야 했음을 깨닫게 된다." 정체성을 찾는 것은 의미를 찾는 것이기도 하다. 나는 장래 선한 영향력을 끼칠 삶을 살고 있는 사람인가? 하나님이 기드온에게 나타나셨고, 그는 자신의 정체성을 나타내는 이미지를 하나 갖고 있었다. 그는 지파 내에서 가장 미약한 집안 출신이고 그 중에서도 제일 작은 자였던 것이다. 그럼에도 불구하고 하나님은 그에게 "평안한가, 용맹한 전사여"라고 인사말을 건네셨다. 우리의 전(全) 존재는 하나님의 은혜에 의한 것이다. 그것만이 중요하다. 기드온이 배워야 했던 교훈도 바로 그것이다. 신약의 표현을 빌려 말하자면, "내가 그리스도와 함께 십자가에 못 박혔나니 그런즉 이제는 내가 산 것이 아니요 오직 내 안에 그리스도께서 사신 것이라 이제 내가 육체 가운데 사는 것은 나를 사랑하사 나를 위하여 자기 몸을 버리신 하나님의 아들을 믿는 믿음 안에서 사는 것이라"(갈 2:20).

본문 이해

주저하는 영웅

Main Idea	하나님은 군사력의 체계적인 감축을 통해 기드온과 그의 부하들을 선택하셨고, 그것은 강력한 진리가 선포되도록 하기 위함이었다. "만군의 여호와께서 말씀하시되 이는 힘으로 되지 아니하며 능으로 되지 아니하고 오직 나의 신으로 되느니라"(슥 4:6 하). 오직 하나님만이 승리를 주실 수 있으며, 그분만이 영광을 받으셔야 한다.

A. 군대를 감축하다(7:1-8)

Supporting Idea	하나님은 체계적인 방법을 통해 전투에서의 승산을 1대 4에서 1대 450으로 낮추심으로써, 정상적으로 승리할 수 있는 합리적인 기회를 완전히 제거하셨다.

7:1-3. 1차 테스트: 공개. 이야기가 다시 시작되자, 기드온과 그를 좇는 이스라엘 백성들은 미디안 족속이 야영하고 있는 모레산 앞 골짜기 바로 남쪽에 위치한 하롯(히브리

원어의 의미는 '떨림' 이다!) 샘 곁에 진 치고 있었다. 전쟁에 관한 보통의 역사 기록에서도 6장에서부터 이어지는 다음 장면이 전장에서 종종 벌어지곤 했다. 그러나 영적 역사는 '보이지 않는 곳에서' 역사하시는 하나님의 손을 드러내기도 한다. 하나님은 이제 곧 군대를 대폭 감축해 아주 독특한 전투 계획을 실행하실 예정이었다. 이 시점에서의 정황으로는 여호와의 군대가 4대 1이라는 압도적인 열세를 무릅쓰고 싸워야 했다. 그 수치는 이스라엘 진영에 32,000명이 있었음을 알려주는 7장 3절과, 적의 숫자가 대략 135,000명에 이르렀음을 밝히고 있는 8장 10절로부터 얻어진다.

어떤 강점(우월한 병기나 유리한 위치 등)이 주어진다면 그런 승리가 일어나는 것이 불가능하지는 않지만, 기드온은 그런 강점들 가운데 어떤 것도 보유하고 있지 못했다. 오히려 미디안 족속이 우월한 병기와 수적 우위를 가지고 있는 데 반해, 이스라엘 백성은 병기도 거의 없는 데다 뚜렷한 전략도 없었던 것이다.

기드온은 의심할 여지 없이 여호와로부터의 다음 명령이 본격적으로 군사 작전을 개시하라는 내용일 거라고 예상했을 것이다. 만약 그랬다면 그는 놀라지 않을 수 없었다. 여호와께서는 기드온에게 너를 좇는 백성이 너무 많다고 말씀하셨기 때문이다. 기드온은 자기 귀를 의심했을지도 모른다. 하나님이 내가 '너무 적은' 인원을 보유하고 있다거나 아니면 적의 수가 '너무 많다' 고 말씀하시려고 했던 게 아닐까? 하지만 여호와께서 곧바로 그런 놀라운 주장을 하신 이유에 대해 설명하셨다. 그분은 이스라엘이 "나를 거스려 자긍하기를 내 손이 나를 구원하였다 할까" 염려되어 이스라엘의 군대를 줄이려고 마음먹으셨던 것이다. 하나님이 이제 막 하시려고 했던 것은 인간의 힘으로는 어떤 방법으로도 도저히 설명할 수 없는 것임에 틀림없다. 그렇게 해서 곡식을 키질하다 하나님으로부터 부름 받은 그 남자는 이제 자신의 군대를 키질해야 하는 운명에 처하게 되었다. 그리고 이스라엘 백성은 나중에 요나단이 자신 있게 주장하는 "여호와의 구원은 사람의 많고 적음에 달리지 아니하였느니라"(삼상 14:6)는 교훈을 배우게 될 것이다.

하나님은 기드온에게 그의 '군대' 에 속해 있는 이스라엘 백성의 대다수가 거부할 수 없다고 느낄 만한 제의를 하라고 말씀하셨다('심층 연구' 참조). 인간적으로 말해서, 기드온의 의용군에 속해 있는 사람들은 모두 이스라엘이 이 싸움에서 질 것이고 그들 대다수가 죽게 될 것이라는 사실을 알고 있었다. 하나님은 기드온을 좇던 사람들에게 신명기 20장 1-8절에 규정된 탈출구를 제공하셨다. 만약 그들 가운데 누구든 전투에 나가기를 두려워한다면, 즉시 '명예 제대'가 주어지도록 되어 있었던 것이다(누구든지 두려워서 떠는 자여든 돌아가라). 그 결과는 전투가 가능한 32,000명 가운데 22,000명이 돌아가고 10,000명이 남는 것이었다.

이제 우열의 차이는 더 이상 4대 1이 아니라, 14대 1로 확대되고 말았다. 이것이 모두에게 알려진 공개적인 테스트였다. 그러나 하나님은 거기서 멈추지 않으셨다. 이스라엘 군대를 키질하는 다음 방법은 비공개적인 것으로, 하나님의 선봉 부대에서 추가로 제외될 사람들이 모르는 사이에 적용되었다.

7:4-8. 2차 테스트: 비공개. 기드온은 아마도 병력의 3분의 2가 떠나는 것을 보고 놀랐을 것이다. 하나님이 재차 '백성이 아직도 많으니'라고 말씀하셨을 때, 그의 놀람은 절망감으로 바뀌었을 가능성이 높다. 이번에는 공개적인 발표가 없었지만, 하나님만이 아시는 비공개 테스트가 시행될 예정이었다. 남은 10,000명의 사람들이 아는 한, 그들은 미디안 족속에 맞서 분연히 일어서게 될 선봉부대였다. 이번에는 기드온 자신도 테스트의 방법에 대해서는 통지받지 못한 채, 단순히 사람들을 인도하여 물가로 내려가라는 지시만 받았고, 하나님은 거기서 내가 너를 위하여 그들을 시험하리라고 말씀하셨다.

칭찬받을 만하게도 기드온은 순종했다. 사람들이 샘에 이르렀을 때, 여호와께서 기드온에게 말씀하셨다. 무릇 개의 핥는 것같이 그 혀로 물을 핥는 자를 너는 따로 세우고 또 무릇 무릎을 꿇고 마시는 자도 그같이 하라. 이 '시험'은 분명 무릎을 꿇고 얼굴을 물에 넣는 사람들과 몸을 구부려 개의 혀처럼 왔다갔다 하는 손동작을 이용해 물을 입으로 가져가는 사람들을 구분하는 것이었다. 손으로 움켜 입에 대고 핥는 자의 수는 삼백 명이요 그 외의 백성은 다 무릎을 꿇고 물을 마신지라. 기드온은 9,700명을 남겨 두고 300명을 돌려보내고 싶었겠지만, 하나님의 계획은 그런 것이 아니었다.

일부 주석자들은 하나님의 시험이 전반적인 전쟁 준비 태세나 조심성이 좀 더 잘 갖춰져 있는 사람들만을 골라내기 위한 것이었다고 주장한다. 그러나 이번이 그런 경우인 것같지는 않다. 그 시험의 판단 기준은 분명 임의적인 것으로, 단순히 군대를 대폭 감축하기 위해 선택된 방법이었을 것이다. 여하튼 하나님은 기드온에게 약속하셨다. 내가 이 물을 핥아먹은 삼백 명으로 너희를 구원하며 미디안 사람을 네 손에 붙이리니. 나머지 사람들은 집으로 돌아가지 않고 야영지 내에 머물러 있었던 것으로 보인다. 그 와중에 선발된 300명은 곧 이야기에 다시 등장하게 될 나머지 전우들로부터 양식과 나팔을 넘겨받았다.

B. 장군을 진정시키다(7:9-15)

Supporting Idea	기드온은 적의 악몽과 그 해몽을 엿들음으로써, 마침내 하나님이 이미 약속하시고 또 약속하시고 또 약속하셨듯이 승리를 주실 것이라는 확신을 갖게 되었다.

7:9-12. 적진에 들어가다. 마침내 미디안 족속을 공격해야 할 때가 이르렀다. 아니 누구나 그렇게 생각했을 것이다. 여호와께서 기드온에게 일어나 내려가서 적진을 치라고 말씀하시면서 그것을 그의 손에 붙이겠다고 보증해주셨지만, 그분은 근처에 있는 샘만이 '떨고 있는' 게 아니라는 사실도 알고 계셨다. 기드온은 매우 두려워 떨고 있었고, 여호와께서는 진정제 역할을 하게 될 표징을 한 가지 더 주셨다. 하나님은 기드온에게 만약 그가 내려가기를 두려워한다면 미디안의 진으로 내려가서 그들의 하는 말을 들어보라고 말씀하셨다. 분명히 드러나고 있는 성경의 진리 가운데 하나는 하나님의 영(이미 기드온을 '덮어 씌웠던')이 격려하는 자 또는 위로하는 자라는 신약의 계시다(요 14:16). 하나님의 종이 전투에 나가기 전에 위로받기를 바라는 것이 하나님의 본성인 것이다.

그리하여 기드온은 그 부하 부라를 데리고 적의 군대가 있는 골짜기의 진 가(경계병이 배치된 외곽 지역)로 내려갔다. 미디안 사람과 아말렉 사람과 동방의 모든 사람의 수가 너무 많은 나머지 메뚜기의 중다함처럼 보였고, 그들이 보유한 약대의 수는 마치 해변의 모래와 같았다. 적군의 엄청난 규모와 군사적 준비 태세는 기드온에게 그가 시도하려는 모험에 대한 절망감을 다시 한 번 일깨워주는 역할을 했다. 하지만 어둠을 틈타 시도될 이 기습 공격은 결국 가능성이 아니라 믿음의 문제였던 것이다.

7:13-14. 적의 악몽을 엿듣다. 그 은밀한 방문은 건초더미에서 바늘 찾기를 요구하지 않았다. 하나님의 목적은 즉시 이루어졌다. 그들이 그곳에 이르렀을 때, 마침 기드온이 엿들을 수 있을 정도로 멀지 않은 장소에서 어떤 사람이 그 동무에게 자기가 꾼 꿈 이야기를 하고 있었던 것이다. 그 꿈 이야기는 거의 만화 같은 알쏭달쏭한 내용이었다. 그 전체 내용은 이렇다. 보리떡 한 덩어리가 미디안 진으로 굴러 들어와서 한 장막에 이르러

그것을 쳐서 무너뜨려 엎드러뜨리니 곧 쓰러지더라. 당시에는 빈곤한 사람들이 보리로 만든 떡을 먹었다. 그것은 종종 동물의 사료로 쓰이기도 했다. 그러나 최근 미디안 족속이 이스라엘 백성을 약탈함으로 말미암아 그들에게 남겨진 것은 그것뿐이었다. 그 보리떡은 최악의 상태에까지 떨어진 이스라엘을 상징했고, 꿈에 나타난 장막은 분명 유목민족인 미디안 족속과 그들의 동맹군을 의미했다.

그 남자의 꿈을 해석하는 동료의 해몽 역시 그 꿈만큼이나 이상하다. 이는 다른 것이 아니라 기드온의 칼날이라. 결과적으로 그는 이렇게 결론 내렸다. 하나님이 미디안과 그 모든 군대를 그의 손에 붙이셨느니라. 어쨌든 숨어서 엿듣던 사람은 그 떡이 유대인의 승리를 상징한다는 사실을 알았다.

여기에 담긴 해학을 놓치지 말라. 무엇이 장막을 무너뜨리는가? 허리케인도, 사이클론도, 지진도, 토네이도도, 산불도, 전염병도, 산사태도, 번갯불도, 해일도, 눈사태도 아니다. 그것은 보리떡 한 덩어리였다. 물론 엄청나게 큰 떡덩어리도 아니다. 감 잡기 원한다면, 베이글 하나를 생각하면 된다(물론 유대교의 율법에 따라 만들어진 것 말이다). 기드온의 관점에서 보면, 하나님이 그에게 작고 보잘것없으며 거의 쓸모없는 물체라도 엄청나게 거대한 적을 공격해 물리칠 수 있음을 다시 한 번 보여주셨던 것이다.

당신이 자기 공을 가지고 볼링 하러 간다고 가정해보자. 당신 차례가 돌아오자, 주머니를 뒤적거리더니 장난감 공기총에서 꺼내 온 조그만 BB탄 한 알을 꺼낸다. 당신은 레인 끝에 서서 그 조그만 구체를 들고(손가락 구멍을 찾으려고 애쓸 필요도 없다) 준비자세를 취한 다음 굴리기 시작한다. 그것이 레인을 따라 애처로운 모습으로 천천히 굴러가자, 근처에 있던 사람들이 당신을 제정신이 아니라는 듯이 쳐다보고 있다. 그러나 그 BB탄알은 잠시 후 핀들과 충돌한다. 그 충돌이 너무나 강력한 스트라이크를 일으킨 나머지 핀 열 개가 모두 폭발하고, 그 파편들이 좌우로 날아가는 놀라운 연쇄 반응 속에서 레인에 있던 핀들이 모두 산산조각이 나고 만다!

기드온을 위해 주어졌던 이 격려가 하나님의 주권을 보여주는 또 하나의 확실한 증거였다는 사실을 잠시 묵상하고 넘어가는 것이 중요하다. 그분이 의미심장한 꿈을 적들의 마음속에 집어넣으셨던 것이다. 그 꿈은 기드온이 엿듣기에 딱 좋은 시점과 장소에서 또 다른 사람에게 말로 표현되었고, 그 꿈을 전해들은 동료는 그것을(모두의 예상과는 달리) 이스라엘의 승리를 암시하는 징후로 해석했다. 하나님이 기드온의 두려움을 제거해주고 계셨던 것이다.

7:15. 이스라엘 무리를 격려하다. 기드온은 (마침내!) 이미 수 주 전에 그랬어야 했을 반응을 보였다. 그는 하나님께 경배하고 자신에게 드러난 하나님의 계시를 생각하면서 그의 군대 앞에서 승리가 그들의 것이라고 주장했다. **일어나라. 여호와께서 미디안 군대를 너희 손에 붙이셨느니라.** 우리는 9절에 나오는 하나님의 약속이 적의 꿈보다 기드온에게 더 설득력이 있었을 텐데 하고 나름대로 옳은 불평을 제기할 수도 있을 것이다. 그러나 하나님은 우리의 약함에 친절을 베푸시고 그분의 자녀들을 은혜와 인내로 대하신다.

오래 전, 미국 중서부에 사는 어느 젊은 변호사가 너무 심한 우울증에 걸린 나머지 그의 친구들이 모든 칼과 면도날을 그의 손이 닿지 않는 곳에 치워 두는 게 최선이라고 생각한 적이 있었다. 그는 당시 자신의 삶이 추구해야 할 소명과 심지어 그것을 끝까지 완수하려고 시도하는 것의 신중함에 대해서 의문을 제기했었다. 그 시기 동안, 그는 이런 글을 남겼다. "나는 지금 가장 비참한 삶을 사는 사람이다. 내가 앞으로 좋아지게 될지 여부는 장담할 수 없지만, 그렇게 되지 못할 거라는 불길한 예감을 떨쳐버릴 수가 없다." 그러나 어쨌든 에이브러햄 링컨은 어딘가로부터 그가 필요로 하는 격려를 받았고, 그의 삶이 이룬 업적은 한때 실의에 빠졌던 그의 과거를 말끔히 씻어주었다(Today in the Word, December 1989, p. 20).

C. 적을 섬멸하다(7:16-25)

Supporting Idea	하나님은 엄청난 규모의 공격 부대라는 인상을 만들어내어 미디안 사람들 사이에 혼란을 야기함으로써, 이스라엘에게 기적적으로 결정적인 승리를 허락하셨다.

7:16-20. 전략. 공격 계획은 누구나 상상할 수 있을 만큼 틀에 박힌 것이 아니었다. "나누고 실행하라(divide and do)!" 군대를 세 그룹으로 나눈 다음, 기드온이 하는 대로 실행하였다. **삼백 명이 세 대로 나누어졌다.** 각각 백 명씩이었을 것이다. 각 사람은 네 가지 '치명적인' 무기로 무장되었다. 나팔과 빈 항아리, 횃불 그리고 목소리였다. 다른 병기에 대한 언급은 전혀 없다. 이 보급품들이(그 중 일부는 선봉에서 제외된 전우들

로부터 거두어들인 것이다, 8절) 어떻게 사용되어야 할지는 곧 설명될 것이었다.

각 사람은 군대를 소집하는 데 사용되는 나팔 또는 양의 뿔을 가지고 있었다. 그들은 또 진흙으로 만든 빈 항아리를 가지고 있었고, 그 속에는 횃불이 감추어져 있었다. 기드온의 전투 계획은 아무리 생각해도 막연했다(나만 보고, 나의 하는 대로 하되, 내가 … 하는 대로 너희도 그리하라). 자세한 사항은 부분적으로만 설명되었다. 기드온이 신호를 주면(나와 나를 좇는 자가 다 나팔을 불거든), 모든 군대가 그대로 따라하며(너희도 … 나팔을 불며) 미리 정해진 전투 구호(여호와를 위하라, 기드온을 위하라)를 외쳐야 했던 것이다('심층 연구' 참조). 물론 이것은 이스라엘 전사들로부터 큰 믿음을 필요로 했다. 만약 상황이 그들에게 불리하게 돌아갔다면, 그들은 분명히 칼과 방패 없이 전투에 들어가는 것이 과연 현명한 처사였는지 물었을 것이다.

어떤 선제 공격도 미디안 지도자들에게는 뜻밖이었을 것이다. 무엇보다도 그들은 지난 7년 동안 아무런 저항 없이 이스라엘 백성을 지배해오지 않았던가. 그들도 아마 기드온의 의용군이라는 존재에 대해서는 인식하고 있었겠지만, 그런 소규모 군대를 심각한 위협이라고 생각했을 가능성은 거의 없다. 기드온과 그의 일백 명은 조심스럽게 미디안 진 가로 다가갔다. 경계병의 교대가 이루어진 직후 자정이 조금 지난 시각이었다. 전통적으로는 저녁 8시부터 12시까지, 12시부터 새벽 4시까지 그리고 4시부터 아침 8시까지 세 차례의 경계 근무가 있었다. 기습 공격은 이경 초, 다시 말해 새벽 12시 15분쯤에 일어났다. 이제 막 교대한 보초들은 아마도 두세 시간쯤 잠을 자고 난 상태였고, 방금 전에 경계 근무를 마친 병사들은 잠자리로 돌아가는 길이지만 여전히 진영 주변을 떼지어 어슬렁거리고 있었을 것이다.

기드온으로부터 신호가 오자, 세 대가 나팔을 불며 항아리를 부수고 좌수에 횃불을 들고 우수에 나팔을 들어 불며 전투 구호를 외쳤다. 보통의 전투 대형에서는 혼동을 피하기 위한 시스템으로 지휘관들만이 양의 뿔을 이용해 신호를 보냈다. 기드온이 군대를 소집하는 데는 한 개의 양각 나팔이 사용되었고(삿 6:34), 여리고를 정복하는 데는 일곱 개의 양각 나팔이 사용되었다(수 6:6). 요점은 300개의 양각 나팔이 미디안 족속에게는 엄청난 규모의 공격 부대가 자신들을 급습하는 것을 의미했을 거라는 사실이다. "여호와와 기드온의 칼이여!"라는 전투 구호에도 불구하고, 어떤 칼도 그들의 '무기' 속에 포함되어 있지 않았다.

7:21-25. 성공. 혼란스러운 상황을 상상하는 것은 어렵지 않다. 적의 병사들은 한밤중의 깊은 잠에서 깜짝 놀라 깨어났다. 갑자기 세 방향에서 삼백 명이 나팔을 불었고(적군은 각각의 나팔이 수백 명씩을 대표한다고 예상했을 것이다), 삼백 개의 항아리가 천둥 같은 소리를 내며 산산이 부서졌다. 삼백 개의 횃불은 미디안 진영을 희미한 정도로만 밝혀줌으로써, 잠에서 깬 상태지만 아직 시야가 흐린 미디안 병사들에게는 주변에 있는 게 다 적으로 보였다. 게다가 삼백 명의 목소리가 최대한 큰 소리로 이스라엘의 전투 구호를 외치고 있었다.

그들은 잠이 덜 깬 상태에서 일어났고 낙타가 사방으로 날뛰는 혼란스러운 상황에서 가장 가까운 적이라고 생각하는 것을 상대로 전투를 시작했다. 그 혼란이 극심했던 이유는 아마도 아말렉 족속과 미디안 족속이 서로 다른 언어를 사용하는 데다, 그들이 서로 식별이 가능한 제복을 입고 있지 않은 연합군이었기 때문일 것이다. 블록은 그 장면을 '최고의 심리전' 이라고 묘사한다(Block, 283).

하나님은 미디안 족속을 상대로 군대를 보내는 대신, 사실상 '고적대' 를 보내셨다. 미디안 족속을 정복하는 보통의 전략은 더 큰 군대를 일으키려는 시도였을 것이다. 그러나 하나님의 전략은 군대의 대부분을 돌려보내고 그들이 가지고 있던 무기를 모두 제거하며 그들에게 가만히 서 있으라고 말하는 것이었다(각기 당처에 서서 그 진을 사면으로 에워싸매). 누군가 이 승리를 자연스럽게 설명해보려고 시도할 수도 있겠지만, 굳이 그럴 필요가 있겠는가? 성경 본문은 분명히 밝히고 있다. 여호와께서 그 온 적군으로 동무끼리 칼날로 치게 하시므로(22절). 하나님은 그것을 초자연적으로 행하셨던 것이다. 이 승리의 가능성은 올해의 슈퍼볼 챔피언들이 유치원 팀에게 85대 0으로 철저히 완패당하게 만드는 것과 같았다.

그 결과는 적들이 패주하여 자기들 영토로 도망치는 것이었다(스레라의 벧 싯다에 이르고 또 답밧에 가까운 아벨므홀라의 경계에 이르렀으며). 그 전투의 여파는 두 차례의 '소탕' 작전으로 이어졌다. 첫 번째 소탕 작전에는 분명 이스라엘 진영에 돌아가 있던 9,700명의 군사들이 포함되었던 것으로 보인다. 그들은 납달리 지파와 아셀 지파와 온 므낫세 지파에서 모인 이스라엘 사람들(NIV: Israelites from Naphtali, Asher and all Manasseh)로, 다시 집결하여 도망치는 미디안 족속을 추격했다. 두 번째 소탕 작전에서는 기드온이 사자를 보내어 에브라임 온 산지로 두루 행하게 하여 요단강을 건너는 미디안 족속의 도주로를 차단할 군대를 규합했다. 에브라임 사람들은 또 두 명의 핵심 미디안 장수 오렙('갈가마귀')과 스엡('늑대')을 사로잡아 처형하고, 자신들의 승리를 기념하는 섬뜩한 트로피로 그들의 머리를 기드온에게 가져갔다. 성경 본문은 기드온 군대가 보여준 이 즉흥적인 확장이 여호와에 의해 승인되었는지 여부에 대해 침묵하고 있다.

Main Idea 복 습	하나님은 군사력의 체계적인 감축을 통해 기드온과 그의 부하들을 선택하셨고, 그것은 강력한 진리가 선포되도록 하기 위함이었다. "만군의 여호와께서 말씀하시되, 이는 힘으로 되지 아니하며 능으로 되지 아니하고 오직 나의 신으로 되느니라"(슥 4:6 하). 오직 하나님만이 승리를 주실 수 있으며, 그분만이 영광을 받으셔야 한다.

결론

그것은 이루어질 수 없다네

널리 사랑받고 있는 에드거 게스트(Edgar Guest)의 시 '그것은 이루어질 수 없다네(It couldn' t be done)' 에는 다음과 같은 구절이 있다.

누군가 그것은 이루어질 수 없다고 말했지
하지만 그는 빙긋이 웃으며 대답했다네
"그럴지도 모르지" 그러나 그가 이루어보겠노라고
누구도 그렇게 말하지 않았지만 그는 시도했다네
드디어 그가 만면에 웃음을 띤 채로 버클을 단단히 채웠지
만약 그가 걱정했다면 그것을 감추었을 거라네
그는 노래 부르기 시작하면서 그 일에 달려들었지
이루어질 수 없는 그것을 그가 해냈다네

한참 뒤에 어느 익살꾼이 그 시를 다음과 같이 패러디했다.

그는 이루어질 수 없는 일에 달려들었다네
의지를 가지고 즉시 뛰어들었지!
그는 이루어질 수 없는 일에 달려들었다네
그리고 할 수 없다는 사실을 깨달았지!

우리 모두는 삶에서 많은 도전에 직면한다. 중요한 것은 자기확신이나 자신감, 자기결단 등이 아니다(게스트의 시에서처럼). 그 패러디에서처럼 패배 의식도 물론 아니다. 하나님이 당신 편일 때, 기드온과 이스라엘이 깨달았던 것처럼 삶의 도전은 전혀 다른 의미를 지니게 된다. 당신 혼자라면, 당신 혼자 힘으로 하려고 한다면 고립무원의 지경에 이를 수밖에 없다. 그러나 '하나+하나님' 이라면 당신은 매번 성공하게 될 것이다. 하나님의 방식으로, 그리고 '성공' 에 대한 그분의 정의에 따라서 말이다. 사도 바울과 강력한 황제 네로를 생각해보라. 세상의 관점에서 보면, 바울은 실패자고 네로는 승리자였다. 그러나 J. 버논 맥기(Vernon McGee)는 다음과 같이 통렬하게 지적한다. "바울이 처형되는 순간에 네로는 보좌에 앉아 있었다. … 그러나 역사는 이미 판결을 내렸다. 사람들은 자기 아들의 이름을 바울이라고 짓고, 자기 개를 네로라고 부르지 않는가."

■ 진리 알기

- 하나님은 우리의 두려움에 특별히 인내심을 발휘하시며, 우리의 관심사를 속속들이 알고 계신다.
- 하나님은 우리가 우리 자신을 보는 것과는 다르게 우리를 보신다. '그리스도 안에' 있는 사람들은 그분이 보시기에 영원한 승리자다.
- 찬양과 영광을 우리 자신에게 돌리는 것을 현명치 못한 일이다. 우리 삶에서 좋은 것은 모두 (우리의 '타고난' 재능을 포함하여) 궁극적으로 하나님으로부터 온 것이기 때문이다(약 1:17).
- 하나님은 우리의 모든 적들을 포함하여 모든 것을 주관하신다. 먼저 그분의 손가락을 통해 걸러지지 않고 우리에게 이르는 것은 없다.

■ 적용하기

- 거울을 멀리하라. 삶은 당신에 관한 것이 아니라, 당신이 어떻게 하나님께 영광을 돌릴 것인지에 관한 것이다.
- 당신의 모든 걱정을 하나님께 맡겨라. 그분이 당신을 돌보아주신다(벧전 5:7).
- 마치 당신이 책임을 맡고 있고 모든 결과가 당신에게 달려 있는 것처럼 안달복달하는 것을 그만두라.
- 하나님의 약속을 신뢰하라. 그분이 당신의 길을 인도해주실 것이다(잠 3:5-6, 수 1:8).
- 하나+하나님이 승리를 보장해주는 다수라는 사실을 기억하라. 언제 어디서나 말이다.

삶의 적용

실의에 빠진 사람을 격려하라

1888년, 150명의 젊은이들이 어느 특정 교파의 성직자가 되기 위해 시험을 치렀다. 한 젊은이는 필기시험에 합격한 뒤 목사들로 구성된 패널 앞에서 시험 설교를 해야 했다. 그 결과가 공표되었을 때, 그 젊은이를 포함하여 105명이 퇴짜를 맞았다. 그는 자기 아버지에게 한 단어로 된 전보를 쳤다. '거절당함(rejected).' 그러자 그의 아버지가 즉시 여섯 단어로 된 전보를 다시 보내왔다. '땅에서는 거절을 당했지만, 하늘에서는 받아들여졌음을 믿음(Rejected on earth, accepted in heaven).' 그 젊은이는 오늘날 가장 위대한 성경 해석자 가운데 한 명이요, 이론의 여지는 있지만 지난 세대에서 가장 유능한 설교자 가운데 한 명으로 인정받고 있는 G. 캠벨 모건(Campbell Morgan)이다.

한 그리스도인 작가는 이렇게 말했다. "낙심은 과거에 대한 불만족이요, 현재에 대한 혐오며, 미래에 대한 불신이다. 그것은 어제의 축복에 대한 배은망덕이며, 오늘의 기회에 대한 무관심이요, 내일을 위한 힘에 대한 불안감이다. 그것은 또 아름다움의 존재에 대한 무지요, 다른 사람들의 필요에 대한 무관심이며, 과거의 약속에 대한 불신이다. 그것은 시간에 대한 조급함이며, 사고의 미성숙이요, 하나님에 대한 무례함이기도 하다."

그것이 신학적으로는 사실일지 모르지만, 나 개인으로서는 하나님이 우리의 감정적인 삶을 이해하시고 낙심의 시기 동안 우리의 머리에 그런 무거운 비난을 퍼붓지 않으신다는 사실에 감사드린다. 하나님의 '고위 성직자들' 가운데 상당수가 낙심의 고통을 겪었다. 아브라함과 모세, 엘리야, 다윗, 베드로, 바울, 기드온 등도 예외는 아니다.

사도행전 4장 36절에서 구브로의 요셉은 사도들에 의해 '바나바' ('격려의 아들' 이라는 의미)라는 애칭을 얻었다. 사도들이 그렇게 불렀던 이유가 쉽게 이해된다. 키프로스 섬 출신의 이 교양 있는 레위인은 청지기로서의 삶과 섬김의 도, 사도들의 가르침에 대한 복종 등에서 모범을 보였고, 그것은 과거 갈릴리 촌뜨기였던 사도들을 크게 격려해주는 자질이었던 것이다. 우리 집 내 캐비닛 안에는 단순히 '바나바' 라는 라벨만 붙어 있는 파일이 하나 있다. 거기에는 대학 강단에서의 25년과 목회 사역 18년의 기간 동안(둘이 겹치기도 하지만) 학생들과 동료 교수, 다른 친구들로부터 받은 격려의 편지들이 담겨져 있다. 놀랍게도, 이 편지들은 종종 개인적인 낙심의 순간에 내게 보내졌고, 그것은 하나님의 완벽한 타이밍을 보여주는 증거가 아닐 수 없다. 윌리엄 아더 워드(William Arthur Ward)는 이런 글을 남겼다.

> 나에게 아부하라, 그러면 내가 당신을 믿지 않을 수도 있다.
> 나를 비난하라, 그러면 내가 당신을 좋아하지 않을 수도 있다.
> 나를 무시하라, 그러면 내가 당신을 용서하지 않을지도 모른다.
> 나를 격려하라, 그러면 내가 당신을 잊지 않을 것이다.

주님이 그분의 임재의 독특한 느낌으로 우리 곁에 찾아와 우리를 격려하실 때가 있다. 그것이 바로 하나님이 기드온을 위해 하셨던 일이다. 우리가 혼자라고 느낄 때 하나님이 우리 곁에 대리인을 보내어 위로하실 때도 있다. 허드슨 테일러(Hudson Taylor)는 말년에 몸이 너무 쇠약해져 한 친구에게 이렇게 말한 적이 있었다. "너무 힘이 없어서 일할 수도, 성경을 읽을 수도 없다네. 기도도 거의 할 수 없고 말이야. 그저 어린아이처럼 하나님의 품에 가만히 안겨 그분을 의지할 수 있을 뿐이라네." 그러나 하나님은 우리가 바로 그곳에서 안식하기를 바라신다(요 10:27-30).

기도

아버지여, 우리는 당신께 "내가 믿나이다 나의 믿음 없는 것을 도와주소서" (막 9:24) 라고 간청해야 할 때가 있습니다. 우리의 믿음이 당신의 힘보다는 우리가 볼 수 있는 것에 머물러 있을 때 우리를 용서하옵소서. 우리의 계획에 너무 전념한 나머지 당신의 성령에 무감각해질 때 우리를 용서해주옵소서. 마치 우리에게 일어나는 모든 좋은 선물의 원천이 당신이 아닌 것처럼, 우리가 찬양과 영광을 스스로에게 돌릴 때 우리를 용서하옵소서. 우리가 당신의 말씀에 귀 기울이게 하시고, 당신의 방법으로 당신의 뜻을 이루게 하옵소서. 우리 주 예수 그리스도의 이름으로 기도합니다. 아멘.

심층 연구

A. 명예 제대

하나님은 전투에 징집되는 사람들을 위해 관대한 규정을 만드셔서, 만약 어떤 사람이 다음 네 가지 조건 가운데 하나에 해당되면 징계 없이 전투에서 제외되도록 허락하셨다. (1) 자기 가족을 위해 집을 짓고 있는 중이거나, (2) 자기 가족의 생계를 위해 그 동안 포도원을 가꾸는 데 많은 노력을 기울였거나, (3) 여자와 약혼한 상태이거나, (4) 단순히 전투에 나가기를 두려워하는 사람들이 그 대상이었다(신 20:1-8). 마지막 조건의 이유는 추측컨대 두려움이 전염성을 띠고 있어 겁에 질린 병사가 동료 병사들에게 더 큰 해를 초래할 수도 있기 때문일 것이다. 그런 상황에서는 처음 세 가지 면제 조건에 해당되는 사람들도 먼저 나서지 않을 개연성이 높다. 네 번째 기준은 전투에 앞서 바뀔 수도 있는 유일한 기준이었지만, 하나님은 그 기준을 시행하셨다. 하지만 기드온에게는 그 옵션이 주어지지 않았다는 사실에 유의하라.

B. 이상한 전투 구호

우리는 군사 지도자에 의해 제안된 그런 전투 구호를 어디에서도 읽어본 적이 없다. 예를 들어, "여호와를 위하라, 모세를 위하라"나, "여호와를 위하라, 여호수아를 위하라", "여호와를 위하라, 다윗을 위하라" 등과 같은 전투 구호는 없었다. 기드온의 전투 구호는 부적절한 동기가 전혀 없는 순수한 것으로 쉽게 간과될 수도 있겠지만, 사사기를 주의 깊게 읽어보면 그 구호가 앞으로 일어날 일의 전조였다는 사실이 드러난다(삿 8 참조).

C. 기드온의 우회로

기드온의 초기 이야기에는 흥미로운 '우회로들'이 존재한다. 줄거리 자체는 그의 소명(6:11-16)에서부터 시작하여 자기 가정의 정화와 군대 소집(6:25-35), 하나님의 군대 규모 감축(7:1-8) 등으로 이어지고 마침내 미디안 족속의 정복(7:16-25)으로 마무리된다. 그 구절들만 읽더라도 물 흐르듯 전개되는 완벽한 이야기로서 전혀 문제가 없음을 느낄 수 있다. 하지만 그 우회로들은 미디안 족속과의 충돌에 대해서보다는 기드온에 관해서 더 많은 이야기를 전해준다. 확인 표징에 대한 기드온의 첫 번째 요구(6:17-24)와 확인 표징에 대한 그의 두 번째 요구(6:36-40), 마지막으로 하나님이 기드온에게 세 번째 확인 표징을 허락하신 내용(7:9-15) 등이 바로 그것이다.

D. 꿈 대 꿈

성경을 공부하는 사람들은 하나님이 그분의 사랑하는 자녀들에게 그분 자신(또는 그분의 계획이나 경고 등)을 계시하기 위해 꿈을 사용하시는 비규범적인 방법에 대해 잘 알고 있다. 그러나 하나님은 때로 아비멜렉(창 20장)이나 바로(창 40장), 느부갓네살(단 2, 4장) 등과 같이 언약 밖에 있는 사람들에게도 꿈을 통해 다양한 정도의 계시를 허락하셨다. 이미 판명되었듯이, 느부갓네살의 마지막 꿈은 분명 속죄와 관련된 것이었다(단 4:34-37). 이 장에 기록된 꿈은 전적으로 기드온을 위한 것처럼 보인다.

교안

A. 들어가는 글

1. '한 차례의 엄청난 정체성 위기' 이야기로 시작하라.
2. 배경 설명: 미디안의 탄압은 이스라엘의 정신적, 경제적 쇠약을 초래했다(삿 6:6). 하나님은 기드온을 그분의 구원자로 부르셨지만, 6장 마지막 부분과 7장 대부분을 통해 하나님이 기드온의 소명을 확인시키고, 압도적인 열세에도 불구하고 이스라

엘에게 기적적인 승리를 주실 그분의 능력에 대해 확신을 심어주는 것이 필요했다. 불행히도, 여호와에 대한 기드온의 신뢰는 세월이 흐를수록 약화되었다(8장).

3. 적용: 하나님은 미디안의 탄압으로부터 이스라엘 백성을 구원하기 위해 벌써부터 기드온을 준비시키고 계셨다. 이스라엘은 그들을 책망하셨던(삿 6:8-10) 여호와께서 이제 그들을 구해주실 것이라는 사실을 알아야 할 필요가 있었다. 기드온의 기적적인 승리가 분명히 보여주듯이 말이다.

B. 본문 이해

1. 군대를 감축하다(7:1-8)
   1) 1차 테스트: 공개(7:1-3)
   2) 2차 테스트: 비공개(7:4-8)
2. 장군을 진정시키다(7:9-15)
   1) 적진에 들어가다(7:9-12)
   2) 적의 악몽을 엿듣다(7:13-14)
   3) 이스라엘 무리를 격려하다(7:15)
3. 적을 섬멸하다(7:16-25)
   1) 전략(7:16-20)
   2) 성공(7:21-25)

C. 결론: '그것은 이루어질 수 없다네' 를 읽어주라.

토의 질문

1. 여기에 두 개의 참/거짓 질문과 하나의 에세이를 문제로 제시하고자 한다. 첫째, 하나님은 변하시지 않는 분이다. (참일까, 거짓일까?) 해답 힌트를 위해 야고보서

1장 17절과 히브리서 13장 8절을 읽어보라. 둘째, 하나님의 방법은 변하지 않는다. (참일까, 거짓일까?) 이 문제의 답을 위해서는 그저 성경을 훑어보면서, 변하시지 않는 하나님이 변하는 환경과 관련된 사람들의 특성을 고려하여 놀라운 창의력으로 행동하시는 부분들을 찾아보라. 이제 마지막 문제다. 에세이를 작성한 후 서로 토론해보라. 하나님은 변하시지 않는 분이지만 예측할 수 없는 방법으로 행동하신다는 사실은 하나님이 한 개인의 삶 속에서 '마땅히' 하셔야 할 일들을 그가 확신을 가지고 인지할 수 있는 능력에 어떤 영향을 미치는가?

2. 미디안 족속은 이스라엘을 겨우 7년 동안 탄압했지만, 그 기간이 70년처럼 느껴졌다. 하나님은 이 당시 기드온을 통해 그 백성들에게 안보를 제공해주셨다. 2001년 9월 11일 이후, 미국인들은 자신들이 국가 '안보'와 관련하여 현실이 아니라 착각 속에서 살아 왔음을 절실히 깨닫고 있다. 물론 여러 세대에 걸쳐 나라들이 서로 오가면서 지도상의 '주권적' 경계선은 보이지 않는 잉크에 의해 그려진다고 볼 수밖에 없는 게 사실이다. 앞으로도 영원히 말이다. 하나님은 우리의 시민권이 궁극적으로는 하늘나라에 있다(빌 3:20)는 사실이 우리가 땅에서 삶을 살아가는 방식에 어떤 영향을 미치기를 기대하고 계신다고 당신은 생각하는가?

3. 사사기 6장과 7장을 쭉 읽으면서, 하나님이 기드온에게 참을 수 없어 화를 내셨을 수도 있다고 생각되는 일화들을 찾아보라. 우리는 얼마나 기드온같고, 얼마나 기드온같지 않은가? 하나님이 기드온을 끝까지 인내하셨던 사실로부터 당신은 어떤 위로를 얻을 수 있겠는가?

사사기 8장

삶은 100미터 달리기일까, 마라톤일까?

"모든 권력은 부패하게 되어 있으며, 절대 권력은 절대적으로 부패한다."

- 존 에머리히 에드워드 달버그 액턴(John Emerich Edward Dalberg Acton) 경

기드온은 잘 시작했지만 잘못 마무리함으로 말미암아, 그의 삶은 슬픈 경고를 제공해준다. 우리가 영원한 것에서 눈을 뗄 때 우리의 우선순위는 실종되고 만다. 우리가 정말로 중요하지 않은 일시적인 것에 초점을 맞추면, 나머지 세상과 별로 다르지 않게 보일 수밖에 없는 것이다.

들어가는 글

전투에서 끝까지 버텨라

내가 이 글을 쓰는 오늘이 바로 내 생일이다. 5분도 채 지나지 않은 조금 전에, 나는 어느 장의사로부터 내 장례 계획을 미리 준비하고 싶은지를 묻는 전화를 받았다. 내 생각에는 그들의 타이밍이 좋지는 않았던 것 같다. 그러나 우리는 그리스도인으로서 '삶을 거꾸로 살아야' 하는 게 사실이다. 다시 말해, 장래에 비추어 현재를 살아야 한다는 것이다. 하나님은 우리가 경주를 잘 끝내기를 원하신다. 믿음이 눈에 보이는 것이 될 세상 끝 날까지 우리가 잘 견디기를 바라신다. 우리는 주님 앞에 서게 될 때, "잘 하였도다 착하고 충성된 종아"(마 25:21, 23 참조)라는 칭찬을 듣기를 원한다. 나는 얼마 전 캘리포니아에 사는 한 친구를 방문하여 우리가 박사 과정을 밟는 동안 겪었던 어려움과 추억에 대해 이야기를 나누며 즐거운 시간을 보낸 적이 있다. 우리는 오랜 친구들이 많이 즐기는 "누구누구에게 도대체 무슨 일이 일어났었는지?" 게임을 했다. 안타깝게도 친구들 가운데 놀라울 정도로 많은 수가 더 이상 주님을 위해 살고 있지 않았다.

성경은 그 속에 등장하는 '영웅들'에 대해 잔인할 정도로 솔직하다. 그들은 현실의 구조로부터 차단되어 있다. 공상 속의 영웅을 본떠 만든 인형들도, '승자의 소품들'을 모아놓은 수집품도 아니다. 사실 기드온은 잘 끝마치지 못했다. 갈라디아서 3장 3절에서 바울은 이렇게 권고했다. "너희가 이같이 어리석으냐? 성령으로 시작하였다가 이제는 육체로 마치겠느냐?" 어떤 의미에서 기드온은 성령으로 그의 경주를 시작했지만(세 번의 잘못된 출발 이후에), 결국은 육체로 끝마쳤다. 기드온은 그 경주를 100미터 달리기로 생각했던 것이다. 사실은 그것이 마라톤이었는데도 말이다. 기드온이 찬미되는 '믿음의 전당'(히 11장) 바로 다음 장은 "인내로써 우리 앞에 당한 경주를 경주하라"(히 12:1)는 권고로 시작된다.

만약 사사기 8장이 우리가 기드온의 이야기에 대해 알고 있는 전부라면, 우리는 그가 영웅인지 악당인지 어리둥절했을 것이다. 대부분의 사람들은 이 마지막 장에 기록된 기드온의 삶에 대해 잘 알지 못한다. 그러나 여기에도 유익한 경고들이 존재한다. 고린

도전서 10장 12절은 이렇게 경고한다. "그런즉 선 줄로 생각하는 자는 넘어질까 조심하라." 삶에서 당신이 전장을 떠나기 전까지는 전투를 그만두지 못한다. 그리고 하나님은 우리가 잘 끝마치기를 원하신다.

본문 이해

삶은 100미터 달리기일까, 마라톤일까?

Main Idea	이 장은 다섯 차례의 대립적 상황에 대한 기드온의 반응을 기록하고 있다. 그 가운데 네 차례에서 그는 혐오스럽게 행동한다. 첫 번째 일화에서만 적절히 행동한 것으로 보인다. 그러나 하나님의 적들에 대한 승리 이후 곧바로 그분의 백성들 사이에 사소한 다툼이 일어날 수도 있음을 보는 것은 전혀 놀라운 일이 아니다(사도행전 5장 12-42절과 6장 1-7절을 함께 참조하라). 외부의 공격을 물리치는 과정에서 발휘된 잘못된 자립정신이 이스라엘 백성을 내부의 분쟁에 취약하게 만들었던 것이다.

A. 에브라임의 자기중심주의를 다루다(8:1-3)

Supporting Idea	첫 번째로, 기드온은 에브라임을 진정시키는 데 재치를 발휘했지만, 의문스러운 동기를 가지고 있었다.

8:1-3. 에브라임 사람들은 기드온이 자신들을 무시했다고 비난했다. 그가 미디안과 싸우러 갈 때에 그들을 부르지 않았기 때문이다. 그래서 그들은 기드온에게 거세게 항의했다. 그 비난은 부당한 것이었다. 기드온은 성나게 한 일이 없는데도 불구하고 에브라임 사람들이 화를 냈던 것이다(어떤 사람들은 단순히 타인의 승리에 끼어들지 못하는 것을 참을 수 없어, 기뻐하는 사람들과 함께 기뻐하기보다는 속상해한다). 우리는 그들의 동기에 대해 확실히 알지 못하지만(자존심이 상해서인지, 질투심 때문인지, 전리품

분배 과정에서 손해를 보았기 때문인지), 기드온은 격언 하나를 실천에 옮겼다. "유순한 대답은 분노를 쉬게 한다"(잠 15:1). 앙갚음이나 분개로 반응하기보다는 재치와 외교적 수완으로 대응했던 것이다. 그는 자신의 군대가 참여했던 전투를 축소 평가하고 (그것을 아비에셀의 맏물 포도라고 부르며), 에브라임이 관여했던 소탕 작전을 확대 평가했다(에브라임의 끝물 포도). 그의 책략은 분명 효과가 있었다. 그들의 노가 풀렸기 때문이다.

다음 네 가지 경우에서 보인 기드온의 반응을 감안할 때, 에브라임 사람들에 대한 그의 반응은 진리에 대한 열정보다는 정략에 가까웠던 게 아닐까 하는 생각을 할 수도 있을 것이다. 삼백 명의 군사로 구성된 자기 군대의 역할을 축소 평가한 것은 하나님의 강력한 기적을 축소 평가한 것이나 마찬가지인 것처럼 보인다. 두 명의 왕을 죽인 것이 과연 450대 1의 우세를 보이는 군대를 패주시킨 것보다 더 위대한 업적이었을까? 그럴 리가 있겠는가! 여호와께서 기드온에게 그 승리를 주셨음에도 불구하고, 기드온은 하나님이 그 전투에서 하신 역할을 대해 한 마디도 하지 않았다. 그는 에브라임 사람들을 완전히 수평적인 차원에서 다루었던 것이다. 우리는 12장에서 에브라임 사람들이 그 대립으로부터 아무 교훈도 얻지 못하고 오히려 극도의 자만심에 빠지게 되었음을 보게 될 것이다.

B. 숙곳의 심술궂음을 다루다(8:4-7, 13-16)

Supporting Idea	두 번째로, 기드온은 독재자같이 행동하며 숙곳 지도자들에게 보복했다.

8:4-7. 그러나 미디안 족속과의 전투는 아직 끝나지 않았다. 기드온과 그의 군대는 요단강 서편(시스요르단: Cisjordan)에서 동편(트랜스요르단: Transjordan)으로, 특히 갓 지파가 점유하고 있던 지역으로 건너가 추격을 계속하고 있었다(수 13:24-28). 기드온은 지쳐 기진맥진한 그의 군대와 함께 숙곳 사람들을 찾아가 후한 대접을 요구하면서, 자신이 미디안 두 왕 세바와 살문나를 쫓고 있다고 설명했다. 그 이스라엘 방백들은 분명 삼백 명밖에 안 되는 기드온의 조그마한 '군대'를 존중하지 않았던 것으로 보인다. 그들은 기드온이 지니고 있는 하나님의 구원자로서의 권위도 무시해버렸다(7장 13절에

나오는 요단강 서편의 이스라엘 백성들과는 대조적으로). 기드온에 대한 그들의 도전은 신경질적이면서도 현실성이 없는 것이었다. (예를 들어, 경찰이 목격자에게 용의자가 어디로 도망쳤는지 물었는데, 목격자가 "당신이 쫓고 있는 그 친구를 내게 보여주쇼. 그러면 그가 어디로 갔는지 내가 가르쳐 드리리다!"라고 대답했다고 생각해보라.) 그들은 조리에 맞지 않게 물었다. 세바와 살문나의 손이 지금 어찌 네 손에 있관대 우리가 네 군대에게 떡을 주겠느냐.

그 도전이 문자적인 의미였는지(전승 기념물로서의 손, 삿 7:25, 삼상 18:25 참조), 비유적인 의미였는지(포로의 손을 잡고 끌고 가거나 손에 족쇄를 채우는 등) 여부는 확실치 않다. 확실한 것은 기드온이 에브라임의 경우처럼 외교적으로 대응하기보다는 독재자처럼 반응했다는 사실이다. 기드온은 그들에게 다음과 같은 위협을 남겼다. 여호와께서 세바와 살문나를 내 손에 붙이신 후에 내가 들가시와 찔레로 너희 살을 찢으리라.

8:13-16. 13-16절로 이야기를 건너뛰어보면('심층 연구' 참조), 기드온은 그의 무시무시한 약속을 그대로 이행했다. 그는 전장에서 돌아오다가 숙곳 사람 중 한 소년을 잡아 그 성읍의 지도자들에 대해 심문했고, 결국 숙곳 방백과 장로 칠십칠 인의 명단을 확보했다. 기드온은 그 지도자들을 모아 놓고 그들이 했던 도전을 고스란히 그들의 면전에 다시 퍼부은 다음, 들가시와 찔레로 그들을 징벌(고문)함으로써 자신의 약속을 글자 그대로 이행했다. 그것은 해상에서 사람을 밧줄에 묶어 배 밑으로 지나가게 하는 형벌의 육지 버전이라고 할 수 있을 만큼 가혹한 것이었다.

C. 브누엘의 속좁음을 다루다(8:8-9, 17)

Supporting Idea	세 번째로, 기드온은 전제 군주처럼 행동하며 브누엘 사람들 모두에게 보복했다.

8:8-9, 17. 기드온은 아직 화가 풀리지 않은 상태에서 브누엘로 올라가 그들에게도 똑같은 요구를 하였지만, 그들 역시 숙곳 사람들과 똑같이 대답하였다. 그 성읍은 분명 요새화되어 있었던 것으로 보인다. 그래서 기드온은 그들이 압제자들로부터의 공격에 대비해 구축해 놓은 군사적 방어의 원천을 제거해버리겠다고 약속했던 것이다. 미디안의 압제로부터 이스라엘을 해방시키기 위해 등장한 구원자로서는 정말 이상한 행동이 아

닐 수 없다. 기드온은 두 번째로 자기 동포들이 사는 성읍에 위협을 남기고 떠났다. 내가 평안히 돌아올 때에 이 망대를 헐리라. 하지만 그가 나중에 돌아왔을 때는 그의 분노가 망대의 파괴를 넘어서 사람들에게까지 미쳤다. 그가 그 성읍 사람들까지 죽였던 것이다(17절).

기드온은 변했다. 두려움에 떨다가(삿 6장) 신실한 구원자로 나섰던(삿 7장) 기드온이 이제는 무시무시한 사람이 되어버렸던 것이다(삿 8장). 외교가(삿 8:1-3)는 이제 폭군이 되어 있었다. 그 조그만 성읍들은 기드온이나 이스라엘에게 아무 위협도 가하지 않았다. 그들은 오히려 그의 형제들이 아닌가. 기드온은 가나안 족속이 아니라 이스라엘 백성을 고문하고 학살했던 것이다. 그는 격노 속에서 거리낌없이 제멋대로 날뛰어 다루기 힘들고 통제가 불가능한 '예측불허의 인물'이 되고 말았다.

D. 세바와 살문나를 다루다(8:10-12, 18-21)

Supporting Idea	네 번째로, 기드온은 폭군처럼 행동하며 원한을 갚기 위해 세바와 살문나를 살해했다.

8:10-12. 결연한 의지로 똘똘 뭉친 기드온은 일만 오천 명 가량의 미디안 군대를 급습하여 안연히 있는 적군을 쳤다. 세바와 살문나가 도망쳤음에도 불구하고, 기드온은 그들을 추격하여 사로잡았던 것이다(그 승산이 50대 1로 여전히 이스라엘에게 불리했다는 사실에 주목하라). 숙곳(13-16절)과 브누엘(17절)에 대한 복수 사건 이후, 기드온은 집으로 돌아왔음에 틀림없다(그의 어린 아들의 존재로부터 그런 추론이 가능하다). 기드온은 군사 재판을 열었지만, 그 두 왕의 죄를 따지거나 판결을 내리기 위한 게 아니라 그들의 형벌을 명하기 위해서였다. 그리고 그것은 미디안 족속과 독자들 모두에게 뜻밖의 내용을 담고 있는 절차이기도 했다.

8:18-21. 기드온은 아무런 관련성이 없는 것처럼 보였을 내용을 물으면서 시작했다. 너희가 다볼에서 죽인 자들은 어떠한 자이더뇨? 그것은 분명 쉽게 잊혀질 만큼 사소한 어떤 충돌이 아니라, 그 두 왕이 특정 이스라엘 백성을 공개 처형한 어느 사건을 의미했던 것으로 보인다. 게다가 그 두 사람이 그 처형에 직접적으로 그리고 개인적으로 관련되어 있었던 것이다. 그들의 반응은 허세를 반영한 것일 수도 있고, 끔찍한 현실 인식을

반영한 것일 수도 있다. 그들은 너와 같아서 모두 왕자 같더라. 기드온은 이 시점에서 비밀 하나를 털어놓았다. 그들은 내 형제, 내 어머니의 아들이니라. 이 사실은 요아스가 자신의 남은 아들을 이스라엘 백성에게 넘겨주기를 꺼려했던 점(6:31)과 기드온이 그 두 왕을 요단강 동편까지 끈질기게 추격했던 점을 모두 설명하는 데 도움이 된다.

기드온은 세바와 살문나에게 이상하고 부적절한 위로의 말을 건넸다. 너희가 만일 그들을 살렸더면, 나도 너희를 죽이지 아니하였으리라. 이 시점에서 기드온은 하나님의 집행자가 아니라, 자신의 개인적 복수를 실행에 옮기고 있음이 분명하다. 그는 자신의 장자 여델에게 돌아서, 아무것도 모르고 준비도 안 된 그 어린 소년에게 그들을 죽이라고 명령했다. 그 소년은 칼을 가지고 있었지만, 분명 아무 말도 하지 못하고 가만히 서 있었던 것으로 보인다. 이는 아직 어려서 두려워함이었더라(우리가 그의 아버지를 처음 만났을 때를 생각나게 하는 대목이 아닐 수 없다). 세바와 살문나는 그 끔찍한 침묵의 순간을 도전의 말로 채웠다. 네가 일어나 우리를 치라. 대저 사람이 어떠하면 그 힘도 그러하니라. 다시 한 번 강조하건대, 우리는 그들의 태도가 반항적이었는지 자포자기였는지 확실히 알지 못한다. 그러나 어떤 경우이든 어린아이보다 검증된 전사의 손에 죽는 것이 더 명예로울 거라고(그리고 추측컨대 덜 고통스러울 거라고) 생각했을 것이다.

기드온은 두 가지 행동으로 반응했다. 먼저, 그는 자신의 아들과 다른 모든 증인들이 보는 앞에서 일어나 세바와 살문나를 죽였다. 둘째로, 기드온은 그 두 왕이 약대의 목에 치장해 놓았던 초승달 모양의 장식을 자기 것으로 취했다. 기드온이 앞으로 남기게 될 유산의 부정적인 측면을 예견케 하는 대목이 아닐 수 없다.

E. 이스라엘을 다루다(8:22-31)

Supporting Idea	기드온이 이스라엘 내에서 자신의 지지자들에게 보인 태도는 왕처럼 살고자 하는 의도를 반영하고 있었다. 비록 칭호는 없었지만 말이다.

8:22-23, 28. 좋은 소식. 하나님이 다윗 자손의 군주제를 확립하시기 전에, 일부 이스라엘 사람들이 기드온을 찾아가 한 가지 제안을 내놓았다. 우리를 다스리소서. 그것은 분명 기드온에게 아첨하고 있었던 것임에 틀림없다. 별로 힘 들이지 않고 명망과 권력과 칭송을 제공받고 있다고 상상해보라. 이 제안은 두 가지 걱정스러운 요소를 지니고

있다. 우선, 그들의 동기가 하나님의 구원과는 아무 상관없고, 수평적 시각을 반영하고 있었다. 당신이 우리를 미디안의 손에서 구원하셨으니. 둘째로, 그 제안은 기드온이 왕이 되는 것일 뿐만 아니라, 그의 가문이(당신의 아들과 당신의 손자가) 계속해서 세습 왕조를 이어가는 것이었다. 이스라엘은 비세습적인 형태의 사사 통치를 유지하기보다는 주변의 가나안 문화로부터 왕조 통치의 패러다임을 흡수해 왔던 것이다.

기드온의 칭찬받을 만한 반응은 군주제와 왕조 통치에 대한 제안을 모두 거절한 것이었다. 내가 너희를 다스리지 아니하겠고, 나의 아들도 너희를 다스리지 아니할 것이요. 대신에 그는 선언했다. 여호와께서 너희를 다스리시리라. 다행히도, 기드온이 사는 사십 년 동안 그 땅은 평화를 누렸다(28절). 미디안의 탄압이 무력으로 완전히 근절되었던 것이다.

8:24-27, 29-31. 나쁜 소식. 희소식(사회 안정과 기드온의 왕정 거부)에 뒤이어 비보가 날아들었다. 기드온은 사실 진심을 말했던 게 아니다. 그는 미디안 족속으로부터 이스라엘을 구원하셨던 분이 바로 여호와라는 사실을 설명함으로써, 그들의 구원에서 그가 두드러진 역할을 했다고 생각하는 이스라엘 백성의 착각을 바로잡아주지 않았다(6장 15-16절과 8장 2-3절에서 발견되는 그의 겸손과는 대조적으로 말이다). 사실 그는 이미 왕권의 상징인 초승달 모양 장식을 자기 것으로 취함으로써, 자신의 삶의 방식을 훼손하기 시작했었다(21절). 기드온은 향후 40년 동안 자기 자신을 포지셔닝하면서(28절) 계속해서 자기 확대의 길을 걸었고, 결국 비극적인 유산을 남기고 말았다. 그는 재정과 믿음, 가족, 공상 등 네 가지 영역에서 타협했다.

8:24-26. 그의 재정. 기드온은 왕실 보물을 자신에게 끌어모았다. 그는 모든 군사에게(자신의 신실한 삼백 명뿐만 아니라 소탕작전에 참여했던 모든 사람들에게) 각기 탈취한 귀고리를 자신에게 달라고 요구했다. (분명 이스마엘 사람과 관련이 있었던 것으로 보이는 미디안 족속은 금귀고리를 차고 있었다.) 이스라엘 백성은 그 요구에 기쁘게 응함으로써 기드온을 부자로 만들어주었고(일천칠백 세겔), 한편으로는 군대가 기드온의 신하로서 충성을 다할 것을 상징적으로 보증했다. 기드온은 금을 끌어모았을 뿐만 아니라, 패물과 미디안 왕들의 입었던 자색 의복과 그 약대의 목에 둘렀던 사슬까지 거두어 들였다. 우리는 나중에 30절에서 기드온이 거대한 규모의 하렘을 유지하는 데 필요한 자금을 가지고 있었다는 사실을 발견하게 된다. 그가 므낫세 지파에서 '제일 작은 자'

(6:15)로 시작했던 것과는 너무나도 대조적이라고 할 수 있다.

8:27. 그의 믿음. 기드온은 그 금을 가지고 어떤 물체를 만들었지만, 그 본질은 불확실하다. 그것이 하나님의 뜻을 판별하는 기구인 우림과 둠밈을 포함하고 있는 대제사장의 흉패 에봇이었을지도 모른다(기드온에게는 항상 하나님의 뜻이 난제였기 때문이다). 아니면 어떤 이미지(풍자적 왜곡 - 여호와의 신이 기드온을 '덮어 씌웠다', 삿 6:34)를 덮어쓰기 위해 사용된 흉패였을지도 모른다. 어떤 경우든, 그 물체는 영적 격차를 메우기 위해 의도된 것이었다. 당시 제사장직이 매우 타락했거나 아주 엉망이었기 때문이다. 그러나 하나님은 아론과 그의 가문을 제사장직에서 끌어내리신 적이 없었다. 따라서 기드온도 그 자신이나 그의 가문을 제사장 자리에 앉히지 말아야 했던 것이다.

안타깝게도 그 물체는 결국 여호와를 밀어내고 이스라엘의 애정을 독차지했고, 그 결과 사사기 2장 17절의 기소가 여기서 처음으로 반복된다. 이스라엘이 그것을 음란하게 위하므로(33절도 참조하라). 이 일은 기드온의 고향인 오브라에서 일어났고, 그 물체는 기드온과 그 집에 올무가 되기도 했다. 과거 하나님으로부터 가시적인 표징을 요구하는 믿음으로 시작했다가, 한때 참으로 위대한 믿음의 순간을 경험하기도 했던 기드온은 이제 눈에 보이는 것 쪽으로 완전히 돌아서 믿음보다는 보이는 것을 선택했다. 이 책에서 처음으로 하나님의 구원자 가운데 한 명이 우상 숭배와 구체적으로 관련됨을 보게 된다.

8:29-30. 그의 가족. 기드온의 가족은 그를 따라 불순종에 빠졌다. 우상 숭배(27절, '기드온과 그 집에')에서뿐만 아니라, 다음 장이 보여주듯이 삶의 방식에서도 마찬가지였다. 또한 그의 삶이 점차 세속화되었던 것으로 보인다. 이미 가족을 두고 있었던(8:20, '장자') 기드온은 고대 근동 지역의 어느 왕과 비교해도 뒤지지 않을 정도로 규모가 큰 하렘을 세웠다. 보통 하렘은 영토에 대한 영향력을 확장하고 권력을 축적함에 따라 확대되었다. 기드온은 그런 관계들을 통해 칠십 명의 아들을 낳았다.

8:31. 그의 공상. 기드온이 마지막으로 타협한 영역(그의 공상)은 좀 더 미묘한 측면이 있지만 그럼에도 불구하고 실제적이다. 그는 세겜이라는 가나안 성읍에 첩을 둠으로써, 그런 관계를 명시적으로 금하고 있는 하나님의 명령을 무시했다(신 7:2-4). 추측컨대, 기드온은 그 가나안 성읍에 자주 드나들었을 것이다. 그곳에 있는 첩도 아들을 낳았고, 기드온은 그 이름을 아비멜렉이라고 지어주었다. 그 이름의 의미는 "나의 아버지는 왕이다"였던 것으로 추정된다(구약에는 그 이름을 지닌 사람이 세 명 더 있었고, 그들

은 모두 블레셋 사람이었다).

'왕' 이라는 칭호를 거부했던 기드온이 왜 그런 이름을 선택했을까? 기드온이 이스라엘에서 낳은 칠십 명의 아들 가운데 어느 누구를 위해서도 그런 이름을 선택하지 않고, 이스라엘 밖에 있는 한 아들에게 그런 이름을 지어주었다는 사실은 중요한 의미를 지니고 있을지도 모른다. 기드온이 이스라엘에서 포기했던 것이 가나안 사람들 사이에서는 끊임없이 눈에 띄었던 것이라고 주장하는 학자들도 있기 때문이다.

기드온의 유산을 '최상의' 렌즈를 통해 해석하지 않는다면, 사실 이 장에 기록된 다섯 차례의 대립적 상황은 모두 기드온의 심각한 인격적 결함을 드러낸다. 그 렌즈는 또한 우리로 하여금 기드온이 제시했던 전투 구호("여호와를 위하라, 기도온을 위하라", 7:18, 20)를 되돌아보고, 그것이 왜 단순히 "여호와를 위하라"나 "여호와를 위하라, 이스라엘을 위하라"가 아니었는지를 다시 한 번 생각해보게 만든다. 왕들은 자신의 봉신들로부터 유품을 요구했고, 왕실 보물을 끌어모았으며, 왕권을 표시하는 상징물들을 과시했고(초승달 모양의 장식이나 패물, 미디안 왕들이 입었던 자색 의복, 약대 목에 둘렀던 왕실 장식 등처럼), 하렘을 세워 유지했다. 기드온은 왕의 칭호를 거부했지만, 왕의 생활 방식은 받아들였던 것이다.

F. 에필로그(8:32-35)

Supporting Idea	기드온은 여호와를 위해 항구적인 유산을 전혀 남기지 못했다. 그의 삶이 남긴 긍정적인 영향들은 모두 이스라엘의 추락이 계속 이어짐에 따라 곧 잊혀지고 말았다.

8:32-35. 40년 간의 평화 후에 기드온이 나이 많아 죽으매 아비에셀 사람의 오브라에 있는 그의 아비 요아스의 묘실에 장사되었다. 기드온이 살아 있는 동안에는 바알에 대한 공개적인 숭배가 행해지지 않았다. 하지만 기드온은 참 하나님에 대한 숭배를 확립할 수 있는 40년 간의 호기를 제대로 활용하지 못했다. 기드온만큼 이스라엘을 나쁜 상태로 방치한 사사는 없었다. 그가 죽자, 이스라엘 백성이 그들의 본 모습을 드러냈던 것이다. 이스라엘 자손이 돌이켜 바알을 음란하게 위하고. 40년 간 이어진 기드온의 사사 통치 하에 이스라엘은 철저하게 가나안 족속화되었고, 기드온은 철저하게 안락한 삶을 누

렸던 것이다. 이스라엘 백성은 우상 숭배를 행하기 훨씬 전부터 우상 숭배자였다. 그들은 기드온의 장례식에서 돌아오자마자, 오랫동안 숨겨두었던 바알 술병을 꺼내들었던 것이다.

사사기의 저자는 이스라엘 백성이 여룹바알이라 하는 기드온이 이스라엘에게 베푼 모든 은혜를 따라서 그의 집을 후대치도 아니하였다는 사실을 덧붙임으로써, 다음 장을 예견하고 있다. 미디안 족속의 압제 아래서 고통받았던(그리고 기드온과 그의 정복을 기억하는) 세대는 결국 죽었고, 새로운 세대는 "여호와를 알지 못하며 여호와께서 이스라엘을 위하여 행하신 일도 알지 못하였던" 것이다(삿 2:10). 이제 사이클이 마무리되어 간다. 거의 말이다.

Main Idea 복습	이 장은 다섯 차례의 대립적 상황에 대한 기드온의 반응을 기록하고 있다. 그 가운데 네 차례에서 그는 혐오스럽게 행동한다. 첫 번째 일화에서만 적절히 행동한 것으로 보인다. 그러나 하나님의 적들에 대한 승리 이후 곧바로 그분의 백성들 사이에 사소한 다툼이 일어날 수도 있음을 보는 것은 전혀 놀라운 일이 아니다(사도행전 5장 12-42절과 6장 1-7절을 함께 참조하라). 외부의 공격을 물리치는 과정에서 발휘된 잘못된 자립정신이 이스라엘 백성을 내부의 분쟁에 취약하게 만들었던 것이다.

! 결론

잘 마무리하라

베스 디사이언티스(Beth DeCiantis)는 1992년 올림픽 마라톤 종목에 출전할 수 있는 자격을 얻기 위해 사력을 다했다. 올림픽 규정은 여성 주자에게 2시간 45분 이내에 완주할 것을 요구하고 있었다. 베스는 잘 하고 있다가 대략 37킬로미터 지점에서부터 어려움을 겪기 시작했다. 그녀가 마지막 직선 코스에 다다른 시간은 2시간 43분, 기준 통과를 겨우 2분 정도 남겨 둔 상황이었다. 그녀는 결승선으로부터 180미터 지점에서 갑자기 비틀거리더니 넘어지고 말았다. 그녀는 망연자실한 상태에서 멍하니 20초 동안 주저앉아 있었다. 시간은 계속 흘러 2시간 44분, 1분도 채 남지 않은 상황이었다. 그녀는 비척거리며 일어서 걷기 시작했다. 10초가 남은 상황에서 그녀는 또다시 넘어졌고, 이번에는 기기 시작했다. 관중들은 그녀에게 뜨거운 박수갈채를 보냈고, 그녀는 마침내 손과 무릎으로 결승선을 넘어섰다. 그녀의 기록은? 2시간 44분 57초였다(Runner' s World, August 1991).

영적인 차원에서 보면, 많은 사람들이 주님을 위해 자신의 삶을 기꺼이 사용하려고 한다. 단기적으로는 말이다. 다른 사람들이 관찰해왔듯이, 하나님은 좀처럼 우리의 삶을 순교의 행렬에 내던지라고 요구하시지 않는다. 어떤 사람은 그것을 이런 식으로 표현한다. "우리는 주님께 우리의 모든 것을 드리는 것이 마치 천 달러짜리 지폐를 가져가 테이블 위에 올려놓는 것과 같다고 생각한다. '주님, 제 삶이 여기 있습니다. 이것을 다 당신께 드리겠습니다.' 그러나 우리 대부분의 현실은 그분이 우리를 은행으로 보내 그 천 달러짜리 지폐를 몽땅 25센트짜리 동전으로 바꾸게 하시는 것이다. 우리는 여기에 25센트, 저기에 50센트를 내밀며 삶을 소진하게 되어 있다. 이웃집 아이에게 '꺼져버려' 라고 말하는 대신에 그 아이의 고민에 귀를 기울여라. 위원회 모임에 참석하라. 양로원에서 병약한 노인에게 물 한 잔을 건네라. 우리의 삶을 그리스도께 드리는 것은 보통 눈부시게 빛나는 일이 아니다. 그것은 한 번에 25센트씩 사용하는 모든 조그만 사랑의 행위 속에서 이루어진다. 번쩍이는 영광의 자리로 나아가는 것은 쉽겠지만, 장기간에 걸쳐 조금씩 그리스도인의 삶을 살아가는 것은 더 어려운 일이다"(Fred Craddock).

■ 진리 알기

- 외교술은 종종 성공하지만, 다툼은 실패한다. '유순한 대답' 은 참으로 어려운 딜레마를 완화시키고 분산시킨다(잠 15:1).
- 총체적으로 볼 때, 사탄의 공격은 외부에서 오는 경우가 많을 것이다. 그러나 사탄은 종종 그리스도의 몸의 화합을 공격한다. 내부로부터의 공격을 조심하라.
- 사탄은 종종 영적 승리의 순간 직후에 신자들을 공격한다. 우리가 자만심에 빠져 취약해지

기 때문이다. 그는 우리가 약하여 주님을 의지할 때 참으로 강하다는 사실을 잘 알고 있다(고전 2:11).

- 100미터 달리기에서는 영적이지만, 마라톤에서는 수렁에 빠질 수 있다. 하나님은 '장기적인' 신실함을 원하신다.

▣ 적용하기

- 에브라임 사람들처럼 아무 이유 없이 성내지 말라. 심지어 그럴 만한 이유가 있더라도 말이다. 할 수 있는 대로 모든 사람과 더불어 화평하고(롬 12:18), 다른 사람의 동기를 '최상의 렌즈를 통해' 해석하라.
- 화평케 하는 자가 되라. 모든 기회를 이용하여 '평안의 매는 줄로 성령이 하나 되게 하신 것'을 강화하라(엡 4:3).
- 당신의 유산을 능동적으로 계획함으로써, '삶을 거꾸로 살라!'
- 히브리서 12장 1-2절을 암송하라. 그리고 이번 주 그 구절들이 암시하는 바를 곰곰이 생각해보라.

삶의 적용

끝까지 신실하라

우리는 종종 우리의 삶을 '올바른' 패턴으로 짜여진 세트라고 생각한다. 나는 지금 은행을 털려고 애쓰고 있지 않다. 나는 내 결혼 생활에 충실하다. 나는 교회에서 적극적으로 활동한다. 모든 게 좋아 보인다. 밖에서 보기에는 말이다. 그러나 사탄은 당신에게 이렇게 말한다. "너 그거 아니? 네가 더 가져도 된다는 사실 말이야. 그 정도 불륜이야 괜찮지 뭐, 아무도 모를 거야. 사업하려면 약간의 속임수도 쓸 수 있는 거지 뭐, 그걸 누가 알겠어." 신자들이 "그 궤계를 알지 못하는 바가 아니라"(고후 2:11)는 것이 사실이라면, 사탄이 우리의 연약함에 대해 무지하지 않다는 것도 사실이다. 사탄은 삼킬 자를 찾아 돌아다니는 우는 사자이고, 그리스도인들은 먹음직스러워 보이는 사냥감이라는 사실을 명심하라.

기드온은 일부 승리를 거두기도 했지만, 위대함이 부족했다. 당신은 기드온이 히브리서 11장의 '믿음의 전당'에서 발견된다는 사실을 알고 있었는가? 대단한 기록은 아니고, 단지 그의 이름만 휙 스쳐 지나갈 뿐이다. 마치 그가 전력질주로 달리고 있었던 것처럼 말이다. 히브리서 11장은 히브리서 12장 1절로 이어지고, 거기서 모든 신자들은 "인내로써 우리 앞에 당한 경주를 경주하라"고 권고받는다. 오래 전 찰스 스펄전은 이런 말로 우리를 일깨워주었다. "달팽이는 인내로써 마침내 방주에 다다랐다." 바울은 데살로니가 사람들에게 편지를 써 이렇게 권고했다. "형제들아 너희는 선을 행하다가 낙심치 말라"(살후 3:13). 예수님은 에베소 교회를 칭찬하시면서 그 이유를 이렇게 말씀하셨다. "너는 참고, 내 이름을 위하여 고난을 견디어 냈으며, 낙심한 적이 없다"(계 2:3, 표준새번역). 무엇보다도 그분은 신실함에 있어 우리의 모범이 되시는 분이 아닌가? 히브리서 12장 3절은 우리에게 이렇게 격려하고 있다. "죄인들에게서 이렇듯 심한 미움을 받으시고도 참아내신 그분을 생각해 보시오. 그러면 여러분은 지치거나 낙심하는 일이 없을 것입니다"(공동번역).

기도

주님, 우리는 언젠가 당신 앞에 서서 지난 삶을 설명하게 될 것이라는 진리를 인정합니다. 그 날이 오기까지 우리가 신실함의 모범이신 예수님만을 바라보게 되기를 간구합니다. 우리의 말과 행동이 당신의 능력을 드러내게 하옵소서. 우리의 삶이 우리 식으로 설명될 수 없고, 우리 너머에 계시며 모든 힘의 근원이신 당신을 증거하게 하옵소서. 우리 주 예수 그리스도의 이름으로 기도합니다. 아멘.

심층 연구

A. 이 장의 구조

이 장은 두 개의 '북엔드(bookend)' 부분을 포함하고 있다. 기드온이 요단강 서편에서 이스라엘 백성(에브라임 지파 사람들)을 다루는 부분(1-3절)과 추측컨대 이스라엘의 더 큰 인구를 다루는 부분(22-35절)이 그것이다. 중간 부분은 이스라엘 밖에 있는 사람들, 다시 말해 숙곳 사람들과 브누엘 사람들 그리고 도망치던 미디안 왕들을 적절히 다루고 있다. 중간에 기록된 대립적 상황들의 구조는 A-B-C-A′-B′-C′ 형태를 띠고 있다. 읽기라는 목적을 위해서는 그 문학적 구조가 속사포 같은 힘을 담고 있다. 반면, 구두 커뮤니케이션이라는 목적을 위해서는 이 책의 본문 이해 부분이 그랬던 것처럼 각 대립자를 하나의 단위로 다루고 있는 구절별로 분류하는 방법을 선택할 수도 있을 것이다.

B. 기드온의 너그러움

기드온은 하나님의 명백한 명령(신 7장)과는 상반되게 미디안 족장들을 살려주었을 거라고 말했다(19절). 동시에 그는 이스라엘 백성들을 죽이는 데는 아무 거리낌이 없었다(17절). 그의 일관성 결여는 시편 기자 아삽이 하나님의 적들에게 퍼붓는 저주에서 잘 드러난다. 그 내용은 미디안 두 왕의 동기를 이렇게 밝히고 있다. "저희 귀인으로 오렙과 스엡 같게 하시며 저희 모든 방백으로 세바와 살문나와 같게 하소서 저희가 말하기를 우리가 하나님의 목장을 우리의 소유로 취하자 하였나이다"(시 83:11-12, 삿 7:25 참조).

C. 기드온의 일부다처제(8:30-31)

일부다처제는 결코 하나님이 결혼에 대해 의도하셨던 바가 아니다. 그런 사실은 원칙과 사례에 의해 추론될 수 있을 것이다. 하나님이 결혼에 대해 세우셨던 원칙은 창세기 2장에 나오는 창조 명령의 일부로서, 하나님은 한 남자를 위해 한 여자를 만드셨던 것이다(일부다처제, 일처다부제, 동성애 등을 배제하셨다). 예수님과 바울도 모두 이 형태를 정상적인 것으로 언급하고 있다. 둘째로, 우리가 성경에서 일부다처제 가정에 대해 얻게 되는 사례 정보에 의하면, 모든 경우가 하나같이 비정상적인 다툼과 질투, 반목 등으로 가득 찬 역기능적 가정임을 알 수 있다. 신약도 그 점을 분명히 밝히고 있다. 그리스도인 남성은 모든 면에서 한 여성의 남편이 되기를 '열망' 해야 한다(딤전 3:1-2, 12).

D. 아비멜렉

아비멜렉이라는 이름은 아마도 '나의 아버지는 왕이다' 라는 의미일 것이다. 동정심이 많은 사람들은 그 이름이 사회적으로 어려운 가정환경에서 자라는 아이에게 격려가 되었을 것이라고 말할지도 모른다. 블록은 그 이름이 블레셋 왕들의 왕조 칭호와 관련되어 있을지도 모른다고 적고 있고(Block, 304n), 그것은 실제적으로 기드온이 자신을 이스라엘의 왕으로 생각했다는 견해를 뒷받침해주는 증거 역할을 한다.

교안

A. 들어가는 글

1. '전투에서 끝까지 버텨라' 이야기로 시작하라.
2. 배경 설명: 하나님은 기드온에게 신실하셨다. 7장에서는 여호와께서 군대를 감축하시고, 장군을 진정시키시며, 적을 섬멸하셨다. 그러나 8장에서 기드온은 자신이 힘의 원천에 의존했다는 사실에 대한 인식을 거의 드러내지 않았고, 그의 삶은 이

스라엘에 별 영향을 미치지 못했다. 9장에서는 기드온의 유산이 이스라엘에게 많은 어려움을 초래할 것이다. 적어도 기드온이 그들을 구원했던 미디안의 압제만큼이나 말이다.

3. 적용: 하나님은 때때로 그분의 자녀들에게 영적 경계심의 필요성을 인식시키기 위해 나쁜 사례를 이용하신다. 기드온의 후기 삶에 대한 이야기가 그의 초기 승리보다 덜 친숙할지는 모르지만, 그것은 우리가 인생길을 걸어가는 데 있어 결코 지치지 말아야 한다는 사실을 상기시켜주는 역할을 한다.

B. 본문 이해

1. 에브라임의 자기중심주의를 다루다(8:1-3)
2. 숙곳의 심술궂음을 다루다(8:4-7, 13-16)
3. 브누엘의 속좁음을 다루다(8:8-9, 17)
4. 세바와 살문나를 다루다(8:10-12, 18-21)
5. 이스라엘을 다루다(8:22-31)
   1) 좋은 소식(8:22-23, 28)
   2) 나쁜 소식(8:24-27, 29-31)
6. 에필로그(8:32-35)

C. 결론: '잘 마무리하라' 를 읽어주라.

토의 질문

1. 당신은 성경이 결코 인간을 영적 대좌 위에 올려놓지 않는 이유를 무엇이라고 생각하는가? 무엇보다도, 성경에는 칭찬받을 만한 믿음의 영웅들이 많이 있지 않은가. 마찬가지로, 사도 바울은 왜 "너희는 나를 본받는 자가 되라"는 문장에 "내가

그리스도를 본받는 자 된 것같이"라는 문구를 추가하여 수정을 가했을까?(고전 11:1)

2. 오랜 기간에 걸쳐 신실함으로 주님을 섬기는 데 어떤 어려움이 있는가? 오랜 기간에 걸쳐 신실하게 주님을 섬김으로써 얻을 수 있는 기쁨과 유익은 무엇인가?

3. 당신은 기드온이 에브라임 사람들에게 어떻게 했어야 했다고 생각하는가? 숙곳의 경우에는? 브누엘의 경우에는? 두 왕의 경우에는? 그의 동포인 이스라엘 백성들의 경우에는?

4. 잠시 숙고해보자. 당신은 교만이라는 영적 병이 기드온의 장기적인 무능에 어느 정도 역할을 했다고 생각하는가?

사사기 9장

기드온의 아들 아비멜렉: 범죄의 CEO

" '인간은 그럴 때 무엇을 해야 할지 어떻게 판단할까?' 에오메르가 물었다. 아라곤이 대답했다. '인간이 지금껏 판단해왔듯이, 선과 악은 옛적부터 바뀐 적이 없다네. 요정과 난장이들 사이에는 이것이고, 인간들 사이에는 저것이 아니라는 말일세.' "

- J. R. R. 톨킨(Tolkien)

사사기 9장은 하나님 없는 삶을 묘사하고 있다. 그것은 삶에서 다른 어떤 것보다도 자신의 개인적 야망을 우선하는 사람들, 믿을 의사가 전혀 없기 때문에 믿지 않는 사람들의 끔찍한 이야기를 전해준다.

들어가는 글

실질적 무신론의 심리학

무자비하기로 유명한 어느 사업가가 언젠가 작가 마크 트웨인에게 이렇게 선언한 적이 있었다. "나는 죽기 전에 성지 순례를 한번 다녀올 작정이오. 시내 산에 올라가 꼭대기에 서서 십계명을 큰 소리로 읽을 거요." "내게 더 좋은 생각이 있습니다." 트웨인이 대답했다. "보스턴에 그냥 머물면서 십계명을 지키는 게 더 낫지 않을까요."

사실은 많은 사람들이 자신은 도덕적으로 올바른 사람이기 때문에, 하나님도 자신에 대해 그럭저럭 만족하고 계실 거라고 느낀다. 그들은 이렇게 생각한다. 첫째로, "나는 대체로 괜찮은 사람이다." 둘째로, "내가 악행보다는 선행을 더 많이 하지 않는가." 셋째로, "나는 일부 사람들만큼 못되지는 않았다." 다시 말해, 그들이 자신의 기준으로 스스로를 평가할 때 꽤 괜찮은 결과가 나온다는 것이다. 사사 시대에도 모든 사람이 각자 자신에게 진리인 것을 믿으며 그것에 따라 행동했다(삿 17:6, 21:25).

불신자들은 자신의 불신앙이 옳다는 쪽에 영원한 이해관계를 가지고 있다. 만약 어떤 인격신이 존재한다면 확실히 불편한 것들 또한 사실이기 때문이다. 우선, 나는 더 이상 주도권을 행사하지 못한다. 하나님이 언제든지 개입하실 수 있고, 그분의 계획이 내 계획과 충돌할지도 모르기 때문이다. 둘째로, 만약 어떤 인격신이 존재한다면, 그분은 의사소통하실 수 있고 내게 어떻게 살라고 말할 권리를 가지고 계신다. 내가 보기에 옳은 대로 할 수가 없게 되는 것이다. 셋째로, 만약 어떤 인격신이 존재한다면, 내 삶의 방식에 대해 그분께 설명해야 할 의무가 생기기 때문이다. 내 삶은 나 자신의 개인적 도덕률이 아니라, 하나님의 기준에 의해 평가될 것이다. 사람들은 보통 가능한 모든 교의와 종교를 탐색하고 진리를 위해 객관적으로 기준을 적용하려고 노력하지 않는다. 사람은 대개 자신이 어떻게 살고 싶은지를 결정하고 나서, 그 삶의 방식을 허용하는 종교나 신앙을 선택한다.

앞장에서 우리는 기드온의 슬픈 유산을 살펴보았다. 이 장에서는 그의 비극적인 유산인 그의 아들 아비멜렉의 이야기를 살펴보게 된다. 아비멜렉은 무자비한 독재자처럼 시종일관 출세하고 그것을 유지하기 위해 해야 한다고 생각하는 것들을 행동에 옮겼다. 이 장에서 하나님은 어디 계시는가? 그분은 저기 '보이지 않는 곳에' 계신다. 이 장은 실질적 무신론에 대한 이야기다. 다시 말해, 하나님이 존재하시지 않는 것처럼 삶을 살거나 적어도 그분이 자신의 삶과는 아무 관련이 없는 사람들에 대한 이야기다.

본문 이해

기드온의 아들 아비멜렉: 범죄의 CEO

Main Idea	아비멜렉의 삶에 대한 이야기는 하나님을 거부하는 사람들의 사악한 마음을 드러낸다. 하나님은 심지어 그들이 자신의 독을 이용해 서로를 독살하도록 내버려두신다. 결국, 그들은 심은 대로 거둔 것이다(갈 6:7).

A. 형제 살해: 아비멜렉의 배신(9:1-6)

Supporting Idea	아비멜렉의 사악한 마음은 그가 세겜 사람들을 조종해 자기 친형제들에 대한 살해를 지원하도록 유도할 때 처음으로 드러났다.

9:1-3. 반역으로 자기 어머니의 친족을 끌어들이다. 기드온의 이야기는 8장 28절에서 "그 후 영원히, 아니면 적어도 40년 동안은 그들이 행복하게 살았다"는 문구로 끝났어야 했다는 게 대체적인 평이다. 불행히도, 기드온의 가장 중요하고 비극적인 유산은 우리가 앞장에서 소개받은 그의 아들 아비멜렉을 통해서 찾아왔다(8:29-35). 피상적으로만 읽으면 하나님이 인간사에서 잠시 벗어나 휴가를 떠나신 것처럼 보이지만, 좀 더 세밀히 읽어보면 하나님이 현장에 계신 것이 분명하다. '보이지 않는 곳에' 말이다. 이 장을 풀어나가는 열쇠는 뒷문에 걸려 있다. "하나님이 갚으셨고 … 또 세겜 사람들의

머리에 갚으셨으니"(9:56-57).

아비멜렉은 기드온이 가나안 첩에게서 낳은 아들이었고, 그녀는 계속해서 세겜이라는 가나안 성읍에서 살았다. 이 장은 아비멜렉이 자기 어머니의 형제들에게 그릇된 '양자택일의' 딜레마로 도전하면서 시작된다. 여룹바알의 아들 칠십 인이 다 너희를 다스림과 한 사람이 너희를 다스림이 어느 것이 너희에게 나으냐? 여러 가지 근거 없는 가정이 그 질문을 뒷받침하고 있었다. 첫째, 인간 왕이나 전제 군주가 있어야 한다. 둘째, 두 가지 대안만이 있었다. 셋째, 기드온의 아들 칠십 명이 주변 지역에 대한 통치를 확립하려고 꾀하고 있었다. 넷째, 칠십 명으로 구성된 위원회에 의한 통치는 세겜 사람들에게 좋지 않을 것이었다. 다섯째, 인간 통치자 또는 통치자들은 당연히 기드온 가문 출신이어야 한다.

그 질문은 진리에 대한 탐구보다는 사려 깊은 대안들을 배제하기 위한 정치적 책략으로 짜여져 있었다. 마치 "내 말에 동의한다면, 숨 쉬어라!" 하고 말하는 것처럼 말이다. 게다가 아비멜렉은 그들에게 '나는 너희의 골육지친임을 생각하라' 고 도전했다. (물론 그는 기드온의 아들들과도 똑같은 정도로 골육지친이었다.) 그의 삼촌들은(그리고 나중에는 세겜 사람들까지도) 아비멜렉을 따르는 것이 그들에게 가장 유익할 것이라는 말에 설득되었다(어느 것이 너희에게 나으냐). 무엇보다도 그들은 판단했다. 그는 우리 형제라. 따라서 그들은 추측컨대 과거 기드온으로부터 받았던 것보다 아비멜렉으로부터 좀 더 호의적인 대우를 기대할 수 있었을 것이다. 기드온은 세겜이 아니라 오브라에 살지 않았던가.

9:4-6. 배신으로 자기 아버지의 친족을 학살하다. 세겜 사람들은 신전(여호와의 전이 아니라, 바알브릿의 묘였다) 금고에 손을 대 은 칠십 개를 확보했다. 그것은 아비멜렉이 고용한 암살자들이 기드온의 아들 칠십 명에 대해 지불받기로 되어 있던 대가였을지도 모른다(1인당 은 한 개씩). 그 자금은 아비멜렉이 방탕하고 경박한 사람들을 고용하기에 충분했다. 그들은 아마도 용병이 아니라 범죄자들이었을 것이다. 아비멜렉은 오브라에 있는 자기 아버지 집으로 가서 그 성읍을 점령했다. 불시에 덮쳤을 가능성이 매우 높다. 그는 자기 형제 칠십 인을 살해했다(몸을 숨겨 참사를 모면할 수 있었던 막내 요담만 빼고 말이다). 아비멜렉은 그들 가운데 어느 누구도 살아남아 세겜 사람들의 마음을 바꿔 놓게 되기를 원치 않았다.

그 학살은 조직적이고 순차적이었다. 한 반석 위에서 한 번에 한 명씩 처형했던 것이다(삼상 14:33-34 참조). 그 젊은이들에게는 기절초풍할 만한 공포가 아닐 수 없었다. 한 사람씩 차례로, 마치 나치 만행의 희생자들처럼 피할 수 없는 죽음으로 끌려갔던 것이다. 이 끔찍한 의식이 완료된 후, 또 다른 예식이 시작되었다. 세겜 모든 사람과 밀로 모든 족속이 모여 가서 … 아비멜렉으로 왕을 삼으니라.

이스라엘은 벌써부터 도덕적으로 무감각해져 있었다. 이스라엘 백성 모두가 분개해야 했지만, 그들의 도덕적 레이더 화면에는 항의의 광점 하나 깜박이지 않았다. 그들은 아무도 자신을 괴롭히지 않는 한, 다른 사람에게 무슨 일이 일어나든 상관하지 않았던 것이다. 아비멜렉은 유죄 선고(condemnation)를 받아야 했지만, 대신 대관(coronation)을 받았다. 오직 하나의 목소리만이 떨리는 항의 속에서 들려왔다(7-21절).

B. 우화: 요담에 의한 고발(9:7-21)

Supporting Idea	요담은 예언자적인 어조로 세겜과 아비멜렉의 사악함을 공개적으로 비난하면서, 우화를 사용하여 그들의 범죄 모두에 대해 정의가 발동되기를 기원했다.

9:7-15. 이야기. 기드온에게는 이제 생존해 있는 아들이 두 명밖에 없었다. 기드온의 막내아들 요담은 자기 이복형의 대관식과 세겜 사람들의 공모에 대해 알게 된 후(그를 숨겨주었던 사람들이 요담에게 그 일을 고했을 가능성이 높다), 자기 목에 현상금이 걸려 있었음에도 불구하고 공개적으로 대적하는 대담한 조치를 취했다. 그는 세겜 성읍이 내려다보이는 그리심 산 꼭대기로 올라가 음향학적으로 유리한 위치에 서서(수 8:30-35, 막 4:1, 6:34-44) 의미심장한 주장을 하기 위해 고안된 잘 짜여진 이야기를 큰 소리로 전달했다. 그는 세겜 사람들에게 자신의 말에 귀를 기울이라고 요구하면서 시작했고, "그리하여야 하나님이 너희를 들으시리라"는 말을 덧붙임으로써 그들의 공모에도 불구하고 용서의 가능성을 제시했다.

요담의 우화에 의하면, 나무들(레바논의 백향목, 15절)이 나가서 기름을 부어 왕을 삼으려 했다. 그들의 지명 위원회는 최종 후보자 명단을 확보해 놓고, 그들에게 차례로 접근했다. 그들은 먼저 감람나무에게 "너는 우리의 왕이 되라"고 말했다. 그러나 감람나무는 하나님과 사람을 영화롭게 하는 기름을 생산하면서 자신이 가장 잘 할 수 있는 일을 이행하는 데 푹 빠져 있었기 때문에 그 제의를 거절했다. 감람유는 사람에게 기름을 붓는(영화롭게 하는) 데도 사용되었지만, 치료와 조명(등불의 연료), 요리 등 보다 일상적인 용도에도 사용되었다. 감람나무에게는 자기가 만들어낸 감람유로 '기름 부음' 을 받는 것이 무의미해 보였을 것이다.

두 번째로, 나무들은 **무화과나무**에게 똑같은 제의를 했고, 무화과나무 역시 똑같은 대답을 내놓았다. 무화과나무는 음식과 감미료로 활용되느라 너무 바쁜 나머지, 그 역할을 왕권과 맞바꿈으로써 자신의 지위를 격하시킬 수 없었던 것이다. 세 번째로, 나무들은 **포도나무**에게 똑같은 제의를 했고, 포도나무 역시 비슷한 반응을 보였다. 포도나무의 열매는 기쁨을 가져다준다. 도대체 왜 의심스러운 '귀족' 역할을 하겠다고 그런 고귀한 역할을 버린단 말인가?

마지막으로, 대안이 모두 바닥난 나무들은 찔레나무에게 다가갔다. 가시나무라고도 불리는 그 존재는 창세기 3장에 기록된 저주의 일부분이었다. 다른 후보 나무들은 삶에 긍정적인 기쁨이나 가치를 부여하는 반면, 가시나무는 가시 이외에 아무 기여도 하지 못했다. 요담의 유추가 주장하는 요지는 아비멜렉이 다른 세 후보보다 덜 바람직스럽다는 게 아니라, 가능한 다른 어떤 후보보다도 적합하지 않다는 것이었다. 찔레나무는 이렇게 약속했다. 너희가 참으로 내게 기름을 부어 너희 왕을 삼겠거든, 와서 내 그늘에 피하라. 그리하지 아니하면 불이 가시나무에서 나와서 레바논의 백향목을 사를 것이니라. 그 관계는 사랑이나 충성이 아니라, 편의와 사리(私利)에 바탕을 둔 것이었다. 물론 가시나무는 숨을 곳이나 '그늘' (말도 안 되는 생각이다), '피난처' 등을 제공하지 못했다. 그것은 본질상 가까이 다가오는 사람들에 상처를 주게 되어 있었고, 그 밖에 다른 도리는 없었다. 그 이야기의 요지는 나무들이 자기 파괴적이었다는 사실이다. 그들은 갑자기 돌변해 자신들을 불사르게 될 그릇된 안전을 추구했던 것이다.

9:16-21. 적용. 요담의 알기 쉬운 우화에 대한 적용은 두 부분으로 되어 있다. 도전(16-19절)과 저주(20절)가 바로 그것이다. 그는 먼저 풍자적이고 감정적인 서두로 공동체 윤리에 관한 문제를 제기하면서 시작했다. 너희가 아비멜렉을 세워 왕을 삼았을 때, 만약 너희 행한 것이 진실하고 의로우면, 이것이 여룹바알과 그 집을 선대한 것이라면 그리고 이것이 여룹바알이 행한 대로 그에게 보답한 것이라면, 그 암시는 물론 부정적이었다.

연속적인 살육은 '의로운' 행위도 '진실' 된 행동도 아니었으며, 기드온의 가족은 그런 대우를 받을 만하지 않았기 때문이다.

적용이 감정으로 고동치기도 한다. 요담이 앞서 언급한 조건문의 전반부를 말하고 나서 갑자기 비난의 말을 삽입했을 때였다. 우리 아버지가 전에 죽음을 무릅쓰고 너희를 위하여 싸워 미디안의 손에서 너희를 건져내었거늘, 너희가 이제 반역하여 우리 아버지의 집을 쳐서 그 아들 칠십 인을 한 반석 위에서 죽이고 그 여종의 아들 아비멜렉을 왕으로 삼았도다.

요담은 19절에서 앞서의 조건문을 마무리한 다음, 이렇게 이어갔다. 그렇지 아니하면 아비멜렉에게서 불이 나와서 세겜 사람들과 밀로 족속을 사를 것이요, 세겜 사람들과 밀로 족속에게서도 불이 나와서 아비멜렉을 사를 것이니라. 요담의 저주는 신학적으로 섬뜩하지만 온당한 것이었다. 핵심은 이런 것이었다. "너희 모두 행한 대로 거두게 되기를 바라노라." 요담은 두 번째로 도망하여 브엘로 갔고, 다시는 그의 소식을 들을 수 없었다.

C. 성취: 하나님의 정의(9:22-55)

Supporting Idea	대립과 타협, 다툼으로 이어지는 추락 속에서 아비멜렉과 그의 '맹우들' 은 서로를 불살랐다. 요담의 저주가 현실이 되었던 것이다.

9:22-25. 소요의 '신' . 아비멜렉은 결코 그 후 영원히 행복하게 살지 못했다. 아비멜렉이 이스라엘을 다스린 지 3년 만에 우리는 다시 그를 보게 된다. 그와 세겜 사람들의 동맹 관계는 상호 신뢰가 아니라 상호 이익에 바탕을 두고 있었다. 아비멜렉이 그의 형제들보다 세겜에 더 호의적인 통치자로, 세겜의 경제에 도움이 될 거라는 가정을 전제로 하고 있었던 것이다.

아비멜렉은 자기 부관 가운데 한 명(스불, 28절)을 세겜의 장관으로 앉혀 놓고, 자신은 오브라에서 통치했던 것으로 보인다. 원성이 점차 확산되고 있던 차에, 하나님이 아비멜렉과 세겜 사람들 사이에 악한 신을 보내자 마침내 적대감이 폭발하고 말았다. 그 '신' 이 악령 같은 어떤 인격적 존재였는지 아니면 촉매 역할을 한 일련의 환경이었는지 여부는 중요하지 않다(삼상 16:14-23 참조). 우리는 처음으로 하나님이 그 왕과 그의 세겜 신하들 사이에 상호 파괴적인 관계를 유도함으로써 이 장에 능동적으로 관여하시는 모습을 보게 된다. 그 구체적인 이유가 명시되어 있다. 이는 여룹바알의 아들 칠십 인에게 행한 포학한 일을 갚되 그 형제를 죽여 피 흘린 죄를 아비멜렉과 아비멜렉의 손을 도와서 그 형제를 죽이게 한 세겜 사람에게로 돌아가게 하심이라. 성경은 분명히 언급하고 있다. "스스로 속이지 말라 하나님은 만홀히 여김을 받지 아니하시나니 사람이 무엇으로 심든지 그대로 거두리라"(갈 6:7).

그 결과는 친구가 원수가 되고 맹우가 적이 되는 것이었다. 세겜 사람들은 매복하여 그 길로 지나다니는 모든 여행자와 대상들을 겁탈하기 시작했고, 그것은 여러 성읍의 경제에 심각한 영향을 미칠 수 있기 때문에, 혹이 그것을 아비멜렉에게 고하였다.

9:26-29. 가알의 모의. 세겜 사람들이 이미 아비멜렉에 대해 느끼고 있던 적대감을 심화시키면서 새로운 가나안 가족이 이주해 들어왔다. 그들은 에벳의 아들 가알과 그 형제들이었다. 우리가 아는 게 거의 없는 이 남자는 재빨리 세겜 사람들의 충성을 손에 넣었다. 세겜 사람들은 포도를 추수하여 포도주를 만든 뒤, 바알브릿 신당에서 연회를 열었고, 그곳은 아비멜렉의 형제 칠십 명을 몰살시키는 데 필요한 자금을 공급했던 바로 그 신전이었다. 그 연회는 아비멜렉에 대해 불평을 늘어놓는 자리로 변해버렸고, 그들은 그를 저주했다. 이 장에서 두 번째로 세겜 사람들은 교활한 말재주에 흔들리고 있었다.

가알은 세 가지 요점을 주장했다. 첫째로, 아비멜렉은 세겜을 다스릴 만한 자격이 없었다. 그는 유대인의 아들로, 순수 혈통의 세겜 사람이 아니었던 것이다(그는 '인종 카드' 를 사용하고 있었지만, 아비멜렉의 어머니가 세겜 사람이라는 사실에 대해서는 언급하지 않았다). 둘째로, 세겜 사람은 오직 다른 세겜 사람만을 섬겨야 한다(가알은 그 짧은 기간 내에 자신을 세겜 사람이라고 생각했다). 셋째로, 만약 세겜 사람들이 그의 지휘 하에 있었다면 그가 아비멜렉의 군대를 물리쳤을 것이었다. 가알은 포도주에 취해 이런저런 허풍을 떠벌이며 세겜 사람들과 함께 여론을 떠보는 관측기구를 띄웠던 것이다.

9:30-34. 아비멜렉의 전략. 아비멜렉의 대리 장관은 격분하여 비밀리에 사자를 아비멜렉에게 보내어 반란을 보고하고 전략도 제안했다. 당신은 당신을 좇는 백성으로 더불어 밤에 일어나 매복하였다가 기습적으로 가알과 그 패거리를 붙잡으소서. 아비멜렉은 자신의 부하들을 네 패로 나누어 그대로 행하였다.

9:35-41. 세겜의 투사 가알을 물리치다. 가알과 그의 부하들이 성읍문 밖에 있을 때, 아비멜렉과 그를 좇은 백성이 매복하였던 곳에서 일어나자, 가알은 자신이 함정에 빠진 것을 깨달았다. 만약 스불이 퇴로에 군사들을 배치하고 성문 꼭대기에 서 있었다면, 다음에 이어지는 대화는 이치에 맞는다. 가알은 스불을 혼란시키려 했다(추측컨대, 스불이 이번에는 아비멜렉과 그의 군대에게 어떤 보이지 않는 위협으로부터 물러서라고 경고하도록 말이다). 스불은 그것을 받아들이지 않고, 대신 비아냥거리며 도발했다. 네가 전에 말하기를 아비멜렉이 누구관대 우리가 그를 섬기리요 하던 그 입이 이제 어디 있느냐? 이가 너의 업신여기던 백성이 아니냐? 청하노니 이제 나가서 그들과 싸우라! 가알은 다른 대안이 전혀 없었기 때문에, 세겜 사람들을 이끌고 나가 아비멜렉과 싸웠다. 아비멜렉의 군대는 가알의 추종자들을 닥치는 대로 도륙하며 도망치는 가알을 추격했다. 아비멜렉은 아마도 다른 시급한 일로 근처에 있는 아루마로 이동해 머물러 있었지만, 스불을 뒤에 남겨두어 가알과 그의 형제들을 세겜에서 추방케 했다.

9:42-43. 세겜의 주변 지역을 혼란에 빠뜨리다. 아비멜렉은 더 이상 보복할 필요가 없었다. 가알과 그의 가족은 추방되었고, 스불은 다시 세겜을 관할하게 되었으며, 세겜에는 더 이상 문제를 일으키지 않을 수많은 사람들이 있었기 때문이다. 그러나 아비멜렉은 복수를 원했다. 세겜의 평범한 백성들은 지배자와 전사들 사이의 충돌이 성읍의 민간인들에게까지 확대되지는 않을 거라고 생각하며 성읍 주변의 밭으로 나왔다. 하지만 그들은 자신이 틀렸음을 깨달아야 했다(자기 가족을 학살하는 사람에게 평화적인 의도를 기대하는 것은 현명치 못한 일이었다). 그 백성들의 취약성이 아비멜렉에게 보고되자마자, 그는 자신의 군대를 세 떼로 나눠 매복하였다가 아무것도 모르는 민간인들을 공격했다. 그는 더 이상 그들의 충성을 바라지 않고, 그들의 피를 원했던 것이다.

9:44-45. 세겜 성읍을 파괴하다. 아비멜렉과 그를 좇은 세 부대는 밭에 있는 모든 자를 쳐죽이는 데 그치지 않고, 그 성에 대한 공격을 계속 밀어붙여 마침내 점령하고 그 백성들을 학살하였다. 여전히 만족하지 못한 채, 복수심에 불타 있었던 그 통치자는 그 성을 헐어버리고 그 위에 소금을 뿌렸다(세겜은 그로부터 약 150년이 지난 여로보암 때에 가서야 재건되었다, 왕상 12:25).

9:46-49. 세겜의 성채를 허물다. 지금까지 아비멜렉은 가알과 그의 가족과 세겜의 전사들을 제거했고, 밭에 있던 농부들과 성 안에 있던 상인들을 없애버렸으며, 성벽과

건물들 그리고 그 성읍이 세워져 있던 땅을 못 쓰게 만들었다. 마지막으로 하나 남은 것은 많은 성읍 사람들이 도망쳐 들어간 보장(stronghold)뿐이었다. 그 이교도 신전은 바로 옆에 요새가 붙어 있었고, 성읍으로부터 어느 정도 떨어져 있었던 것으로 보인다. 세겜 망대의 모든 사람의 모인 것이 아비멜렉에게 들리매, … 아비멜렉이 손에 도끼를 들고 나뭇가지를 찍고, … 그의 행동을 그대로 따라한 그의 부하들과 함께 나뭇가지들을 보장에 대어 놓았다. 아비멜렉은 그 나뭇가지에 불을 지름으로써, 대략 일천 명의 남녀를 살해했다. 세겜의 파괴는 그 이상 완벽할 수 없었다. 나무들이 '피난처' 를 삼으려 했던 찔레나무의 '가시덤불' 에서 불이 나와 그들을 불살라버렸던 것이다. 마치 늑대가 자신을 양치기로 선택했던 어리석은 양들을 잡아먹는 것처럼 말이다. 요담이 말한 우화의 첫 부분이 실현되었던 것이다(15절, 20절 상반절).

9:50-52. 무절제와 자만. 누구나 아비멜렉의 광란이 지나치다고 생각했을 것이다. 하지만 그는 거기서 그치지 않았다. 데베스라는 성읍은 분명 이중적인 태도로 세겜 측에 가담했거나, 아니면 아비멜렉의 3년 통치 기간 동안 다른 식으로 그의 비위를 건드렸던 것으로 보인다. 그렇게 해서 데베스는 아비멜렉의 다음 표적이었다. 아비멜렉은 세겜에서 성공했던 바로 그 전략을 그대로 사용함으로써, 데베스에 대하여 진 치고 그것을 취하였다. 그는 다시 한 번 대화재를 통해 정복할 작정으로, 망대의 문에 가까이 나아가서 그것을 불사르려 하였다.

9:53-55. 묘비명. 하지만 모든 게 아비멜렉의 예상처럼 전개되지는 않았다. 한 여인이 맷돌 위짝(곡식을 가는 데 사용되는 두 개의 돌 중 작은 것이지만, 여전히 크고 가공할 파괴력을 지니고 있었을 것이다)을 들어 아비멜렉의 머리 위에 내려 던져 그의 두개골을 깨뜨렸던 것이다. 아비멜렉은 쓰러져 죽어가면서 자신의 병기 잡은 소년에게 일을 끝내 달라고 부탁했다. 사람들이 '그가 여인에게 죽었도다' 라는 경구를 그의 묘비명으로 채택하지 않도록 하기 위해서였다. 그 군사는 그의 요구에 응했지만, 모두가 그 진실을 알아버렸다. 아비멜렉은 또 다른 귀족이나 군사, 심지어 남자의 손에 죽은 게 아니라, 한 여인에 의해 죽임을 당했던 것이다. 지나치게 부풀려진 그의 오만한 자존심에는 또 다른 치명타가 아닐 수 없었다. 그 군사 작전 자체는 아비멜렉의 개인적 앙갚음 외에 아무런 의미도 없었기 때문에, 이스라엘 사람들은 아비멜렉이 죽은 것을 보고 각각 자기 처소로 떠나갔다.

블록은 날카롭게 이렇게 지적한다. "왕좌를 차지하기 위해 수치스럽게 여성 카드를 사용했던(1-2절) 그 남자는 이제 수치스럽게 그 성(性)의 대표자에게 희생된다. 사실, 사내다운 남자 아비멜렉의 이야기는 두 여인에 의해 짜여져 있다 해도 과언이 아니다. 그에게 생명을 주었던 첫 번째 여인(8:31)과 그것을 빼앗아갔던 두 번째 여인(9:53) 말이다"(Block, 333-334).

D. 에필로그(9:56-57)

9:56-57. 이 마지막 구절들은 하나님이 처음부터 관여하고 계셨다는 사실을 보여준다. 하나님은 '보이지 않는 곳에서' 능동적으로 역사하고 계셨다. 그분을 사랑하는 자들에게 모든 것이 합력하여 선을 이루도록 역사하시고(롬 8:28), 사람의 악한 의도까지도 이용하여 선한 결과를 이루실 뿐만 아니라(창 50:20), 사악한 사람들이 자신의 독을 이용하여 서로를 독살하도록 만드시면서 말이다. 아비멜렉이 그 형제 칠십 인을 죽여 자기 아비에게 행한 악을 하나님이 이같이 갚으셨고, 또 세겜 사람들의 모든 악을 하나님이 그들의 머리에 갚으셨으니.

한 반석(아마도 맷돌 아래짝이었을 것이다) 위에서 행해진 암살에서부터 시작된 이 장은 또 다른 돌(맷돌 위짝)에 의해 이루어진 처형으로 끝이 났다. 요담이 말한 우화의 두 번째 부분이 실현되었다(20절 하반부). 아비멜렉과 그의 희생자들은 서로 뒤엉켜 죽음의 춤을 추며 서로를 치명적으로 물어뜯는 독사들처럼 생을 마감했던 것이다.

Main Idea 복습	아비멜렉의 삶에 대한 이야기는 하나님을 거부하는 사람들의 사악한 마음을 드러낸다. 하나님은 심지어 그들이 자신의 독을 이용해 서로를 독살하도록 내버려두신다. 결국, 그들은 심은 대로 거둔 것이다(갈 6:7).

결론

도박하기

1982년, ABC 방송의 〈이브닝 뉴스(Evening News)〉는 평범치 않은 어느 현대 미술 작품에 대해 보도한 바 있다. 그것은 앞쪽에 엽총이 고정되어 있는 의자였다. 물론 그 총은 장전되어 있었지만, 발사되지는 않을 것이었다. 아마도 말이다! 그 예술가는 타이머를 이용해 그 기계 장치가 작동되도록 만들어 놓았기 때문에, 그 총은 향후 100년 내에 언젠가 무작위로 발사될 것이었다. 관람객들은 그 의자에 앉아 자신을 겨냥하고 있는 총신을 똑바로 내려다보는 식으로 그 전시물을 '즐기도록' 되어 있었다. 사람들이 실제로 그렇게 했을까? 물론이다! 1분 동안 약실을 들여다보며 죽음과 영원을 생각해보려고 기다리는 사람들로 장사진을 이루었다. 그 위험을 감수하는 사람들은 모두 그 총이 어느 순간 자신을 날려버릴 수도 있다는 사실을 알고 있었지만, 자신이 그 의자에 앉아 있는 1분 동안에는 그런 일이 일어나지 않을 거라고 생각하며 도박을 하고 있었던 것이다.

우리 모두는 조만간 죽음에 직면하게 될 것이다. 우리는 질 수밖에 없는 삶과 죽음의 도박을 하고 있고, 그 확률은 인상적이다. 죽게 될 확률 100퍼센트!

삶의 시계는 감겨져 있지만, 단 한 번뿐이라네
그리고 바늘이 언제 멈출지에 대해서는
누구도 정확히 말할 능력이 없다네
늦은 시간이든 이른 시간이든
부를 잃는 것은 참으로 슬픈 일이고
건강을 잃는 것은 더 슬픈 일이지만
영혼을 잃는 것은 너무나 큰 상실이어서
누구도 회복할 수 없다네

당신이 이 짧은 시를 소리 내어 읽는 동안에도 40명 이상의 사람들이 죽었다. 마치 하나님이 존재하지 않거나 우리와 아무 상관없는 것처럼 우리 삶을 살아가는 위험을 무릅쓰는 것은 현명치 못한 일이다. 영원에 관한 한, 불신자들은 지금 도박을 하고 있는 것이다. 하나님의 기준이 자신들의 기준과 일치할 거라고 말이다.

하나님을 무시하기로 마음먹고 삶을 살아가는 사람들은 다음 세 가지 사항을 인식할 필요가 있다. 우선, 그들은 지금 하나님을 무시하고 있을지 모르지만, 그분은 그들을 모른 체하고 계시지 않는다. 그분의 손길이 그들의 삶에 역사하고 계신다. 그들이 그분을 인식하든 하지 못하든 상관없이 말이다. 둘째로, 그들은 삶의 영원한 문제에 직면해야 한다(기원과 목적, 운명 등). 그런 문제들은 단순히 불안감을 초래하는 정도로 공손히 사라지지 않는다. 셋째로, 불신자들은 자신의 영혼을 걸고 도박을 하고 있다. 영원의 문제가 테이블 위에 놓여 있다는 것이다. 안타깝게도 많은 사람들이 이렇게 생각해왔다. "나는 하나님 없이도 괜찮아. 나쁜 일보다 좋은 일을 더 많이 했는데 뭐. 내가 어떤 사람들만큼 나쁘지는 않잖아. 나는 대체로 좋은 사람이야." 더욱이 예수님은 그분의 기준이 무엇인지 우리에게 말씀해주셨다. 만약 증오심을 느낀 적이 있다면, 그것도 우리를 하나님의 절대적인 거룩함으로부터 분리시키는 것인 한 살인과 같은 범주에 들어간다고 말씀하셨던 것이다(마 5:21-22). 만약 누군가 "나는 결코 간음을 저지른 적이 없다"라고 주장한다면, 그 또는 그녀가 음욕을 품은 적도 없었단 말인가?(5:27-28)

그런 도박을 하는 게 과연 현명할까? 성경 말씀에도 불구하고, 하나님이 마음을 바꾸어 우리 기준에 따르시게 되기를 기대하며 자신의 영원한 운명을 걸고 도박하는 것 말이다. 구원은 우리가 성취하거나 승리의 대가로 얻을 수 있는 게 아니라, 선물로 받는 것이다. 말 그대로 우리가 빈손으로 받아야 하는 선물이다.

▣ 진리 알기

- 사람들은 종종 증거 때문이 아니라 그들의 의지 때문에 하나님을 무시하기로 마음먹는다. 우주의 주권자를 인정하는 것은 자신의 개인적 책무를 인정하는 것이다.
- 많은 사람들은 출세를 하고 자신의 목표를 이루기 위해서라면, 무슨 일을 하든 누구를 희생시키든 개의치 않는다. 이 장은 '도둑 세계에 명예란 없다' 는 옛 속담이 사실임을 확인시켜 준다.

- 타락한 세상에서는 때때로 죄 없는 사람들이 상처를 입고, 무자비한 사람들이 탐욕을 추구한다. 하나님은 만홀히 여김을 받지 아니하신다. 심는 대로 거둔다는 원칙(갈 6:7)은 이 세상과 다음 세상의 삶 모두에 적용된다.

▣ 적용하기

- 당신의 삶에서 하나님을 쫓아내려고 절대 시도하지 말라(만약 당신이 신자라면, 그분은 어쨌든 떠나시지 않겠지만 말이다).
- 타인을 형편없이 대하지 말라. 그 대가로 당신도 형편없는 대우를 받게 될 것이다.
- 불신자들이 그들에게 복음을 전하려는 당신의 최선의 노력을 지속적으로 거부할 때 놀라지 말라(그것이 바로 성경이 우리에게 경고하고 있는 패턴임을 명심하라, 롬 1:18-25).

삶의 적용

파스칼의 내기

블레이즈 파스칼은 매우 놀라운 업적을 달성한 젊은이었다. 그는 진공과 미적분, 유체 정역학, 원뿔 곡선 이론, 대량 수송, 문학 등 실로 다양한 분야의 발전을 선도했다. 그는 또 그리스도인이 되어 이른 나이에 요절할 때까지 신실하게 살았다. 파스칼이 한번은 파리의 도박장에서뿐만 아니라 오페라와 연극 등으로 많은 시간을 보내고 있던 자신의 불신 친구들에게 도전을 제기한 적이 있었다. 파스칼이 말했듯이, 그들이 그렇게 시간을 낭비하지 않았다면 자신의 삶과 영원의 문제에 대해 생각할 수밖에 없었을 것이기 때문이다. 물론 하나님을 거부하는 이들은 중립적인 입장에서 진리를 추구하는 사람들이 아니다. 그들은 자신의 불신앙이 옳다는 쪽에 지극히 크고 영원한 이해관계를 가지고 있기 때문이다. 그의 도전은 종종 '파스칼의 내기'로 불리며, 여기에 내 나름대로 의역한 내용을 간단한 설명과 함께 소개하고자 한다.

- 만약 기독교 신앙이 거짓이고 내가 지금까지 믿지 않았다면, 나는 유한한 것을 얻게 된다.

  (내가 지금까지 이 세상의 어떤 것에 대해서는 옳았지만, 어쨌든 기독교 신앙이 거짓이기 때문에 그 옳음의 의미는 이 세상의 삶이 끝날 때 함께 끝이 난다.)
- 만약 기독교 신앙이 거짓이고 내가 지금까지 믿어왔다면, 나는 유한한 것을 잃게 된다.

  (이 세상에서의 내 삶은 잘못되었지만, 영원한 결과 역시 존재하지 않는다. 따라서 내가 잃은 것은 대부분 내가 잘못된 이유로 행복하고 도덕적인 삶을 살려고 노력해 왔다는 것이다.)
- 만약 기독교 신앙이 진실이고 내가 지금까지 믿지 않았다면, 나는 무한한 것을 잃게 된다.

  (나는 지금까지 이 세상에서 잘못 살아왔고, 내 실수는 영원한 결과로 이어진다. 나는 영원히 하나님의 진노 아래 있게 되는 것이다.)
- 만약 기독교 신앙이 진실이고 내가 지금까지 믿어 왔다면, 나는 무한한 것을 얻게 된다.

  (나는 이 세상에서 옳게 살았고, 내가 받아들였던 진리로 인해 나는 당연히 영원한 세상으로 들어가게 된다. 그리고 거기서 영원한 행복을 누리게 될 것이다.)

'따라서' 파스칼은 도박에 빠져 있는 친구들에게 도전했다. "어느 게 유리하겠나? 믿는 게 더 현명할까, 믿지 않는 게 더 현명할까?"

기도

오 주님, 우리는 당신이 아무도 멸망하지 않고 모두가 회개에 이르게 되기를 바라신다는 사실을 압니다(벧후 3:9). 불신자들이 너무 늦기 전에 그들의 삶 속에 당신이 역사하신다는 사실을 인식하게 되기를 원합니다. 또 우리 가운데 믿는 자들이 마치 당신이 우리의 삶과 아무 상관없는 것처럼 살게 되지 않기를 기원합니다. 그리고 당신이 우리를 품으시는 그 은혜에 우리의 생각이 거하게 되기를 원합니다. 우리가 이미 믿음으로 예수님을 우리의 영원한 생명의 구세주로 받아들였사오니, 매일의 삶 속에서 그분을 위해 살게 하옵소서. 우리 주 예수 그리스도의 이름으로 기도합니다. 아멘.

심층 연구

A. '골육지친(flesh and blood)' (9:2)

NIV 성경은 현대적인 영어로 그 의미를 해석했지만, 히브리 원문은 '뼈와 살(bone and flesh)' 이라고 기록하고 있다. 그 개념은 아담이 하와에 대해 '내 뼈 중의 뼈요 살 중의 살' 이라고 소리쳤던 창세기 2장 23절과 유사하다.

B. '은 칠십 개' (9:4)

비록 히브리 원문에는 측정 단위가 구체적으로 명시되어 있지 않았지만, 모든 화폐는 세겔로 표시되었다. 이 장에서는 생명이 가치 없는 것처럼 보인다. 당시 살아 있는 노예의 값은 30에서 50세겔 사이었다(레 27:3-7). 들릴라가 삼손에 대한 대가로 받았던 엄청난 양에 주목하라(삿 16:5).

C. 요담(9:5, 7)

요담의 이름은 '야훼(Yahweh)' 의 합성어이며, 그것과 짝을 이루고 있는 단어는 '솔직한' 또는 '진실한' 이라는 의미를 지니고 있었다(Block, 315n). 따라서 그의 이름이 뜻하는 의미는 아마도 '야훼는 진실하시다' 에 가까울 것이다. 우리가 요담으로부터 듣게 되는 유일한 연설 속에, 특히 16절과 19절에 그 주제가 나타나 있음에 주목하라.

D. 요담의 우화(9:7-15)

이 이야기의 형식은 성경에서 처음으로 등장하는 '우화' 였다. 우화는 비유의 특화된 형태로, 그 속에 등장하는 동물이나 무생물(나무들 같이)이 이야기의 요점을 전달하기 위해 사람처럼 말하고 행동할 수 있는 게 특징이다.

E. 하나님의 악한 신(9:23)

빈틈없는 관찰자라면 누구나 성경 안에는 서로 다른 차원의 작인(作因)이 존재한다는 사실을 알아차리게 될 것이다. 창세기 50장 20절에서 요셉은 그의 형제들에게 그들이 자신에게 악을 의도했지만(인간 차원에서), 하나님은 선을 위해 그것을 의도하셨다(하나님 차원에서)고 말함으로써 그들을 진정시켰다. 사도행전 2장 23절에서는 하나님이 그분의 아들을 십자가로 보내는 것이 그분의 영원한 계획이었지만(인류에 대한 그분의 사랑이라는 동기에서 비롯된), 그렇다 치더라도 그것은 사악하고 죄 많은 인간들의 손에 의해 이루어졌다(증오와 질투라는 동기에 의해). 마찬가지로, 바울이 지니고 있던 '내 육체에 가시' (고후 12:7)는 '사단의 사자' 이면서, 동시에 하나님에 의해 '주어진' 것이기도 했다. 예수님이 성령에 이끌려 사단에게 시험을 받으셨을 때도 분명 서로 다른 의도가 작용하고 있었다(마 4:1). 마찬가지로 사사기 9장 23절도 하나님이 그분의 영원한 계획을 이루기 위해 모든 것('악한 신')을 가지고 역사하신다는 사실을 보여주는 똑같은 패턴의 일부분인 것이다.

F. 일련의 진짜 동사들

28-29절의 웅변적인 질문들이 뿜어내는 불꽃은 27절에 기록된 진취적인 동사들의 행동에 의해 부채질되었다. 가서, 거두어다가, 밟아 짜서, 연회를 배설하고, 먹고, 마시며, 저주하니 등이 그에 해당된다. 이 동사들은 아주 짧은 시간 내에 활동(activity)에서 광란(wildness)으로 발전된다. 가알이 세겜 사람들에게 아비멜렉에 대한 분노를 심지 않았음은 분명하다. 그는 단순히 그것을 거두기만 했던 것이다.

교안

A. 들어가는 글

1. '실질적 무신론의 심리학' 이야기로 시작하라.

2. 배경 설명: 6장에서 우리는 두려움에 떠는 하나님의 종 기드온을 소개받았다. 7장에서는 그가 신실한 전사가 되었다가, 8장에서는 불행히도 무시무시한 장군이 되어버렸다. 9장에서는 기드온의 비극적인 유산이 그의 아들 아비멜렉을 통해 전개되면서 그의 사이클이 완료된다.
3. 적용: 앞장에서 우리는 아비멜렉을 처음 소개받았다. 이 장에서는 우리가 그의 비극적인 이야기를 공부하게 된다. 아비멜렉은 자기가 모든 사람보다 한 수 위라고 생각했다. 그는 자기 이복형제 70명을 살해했고(요담만 제외하고), 가알과 그의 추종자들을 제거했으며, 세겜의 모든 백성을 학살했다. 아비멜렉은 최고 독재자로서의 지위를 확립하기 위해 몰두하고 있었던 것이다. 그 대가가 무엇이든 개의치 않고 말이다. 그는 구약의 아돌프 히틀러였다. 하지만 그는 누군가를 잊고 있었다. 요담이 아니라 여호와를 말이다.

B. 본문 이해

1. 형제 살해: 아비멜렉의 배신(9:1-6)
   1) 반역으로 자기 어머니의 친족을 끌어들이다(9:1-3)
   2) 배신으로 자기 아버지의 친족을 학살하다(9:4-6)
2. 우화: 요담에 의한 고발(9:7-21)
   1) 이야기(9:7-15)
   2) 적용(9:16-21)
3. 성취: 하나님의 정의(9:22-55)
   1) 소요의 '신' (9:22-25)
   2) 가알의 모의(9:26-29)
   3) 아비멜렉의 전략(9:30-34)
   4) 세겜의 투사 가알을 물리치다(9:35-41)
   5) 세겜의 주변 지역을 혼란에 빠뜨리다(9:42-43)
   6) 세겜 성읍을 파괴하다(9:44-45)
   7) 세겜의 성채를 허물다(9:46-49)
   8) 무절제와 자만(9:50-52)

9) 묘비명(9:53-55)

4. 에필로그(9:56-57)

C. 결론: '도박하기' 를 읽어주라.

토의 질문

1. 다음 정의들이 함축하고 있는 의미에 대해 토론하라. 정의는 우리가 행한 대로 받는 것이다. 자비는 우리가 행한 대로 받지 않는 것이다. 은혜는 우리가 받을 자격이 없는 것을 받는 것이다.

2. 만약 당신의 삶에서 하나님을 쫓아내려고 시도한다면, 그분이 떠나실 거라고 생각하는가? 왜인가, 혹은 왜 그렇지 않은가? 당신의 대답을 성경으로 뒷받침할 수 있는가?

3. 성경은 긍정적인 목적과 부정적인 목적 모두를 위해 주어졌다. 고린도전서 10장 11-15절을 읽고, 이 장에서 제시된 구약의 사건들에 대해 좀 더 깊이 생각해보라.

4. 당신은 이스라엘의 도덕적 무감각(4-6절)을 어떻게 설명할 것인가? 그들이 우리와 조금은 다른 사람들이었는가?

5. 고린도후서 4장 4절("그 중에 이 세상 신이 믿지 아니하는 자들의 마음을 혼미케 하여 그리스도의 영광의 복음의 광채가 비취지 못하게 함이니 그리스도는 하나님의 형상이니라") 같은 구절들에 비추어볼 때, 우리는 은혜의 복음에 적대적인 세상에서 어떻게 복음을 전해야 할까?

사사기 10장

듀엣과 솔로 그리고 스테레오식 압제

"다른 사람들의 실수로부터 배워라. 당신이 그 모든 것을 직접 경험하기에는 인생이 짧다."

- 엘리너 루즈벨트(Eleanor Roosevelt)

이 장은 두 명의 완벽한 사사직 수행에 대한 기록으로 시작되지만(1-2절의 돌라와 3-5절의 야일로 구성된 '듀엣'), 나머지 부분(6-18절)은 입다의 사사직 수행(11:1-12:7)에 앞서 우리를 준비시킨다. 1-5절의 두 '소'사사들은 이스라엘에 봉사하며 대부분의 시간을 보냈지만(둘이 합쳐 45년 동안), 입다의 사사직 수행은 겨우 6년간 이어졌다(12:7). 사사기 10장 6-18절은 이스라엘이 한 목소리로 죄를 고백하는 솔로 파트로, 모든 인간 중심 종교의 천박함을 드러내는 서곡이다.

인물 개요: 돌라

- 이름의 뜻은 '벌레'
- 가족은 잇사갈 지파 출신이었음
- 계보에 부아와 도도가 포함되어 있음
- 잇사갈 지파의 영토가 아니라, 에브라임 산지의 중심부에 살면서 사사직을 수행했음
- '소' 사사들 가운데 가장 긴 기간인 23년 동안 이스라엘을 다스렸음

인물 개요: 야일

- 이름의 뜻은 '(하나님이여) 깨우쳐주옵소서'
- 가계와 배경에 대한 정보가 전혀 주어져 있지 않음
- 요단 강 동편 길르앗 땅에 살면서 사사직을 수행했음
- 부와 지위를 거머쥔 사람이 되었음
- 그의 아들들로 인해 유명해졌음(그는 분명 자기 아들들에게 그 지역의 평화를 확보하는 책임을 맡겼던 것으로 보인다)
- '소' 사사로 22년 동안 봉사했음

들어가는 글

좋은 소식과 나쁜 소식

영화 〈죽은 시인의 사회〉에서 로빈 윌리엄스가 연기한 주인공은 일단의 어린 소년들을 학교 복도로 데려간다. 그들은 거기서 이미 죽은 지 오래된 과거 세대 학생들의 사진 속 얼굴을 들여다본다. 그 소년들이 항상 무심코 지나쳤던 얼굴들이다. 마치 그들이 존재한 적이 없었던 것처럼 말이다. 그가 전달하고자 하는 요점은 그 모든 얼굴들이 한때 그들과 똑같은 소년이었다는 사실이다. 그들은 모두 자신이 무적이라고 생각하며 자기 삶을 위해 위대한 일들을 계획했었다. 그러나 지금은 그 기대의 불꽃들이 모두 소멸되어버리고 말았다. 결국 그 소년들에게 주고자 하는 그의 메시지는 "오늘을 후회 없이 보내라!"는 것이다. 하나님이 우리에게 주시는 메시지는 훨씬 더 깊이 들어간다. "지금 선한 영향력을 끼쳐라 … 영원을 위해!"

이 장의 첫 부분은 두 '소' 사사의 삶을 기록하고 있다. 사실 그 다섯 구절은 여섯 명의 이름을 담고 있지만, 그 개인들에 대한 우리의 지식은(악명 높은 아비멜렉의 경우와는 달리) 기껏해야 스케치 수준이다. 선한 영향력을 끼치는 삶을 살았던 개인들의 이름을 찾기 위해 그리 멀리까지 갈 필요도 없다. 우리는 잘 모르지만, 하나님은 잘 아시는 사람들이 있다. 두 사람만 예로 들어보자. 당신은 멜 세귀인(Mel Seguine)이나 베티 브리노프(Betty Brynoff)라는 사람을 아는가? 지금은 둘 다 주님과 함께 있다.

멜은 일평생 목회 사역을 하며 어느 교파를 이끌었고, 지금은 목사가 된(이 저자를 포함하여) 수백 명의 젊은이들에게 영향을 미쳤다. 설교 다음으로 그에게 가장 큰 기쁨은 삼삼오오 모여 있는 아이들에게 이야기책을 읽어주는 것이었다(전형적인 '할아버지'였지만, 그는 결코 손자를 둔 적이 없다). 베티는 선교사를 양성하는 전문 교사로서, 고통스러운 화학 치료 요법을 받는 가운데서도 용감하게 영어 박사 학위를 끝마쳤고, 그 와중에도 두 세대의 학생들을 탁월함으로 이끌었다.

그 사람들은 둘 다 영원한 영향력을 지니고 있었지만, '보이지 않는 곳에서' 하나님을 겸손히 섬기기로 마음먹었던 것이다.

당신의 교회나 학교, 시민회관 등에 걸려 있는 액자들을 둘러보라. 거기에는 선을 위해 자신의 삶을 투자했던 사람들의 이름이 기록되어 있다. 어느 2행 시구가 말해주듯이, "하나의 짧은 삶은 곧 사라지겠지만, 그리스도를 위해 행한 것만은 영원하리라." 하나님은 우리가 돌라와 야일처럼 선한 영향력을 끼치는 데 우리의 삶을 투자하기를 바라신다.

그러나 이 장은 '좋은 소식'(1-5절)과 '나쁜 소식'(6-18절)을 모두 담고 있다. 모범적인 삶을 사는 사람들로 소금이 뿌려진 나라라 하더라도 집단적으로 실패에 빠질 수 있다. 나쁜 소식은 이스라엘이 위험을 분산하려고 다른 신들에 양다리를 걸치고 있었다는 사실이다. 사사기 10장 6-18절은 이 책에서 하나님과 그분의 탕자 같은 백성 사이에 가장 강력한 대립을 보여준다. 그들은 모든 신이 '참되다'고 여기기로 마음먹었다. 하나님의 말씀에 대한 의도적인 반항이었던 것이다. 에드워드 기번(Edward Gibbon)은 『로마제국 쇠망사(The Decline and Fall of the Roman Empire)』에서 이렇게 말했다. 제국의 마지막 시기 동안에는 모든 종교가 사람들에 의해 똑같이 참되다고 여겨졌고, 철학자들에 의해 똑같이 거짓이라고 간주되었으며, 정치가들에 의해 똑같이 유용하다고 여겨졌다. 이스라엘은 서로 경쟁적인 신들을 모두 섬겼다(무엇보다도, 하나라도 화나게 하는 위험을 감수할 이유가 없었다).

똑같은 정신에서 시인 알렉산더 포프(Alexander Pope)는 그의 유명한 시 〈보편적인 기도(Universal Prayer)〉를 이렇게 썼다.

> 모든 시대, 모든 나라에서
> 성자도, 야만인도, 현인도
> 숭배하는 모두의 아버지
> 여호와, 주피터, 주님이시여

현대 미국 문화에서 종교적 다원주의를 받아들이는 것은 점점 더 규범이 되어가고 있다. 아이러니컬하게도 우리는 지금 여기에 묘사된 성경의 세계를 그대로 따라가고 있는 것이다. 성경 전체에 걸쳐 우리는 문화와 종교적 시스템의 충돌을 보게 된다. 이집트에서든, 가나안에서든, 그리스에서든, 로마에서든 말이다. 하지만 오늘날 많은 사람들은 당신이 무언가를 믿기만 한다면, 무엇을 믿는지는 중요하지 않다고 생각하는 것 같다. 믿음의 타당성이 객관적이기(믿는 것이 참인지 거짓인지 여부에 달려 있기)보다는 주관적인(믿는 자에게 달려 있는) 것이다. 그리고 다원적이고 포괄적인 것일수록 좀 더 세련된 것으로 인식되고 있는 실정이다. 하나님의 관점에서 이스라엘의 태도는 완전히 넌센스고 배신이다(그리고 인간적인 관점에서 보더라도, "여보, 나는 당신을 너무 사랑해. 그래서 부인을 세 명 더 둘 생각이야!"라고 열심히 선언하는 것은 현명한 남편일 수 없었을 것이다).

물론 그뿐만이 아니다. 종교적 진리가 상대적인(당신이 좋아하는 종교는 어떤 것이든 '당신에게 진실' 이 되는) 문화에서는 도덕적 상대주의가 멀리 있지 않다("사람마다 자기 소견에 좋은 대로 행하였더라", 삿 17:6, 21:25 참조). 다른 신들에 대한 예배 행위를 포함시키기로 한 이스라엘의 선택은 그들의 도덕적 타락을 미덕으로 치장하려는 시도였다. 우리가 부도덕을 즐기기 시작하면, 그에 따라 우리의 신앙을 조정하게 되어 있다. 이스라엘 백성들은 '가나안 사람화' 되기 시작했다. 그들은 종교적·도덕적 타협을 통해 자신들이 극복해야 할 사람들을 오히려 닮아갔던 것이다. 그러나 하나님은 우리가 누구인지 그리고 우리 주인이 누구인지 우리가 잊는 것을 원치 않으신다.

본문 이해

듀엣과 솔로 그리고 스테레오식 압제

Main Idea	두 사사 돌라와 야일은 조용히 봉사하며 신실한 삶을 살지만, 이스라엘은 방심하여 하나님이 필요 없다고 생각하기 시작한다. 다른 '신들' 과 종교 제도는 도덕적 제약을 덜 가하므로 꽤 매력적이었던 것이다. 그러나 하나님은 만홀히 여김을 받지 않으신다. 이스라엘이 압제당할 때, 그분은 거짓 진실함에 감동되거나 속지 않으신다. 우리가 인식하지 못할 때조차도, 하나님은 항상 우리 삶에 깊이 관여하고 계신다. '보이지 않는 곳에서' 말이다.

A. 돌라의 사사직 수행(10:1-2)

Supporting Idea	돌라의 신실한 봉사는 23년간 지속되었고, 그 기간 동안에는 배교나 반역에 대한 기록이 전혀 없다.

10:1-2. 아비멜렉의 죽음 이후 등장한 돌라와 야일은 각각 두 번째와 세 번째 사사로, 그들의 이야기에 할애된 지면의 양에 따라 '소' 사사로 불린다. 돌라는 잇사갈 지파 사람이었고(돌라는 그 지파에서 반복적으로 사용되는 가족 이름이었다, 창 46:13, 민 26:23 참조), 분명 자신을 내세우지 않았던 것으로 보여 아비멜렉과 극명한 대조를 이룬다. 우리는 그의 가계에 대해서만 알 뿐, 다른 것에 대해서는 거의 모른다. 심지어 그의 이름('벌레')조차도 겸비와 겸손을 나타낸다. 다시 한 번 강조하건대, 이스라엘에 파괴적이었던 아비멜렉과는 대조적으로 돌라는 일어나서 이스라엘을 구원한 국민적 영웅이었다. '일어나서 이스라엘을 구원했다'는 표현은 대사사들에게만 국한된 용어로, 다른 어떤 소사사에게도 사용되지 않았다(삼갈에게 사용된 용어가 비슷하기는 하지만).

적은 지면이 돌라의 삶과 봉사에 할애되어 있고, 어떤 적도 명시되어 있지 않다. 그는 에브라임 산지의 사밀이란 지역에서 통치했고, 그곳은 현재 정확히 확인되지 않고 있으나 그 땅의 중심부였을 것으로 추정된다. 그는 거기서 살다 죽으매 장사되었다. 그의 삶과 하나님과 하나님의 백성에 대한 신실한 섬김은 23년간 지속되었고, 그것은 다른 어떤 사사보다도 긴 기간이었다.

B. 야일의 사사직 수행(10:3-5)

Supporting Idea	야일의 신실한 봉사는 22년간 지속되었고, 그것은 정치적 · 사회적 안정을 묘사해주는 역할을 한다.

10:3-5. 재임 기간이 돌라와 비슷한 야일은 22년 동안 이스라엘을 다스렸다. 그는 요단 강 동편 지역인 길르앗에서 봉사하였고, 돌라의 경우와 마찬가지로 어떤 적도 명시되어 있지 않다. 하지만 돌라와는 달리 야일은 그의 족보(그의 과거)에 의해서 확인되지 않고, 오히려 그의 자손(그의 미래)에 의해서 확인된다. 야일에게는 아들 삼십이 있어 어린 나귀 삼십을 타고 다녔다. 오늘날의 우리에게는 이상해 보이는 설명일 것이다(5:10

참조).

한 문화에서의 가치판단 기준이 다른 문화에서는 달라질 수도 있다. (역사에 관심이 많은 사람들은 허버트 후버(Herbert Hoover)가 미국의 31대 대통령이 되기 위해 선거운동을 할 때, 그의 1928년 모토가 "모든 냄비에 닭고기를, 모든 차고에 자동차를" 이었다는 사실을 기억할 것이다.) 당시 그 문화에서는 말을 타고 다니는 사람들이 덜 개화된 것으로 간주된 반면, 나귀와 노새를 타고 다니는 것이 부와 안정, 때로는 왕권을 상징했다(삿 12:14, 창 49:11, 슥 9:9 참조). 여기서는 지역의 정치적 안정과 가정의 안정에 대한 묘사라고 할 수 있다.

다음에도 역시 길르앗 사람이 사사가 될 것이다(입다, 11:1). 야일은 입산(12:8-10)과 함께 입다의 무용담이 중간에 삽입되기에 딱 좋은 가족적 배경을 짧은 시간 동안에 '구성한다.' 둘 다 30명의 아들을 둔 반면, 입다는 무남독녀만을 두었고, 그녀의 운명은 입다 이야기에서 절대 빠질 수 없는 부분이기 때문이다.

C. 입다의 사사직 수행으로 이어지는 서막: 암몬 족속에 의한 탄압(10:6-18)

Supporting Idea	하나님은 영적 침체가 정치적 탄압으로 이어지도록 내버려두신다. 하나님의 백성들이 회개하고 그분께 돌아오게 하기 위해서 말이다. 그러나 후회와 회개는 분명 다른 것이며, 하나님은 어리석게 속지 않으신다.

10:6. 죄. 이스라엘 백성은 자신들이 약속의 땅에서 좇아내기로 되어 있는 사람들을 오히려 닮아가는 죄를 저질렀다. 이 구절은 이 책에서 발견되는 배교에 대한 묘사 가운데 가장 광범위한 내용을 담고 있다. 일곱 배나 긴 신들의 목록이 나온다. 다시 말해, 그들의 배교는 완벽했다. 이스라엘 백성은 그 신들을 섬겼을 뿐만 아니라, 이제는 유일하신 참 하나님을 무시하기까지 했다. 그들의 행동은 바울이 퇴폐적인 문화를 묘사한 내용과 위험할 정도로 가까웠던 것이다(롬 1:21-25).

여기에 두 가지 아이러니가 존재한다. 첫째, 일곱 배의 배교는 일곱 배의 탄압을 초래한다(삿 10:11-12). 둘째, 암몬 자손과 블레셋 사람의 신들을 의도적으로 목록 맨 끝에 열거한 것은 이스라엘 백성이 그 신들로부터 득을 보기는커녕 오히려 그들이 선택한 신들을 섬기는 사람들에 의해 노예로 전락하고 말았다는 사실을 강조해준다. 이스라엘 백성은 하나님을 배반했고, 이번에는 그들이 선택한 신들이 그들을 배반했던 것이다. 이스라엘이 저지른 죄의 심각성은 이번 사이클(암몬 족속을 대적하는 입다)뿐만 아니라 다음 사이클에까지 넘쳐흐르게 될 촉매제라고 할 수 있다. 블레셋 족속이 입다의 이야기에서는 즉각적인 역할을 하지 않았지만, 이 부분에 나오는 그들에 대한 언급은 삼손의 등장과 함께 일어나게 될 일들을 예견하고 있다(13-16장).

10:7-9. 예속. 하나님은 그분의 언약의 약속에 신실하셨지만, 이스라엘은 다시 한 번 과거로부터 배우기를 거부했다. 그 결과 하나님이 그들을 노예로 파셨다. 본문에 사용된 용어들이 3장 7-8절의 원형을 그대로 따르고 있다는 사실에 주목하라. 이름만 다르게 채워져 있을 뿐이다. 첫 번째 사이클 이후 처음으로 하나님의 진노가 그들의 예속 배후에 있는 감정임이 분명하게 명시되어 있다. 추측컨대, 이스라엘 백성이 하나님께 '돌아서는' 체할 때 그분이 보였던 반응 배후에도 분명 그분의 진노가 있었을 것이다. 하나님이 그들의 예속을 주관하고 계셨음이 분명하다. 그들이 섬기기로 선택했던 신들의 무능력함과는 대조적으로 말이다.

블레셋 사람과 암몬 자손에 의한 탄압은 아마도 암몬의 압제가 입다와 함께 먼저 시작되고 그 뒤에 삼손과 함께 블레셋의 이야기(삿 13-16)가 이어지는 식으로 동시대에 발생했을 것이다. 그 협공 전략은(이스라엘의 적들에 의해 의도된 것이든 그렇지 않든 간에) 지금까지 '스테레오식 압제(oppression in stereo)'로 묘사되어 왔다. 그러나 요단 강 동편의 길르앗 산지에 살았던 아모리 사람들은 압제자가 아니었다. 요단 강 동편에 살던 암몬 족속은 강을 건너 유다와 베냐민, 에브라임 등에게까지 극심한 고통을 안겨주게 될 것이었다.

초기에는 암몬 족속과 블레셋 족속의 동시적인 탄압이 존재했을지도 모른다. 야일이 죽은 바로 그 해에 1년 동안이었을 것이다. 그런 다음 암몬의 괴롭힘이 도합 십팔 년 동안 이스라엘을 압도했다. 우리는 그것이 영국 노상강도에 의한 마구잡이식 공격이나 미국 서부 개척시대에 가끔 일어났던 역마차 강도와 같았을 거라고 이해해서는 안 된다. 그 무리들은 힘이 더 센 이스라엘 백성들을 가끔씩 괴롭히는 모기떼와 같지 않았다. 그들은 오히려 먹이를 찾아 배회하다가 무엇이든 원하는 게 보이면 때를 가리지 않고 빼앗는 포식자들이었던 것이다.

10:10. 이스라엘의 후회: '죄송합니다.' 이것은 우리가 이 책에서 이스라엘로부터 보게 되는 죄에 대한 첫 번째 고백이며, 분명 이 책 전체에서 죄에 대한 가장 긴 반응이기도 하다. 하지만 그것은 공허한 것이었다. 죄에 대한 진정한 슬픔이나 울음이 없었던 것이다(2:4). 자녀가 죄에 대해 진정으로 슬퍼하는 것과 들킨 것에 대해 후회하는 것을 구별할 줄 아는 사람이 바로 현명한 부모다. 본문의 문맥에 의하면, 이스라엘은 하나님을 우주적인 부모 정도로 생각하고, 수단(진정한 회개 없이 후회의 상투적인 말을 반복하는 것)을 정당화하기 위해 목적(하나님이 '일을 처리하게' 만드는 것)을 이용하면서 그분을 조종하려고 시도했음이 분명하다.

10:11-14. 하나님의 책망: '너희는 지금 게임을 하고 있단다.' 우리는 하나님의 의사전달이 어떤 형태로 이루어졌는지 알지 못한다(선지자를 통해서였을 가능성이 가장 높다). 하지만 그분의 요지는 분명하다. 하나님은 그들이 흘리는 악어의 눈물에 결코 말려들지 않으셨다. 하나님은 그들의 고백을 받아들이지 않으셨다. 마음에서 우러나오는 고백이 아니었기 때문이다. 하나님이 그들에게 보인 반응은 네 가지였다.

우선, 하나님은 과거 여러 차례 이루어진 구원의 역사에서 그분이 이스라엘에게 신실하셨다는 사실을 상기시키셨다(11-12절). 둘째로, 그들을 책망하셨다. 이스라엘을 향한 그분의 은혜에도 불구하고, 그들이 되풀이하여 그분께 등을 돌리고 다른 신들을 좇았기 때문이다(13절 전반부). 셋째로, 하나님은 그들의 간청을 거절하시고, 당장 그들을 도와주러 오기를 거부하셨다(13절 후반부). 마지막으로, 엄연한 현실을 받아들이지 않을 수 없게 만드는 조소가 있었다. 그들이 다른 신들을 신뢰하니, 그들로 하여금 앞으로는 그 신들에게 구원을 요청하게 하라(14절)! 하나님은 그분 이외에 다른 데서 구원을 찾는 모든 시도를 조롱하신다.

6절에 이스라엘 백성이 섬겼던 이교도의 일곱 신들이 열거되어 있는 것처럼, 하나님에 의해 이루어졌던 일곱 차례의 구원 사건이 열거되어 있다(11-12절). 이스라엘이 하나님께 부르짖을 때마다 그분은 그들을 구원해주셨다. 그 요지는 분명하다. 하나님이 과거 그들에게 보이셨던 신실함은 순수하고 완전한 것이므로, 이스라엘이 현재 그분께 신실함을 보이도록 동기를 부여하는 역할을 했어야 했다는 것이다. 우리는 로마서 2장 4절을 떠올리게 된다. "네가 하나님의 인자하심이 너를 인도하여 회개케 하심을 알지 못하여 그의 인자하심과 용납하심과 길이 참으심의 풍성함을 멸시하느뇨."

하나님의 책망은 짧고 퉁명스러운 문장으로 이루어져 있다. 너희가 나를 버리고 다른 신들을 섬기니(13절 전반부). 그것은 하나님의 신실한 사랑을 짓밟고 그분의 뺨을 두 차례나 치는 행위다. 남편이나 아내가 거부당하는 것도 슬픈 일이지만, 사랑하는 사람이 또 다른 사람을 추구할 때 그 수치는 깊어질 수밖에 없다. 그 상대방이 보잘것없고 심지어 추하기까지 할 때는 그 고통이 훨씬 더 깊어진다. 게다가 현재 회개하게 된 이유에 그 상대방이 관련되어 있을 때 그 고통은 더할 나위 없는 것이 되어 버린다. 이 경우에는 사랑하는 이스라엘이 돌아온 이유가 오로지 그 신들로부터 거절당했기 때문이었다. 진실을 말하자면, 만약 이스라엘이 현재 예속 상태에 있지 않았다면 여전히 거짓 신들의 제단 앞에서 예배하고 있었을 것이다. 그들은 하나님 자체를 거부했고, 지금도 그분 자체를 원하는 게 아니라 하나님이 그들에게 해주실 수 있는 것 때문에 그분을 원했던 것이다. 그들은 창조주, 사랑하는 사람, 남편, 왕을 원했던 게 아니라, 자신들의 문제를 해결해줄 수 있는 우주적인 잡역부를 원했다. 종교는 그들에게 순전히 실용적인 사안이 되어버렸던 것이다.

하나님은 그들의 고백을 거절하셨다(13절 후반부). 그들은 아마 깜짝 놀랐을 것이다. 그들은 하나님을 조종하지 못했다. 오히려 그 반대였다. 그들은 하나님이 그분의 은혜를 자신들에게 '빚지고 있다' 고 생각해왔고, 너무 늦게 하나님이 길들여져 있지 않다는 사실을 깨닫게 되었던 것이다.

실제로 하나님은 이스라엘에게 그들이 그분을 버리고 좇았던 신들에게 그들의 간청을 돌리라고 말씀하신다(14절). 그 표현은 매우 통렬하다. 그들은 단순히 너희의(단순 소유 개념) 신들에게 부르짖으라고 도전받지 않는다. 좀 더 정확히 말하면, 그들은 '너희가 택한 신들에게 부르짖어야' 했던 것이다. 그들의 삶에 아무런 도덕적 요구도 하지 않는 종류의 신을 갖기 위해(물론 모든 게 잘 돌아가고 있을 때) 의도적으로 선택한 것이었음을 강조하는 표현이다. 그 조소적인 요소는 진리와 현실의 문제에 의해 강화된다. 사실 그들은 거짓 신이었다. 게다가 현실을 인식하지 못하기 때문에 아무도 구원할 수 없었던 것이다(사 41:7, 21-23). 그들은 무능력했다.

10:15-16. 이스라엘의 회개: '잘못했습니다.' 이스라엘은 '회개의 기초' 에 해당하는 첫 번째 교훈을 깨달았다. 하나님은 어리석지 않으시며, 거짓 진실에 속아 넘어가지 않으실 거라는 사실 말이다.

15절 전반부는 이스라엘의 고백을 기록하고 있다. 그들은 여전히 하나님이 자신들의 문제를 '처리해' 주시기를 바라고 있었지만, 하나님이 그리고 그분만이 유일하신 참 하나님이라는 사실을 깨달았던 것이다. 사람이 유일하신 참 하나님께 호소하려면, 자신의 삶을 주관하시는 그분의 권위를 인정해야 한다. 우리는 하나님의 지침 가운데서 일부를 취사선택할 수 없다. 그 모두가 불가분의 통일체를 형성하고 있기 때문이다. 따라서 이스라엘은 이제 하나님의 뜻에 복종하는 자세를 취했다. 그것이 어떤 형태로 나타나든지 간에 그분의 자비에 의지할 수밖에 없었던 것이다.

그 구절의 후반부는 이스라엘의 탄원을 담고 있다. 그들은 하나님께 자신들을 구원해 달라고 애원했다. 그분이 그리고 그분만이 위대한 구원자라는 사실을 인정했기 때문이다. 다른 신들은 무능력하다(렘 10:2-5). 오직 하나님만이 전능하시다.

16절은 이스라엘의 행동과 하나님의 반응을 기록하고 있다. 이스라엘이 또다시 회개의 말을 했지만, 이번에는 그들의 탄원이 적절한 행동을 수반했다. 그들은 마침내 자기 가운데서 이방 신들을 제하여버리고 여호와를 섬겼다. 하나님은 그들의 방식이 아니라 그분의 방식으로 구원하려고 하셨고, 그들이 이제야 그 조건을 충족시켰던 것이다. 일부 학자들은 그 말의 정확한 의미에 대해 논쟁을 벌이고 있지만(히브리어를 해석하는 데 있어 일부 취사선택할 수 있는 여지로 인해), 그들이 회개할 때 하나님의 진노가 누그러졌던 것으로 보인다. 다시 한 번 용서와 은혜가 주어졌다. 이스라엘의 곤고를 더 이상 보고만 계실 수 없었던 사랑하는 아버지로부터 말이다.

10:17-18. 이스라엘의 탐색: '누가 우리를 이끌꼬?' 암몬 족속은 '승자가 모든 걸 독식하게' 될 수도 있는 전투를 준비하면서 길르앗에 진을 쳤다. 적이 적진 뒤에서 군대를 마음대로 끌어모을 수 있을 때, 당황스러울 뿐만 아니라 기가 꺾일 수밖에 없다. 반면, 이스라엘 백성들 사이에는 아직도 강력한 리더십이 없었다. 이제 18년 간의 압제가 끝나가는 시점에 이스라엘 백성은 그들의 여호와께 새로운 헌신을 다짐했다. 그들은 새로운 마음으로 모였다. 어쩌면 그분이 그들을 구원하시지 않을 수도 있지만, 또 한편으로는 구원하실지도 모를 일이었다(15절).

그들은 미스바('망대', 흔한 서술적 이름이지만, 길르앗의 한 성읍이었을 것이다)에 군대를 집결시켰지만, 머리 역할을 해줄 사람이 아무도 없었다. 심지어 군대의 우두머리들 가운데서도 암몬의 침략자들에 맞서 군사적 연합체를 이끄는 데 필요한 존경을 받는 지도자가 아무도 없었던 것이다. 이제 입다가 하나님의 가장 파란만장한 지도자 가운데 한 명으로 등장할 수 있도록 모든 준비가 갖추어졌다.

Main Idea 복습	두 사사 돌라와 야일은 조용히 봉사하며 신실한 삶을 살지만, 이스라엘은 방심하여 하나님이 필요 없다고 생각하기 시작한다. 다른 '신들' 과 종교 제도는 도덕적 제약을 덜 가하므로 꽤 매력적이었던 것이다. 그러나 하나님은 만홀히 여김을 받지 않으신다. 이스라엘이 압제당할 때, 그분은 거짓 진실함에 감동되거나 속지 않으신다. 우리가 인식하지 못할 때조차도, 하나님은 항상 우리 삶에 깊이 관여하고 계신다. '보이지 않는 곳에서' 말이다.

결론

하나님과 돼지우리 그리고 출동 서비스

사사기의 사이클 전체에 걸쳐 하나님은 사랑하는 아들이 집으로 돌아오기를 참을성 있게 기다리는 탕자의 아버지와 매우 흡사하다. 하나님은 여러 차례 이스라엘을 실패로 간주하고 포기해버릴 수도 있었을 것이다. 하지만 그분은 노하기를 더디 하는 자비의 하나님이시기도 하다. 누가복음 15장에서 탕자는 집으로 돌아가기 위해 돼지우리를 떠났다. 그 아들은 비극적인 선택의 흔적으로 여전히 오물을 뒤집어쓰고 있었지만, 기꺼이 받아들여졌다. 이 장에서는 처음으로 하나님을 향한 이스라엘의 부르짖음이 말로 표현되었지만, 그들은 돼지우리에 그냥 남아 있는 쪽을 택하고 거기에 머물러 있으려는 충분한 의향을 가지고 있었다.

죄와 관련해서는 영적 광기 같은 것이 존재한다. 논리적으로는 전혀 이해되지 않기 때문이다. 당신이 얼마나 똑똑한지 혹은 당신 자신이 영적으로 얼마나 성숙되어 있다고 인식하는지는 중요하지 않다. 누구든 죄로 인해 하나님으로부터 분리되는 사람은 현실로부터도 분리되기 때문이다. 그러나 만약 당신이 신자라면 결국은 현실로 돌아오게 되어 있다. 탕자의 이야기에서 돼지우리에 앉아 있던 그 아들은 '스스로 돌이켰다'(눅 15:17). 여기서도 이교 신앙의 돼지우리에 빠져 진창에서 뒹굴던 이스라엘이 결국 '스스로 돌이켰다.' 그러나 거기까지 도달하는 데는 두 단계의 과정이 필요했다.

그들은 피상적인 종교의 수준에서 시작했다. 컴퓨터 용어를 사용해 표현하자면, 그것이 우리 인간의 '초기 설정 상태(default setting)' 일지도 모른다. 우리는 본질적으로 하나님과 함께 깊이 들어가는 것을 거부하게 되어 있기 때문이다. 우리는 늘 해오던 대로 전통적이고 의례적인 문구를 암송하는 데 더 편안함을 느낀다. 이스라엘 백성은 하나님을 그들이 어려움에 처했을 때만 연락하는 응급전화 911 정도로 생각했다. 그들은 하나님이 긴급 출동 서비스를 제공하기 위해 기다리며 하루 24시간 일주일 내내 대기하고 계실 거라고 생각했음에 틀림없다.

그러나 하나님은 감동되지 않으셨다. 그리고 이스라엘에게 냉정하셨다. 하나님은 전화를 받으셨지만, 그들이 스스로 자초한 곤경에 그분이 응하지 않으려는 이유를 분명하게 설명하셨다. 물론 우리가 그리스도인이 되기 전에는 하나님이 왕진을 오실 것이다. 설사 돼지우리라 하더라도 말이다. 그러나 만약 우리가 다시 태어난 이후에도 일부 죄 속에서 뒹굴기를 선택한다면(롬 6:1, 15), 하나님은 우리의 후회(열의 없는 회개)가 진정한 회개가(하나님께 진심으로 복종하는 것이) 되기를 바라신다. 이스라엘이 다른 신들의 수렁 속에서 뒹굴기를 멈추고 그들 뒤에서 저지르던 악행을 버리고 나서야 비로소 하나님 아버지의 마음이 그분의 방탕한 백성들을 향해 움직이기 시작했다. 이스라엘이 돼지우리를 떠나고 다른 신들을 치워버리자, 하나님이 깊이 감동되셨던 것이다.

▣ 진리 알기

- 하나님은 선한 영향력을 끼치고자 하는 사람들을 사용하신다. 반드시 세상을 깜짝 놀라게 하고자 하는 사람일 필요는 없다.
- 진리는 우리에게 동의하는 집단의 크기가 아니라, 하나님이 계시하시는 기준에 의해 평가된다.
- 하나님의 은혜가 미칠 수 없는 곳에 있는 사람은 아무도 없다.

• 하나님은 우리를 길이 참으시지만, 우리가 그분의 은혜를 마치 하나님이 우리에게 빚진 것인 양 기대해서는 안 된다.
• 진리는 방편 이상으로 소중히 여겨져야 한다.

▣ 적용하기

• 당신의 동기를 점검하라. 당신이 누구인지 때문에 하나님의 영광을 위해 그분을 섬기고자 하는가, 아니면 당신이 그분으로부터 얻을 수 있는 것 때문인가?
• 하나님은 이스라엘 백성을 용서하셨다. 또다시 말이다! 하나님이 그분을 본받아야 할 우리에게도 되풀이해서 용서해주라고 요구하신 것이 과연 놀라운 일인가?(마 18:22)
• 만약 당신이 돼지우리에 머물러 있을 작정이라면, 하나님께 도움을 청할 자격이 없음을 명심하라.
• 옳은 말만 입에 담지 말고, 당신의 약속을 실행에 옮겨라.
• 하나님과 화목을 유지하라. 그것이 당신을 곤경으로부터 지켜줄 것이다.

삶의 적용

섬김의 힘

우리는 좋은 소식(두 명의 신실한 인물)과 나쁜 소식(이스라엘의 위선)이 있었다는 사실을 밝히며 이 장을 시작했다. 좋은 소식은 하나님이 신실한 섬김을 사용하신다는 사실이다. 1994년 더그 니콜스(Doug Nichols) 선교사는 자신이 1967년 인도의 오퍼레이션 모빌라이제이션(Operation Mobilization) 선교회에서 활동하며 겪었던 경험을 글로 남겼다. 어렵게 종이 될 수 있었던 어느 기회에 대한 그의 조용한 설명은 수많은 설교보다 더 강력한 메시지를 전달해준다('부모 동반 관람 가능' 등급임에 주의하라).

나는 결핵에 걸려 결핵 요양소에서 여러 달을 보낸 적이 있다. 마침내 허가를 받아 요양소에 들어간 후에, 나는 환자들과 의사들과 간호사들에게 소책자를 나눠주려고 시도했다. 하지만 아무도 받으려 하지 않았다. 당신도 쉽사리 알아차릴 수 있었을 테지만, 그들은 내가, 부유한 미국인이(그들에게는 모든 미국인이 부유했다) 국립 요양소에 있다는 사실에 대해 정말로 탐탁지 않게 여겼다. 그들은 O.M.에서 사역하는 내가 그들과 똑같이 무일푼이라는 사실을 몰랐던 것이다. 나는 크게 낙심했다. 병에 걸려 있었을 뿐만 아니라 모두가 내게 성이 나 있었고, 언어 장벽으로 인해 전도도 할 수 없었으며, 심지어 소책자나 요한복음서를 받아주는 사람조차 아무도 없었기 때문이다.

처음 며칠 동안, 나는 밤마다 기침 때문에 새벽 2시경 깨어나곤 했다. 그러던 어느 날 새벽, 한바탕 기침을 하고 있던 나는 건너편 쪽에 누워 있던 나이 든(그리고 분명 병세가 더 심한) 환자들 가운데 한 명이 침대에서 일어나려고 애쓰는 것을 목격했다. 그는 침대 가장자리에 앉아 일어서려고 시도했지만 병약함 때문에 침대로 다시 넘어지곤 했다. 나는 정말로 무슨 일이 일어나고 있는지 혹은 그가 무엇을 하기 위해 시도하고 있는지 이해하지 못했다. 그는 마침내 기진맥진한 상태로 침대에 다시 쓰러지고 말았다. 잠시 후 나는 그가 조용히 흐느끼는 소리를 들었다. 다음 날 아침, 나는 그 남자가 무엇을 하려고 시도하고 있었는지 깨닫게 되었다. 그는 단지 일어나 화장실로 걸어가려고 시도했던 것이다! 그는 자신의 병과 극도의 허약함 때문에 그렇게 할 수 없었고, 너무나 병약한 나머지 그만 침대에서 용변을 보고 말았던 것이다. 이튿날 아침 우리 병동의 악취는 정말로 지독했다. 다른 환자들은 대부분 그 냄새 때문에 그 남자에게 모욕적인 말을 퍼부었다. 간호사들은 극도로 흥분하여 막 화를 냈다. 그들이 그 더러운 것들을 모두 치워야 했기 때문이다. 그들은 그 문제를 처리하느라 그 남자를 이쪽저쪽으로 거칠게 옮겼다. 간호사 가운데 한 명은 화를 내며 그의 뺨을 때리기까지 했다. 몹시 당황한 그 남자는 공 모양으로 몸을 웅크린 채 흐느끼고만 있을 뿐이었다.

다음 날 밤, 나는 역시 새벽 2시경에 또 깨어나 기침을 하고 있었다. 나는 건너편에 있는 그 남자가 일어나 앉아 또다시 화장실에 가려고 시도하고 있는 것을 목격했다. 하지만 여전히 너무 약했던 그는 전날 밤처럼 흐느끼며 침대에 다시 쓰러지고 말았다. 나도 당신들 대부분과 똑같다. 나도 고약한 냄새를 싫어한다. 나는 관여하고 싶지 않았다. 나 자신도 병들어 있었기 때문이다. 그러나 무슨 일이 일어났는지 내가 깨닫기도 전에, 내가 왜 그렇게 했는지 이유도 알지 못한 채 나는 침대에서 일어나 그 노인에게 다가갔다. 그는 여전히 울고 있었기 때문에 내가 다가가는 소리를 듣지 못했다. 내가 손을 내밀어 그의 어깨에 대자, 그가 눈을 떠 두려우면서도 의아한 표정으로 나를 쳐다보았다. 나는 그냥 미소 지으며 내 팔을 그의 머리와 목 아래에 넣고 다른 팔을 그의 다리 아래에 집어넣어 그를 들어올렸다. 나 역시 병들고 허약했지만, 분명 그보다는 더 강했다. 그는 노령과 많이 진행된 결핵으로 인해 무척 가벼웠다. 나는 복도를 따라 화장실로 걸어갔다. 그곳은 정말로 냄새나고 더러운 조그만 방으로, 바닥에 구멍만 하나 뚫려 있을 뿐이었다. 나는 그의 뒤에 서서 그의 겨드랑이에 내 팔을 집어넣어 그를 붙잡고 있었고, 그는 스스로 일을 처리할 수 있었다. 그가 볼일을 다 본 후, 나는 그를 들어올려 그의 침대로 다시 옮겨 놓았다. 내가 그를 눕히기 시작할 때 내 머리가 그의 머리 옆에 다가가자 그가 내 볼에 키스하고 미소 지으며 무언가를 말했고, 나는 그것이 '고마워요' 일 거라고 생각했다.

다음 날 아침 일어난 일은 정말로 놀라웠다. 나도 모르는 다른 환자 가운데 한 명이 새벽 4시경 맛있는 인도차가 들어 있는 김이 모락모락 나는 컵을 들고 와 나를 깨웠다. 그는 잠시 후 손동작으로(그는 영어를 전혀 몰랐다) 자신이 소책자를 원한다는 의사를 표시했다. 날이 밝자 다른 환자들 가운데 몇 명이 더 내게 다가와 자신들도 내가 전에 나눠주려고 했던 팸플릿을 하나 갖고 싶다는 몸짓을 했다. 그날 내내 사람들은 내게 찾아와 복음 팸플릿을 달라고 요청했다. 그 가운데는 간호사들과 병원 인턴들, 의사들까지 포함되어 있었고, 마침내 병원 내 모든 사람이 소책자나 팸플릿, 요한복음서 등을 하나 정도 소지하게 되었다. 그 이후 며칠 동안 여러 사람이 그 복음을 읽고 나서 그리스도를 구세주로 믿게 되었다는 뜻을 전달해왔다. 그 사람들에게 그리스도 안에 있는 구원의 복음을 가지고 다가가는 데 무엇이 필요했는가? 그것은 분명 건강이 아니었다. 연설하는 능력도, 지적으로 설득력 있게 설교하는 능력도 결코 아니었다. 물론 건강도 중요하고 다른 문화와 민족에게 섬세하게 의사소통할 수 있는 능력도 매우 중요하지만, 하나님은 그들의 마음이 복음에 열리게 하기 위해 무엇을 사용하셨는가? 나는 단지 노인 한 명을 화장실에 데려갔을 뿐이고, 그것은 누구도 할 수 있었던 일이다!(Doug Nichols, World, March 12, 1994, p.26)

매우 감동적인 이 이야기는 하나님이 신실한 섬김을 사용하신다는 사실을 예시해준다. 그러나 사사기 10장의 부정적인 부분도 간과하지 말자. 거기에도 역시 배워야 할 교훈이 있기 때문이다. 고대 그리스에서 배우들은 거대한 원형극장에서 쉽게 보일 수 없었기 때문에 가면을 쓰고 적절한 시점에 적절한 감정을 전달했다. 당시 이 배우들을 지칭했던 용어는 위선자란 뜻의 영어 단어 hypocrite의 어원이다. 성경에서 외식(hypocrisy)은 자신이 아닌 누군가인 체하는 죄로, 영적 가면을 쓴 것이었다. 하나님은 우리가 서로와 그분 앞에서 가면을 쓰지 않기를 바라신다. 이 장에서 이스라엘은 하나님께 처음 나왔을 때, 피상적일 뿐인 회개의 가면을 쓰고 있었다. 단순한 말 이상의 깊이를 지니고 있지 못했던 것이다. 그것은 실수였다. 하나님은 어리석지 않으시기 때문이다. 그분은 그들의 행위를 꿰뚫어보고 계셨다.

하나님이 거부했던 사울 왕과 하나님의 마음을 좇았던 사람 다윗 왕의 차이를 그들이 저지른 죄에서 찾으려 해서는 안 된다. 사실 이론의 여지는 있지만 다윗의 죄가 더 컸기 때문이다(탐심과 간음, 음모, 배신, 살인 등). 하나님이 그 두 사람을 보는 관점의 차이는 무엇이었을까? 그 차이는 각 사람이 자신의 죄를 지적당했을 때 반응하는 방식이었다. 사울은 자기 주변에 있는 사람들을 모두 탓했다. 하지만 다윗은 자신의 과오를 인정하고 그 실패의 결과를 받아들였다. 그는 시편 51편에서 모두가 볼 수 있도록 자신의 상한 심령과 회개하는 마음을 숨김없이 드러냈다. 이것이 바로 이스라엘이 사사기 10장에서 깨달았던 뼈아픈 교훈이다. 나는 아버지로서 내 자녀들로부터 피상적인 겉치레보다는 "아빠, 제가 실수하고 말았어요. 잘못했어요"라는 소리를 훨씬 더 듣고 싶다. 우리의 하늘 아버지이신 주님은 우리 마음의 깊이를 잘 알고 계신다.

기도

하나님, 당신은 우리가 지금 단순히 말만 하고 있음을 잘 아십니다. 우리는 방금 전 말이 때로는 가치 없다는 사실을 배웠습니다. 그리고 심지어 기도 속에서도 참 신자들이 당신의 목적을 이루기 위해 당신에 의해 사용되기보다는 그들의 목적을 이루기 위해 당신을 이용하려고 시도할 수 있다는 사실도 깨달았습니다. 당신은 어리석지 않으시지만, 우리가 복종하는 마음과 회개하는 마음으로 당신 앞에 나아오기를 기다리십니다. 우리의 마음이 당신의 마음과 일치되어 우리가 당신의 진리를 실행에 옮기게 되기를 원합니다. 나의 반석이시요 나의 구속자이신 여호와여, 내 입의 말과 마음의 묵상이 주의 앞에 합당한 것이 되기를 원합니다(시 19:14 참조). 아멘.

심층 연구

A. 마이너 리그 사사들(10:1-5)

여섯 명의 소사사들은 죄와 예속, 탄원, 구원, 고요로 이어지는 사이클의 부재에 의해 그들의 동시대인들과 구별된다. 그들의 이야기를 전달하는 데 얼마나 많은 지면이 할애되어 있느냐(혹은 그렇지 않느냐)가 거의 유일한 판단 기준이라고 할 수 있다. 우리는 그들이 완전성을 위해 이 책에 포함되어 있다는 사실 외에, 그들에 대해 아는 게 거의 없다. 하지만 우리는 그들 가운데 다섯 명이 도합 70년 동안 이스라엘을(혹은 이스라엘의 일부를) 다스렸다는 사실을 알고 있다(거기에다 3장 31절에 주어져 있지 않은 삼갈의 사사직 수행 기간을 더해야 할 것이다). 여섯 명 모두 합쳐 에훗(80년, 3:30)보다 짧은 기간 동안 다스렸을 가능성이 높다. 그들 대부분은 분명 적과 싸울 필요가 없었고, 대신 사법적인 문제에 일생을 바치며 손해배상과 분쟁의 조정자가 되어 주로 질서유지에 기여했던 것으로 보인다.

B. '가나안 사람화' (10:6)

가나안 사람의 대다수는 바알과 아스다롯(삿 2:11-13)을 숭배했다. 모압 족속은 그모스(Chemosh, 민 21:29)를 숭배했고, 암몬 족속은 밀곰(Molech, 왕상 11:5)을 섬겼으며, 블레셋 족속은 다곤(Dagon, 삿 16:23)을 섬겼다. 일부 사람들은 이스라엘에 인접해 있으면서도 하나님의 백성에게 전혀 영향을 미치지 않았던 유일한 왕국이 에돔이었다고 추론할지도 모르지만, 일곱 배나 긴 배교에 대한 설명은 그들의 배교가 철저하고 완벽했음을 의미하려는 의도일 가능성이 더 높다. 그것은 이스라엘의 첫 번째 '회개' 에 대한 하나님의 반응을 볼 때 분명해 보인다.

C. '학대하니(NIV: Shattered and Crushed)' (10:8)

이 사이클에서 이스라엘의 직접적인 압제자로 등장하는 암몬 족속은 고대에 그들의 잔인성으로 널리 알려져 있었다(삼상 11:1-2). 그들과 블레셋 족속이 끼쳤던 집단적인 피해가 히브리어에서 거의 시적으로 연계되어 있는 두 단어로 묘사되어 있다. 그들이 '부서지고(shattered)' '뭉개졌다(crushed)' 고 말하는 것은 그들이 '폭격당하고(bombed)' '폭파당했다(blasted)' 거나 '유린당하고(devastated)' '파괴당했다(destroyed)' 고 말하는 것과 마찬가지일 것이다. 음성적으로나 의미적으로나 서로 관련되어 있는 그 단어들은 이스라엘의 철저한 사기 저하를 암시해준다.

D. 구원자(10:11-12)

하나님의 구원에 대한 기록은 철저하고 광범위하다. 그분은 이스라엘 백성을 애굽 사람(출애굽기)과 아모리 사람(민 21:21-35)과 모압 사람(삿 3:15-30)과 블레셋 사람(삿 3:31)으로부터 구원해주셨다. 하나님은 또 그들을 시돈 사람(추정컨대, 삿 4:1-3)과 아말렉 사람(삿 3:13, 6:3, 33, 7:12)과 마온 사람(10:12, 미디안 족속과 관련되어 있었던 것으로 보인다, 삿 6-8장 참조)으로부터도 구원해주셨다.

E. 입다는 흰 모자(착한 사람을 지칭하는 구어 - 역주)를 쓴 사람일까?(10:16)

일부 학자들은 하나님이 이스라엘에게 보이신 반응의 정확한 의미에 대해 논란을 벌이고 있다. 그분이 동정심을 느끼셨던 걸까, 아니면 그들에 대해 훨씬 더 역겨워하셨던 걸까? 히브리 원문이 하나님이 "그들을 더 이상 참으실 수 없었다" 로 읽힐 수도 있고, "그들의 고통을 더 이상 참으실 수 없었다" 로 읽힐 수도 있기 때문이다. 그 결정의 함축적 의미는 입다의 지휘 아래 이루어진 구원이 하나님에게서 온 것이었는지, 사람으로부터 온 것이었는지 여부를 포함하고 있다. 만약 후자가 사실이라면, 입다는 결코 하나님의 구원자가 아니었던 것이다. 본 저자는 뒤에 이어지는 구원 이야기와 입다의 삶에 나타난 하나님의 역할이 입다의 사이클에 하나님이 분명히 그리고 능동적으로 관여하셨다는 견해를 뒷받침하고 있다고 믿는다. 입다는 하나님을 구원의 원천으로 바라보았다(삿 11:9, 21, 23-24). 하나님은 입다와 이스라엘 사이에 언약의 증인으로 언급되었고(11:10-11), 그분의 신으로 입다에게 능력을 부여해주셨으며(11:29), 암몬 족속에 대한 승리를 허락해주셨다(11:32). 더욱이 입다는 신약에서 믿음의 영웅 가운데 한 명으로 모습을 드러낸다(히 11:32). 입다의 '흰 모자'가 엄청나게 잘 어울리지는 않을지 모르지만(우리가 다음 장에서 보게 되듯이, 그는 거친 시대에 어울리는 거친 사람이었다), NIV 성경은 그것을 옳게 해석하고 있다. 하나님은 "이스라엘의 고통을 더 이상 참으실 수 없었다"(NIV: could bear Israel' s misery no longer, 삿 10:16).

교안

A. 들어가는 글

1. '좋은 소식과 나쁜 소식' 이야기로 시작하라.
2. 배경 설명: 사사기 9장은 왕이 되려고 했던 기드온의 아들 아비멜렉의 이야기를 기록하고 있다. 그의 흥망성쇠는 하나님을 좌지우지하려는 인간의 시도가 무익함을 예시해준다. 사사기 10장에서는 하나님이 다시 한 번 나라들의 움직임과 마음의 움직임을 모두 주관하신다. 다음 두 장은 때로 실수하기도 하지만 주권자이신 하나님에 의해 쓰임 받기를 원하는 거칠고 난폭한 한 남자의 이야기를 계속 이어간다. 조지 윌(George Will)은 언젠가 무식하지만 혈기 왕성한 정치 활동가에 대해 이렇게 말했다. "심지어 서투른 총잡이도 결투 신청을 받아들임으로써 위엄을 갖춘다."
3. 적용: 사사기의 저자는 기드온과 그의 가족의 희극과 비극으로 우리를 인도했다. 아비멜렉의 실망스러운 무용담 이후, 우리는 여호와를 위해 신실하게 살았던 사람들의 이야기가 다시 나올 수 있을까 하는 의구심이 들기 시작한다. 돌라와 야일의 사사직 수행은 비록 짧게 언급되어 있지만, 우리는 그들의 오랜 신실함에서 깊은 상쾌함을 발견하게 된다.

B. 본문 이해

1. 돌라의 사사직 수행(10:1-2)
2. 야일의 사사직 수행(10:3-5)
3. 입다의 사사직 수행으로 이어지는 서막: 암몬 족속에 의한 탄압(10:6-18)
    1) 죄(10:6)
    2) 예속(10:7-9)
    3) 이스라엘의 후회: '죄송합니다' (10:10)
    4) 하나님의 책망: '너희는 지금 게임을 하고 있단다' (10:11-14)
    5) 이스라엘의 회개: '잘못했습니다' (10:15-16)
    6) 이스라엘의 탐색: '누가 우리를 이끌 것인가?' (10:17-18)

C. 결론: '하나님과 돼지우리 그리고 출동 서비스' 를 읽어주라.

토의 질문

1. 로마서 16장은 바울이 26명의 사람들(24명은 이름이 밝혀져 있고, 나머지 2명은 무명이다)에게 보내는 인사장 목록을 담고 있고, 우리는 그들에 대해 아는 게 거의 없다(암블리아와 루포, 바드로바, 네레오 등). 그럼에도 불구하고 우리가 성서의 지면에 걸려 있는 그들의 '액자' 를 들여다보도록 그들은 거기에 기록되어 있다. 그들은 '친구' (개역한글판에서는 '사랑하는' 으로 번역되어 있다, 5, 9, 12절)나 '동역자' , '내 친척' 등으로 불리고 있다. 그들이 초대 교회에서는 유명했지만, 우리에게는 알려져 있지 않다. 돌라와 야일처럼, 그들의 삶도 영원에 영향을 미치게 될 것이다. 당신의 교회도 당신이 이름을 잘 모르는 사람들의 액자나 사진을 가지고 있는가? 당신은 그들의 이야기를 알아보려고 생각해본 적이 있는가?

2. 이스라엘 백성의 입장에서 보면, 그들은 거짓 신들에 잠시 빠졌다가 진리와 현실로 되돌아온 것이었다. 우리가 하나님에 대한 헌신보다 무언가를(사람이나 소유물, 목표 등을) 우선한다면, 그것은 언제나 거짓 '신'이 되게 마련이다. 사람들이 그들의 삶 속에 가지고 있을 수도 있는 거짓 신들을 12가지 정도 열거해보라. 당신이 그 목록을 내려다볼 때, 그것들 속에 어떤 성취감이 있는가? 어떤 도움이나 위안이 있는가? 그것들 가운데 어떤 것이 우리를 영원히 자유롭게 해주는가?

3. 죄의 비논리성을 증명해보라. 만약 하나님이 유일하신 창조주라면, 창조된 피조물 가운데 어떤 것을 그분보다 우선하는 것이 이치에 맞는가? 만약 하나님이 우리의 최선의 상태를 원하시고, 그에 따라서 평안과 기쁨의 만족스러운 삶을 사는 방법에 대해 우리에게 말씀해주셨다면, 그분의 가이드북과 그 원리들을 무시하는 것이 도대체 이치에 맞는 일인가? 다음 진술에 대해 생각해보라. "나는 하나님께 불순종한 행동을 항상 후회해왔습니다. 그러나 그분께 순종한 행동에 대해서는 한 번도 후회해본 적이 없습니다." 만약 그것이 성경적 관점이라면(실제로 그렇다), 우리 삶을 어떻게 살아야 하는지와 관련하여 그것이 주는 암시는 무엇인가?

4. 로마서 1장 21-25절을 읽어보라. 그 말들은 타락해가는 문화를 묘사하고 있다. 그 말들이 오늘날의 우리 사회를 묘사하는 방식이라고 생각할 수 있겠는가?

사사기 11장

사라진 처녀의 미스터리

"위대한 일에서는 사람들이 보이고 싶은 대로 자신의 모습을 보이지만, 작은 일에서는 그들의 본 모습이 드러나게 되어 있다."

- 가말리엘 브래드포드(Gamaliel Bradford)

입다는 인생에서 늦게 하나님의 은혜를 경험한 거친 사람이었지만, 그럼에도 불구하고 하나님의 은혜가 그의 현명치 못한 선택의 결과를 취소하지는 못했다.

역사적 개요:
입다의 사사직 수행이 지니고 있는 독특성

- 하나님이 거짓 회개를 책망하신 유일한 사이클이다(10:11-15).
- '반역' 과 관련된 요소가 가장 광범위하게 묘사되어 있다.
- 하나님과 이스라엘 백성 사이의 대화를 담고 있는 유일한 사이클이다.
- 박해에 대한 이스라엘의 반응이 가장 구체적으로 설명되어 있다.
- 우리는 사사기에서 처음으로 이스라엘로부터 죄에 대한 고백을 듣게 된다.
- 사람에 의해 스카우트된 유일한 사사다.
- 가족적 배경이 기록된 사사들 가운데 최악의 경우라고 할 수 있다.
- 무력 충돌을 피하기 위해 외교술을 사용하려고 했던 유일한 사사다.
- 다른 어떤 사사보다 하나님의 개인적 이름(YHWH)을 많이 사용했다.
- 그는 군사적 승리 후에 가장 짧은 기간 동안 사사직을 수행했다(6년).
- 입다의 사사직 수행 뒤에는 '안식' 에 대한 언급이 없다.
- 가장 독특한 제물(혹은 해석자들 사이의 논란)을 제공하고 있다.

들어가는 글

어느 '괴짜'의 성격

내 친구는(그를 찰리라고 부르기로 하자) 한국 전쟁 중에 그리스도인이 되었다. 그는 군에 입대했지만, 동시에 '양심적 병역 기피자' 였다. 그의 믿음은 단순하고 거칠며 노골적이었다. 찰리는 누구든 그리스도인이 아닌 사람을 죽이는 일에 책임을 지고 싶지 않다고 말했다. 대신, 그는 위생병이 되었고, 수시로 위험한 곳에 자원했다. 찰리는 새 그리스도인으로서 성경을 읽어야 한다는 말을 들었지만, 성경을 가지고 있지 않았다. 그래서 그는 자신이 다른 것들을 얻었던 방식대로 성경도 손에 넣었다. 훔쳤던 것이다. 찰리는 그리스도인이 되고 약 1년이 지나서야 성경을 읽다가 자신이 읽고 있는 그 성경책을 손에 넣었던 방식에 대해 갑자기 인식하게 되었다. 그는 여러 해에 걸쳐 크게 성숙되었고, 결국 아이비리그(ivy league)에서 박사 학위를 취득하여 주변으로부터 사랑받는 그리스도인 교수가 되었다. 찰리와 관련하여 한 가지만은 결코 변하지 않았다. 예수님께 전적으로 헌신하든지 그렇지 않든지 양단간에 선택해야 하는 것 말이다. 그 중간이란 있을 수 없었다. 입다처럼 말이다.

입다와 관련해서는 어떤 것도 파스텔톤으로 그려지지 않았다는 것이 지금까지 관찰한 결과다. 모든 게 짙고 선명하며 강렬한 색조로 그려져 있다. 그는 자신의 가족에 의해 버림받아 영혼의 상처를 끌어안고 살아야 했던 과거의 사람이었다. 하나님에 대한 이스라엘의 첫 반응을 특징짓는 종교적 궤변 같은 것을 입다는 상상도 할 수 없었을 것이다. 철저한 헌신만이 그가 이해하고 있는 것이었다. 그 중간이란 있을 수 없었다.

본문 이해

사라진 처녀의 미스터리

Main Idea	입다의 삶에는 극복해야 할 것들이 많았다. 그는 역기능적인 가정에서 태어났고, 거기서 쫓겨나기까지 했다. 그럼에도 불구하고 입다는 타고난 리더십을 통해 인기 있는 전사가 되었다. 그의 선택은 때로 지혜를 반영하기도 하고, 어리석음을 반영하기도 했다. 하지만 그것이 큰 개인적인 고통을 의미할 때조차도 그는 타협보다 진리와 원칙 고수를 더 소중히 여기는 사람으로 남았다.

A. 버림받은 서자 입다(11:1-3)

Supporting Idea	입다는 자신이 잘못한 게 없음에도 불구하고 그의 가족에게서 무자비하게 쫓겨났다.

11:1-3. 이스라엘 백성들은 절박했다. 그들은 지난 18년 동안 암몬 족속의 탄압에 희생되어 왔던 것이다(10:8). 형제(또는 이복형제) 간의 대립 관계에도 불구하고, 길르앗 장로들은 그 위협에 잘 대처할 수 있을 것으로 그들이 알고 있는 유일한 사람을 찾아갔다. 바로 길르앗 사람 입다였다. 그의 이름은 '(하나님이) 열었다' 라는 뜻으로, 자궁과 관련이 있다. 입다는 다음 네 가지 면에서 우리의 지난 주인공 아비멜렉과 비교 또는 대조될 수 있을 것이다.

첫째로, 두 사람의 출생 신분이 모두 불명예로 간주되었지만, 아비멜렉과는 달리 입다의 아버지(길르앗)는 그의 어머니와 결혼하지 않았다. 그녀는 기생(prostitute)이었기 때문이다. 그녀가 성창(聖娼)의 신분이었는지 독립적인 창녀였는지 여부는 알려져 있지 않다. 둘째로, 아비멜렉이 그의 아버지와 형제들로부터 떨어져 양육되었던 것과는 달리, 길르앗은 자신의 서자를 인정하고 그를 자신의 가정으로 데려와 양육했던 것으로 보인다. 셋째로, 아비멜렉의 아버지 기드온이 많은 아내를 두었던 것과는 달리, 길르앗은 단 한 명의 아내를 두었고, 그녀의 아들들이 입다를 쫓아냈던 것으로 보인다. 그

일은 그들의 아버지가 죽기 바로 전이나 직후에 일어났을 가능성이 높다. 그들이 입다를 쫓아내며 밝혔던 이유 때문이다. 너는 우리 아버지 집 기업을 잇지 못하리라. 이스라엘에서 유산을 상속받는 것은 어머니가 아니라 아버지에 달려 있었기 때문에, 그들은 입다가 장래에 받게 될 재산을 훔치고 있었던 것이다. 넷째로, 앙갚음으로 자기 형제들을 학살했던 아비멜렉과는 달리, 입다는 나중에 하나님의 백성들에 대한 구원을 통해 자기 형제들을 구했다(그들이 그것을 고맙게 생각했는지 그렇지 않았는지는 모르지만 말이다).

그렇게 해서 입다는 돕 땅으로 피신하였고, 그곳에서 적절한 때에 타고난 지도자가 되었다. 잡류(NIV: a group of adventurers, 9장 4절과 동일한 용어)로 언급된 그의 부하들은 용병들이었다. 그들은 대서특필된 구약의 〈더티 더즌(The Dirty Dozen: 12명의 죄수가 주인공으로 등장하는 전쟁 영화 - 역주)〉이었던 것이다.

B. 무법자 입다(11:4-11)

Supporting Idea	입다는 적절한 때에 노련한 전사와 지도자가 되었다. 그는 기꺼이 자신의 가족을 용서하고 그의 씨족을 지휘하는 책임을 맡았다.

11:4-11. 여러 해가 지났다고 보는 것이 좋을 것이다. 그리고 나서 얼마 후에(그 와중에 입다 자신도 결혼하여 무남독녀를 두었다) 길르앗 장로들이 입다를 데려오려고 돕 땅에 갔다. (우리는 이제 10장 17-18절에서 이어지는 이야기의 본류로 되돌아온 것이다.) 그 무렵 입다는 악명 높은 군사 지도자가 되어 있었다. 그렇다 하더라도 입다는 범죄자로 간주되지 않았다. 그는 백성들의 필요를 지원해주는 로빈 후드도 아니었지만, 그렇다고 그들의 탐욕에 얽혀 살아가는 알 카포네도 아니었다. 게다가 무엇보다도 중요한 것은 그가 암몬의 지배를 받고 있지 않다는 사실이었다.

절박함에 처해 있었던 길르앗 사람들은 그 무법자에게 접근했다. 장로들이 입다에게 제안했다. 우리가 암몬 자손과 싸우려 하나니, 당신은 와서 우리의 장관이 되라. 이 문맥에서 '장관' 이란 단어는 군사적 지도자를 의미할 뿐, 그 이상은 결코 아니다. 길르앗 사람들이 내부에서 '머리' 를 의논하고 있던 때에 검토되었던 제안과는 대조적으로 말이다 (10:18).

입다의 초기 반응은 저항과 비난이었다. 너희가 전에 나를 미워하여 내 아버지 집에서 쫓아내지 아니하였느냐? 이제 너희가 환난을 당하였다고 어찌하여 내게 왔느냐? 여기에 언급된 '너희(you)'는 길르앗 사람들을 총칭하는 말이다. 그들은 침묵으로 입다가 일찍이 당했던 억울한 일을 묵인했던 것이다. 이스라엘 백성들은 자신들의 초기 행위를 숨기거나 부정하기보다, 그들의 잘못을 인정하고(10장 15-16절에서 그들이 보인 회개의 진정성을 반영하는 시각이라고 할 수 있다) 앞서 언급한 제안을 좀 더 보강하여 다시 내놓았다. 그들은 이제 입다에게 군대 장관뿐만 아니라 자신들의 머리, 다시 말해 통치자가 되어 달라고 부탁하고 있었던 것이다.

이 확대된 제안은 입다를 깜짝 놀라게 했던 것으로 보인다. 입다는(아마도 잘 믿기지 않는다는 표정을 지어 보이며) 그 제안을 되풀이했다. 만일 여호와께서 정말로 암몬 족속에 대한 승리를 주신다면, 내가 과연 너희 머리가 되겠느냐? 입다가 그 사건들을 압제로부터 해방시키시는 여호와의 주권적 행위에 달려 있는 사안으로 간주했기 때문에, 길르앗 장로들도 맹세를 통해 똑같은 방식으로 대답했다. 여호와는 우리 사이의 증인이시니 당신의 말대로 우리가 반드시 행하리이다. 그 결과는 입다가 길르앗 장로들과 함께 가니 백성이 그로 자기들의 머리와 장관을 삼은 것이었다.

그것이 세속적인 예식은 아니었지만, 여호와 앞에서 서약하는 행위가 수반되었다. 입다는 선택을 끝냈다. 그는 이제 여러 해 전 자신을 거부했던 백성들을 다스리는 통치자가 될 것이지만, 한편으로는 언약의 하나님 여호와의 주권적 통치 아래 놓여 있는 통치자의 지위를 확립하게 될 것이었다.

C. 외교가 입다(11:12-28)

Supporting Idea	입다는 외교술이 대안일 때는 언제나 폭력에 호소하지 말아야 함을 터득했다(그것이 그의 도덕적 원칙을 훼손하지 않는다면 말이다).

11:12-28. 만약 우리가 지금 곧바로 전투에 뛰어드는 행동의 사람을 기대한다면, 놀랄 수밖에 없다. 입다는 단순히 장군이 아니라 통치자로서의 역할을 수행하고 있었던 것이다. 그는 이스라엘의 적과 무력 충돌을 피하기 위해 외교술을 사용하려고 시도했던 유일한 사사였다. 입다는 암몬 자손의 왕에게 사자를 보내어 탄압의 이유를 물었다.

휴전에 희망을 걸고 협상을 시작하기 위해 던진 첫 질문이었던 것이다. 암몬 왕은 아르논에서부터 얍복과 요단까지 모든 땅이 자신의 것이라는 터무니없는 주장을 하며 그것을 돌려달라고 요구했다. 18년 압제의 이면에 숨겨져 있는 동기에 대한 정보가 우리에게 처음으로 주어진 것이다.

입다의 반응은 분명했다. 첫째, 그는 암몬 왕에게 "당신네 역사를 확인해보라"고 말했다(15-22절). 그것은 결코 당신네 땅이 아니었다. 둘째, 그는 암몬 왕에게 "당신네 신학을 확인해보라"고 말했다(23-25절). 그 땅은 여호와에 의해 이스라엘에게 주어진 것이었다. 셋째, 그는 암몬 왕에게 "당신네 연대기를 확인해보라"고 말했다(26절). 만약 당신네 주장이 정당하다면, 그것을 행동으로 옮기는 데 왜 300년 이상 기다려 왔는가?

당신네 역사를 확인해보라(15-22절). 입다의 첫 번째 요점은 이스라엘이 모압 땅과 암몬 자손의 땅을 취하지 않았다는 것이었다. 암몬의 주장은 수정주의적 역사라는 문제점을 갖고 있었다. 그래서 입다는 암몬의 지도자들에게 이스라엘이 애굽을 떠난 시점부터 가나안 정복 시점까지 이스라엘 군대가 이동했던 경로에 대해 역사 강의를 했다. 입다는 이스라엘이 에돔과 모압과 암몬의 영토권을 침해하지 않으려고 조심했으며, 모압과 암몬에 맞서 싸우는 것을 의도적으로 피했다고 주장했다(신 2:5, 9, 19). 심지어 그들이 이스라엘에 적대적이었을 때조차도 말이다. 하지만 아모리 족속에 대해서는 그런 금지령이 이스라엘에게 주어지지 않았다. 이스라엘이 아모리 땅을 안전하게 통과할 수 있도록 허락해 달라고 요구하고, 아무 도발 행위도 없이 의심 많은 아모리 왕 시혼에 의해 공격당했을 때, 그들은 스스로를 방어할 수밖에 없었던 것이다. 그 결과는 이스라엘의 하나님 여호와께서 승리를 가져다주시는 것이었다.

입다가 주장하는 요지는 이런 것이었다. 그것은 처음부터 결코 당신네 땅이 아니었다. 이스라엘은 에돔 족속이나 암몬 족속, 모압 족속 등에 의해 관할되는 땅을 빼앗은 적이 없다. 문제의 그 땅은 아모리와의 전쟁에서 얻은 전리품의 일부였던 것이다.

당신네 신학을 확인해보라(23-25절). 둘째로, 아모리 족속에 대한 승리는 오로지 이스라엘의 하나님 여호와께서 그들을 쫓아내셨기 때문에 생겨났다. 입다는 논쟁을 위해 암몬 자체의 신학에 호소했다. 만약 암몬 족속이 그들의 신 그모스가 자신들에게 주었다고 생각하는 것을 마땅히 소유해야 한다고 믿는다면, 이스라엘이 여호와께서 그들에게 주셨다고 알고 있는 것을 소유해야 하는 것이 이치에 맞지 않겠는가? 암몬의 침략은

전적으로 불합리했다. 심지어 암몬 족속이 그모스의 대표적인 왕족이라고 이해할 만한 모압 왕 십볼의 아들 발락조차도 영토 분쟁 문제로 이스라엘을 공격하지는 않았던 것이다.

당신네 연대기를 확인해보라(26절). 셋째로, 입다는 암몬 족속에게 그들의 압제 시점에 대해 생각해보라고 촉구했다. 이스라엘은 그 땅과 그곳에 있는 성읍들을 300년 동안 소유해왔다. 왜 그렇게 오래 기다렸단 말인가? 그 동안에 너희가 어찌하여 도로 찾지 아니하였느냐? 이스라엘이 탄압에 저항할 수 없을 만한 때에 갑자기 소유권을 주장하고 나서는 것은 기회주의이지 고귀함과는 거리가 멀었던 것이다.

요컨대, 이스라엘의 대표 입다가 결백을 주장했듯이, 내가 네게 죄를 짓지 아니하였거늘 네가 나를 쳐서 내게 악을 행하고자 하는도다. 그리고 나서 입다는 '신들' 이나 그모스가 아니라 유일하신 참 하나님 심판하시는 여호와의 이름을 부르며, 오늘날 이스라엘 자손과 암몬 자손의 사이에 판결하시기를 기원했다. 안타깝지만 예측 가능한 결과가 이어졌다. 암몬 자손의 왕이 입다의 보내어 말한 것을 듣지 아니하였더라. 바퀴가 이미 군사적 해결을 향해 굴러가고 있었던 것이다.

D. 수호자 입다(11:29, 32-33)

Supporting Idea	입다는 여호와의 신에 의해 능력을 부여받아 승리를 거두었다.

11:29, 32-33. 무력 충돌은 피할 수 없었다. 여호와의 신이 입다에게 임하자, 그가 암몬 족속을 향해 진군하기 시작했다. 그 결과는 이스라엘이 아로엘에서부터 민닛에 이르기까지 이십 성읍을 치고 또 아벨 그라밈까지 크게 도륙함으로써, 암몬 자손이 이스라엘 자손 앞에 항복하는 것이었다. 그 전투 보고의 간결함은 놀라울 정도다. 저자(그리고 입다)는 그 승리의 영광이 어느 한 사람이나 심지어 군대에 의한 것이 아니라는 사실을 분명히 밝히고 있다. 좀 더 정확히 말하자면, 여호와께서 그들을 그의 손에 붙이셨던 것이다. 줄리어스 시저의 전설적인 말은 "왔노라, 보았노라, 이겼노라(veni, vidi, vici)" 였다. 그와는 대조적으로, 17세기 후반에 폴란드의 왕이었던 존 소비에스키(John Sobieski) 3세는 1683년 오스만투르크의 침략군으로부터 중부 유럽을 구한 사람이었

다. 그가 빈을 구해낸 사건은 유럽 역사에서 결정적인 전투 가운데 하나였다. 그 왕은 자신의 승리를 선언하면서 시저의 그 유명한 말을 이렇게 바꾸어 표현했다. "왔노라, 보았노라, 하나님이 이기셨노라." 그것이 바로 입다의 마음자세였던 것이다.

E. 의심하는 자 입다(11:30-31)

Supporting Idea	그러나 하나님에 대한 입다의 시각은 여전히 성숙되어 있지 않았다. 그는 자신의 주(Lord)와 흥정하려고 시도하는 과정에서 어리석은 맹세를 하고 말았다.

11:30-31. 이미 묘사된 전투에 앞서, 입다는 하나님의 신으로부터 능력을 부여받았음에도 불구하고 여전히 주저했다. 그의 문제는 하나님의 뜻에 대한 지식이 아니라 약한 믿음이었던 것이다. 언약의 하나님에 대한 피상적인 지식에서 비롯된 내재된 의심 때문이든, 하나님의 본성에 대한 단순한 오해 때문이든 입다는 하나님과 계약을 맺었다. 그 서원은 다음과 같은 맹세로 이루어져 있었다. 주께서 과연 암몬 자손을 내 손에 붙이시면 내가 암몬 자손에게서 평안히 돌아올 때에 누구든지 내 집 문에서 나와서 나를 영접하는 그는 여호와께 돌릴 것이니 내가 그를 번제로 드리겠나이다. 이런 문구는 거의 항상 동물 희생 제사를 의미한다. 입다는 그 서원을 통해 하나님을 조종하려고 시도했던 것이다. 하나님이 이미 그와 함께하시겠다고 말씀하셨는데도 말이다. 구약에서 그 서원에 대한 해석만큼 많은 추측과 논란을 불러일으켰던 구절은 별로 없을 것이다.

수호자로서의 역할을 맡고 계셨던 하나님은 입다에게 승리를 허락하셨다. 이 시점에서 사람들은 "그 땅이 이십 년 동안 평안하였더라"는 문구를 기대했을 것이다. 대신, 우리는 평안이 아니라 비극에 대해 읽게 된다.

F. 아버지 입다(11:34-40)

Supporting Idea	입다의 서원에 대한 이행은 그와 그의 가족에게서 기쁨과 모든 미래를 빼앗아갔다. 설사 그렇다 하더라도, 그들에게 진리는 사적인 행복보다 더 중요한 것이었다.

11:34-40. 입다는 이제 자신의 동포들에 의해 받아들여졌고, 어떤 기준으로 보더라

도 성공적이었으며, 승리의 감격에 도취되어 있었고, '머리' 로서 하나님의 백성들을 다스리는 존경과 책임의 삶으로 돌아갈 준비가 되어 있었다. 당연히 그의 삶에서 가장 기쁜 날이었어야 했다. 하지만 입다가 미스바에 돌아와 자기 집에 이를 때에 그 딸이 나와서 영접했던 것이다. NIV 성경은 그녀가 독자였다(She was a only child)고 분명히 밝히면서 다시 한 번 강조하기 위해 그녀 말고는 그에게 아들도 딸도 없었다(Except for her he had neither son nor daughter.)는 말을 반복하고 있다. 입다의 비이성적인 고뇌는 이해할 만하다. 슬프다, 내 딸이여! 너는 나로 참담케 하는 자요, 너는 나를 괴롭게 하는 자 중의 하나이로다. 내가 여호와를 향하여 입을 열었으니 능히 돌이키지 못하리로다. 입다는 이제 자신의 딸을 '희생 제물로 바쳐야(sacrifice)' 한다고 믿었던 것이다.

입다의 무남독녀와 관련해서는 네 가지가 분명하다. 첫째, 그녀는 자신의 아버지와 그의 강직함에 대해 깊은 존경심을 가지고 있었다. 둘째, 그녀는 책임감이 강했다. 셋째, 그녀는 자신의 아버지와 함께 여호와에 대한 깊은 경외심을 공유하고 있었고("아버지께서 여호와를 향하여 입을 여셨으니", "여호와께서 아버지를 위하여 원수를 갚으셨음이니이다"), 그것이 그녀의 동기였다. 넷째, 그녀는 자신의 아버지를 사랑했다. 핵심을 들여다보면, 그녀는 다음 두 가지 이유를 근거로 자신을 기꺼이 희생 제물로 드리려 했다. (1) 아버지께서 여호와께 약속하셨고, (2) 여호와께서 승리를 허락하셨기 때문이다.

그녀는 다만 한 가지를 요청했다. 나를 두 달만 용납하소서. 내가 나의 동무들과 함께 산에 올라가서 나의 처녀로 죽음을 인하여 애곡하겠나이다. 그런 양해는 사소한 것이므로 허락되었다. 입다가 두 달 위한하고 보내니 그녀가 그 동무들과 함께 가서 산 위에서 처녀로 죽음을 인하여 애곡하였다. 그리하여 젊은 처녀들이 입다의 딸의 '희생' 을 기리는 것이 이스라엘의 연례적인 규례가 되었다.

입다의 이 깨질 수 없는 서원은 지금까지 많은 추측을 불러일으키는 요인이 되어왔고, 사사기에서도 가장 논란이 심한 해석상의 문제 영순위 후보라고 할 수 있다. 입다는 분명히 자신의 딸을 '희생 제물로 바쳤다.' 그러나 입다가 그녀의 생명을 희생 제물로 바쳤던 걸까(죽은 희생 제물), 아니면 그녀의 장래를 희생 제물로 바쳤던 걸까?(살아 있는 희생 제물) 그녀가 죽임을 당했던 걸까, 아니면 성막(혹은 비슷한 다른) 봉사를 위해 구별되었던 걸까? 강력한 주장들이(그리고 약한 주장들도) 양쪽으로 갈리고 있으며, 결론은 우리가 모른다는 사실이다. 나는 성경에 관한 정보의 태반이 그녀가 죽임당하지 않았다고 우리가 이해하도록 허용하고 있다고 믿는다. 그런 성경 구절들에 대한 어떤 주석과 설명도 그 데이터를 검토할 때 명백한 성경적 진술이 그 분명한 의미에 있어 전혀 약화되지 않는다는 사실을 확인해주어야 하지만 말이다.

그녀가 죽임당했다는 견해를 채택하는 대부분의 해석자들은 11장 31절에서 입다의 본래 의도가 번제를 드리는 것이었다는 원칙에 입각해 그렇게 주장한다. 하지만 입다의 서원의 의미는 무엇이든 나타나면 '그'(히브리 원문에 의하면, 남성형 단수)를 여호와께 드리겠다는 것이었고, 봉헌의 방식은 그 서원의 주요 부분이 아니었거나 어쩌면 아예 그 서원의 일부가 아니었을 거라고 나는 주장하고 싶다. 게다가 설사 번제를 드리려는 본래 의도가 있었다 하더라도, 그것이 입다가 실제로 그렇게 끝까지 완수했음을 의미하지는 않을 것이다. 일부 서원들은 경감되었기 때문이다. 입다가 그 의도를 바꾸었다는 견해를 지지하는 다음 이유들을 고려해보라(아래 '입다의 딸의 희생'을 참조하라).

우선, 인신제사(人身祭祀)는 분명 하나님의 율법을 위반하는 것이다(출 20:13, 신 12:31-32, 레 18:21, 20:2-5). 만약 입다가 여호와를 섬기려는 동기를 가지고 있었다면, 하나님이 몹시 싫어하시는 의식을 행하지는 않았을 것이다.

둘째, 승리를 주시기 위해 입다에게 신을 부어주셨던 하나님이 그 시점에는(그 서원이 행해진 뒤에는) 승리를 허락하시지 않거나, 아니면 잘못된 살인을 막기 위해 직접적으로(예를 들면, 창세기 22장 11-12절에서 아브라함이 그의 '독자'를 죽이지 못하게 하나님이 막으셨던 것처럼) 혹은 섭리로(예를 들면, 사무엘상 14장 45절의 경우처럼) 개입하셨을 것이다. 실로, 하나님께서 받으실 수 있는 인간의 피의 제물은 오직 하나뿐이다. 주 예수 그리스도 말이다(히 10:12).

셋째, 사사기 11장 31절에 나오는 남성형 동사와 접미사를 감안할 때, 입다는 번제물로 여성인 그의 자녀가 아니라 동물을 염두에 두었던 것 같다. 그러나 그를 맞이한 것은 바로 그의 딸이었다. 그런 참담한 상황 전개가 서원의 의미('그는 여호와께 돌릴 것이니')를 바꾸지는 못할 것이었지만, 그 이행 방식('그를 번제로 드리겠나이다')을 바꿀 수는 있었을 것이다.

넷째, 당시 희생 제물들은 중앙 성소에서 드려졌는데, 어떤 인신제사도 성막이나 다른 어떤 성스러운 장소에서 허용되지 않을 게 분명하다. 그것은 이스라엘 백성들에 의해 안티오쿠스 에피파네스(Antiochus Epiphanes: 168 B.C.)가 성전 제단 위에서 돼지를 제물로 바쳤던 악명 높은 제사보다 더 혐오스러운 행위로 간주되었을 것이다.

다섯째, 당시에는 성막 봉사에 헌신하는 일단의 '성별된 처녀들'이 있었고(출 38:8, 삼상 2:22), 아마도 그곳이나 다른 어떤 성소가 그 딸이 영구히 예속되는 장소 역할을 했을 것이다.

여섯째, 입다의 딸이 죽임을 당했다는 명시적인 언급이 없을 뿐만 아니라, 나중에도 그녀가 죽었음을 암시하는 내용이 전혀 없다. 유일하게 언급되어 있는 내용('딸이 남자를 알지 못하고')은 그녀의 처녀성과 그로 인한 가계의 단절을 슬퍼하고 있을 뿐이다. 그리고 그것은 입다 앞뒤의 두 사사와 극명한 대조를 이룬다. 야일과 입산은 각각 30명씩의 아들을 두었기 때문이다.

일곱째, 사람들은 그녀의 슬픔과 관련하여 명시된 주된 이유가 그녀의 죽음이라고 생각했을 것이다. 그보다는 '나의 처녀로 죽음(because I will never marry: NIV)' 때문이었다. 문자적으로는, "나와 내 친구들이 나의 처녀성을 애곡하게 될 것입니다"로 해석될 수 있다.

여덟째, 당시에는 어리석은 서원을 면제해주는 율법 조항이 있었기 때문에(레 27:1-8), 추측컨대 경감해주는 규례도 있었을 것이다. 만약 입다가 그런 지침들을 잘 몰랐다면, 어느 성소의 어느 제사장이든 그에게 알려주었을 것이다.

아홉째, 성경에는 입다에 대한 부정적 평가가 전혀 없다. 만약 그가 실제로 자신의 딸을 죽였다면, 도덕적으로 긍정적인 문맥 속에서 이루어진 입다에 대한 나중의 언급(특히 히브리서 11장 32절)이 엄청나게 모순되어 보였을 것이다.

입다의 딸이 지녔던 인품에 주목하지 않고 이 구절들을 그냥 넘어가서는 안 될 것이다. 사사기의 초기 여걸들(드보라와 야엘)처럼, 그녀는 혼돈 속에서도 침착했다. 그녀는 도망치지 않았다. 그렇게 하는 것이 그녀와 그녀의 아버지 그리고 여호와께 불명예를 가져다줄 것이기 때문이었다. 그녀는 자신이 자녀를 갖지 못하게 될 것을 염려하는 만큼, 자신의 아버지가 손자를 갖지 못하게 될 것이라는 사실에 대해서도 무척 염려했다. 그녀는 자신의 아버지가 그녀를 그의 희생 제물로 드리도록 허용했다.

Main Idea 복습

입다의 삶에는 극복해야 할 것들이 많았다. 그는 역기능적인 가정에서 태어났고, 거기서 쫓겨나기까지 했다. 그럼에도 불구하고 입다는 타고난 리더십을 통해 인기 있는 전사가 되었다. 그의 선택은 때로 지혜를 반영하기도 하고, 어리석음을 반영하기도 했다. 하지만 그것이 큰 개인적인 고통을 의미할 때조차도 그는 타협보다 진리와 원칙 고수를 더 소중히 여기는 사람으로 남았다.

입다의 딸의 희생

- 입다는 자기 딸의 생명을 희생 제물로 바쳤다(죽은 희생 제물).
  - 아주 단순하게 읽으면, '번제'는 보통 말 그대로 불로 태우는 희생 제사를 의미한다.
  - 전통: 중세 시대까지 대부분의 초기 주석자들은 그녀의 생명이 상실되었다고 생각했다.
  - 패턴: 그것은 당시 이스라엘 백성이 '가나안 사람화' 되었음을 보여주는 또 다른 사례다.

- 입다는 자기 딸의 장래를 희생 제물로 바쳤다(살아 있는 희생 제물).
  - 율법의 가르침을 위반하는 것이다(출 20:13, 신 12:31-32, 레 18:21, 20:2-5).
  - 만약 그녀의 생명이 희생 제물이었다면, 하나님이 개입하셨을 것이다(이삭의 경우처럼 그리고 입다의 승리 속에서).
  - 문법적 불확실성: '혹은 내가 드리겠나이다(or I will offer)' (11:31).
  - 희생 제사를 드리고 서원을 이행하는 장소로서의 성막의 역할
  - 공개적인 항의의 부재(삼상 14:45)
  - 죽음에 대한 명시적 언급이 없고, 대신 "그녀가 남자를 알지 못하고 처녀로 죽음을 맞이하게 되었다"는 언급이 반복됨.
  - '성별된 처녀들'이 있었을 가능성(출 38:8, 삼상 2:22)
  - 어리석은 서원에 대한 면제 조항(레 27장)
  - 입다가 '믿음의 전당'에 포함된 사실(히 11:32)

결론

고통을 통한 능력

알렉산더 화이트(Alexander Whyte: 1836-1921)는 19세기 가장 위대한 설교자 가운데 한 사람이었다. 그는 입다에 대해 설교하면서 다음과 같이 말했다. "길르앗 사람 입다는 구약 전체에서 가장 학대받은 사람이었고, 오늘날까지도 계속해서 완전히 잘못 이해되어지고 잘못 전해지며 잘못 다루어지는 사람으로 남아 있다. 입다에 대한 학대는 그가 태어날 때부터 시작되었고, 입다의 이름을 다루고 있는 최근의 구약 주석과 성경 사전에서까지 계속되고 있다. 입다는 어머니 뱃속에 있는 동안에도 심한 고통을 맛보았으며, 그의 아버지와 형제들과 이스라엘 장로들은 그의 고통을 더욱 심화시켰다. 여호와께서 분연히 일어나셔서 '이제 그만!' 하고 말씀하실 때까지 말이다"(Barber의 〈Judges: A Narrative of God's Power〉, p.140에서 인용).

화이트가 입다에 대해 그렇게 열정적으로 목소리를 높였던 이유는 화이트 자신의 성장 배경으로 거슬러 올라간다. 그는 스코틀랜드에서 사생아로 태어났고, 당시(1840년대) 그것은 그가 어린 시절 내내 소문과 멸시와 거부의 대상이었음을 의미할 수밖에 없었다. 그의 어머니는 자신의 삶을 예수 그리스도께 헌신하며, 가난과 경건 속에서 알렉산더를 양육했다. 그는 자기 힘으로 열심히 일해서 처음에는 애버딘(Aberdeen)에서, 나중에는 에든버러(Edinburgh)에서 공부할 수 있었다. 화이트는 설교할 때 고통받는 이들에 공감하는 사람으로 알려져 있었는데, 특히 입다에게 그랬다. 입다 역시 고난의 인생 학교를 거치면서 살아왔기 때문이다. 그는 '거부'를 전공하여 학사 학위를 받았고, '고통'을 부전공했으며, '폭력'과 관련하여 석사 학위를 받았고, '리더십' 분야에서 박사 학위를 받았던 것이다. 그러나 하나님은 그분의 영광을 위해 그 모든 것을 사용하셨다.

■ 진리 알기

- 때로 강직함은 타락된 세상에서 받아들여야 하는 매우 고통스러운 가치 기준이다.
- 하나님은 그분이 사용하시는 개인에 대해 사람들이 갖고 있는 고정 관념에 얽매이지 않으신다.
- 당신이 삶에서 인내하도록 하나님이 허락하신 것들은 바로 그분의 영광을 위해 당신을 쓸모 있게 만드는 것들일지도 모른다.

■ 적용하기

- 충동을 억제하라. 생각이 떠오르는 대로 말하지 말라(엡 4:29).
- 당신의 말을 지켜라. 당신의 책무와 약속과 약속 시간을 지켜라. 모든 게 당신과 당신의 주님을 나타낸다.
- 당신의 과거가 얼마나 절망적이었든지 간에 당신은 과거의 포로가 아니라는 사실을 기억하라. 그분의 은혜는 당신의 모든 죄보다 더 크다.
- 당신에게 감정적 상처를 안겨주었던 사람들을 용서하라. 당신은 좋은 사람들과 함께하게 될 것이다(눅 23:34).

삶의 적용

승자의 서원의 희생자들

어떤 면에서는 입다와 그의 딸 모두 그의 어리석은 서원의 희생자였다. 일단 말을 내뱉으면 그것을 끝까지 지키려는 도의심을 사람들은 존경하지 않을 수 없다. 심지어 고통스러운 환경에서조차 그것은 증거가 될지도 모른다.

여러 해 전, 내가 신학교에 다닐 때의 일이다. 내가 살고 있던 곳으로부터 정반대에 있는 시내에 나갔다가 우리가 보통 쇼핑하는 체인점의 일부인 어느 식료품점에서 수표를 발행하려고 시도한 적이 있다. 그 점포의 부지배인은 내게 수표를 현금으로 바꿔줄 수 없다고 말했다. 그때 지배인이 다가와 그 대화를 듣게 되었다. 그는 내 주소를 확인하더니 나를 쳐다보며 물었다. "이 신학교에 다니십니까?" 내가 "그렇습니다"라고 대답하자 그는 부지배인에게 수표를 현찰로 바꿔주라고 말했다. 그는 부지배인에게 자신이 여러 해 동안 그 신학교에서 몇 블록 떨어져 있는 지점에서 일한 적이 있다고 설명하며 이렇게 덧붙였다. "그 사람들은 부도수표를 발행하지 않더라고." 그 순간 내가 받았던 느낌을 나는 결코 잊지 못할 것이다. 교회가 이 세상에서 집단적으로 그리고 개별적으로 명예와 도의를 아는 사람들이라는 명성을 얻게 된다면 정말 멋진 일이 아니겠는가?

기도

오 주님, 때로는 우리가 스스로 초래한 혼돈 속에 처해 있는 자신을 발견하게 됩니다. 당신께 우리의 과거 선택들을 원상으로 되돌려주시도록 간구하지는 못하지만, 당신이 사랑하는 사람들에게 우리가 안겨주었던 고통을 최소화해주시고, 당신의 영광을 위해 그 환경들을 사용하시기를 원합니다. 우리가 당신의 말씀에 순종하듯이 자신의 말도 지킬 줄 아는 사람이 되게 하시고, 우리의 말이 지혜로운 것이 되게 하옵소서. 우리 주 예수 그리스도의 이름으로 기도합니다. 아멘.

심층 연구

A. 고대의 영토 강탈(11:13)

"오늘날의 영토 분쟁은 더 많은 땅에 대한 욕구뿐만 아니라, 일정하게 규정할 수 있는 경계에 대한 필요 때문에도 일어난다. 본문에 나오는 강들이 그런 역할을 했던 것처럼 말이다. 그러나 암몬의 주장은 역사적 현실보다는 희망적인 기대에 근거를 두고 있었다. 성경의 기록에 의하면, 아르논 강은 모압과 아모리 족속(암몬 족속이 아니다) 사이의 경계 역할을 했고, 이스라엘 백성들은 헤스본을 통치했던 아모리 왕 시혼을 무찌름으로써 그 강과 얍복 강 사이의 땅에 대한 권리를 획득했던 것이다"(Block, 359).

B. 외교 전략가 입다(11:12-28)

단어 수로 따지면, 이 부분은 입다의 사이클에 할애된 거의 1,000개의 단어(히브리어) 가운데 약 345개로 이루어져 있어 그의 이야기에서 3분의 1 이상을 차지하고 있다(Block, 357n). 저자가 생각하기에 이 협상 시도가 입다의 이야기 전모를 이해하는 데 중요했음이 분명하다. 입다는 충동에 노출된 삶을 살았지만, 충동에 이끌리지 않았던 것이다.

C. 입다의 유산

입다가 남긴 유산은 그의 자손에 의해 평가될 수 없다. 그러나 어쩌면 그 후 계속되는 평화 속에서 평가될 수 있을 것이다. '그의 뒤에' 등장하는 다음 세 사사는 어떤 적이나 압제자도 알지 못했다. 인과관계가 있는지 여부는 우리가 지금 당장 대답할 수 없는 문제다.

고안

A. 들어가는 글

1. "어느 '괴짜' 의 성격" 이야기로 시작하라.
2. 배경 설명: 10장에서 이스라엘은 두 사사 돌라와 야일의 섬김을 잘 받았다. 다음 사사는 입다이고, 그는 또 다른 세 '소' 사사(입산과 엘론, 압돈)에 의해 계승되었다. 다음 '대' 사사는 삼손의 무용담(13-16장)과 함께 시작될 것이다.
3. 적용: 이스라엘이 또다시 하나님께 등을 돌려 죄에 빠짐으로 말미암아, 하나님이 다시 한 번 이스라엘이 압제당하도록 허락하셨다. 이번에는 암몬 족속에 의해 18년 동안이었다. 이스라엘은 구원을 간절히 원하게 되었고, 누군가에게 길르앗의 '머리' 가 되어주기를 요청했다. 11장은 우리에게 그 남자와 그의 이야기를 소개해 준다.

B. 본문 이해

1. 버림받은 서자 입다(11:1-3)
2. 무법자 입다(11:4-11)
3. 외교가 입다(11:12-28)
4. 수호자 입다(11:29, 32-33)
5. 의심하는 자 입다(11:30-31)
6. 아버지 입다(11:34-40)

C. 결론: '고통을 통한 능력' 을 읽어주라.

토의 질문

1. 많은 사람들이 입다의 서원을 '최악의' 시나리오로 해석한다. 사무엘상 12장 11절과 히브리서 11장 32절을 읽고, 당신도 그 의견에 동의하는지 생각해보라.

2. 입다의 딸이 말한 짧은 발언을 뒷받침하는 존경과 강직함이라는 가치 기준에 대해 묘사해보라. 34-37절을 주의 깊게 들여다보고 다음 질문에 대답해보라. 무엇이 그녀에게 동기를 부여했다고 생각하는가?

3. 할 수 있다면, 이 장에 묘사된 감정들에 대해 공감해보라. 예를 들어, 입다는 당신 자녀(혹은 당신이 사랑하는 누군가)가 고통받는 모습을 보는 것이 가장 견디기 힘든 일이라는 사실을 경험했다. C. S. 루이스는 자신의 죽어가는 아내가 느끼는 고통의 일부를 그의 몸에 전가하는 방식으로 그녀의 고통을 경감해 달라고 하나님께 간구했다. 고통의 순간에는 아픈 자녀를 둔 어떤 부모라도 비슷한 기도를 하지 않았겠는가? 우리가 입다의 감정적 고통을 지켜보듯이, 우리의 죄 때문에 아들을 보내 십자가 위에서 죽게 하기로 결심하셨던 하나님의 감정적 고통에 대해 깊이 묵상해보라.

사사기 12장

첫 번째 치명적인 죄

"만약 당신이 자신의 실수로부터 배우지 못한다면, 실수하는 것이 아무런 의미도 없다."

- 무명

에브라임과 입다의 이야기는 오만과 질투가 거친 분노와 정면으로 충돌하는 모습을 생생하게 묘사한다. 두 경우 모두 절제하지 못한 죄의 산물이다. 그럼에도 불구하고, 매우 짧은 이 장은 하나님의 백성들이 세 명의 소사사들에 의해 다스려지면서 누렸던 25년 간의 지속적인 평화라는 유산으로 마무리된다.

들어가는 글

오만과 편견

서로 철천지원수였던 두 상인에 관한 옛날이야기가 전해진다. 그들의 가게는 서로 마주보고 있었고, 그들은 서로 상대방의 거래를 뒷조사하며 끊임없이 염탐했다. 두 가게 주인은 모두 자기 고객에 대한 서비스보다 상대방의 가게에 드나드는 손님들에 대해 더 신경을 썼다. 어느 날 밤, 한 천사가 그 가게 주인들 가운데 한 사람에게 나타나 소원을 하나 들어주겠다고 약속했다. 하지만 그 소원에는 조건이 하나 붙어 있었다. 그의 경쟁자도 그가 요구하는 것을 두 배로 받게 될 것이라는 내용이었다. 자기 경쟁자를 두 배로 행복하게 만들거나 두 배로 건강하게 만들거나 두 배로 부유하게 만든다는 것은 도저히 생각할 수도 없었던 그는 천사에게 이렇게 말했다. "내 한쪽 눈을 쳐서 안 보이게 만들어주세요."

오만이 질투와 합쳐질 때 그 결과는 자기파괴적이다. 에브라임 사람들은 다른 사람의 성공을 받아들이는 데 어려움을 겪었다. 그들은 자신의 이스라엘 형제들이 암몬의 압제로부터 해방되어 자유를 만끽하는 모습을 도저히 그냥 내버려둘 수 없었던 것이다. 입다의 승리가 다소나마 그들에게도 유익을 주었는데도 말이다. 그들은 '즐거워하는 자들과 함께 즐거워하기' 보다는 그 승자에게 도전하기를 선택했고, 결국 비참한 결말을 초래하고 말았다.

본문 이해

첫 번째 치명적인 죄

Main Idea	우리는 사사기의 악순환 과정을 거치면서 한 과도기적인 장을 통해 입다에서 삼손으로 서서히 이동한다. 첫째로 입다의 비극적인 이야기의 마지막 장이 기록되어 있고, 둘째로 세 명의 소사사가 기억되고 있다.

A. 재판관과 배심원과 사형 집행자로서의 입다(12:1-7)

Supporting Idea	피할 수 있는 기회가 한 번 이상이었던 입다와 에브라임의 충돌은 완고한 죄의 결말을 드러낸다.

12:1-3. 대립. 우리는 전에도 한 차례 에브라임 사람들이 부풀려진 자만심으로 반응하는 모습을 본 적이 있다. 그들은 사사기 8장에서도 승리에 참여하도록 자신들을 부르지 않았다는 이유로 기드온에게 도전하며 투덜거렸다. 여기서는 그들이 한 걸음 더 나아갔다. 그들은 무시라는 비슷한 이유로(네가 암몬 자손과 싸우러 건너갈 때에 어찌하여 우리를 불러 너와 함께 가게 하지 아니하였느냐?) 입다를 비난했지만, 이번에는 끔찍한 죽음으로 그를 위협했다. 그들은 입다를 그의 집에서 산 채로 불살라버리겠다고 말했다. 에브라임의 4만 명에 이르는 군대가 그들의 떠벌림에 불필요한 허장성세를 더해주었던 것이다. 그들의 초점은 나라 전체가 아니라 그들 자신이었고, 그들은 나라의 심각한 위협을 제거해준 것에 대해서도 전혀 감사의 뜻을 표하지 않았다.

입다의 반응은 성숙하지 못한 십대들처럼 집단적으로 행동하는 사람들의 분노를 쉬게 하는 부드러운 대답을 내놓는 인내심 많은 부모의 그것이 아니었다(8:2 참조). 대신, 그는 딱딱 끊어지는 말투와 꽉 쥔 주먹으로 반응하며 단호한 태도로 에브라임 사람들을 책망했다. 입다는 그와 그의 백성인 길르앗 사람들(11:11)이 암몬 자손과 크게 다투었으며, 에브라임 사람들도 실제로는 도움을 요청받았다고 말했다. 독자들도 그가 에브라임에게 도움을 제의했던 사실을 처음으로 알게 되지만, 아마도 그것은 사실이었을 것이다. 놀라운 자만심을 지니고 있는 에브라임 사람들이 일찍이 미디안에 대한 승리에서 그들이 수행한 사소한 역할과 관련하여 영광과 찬사를 요구한 적이 있었기 때문이다(8:1-3).

하지만 이번에는 에브라임 사람들이 아예 나타나지도 않았다. 그들의 무례는 오히려 입다의 기소에 기름을 끼얹었다. **내가 너희를 부르되 너희가 나를 그들의 손에서 구원하지 아니한 고로 내가 너희의 구원치 아니하는 것을 보고 내 생명을 돌아보지 아니하고 건너가서 암몬 자손을 쳤더니.** 입다는 에브라임 사람들로부터의 도움 대신에 여호와로부터 도움을 받았던 것이다. **여호와께서 그들을 내 손에 붙이셨거늘.**

에브라임 사람들에 대한 입다의 책망은 당연한 것이었고, 의심하는 듯한 질문으로 마무리되었다. **너희가 어찌하여 오늘날 내게 올라와서 나로 더불어 싸우고자 하느냐?** 에브라임 사람들은 잘못된 시점에 잘못된 장소에서 잘못된 태도로 잘못된 적을 상대하게 되었다. 그들은 정당한 대우를 받겠다고 투덜거렸고, 입다는 그들이 그 이상의 정당한 대우를 받게 해주겠다고 결심했던 것이다.

12:4. 충돌. 불행히도, 에브라임 사람들은 길르앗 사람들의 전투 능력에 대한 검증되지 않은 주장을 가지고 대응함으로써, 적개심을 돋우려고 마음먹었던 것으로 보인다. **너희 길르앗 사람들은 본래 에브라임에서 도망한 자로서 에브라임과 므낫세 중에 있다 하였음이라.** 도망한 자(renegade)라는 단어의 선택은 분명 실수였다. 그것은 입다에게 그가 자기 동족들로부터 버림받아 부랑자로 살던 시절을 상기시킴으로써, 쓰라린 상처에 소금을 뿌리는 것과 같은 역할을 했을 것이기 때문이다. 다음과 같이 말을 바꾸어 표현하면, 우리가 그들의 영문 모를 조롱을 이해하는 데 도움이 될 수도 있을 것이다. "너희는 우리에 비하면 아무짝에도 쓸모없는 전사들이어서, 우리의 가장 약한 군사가 너희의 가장 강한 전사보다도 더 위대할 뿐만 아니라, 심지어 우리의 탈주병들도 너희의 최고 투사들보다도 더 우수하다!"

에브라임 사람들은 이미 가정을 잃어 더 이상 잃을 게 별로 없는 남자의 집을 파괴하겠다고 위협했다. 그들은 그가 데리고 있는 충성스러운 부하들의 능력을 비웃으면서 그를 조롱했다. 그것은 마치 돈 노츠(Don Knotts)가 클린트 이스트우드(Clint Eastwood)의 얼굴에 침을 뱉으며 "어서 덤벼 봐, 풋내기야. 본때를 보여줄 테니"라고 말하는 것과 같았을 것이다. 불행히도, 그들은 입다가 그들의 허장성세에 도전함에 따라 자신들이 요구한 것을 얻게 되었다. 입다는 신속하게 자기 부하들을 불러모아 에브라임과 싸웠다. 문제는 곧 해결되었고, 에브라임 사람들은 도망치는 쪽을 선택했다. 그들은 혼비백산하여 요단강을 건너 후퇴하기 시작했다.

12:5-7. 대학살. 입다가 에브라임 사람들과 대립한 것은 옳았고(1-3절), 그들과 충돌한 것은 유감스럽지만 이해할 만한 일이었다(4절). 그러나 강 나루턱에서의 대학살(5-6절)은 이스라엘 역사의 오점이었다. 여기서는 입다가 너무 멀리까지 나갔다. 입다의 부하들은 에브라임 사람들이 꼬리를 내리고 도망치게 내버려두지 않고, 요단강 나루턱을 선점하여 겁을 먹고 집으로 돌아가려던 에브라임 사람들이 목숨을 구하기 위해 거짓말하지 않을 수 없도록 사실상 강요했던 것이다.

그 땅을 차지하고 살았던 수백 년 동안 자연스럽게 방언의 차이가 생겨났고, 그 결과 에브라임 사람들은 더 이상 기식음(氣息音) '쉬(sh)' 를 사용하지 않았다. (역사가 200년밖에 안 된 미국에서 라디오와 텔레비전처럼 언어 통일에 기여하는 대중 매체가 널리 보급되어 있음에도 불구하고 방언의 차이가 존재한다는 점을 감안할 때, 그것은 전혀 놀랄 일이 아니다.) 나루턱에서 도망치려는 모든 사람에게 말하기 테스트가 주어졌다. 암호는 '곡식의 이삭' 을 뜻하는 십볼렛(shibboleth)이었다. (최근에도 비슷한 사례가 있다. 제2차 세계대전 동안 나치들은 옥수수를 뜻하는 말 쿠쿠루자(kookoorooza)를 발음하게 하는 방식으로 러시아의 유대인들을 구별해냈던 것이다.) 만약 그 여행자가 '쉬(sh)' 를 발음하지 못하고 대신에 씹볼렛(sibboleth)이라고 말하면, 즉석에서 학살되었다.

에브라임 사람들은 비위를 맞춰주고 진정시켜주며 달래주기를 기대했었다. 에브라임 사람이라는 오만한 자존심 때문에 여기까지 왔던 사람들이 에브라임 지파라는 정체성을 부정해야만 도망칠 수 있었다는 것은 아이러니인 동시에 애처로운 일이 아닐 수 없다. 입다는 에브라임 사람들을 달래는 대신에 그들을 살해했다. 입다는 재판관과 배심원과 사형 집행자라는 세 가지 역할을 동시에 수행하는 존재가 되었던 것이다.

본문은 '안식' 에 대한 언급으로 입다의 이야기를 끝내지 않고, 징벌에 대한 결과 보고로 마무리된다. 그때에 에브라임 사람의 죽은 자가 사만 이천 명이었더라. 거의 지파 전체가 일소되었던 것이다. 아마도 딸의 상실로 인해 실의에 빠지고 어쩌면 자신이 저지른 보복 행위의 잔인성으로 인해 더욱 우울한 삶을 살았을 입다는 죽기 전까지 겨우 6년간(모든 사사들 가운데 가장 짧은 통치 기간이다) 이스라엘을 다스리고 길르앗 한 성읍에 장사되었다. 다른 모든 경우에 사사들은 죽을 때까지 통치했으므로, 여기서도 그 원칙이 적용된다고 가정해야 할 것이다. 따라서 6년 간이라는 통치 기간은 입다가 요절했다는 사실을 의미할 가능성이 높다.

입다는 왜 에브라임 사람들에게 그렇게 가혹했던 걸까? (1) 그는 자신의 딸로 인해 감정적으로 억눌려 있었고 메말라 있었으며 황폐해져 있었다. (2) 그는 그들을 부르려고 시도했지만, 그들은 응하지 않았다(그들의 용맹함은 전투가 끝난 후에야 시작되었지만, 받아들여지지 않았다). (3) 그들은 오만과 질투가 결합된 동기를 품고 있었다. (4) 그들은 전에도 한 번 그런 적이 있었고(기드온을 상대로, 삿 8장), 이번에는 훨씬 더 적대적이었다. (5) 암몬 족속이 그 땅을 짓밟았던 18년 동안, 에브라임은 자신의 형제들을 모른 체했다. 그들은 자신의 권리만 알았지 책임은 몰랐던 것이다.

B. 입산(12:8-10)

Supporting Idea	입산은 입다와는 대조적으로 대가족을 거느리면서 18년 동안 이스라엘을 섬겼다. 그는 네 번째 '소' 사사였다.

사사기에는 6명의 소사사와 6명의 대사사가 있다. 그들에게 할애된 지면의 양을 기준으로 구분한 결과다. 우리는 이미 삼갈(3:31)과 돌라(10:1-2), 야일(10:3-5) 등 3명의 소사사에 대해 공부했다. 물론 옷니엘과 에훗, 드보라/ 바락, 기드온, 입다 그리고 우리가 다음에 상술하게 될 삼손은 대사사들이다. 복잡하고 이해하기 어려운 삼손의 사이클로 들어가기 전에, 마지막 세 '소' 사사 입산과 엘론과 압돈이 기록되어 있다.

12:8-10. 입산(히브리어로 '민첩하다' 는 뜻)은 베들레헴 출신이었다. 이 구절들은 사사기의 에필로그 부분(17-21장)에서 유명하게 될 성읍을 사사들의 사이클에서 처음으로 그리고 유일하게 언급하는 내용을 담고 있다. 앞서 사사였던 야일처럼(그리고 입다와는 의도적으로 대비시키면서) 그도 아들 삼십을 두었다. 그러나 입산은 야일을 '능가했다.' 그는 아들들 외에도 딸 삼십 명을 두었던 것이다. 문맥상으로 볼 때, 자기 독자의 운명에 몰두하는 삶을 살았던 입다의 이야기 뒤에 그 사실이 언급되어 있는 것은 중요

하다.

입산은 딸들을 타국으로(outside his clan: NIV) 시집보냄으로써, 자기 지파의 영향력을(그리고 의심할 여지없이 그의 권력을) 확대했다. 이스라엘 내였지만, 틀림없이 직접적인 씨족(clan) 밖이었고, 어쩌면 다른 지파와의 혼인이었을지도 모른다. 마찬가지로, 그는 자기 아들들을 위하여 타국에서(outside his clan) 여자 삼십을 데려옴으로써, 자신의 영향력과 명성을 더욱 확대했다. 그가 사사로서 이스라엘을 다스렸던 전체 기간은 7년간이었다. 그는 죽은 후 베들레헴에 장사되었다.

C. 엘론(12:11-12)

Supporting Idea	스불론 사람 엘론은 10년 동안 사사로서 여호와를 섬겼다. 그는 다섯 번째 '소' 사사였다.

12:11-12. 그의 뒤에는 스불론 사람 엘론(히브리어로 '참나무' 라는 뜻)이 … 이스라엘을 다스렸더라. 엘론의 가족(아들들 혹은 딸들)이나 부에 대해서는 아무런 언급이 없다. 우리는 그가 스불론 지파 사람이라는 사실만 알고 있을 뿐이다. 하나님이 어떻게 이스라엘 백성 중에서 그를 사사로 인정하셨는지에 대해서도 알려져 있지 않다. 그러나 하나님의 방식은 제한받지 않는다. 아마도 그는 단순히 고결함이나 리더십을 지닌 사람이어서 이스라엘 백성들에 의해 존경받는 위치에 있었을 것이다. 그는 10년 동안 사사직을 수행하고 죽었다. 자기 고향에 묻혔던 입산처럼 엘론도 스불론 땅, 특별히 아얄론에 장사되었다.

D. 압돈(12:13-15)

Supporting Idea	압돈은 8년 동안 사사로서 신실하게 이스라엘을 다스렸다. 그는 여섯 번째이면서 동시에 마지막 '소' 사사였다.

12:13-15. 압돈(히브리어로 '봉사' 라는 뜻)은 세겜에서 가까운 비라돈 성읍 사람 힐렐의 아들이었고, 8년 동안 이스라엘을 이끌었다. 압돈은 야일을 '능가했을' 뿐만 아니라(10:4), 입산도 '뛰어넘었다.' 압돈은 엘론과는 대조적으로 그의 가족에 의해 알려졌

고, 기드온과 마찬가지로 70명의 후손을 두었다. 비록 그들이 아들 사십과 손자 삼십이었지만 말이다(KJV에서처럼 '조카(nephews)' 가 아니며, 딸이나 손녀로도 암시되어 있지 않다). 야일의 경우처럼, 그의 70명의 후손들도 번영과 평화의 시기에 대한 징후로 나귀 칠십 필을 타고 다녔다. 그는 죽은 후 아말렉 사람의 산지(였던 곳인) 에브라임 땅 비라돈 그의 고향에 장사되었다.

Main Idea 복습	우리는 사사기의 악순환 과정을 거치면서 한 과도기적인 장을 통해 입다에서 삼손으로 서서히 이동한다. 첫째로 입다의 비극적인 이야기의 마지막 장이 기록되어 있고, 둘째로 세 명의 소사사가 기억되고 있다.

결론

승리일까, 패배일까, 무승부일까?

L. M. 보이드(Boyd)는 1930년대에 활동했던 C. D. '빅보이' 블레이락(Blalock)이라고 불리는 어느 복서에 대해 기록하고 있다. 그는 루이지애나 주립대학 대표로 미시시피 주립대학에서 온 상대와 함께 권투 시합을 하고 있었다. 두 번째 라운드에서 198센티미터의 그 거구는 미시시피 주립대학의 상대가 갑자기 들어오자 동시에 팔을 크게 휘둘러 스윙펀치를 날렸다. 그 남자의 머리가 블레이락의 팔꿈치 부분에 걸려 지렛대 역할을 했고, "빅보이의 팔이 거의 완벽한 원을 그리며 빠르게 돌아가 빅보이 자신의 아래턱에 강펀치로 연결되고 말았다. 그는 비틀거리며 로프를 붙잡은 채 링을 거의 한 바퀴 돌더니 대자로 쓰러져 카운트아웃 당하고 말았다. 자신의 턱에 라이트 펀치를 날려 스스로를 다운시킨 적이 있는 유일한 복서였던 것이다." 이스라엘 백성은 때때로 스스로에게 최악의 적이 되었다.

입다의 이야기에서는 누가 이긴 걸까? 승자는 아무도 없다. 첫째로, 입다는 자신의 서원을 지켰고, 그의 딸은 (살아 있는) 희생 제물이 되었다. 둘째로, 칭찬받을 만한 그 젊은 처녀는 자신의 아버지를 지지했다. 비록 그녀가 입다가 초래한 상황의 희생양이 되었지만 말이다. 셋째로, 에브라임 사람들은 입다가 감정적으로 거칠었던 시점에 오만과 질투와 완고함을 가지고 그 이야기에 뛰어들었다. 입다는 여생(겨우 6년간이었을 것이다)을 사는 동안 내내 자신이 그의 딸과 나라에 초래한 고통을 인식해야 했다.

당신이 사랑하는 누군가의 고통을 해결해줄 능력이 없을 때, 그것을 지켜보는 것은 어려운 일이다. 당신이 사랑하는 누군가의 고통을 초래한 원인일 때, 그것을 지켜보는 것은 더욱 괴로운 일이다. 당신이 사랑하는 누군가의 고통을 초래했고 지금 그것에 대해 무언가를 할 수 있지만 더 위대한 이유라고 생각하는 것 때문에 그렇게 하지 않을 때, 그 고통을 지켜보는 것은 가장 참기 어려운 일일 것이다. 옳든 그르든 그것이 입다와 그의 딸 모두의 동기였던 것으로 보인다. 하지만 그것은 오만한 에브라임 사람들과 맞서는 과정에서 입다를 분노와 폭력적인 폭발에 취약하게 만들어버렸다.

▣ 진리 알기

- 때로 사람들은 합리적인 이유를 위해 비이성적으로 행동한다. 우리는 깊은 아픔을 갖고 있는 사람들에게 반응하는 방법을 아는 데 있어 그 개인과 성령님에게 민감해야 할 필요가 있다.
- 사탄은 주님을 섬기고자 하는 사람들이 언제 공격에 취약한지 잘 알고 있다.
- 우리가 영적 안녕을 깊이 염려하는 바로 그 사람들 사이에서도 감정을 상하게 하는 반대가 마음에 떠오르고 서서히 무르익어 결국 밖으로 드러나는 것이 가능하다.

▣ 적용하기

- 적극적으로 참여하라! 사이드라인 밖에 앉아 운동장에서 뛰는 사람들을 비난하지 말라.
- 즐거워하는 자들과 함께 즐거워하고, 우는 자들과 함께 울라(롬 12:15).
- '에고 측정기'의 배터리를 항상 최신 것으로 유지하라. 당신이 올바름보다 자신의 권리에 더 신경 쓸 때를 조심하라.
- 질투를 사랑으로 바꾸기 위해 가능한 유일한 수단을 사용하라. 당신이 질투하는 성공의 주인공을 위해 기도하는 것이다.

삶의 적용

자기중심적인 에브라임의 질투

벤자민 프랭클린은 이렇게 말했다. "우리가 타고난 격렬한 감정 가운데 자만만큼 억누르기 힘든 것은 아마 없을 것이다. 아무리 심하게 그것을 때려눕히고 질식시키고 괴사시켜도 그것은 여전히 살아 있게 마련이다. 설사 내가 그것을 완전히 극복했다는 생각을 품을 수 있을지라도, 나는 아마 내 겸손을 자랑하고야 말 것이다." 스코틀랜드의 경건한 설교가 앤드루 보너(Andrew Bonar)는 자신의 일기장에 이렇게 기록했다. "20년 전 오늘 나는 임명된 목사로서 처음으로 설교했다. 주님께서 지금까지 나를 살려 두시고 사용하셨다는 것은 정말로 놀라운 일이다. 그분이 나보다 다른 사람들을 훨씬 더 많이 사용하셨다는 사실을 이상하게 생각할 이유가 전혀 없다. 그럼에도 불구하고 질투심이 나의 마음을 상하게 한다. 그래서 오늘 나는 다른 사람들의 유용함에 대해 넘치는 기쁨을 느낄 수 있도록 은혜를 구하고 있다. 설사 그것이 나를 그늘에 가리어 안 보이게 만들더라도 말이다. 주님, 저에게서 이 질투심을 제거해주옵소서!"

우리는 질투심을 어떻게 해결하는가? 에브라임 사람들은 자신들의 역사를 꽤 자랑스러워했다. 성막이 그들의 영역 내(실로)에 놓여 있었고, 벧엘이 그들의 경계 내에 있었으며, 정복 전쟁의 지도자인 여호수아도 에브라임 사람이었던 것이다. 그들은 소위 '건방진 태도'를 몸에 익히게 되었다. 그러나 에브라임 사람들은 참여자가 아니라 방관자였다. 그들은 입다와 함께 경기장에 있지 않았다. 심지어 관중석에도 있지 않았다. 그들은 안전한 거리에서 싸움을 지켜만 보고 있었던 것이다. 너무나 많은 그리스도인들이 에브라임 사람들처럼 다른 사람들이 사역하는 것을 수수방관만하고 나중에는 그것이 행해진 방식에 대해 불평하기를 마다하지 않는다.

D. L. 무디가 한번은 그가 복음을 전하는 방식을 좋아하지 않는 어떤 사람으로부터 비난을 받은 적이 있다. 무디가 물었다. "좋습니다, 선생님. 그러면 당신은 복음을 제시하기 위해 어떤 방법을 사용하십니까?" 그 남자가 아무 방법도 가지고 있지 않다는 사실을 인정하자 무디가 대답했다. "저는 당신이 그것을 하지 않는 방식보다 내가 그것을

하는 방식을 더 좋아한답니다."

기도

오 주님, 우리는 자만에 취약한 사람들입니다. 우리가 삶에서 우리 자신의 노력으로는 어떠한 항구적인 가치도 얻을 수 없지만, 각양 좋은 은사와 온전한(그리고 영원한) 선물이 당신의 손에서 비롯된다는 사실을 인정합니다. 당신께서는 우리의 공로에 따라서가 아니라 은혜로 우리를 대해주셨습니다. 우리도 마찬가지로 은혜로 타인을 대할 수 있기를 원합니다. 우리가 말하기를 더디 하고 성내기를 더디 하며 남을 화나게 하고 비판하기를 더디 하게 하옵소서. 우리 주 예수 그리스도의 이름으로 기도합니다. 아멘.

심층 연구

A. '하필 그 때'

더 큰 맥락에서 살펴보면, 독자들은 에브라임 사람들과 입다의 대립에 또 다른 요소를 더할 수 있을지 모른다. 그들은 지독히도 나쁜 타이밍을 선택했던 것이다. 사건의 순서가 알려져 있지는 않지만, 그 대립은 암몬에 대한 승리 직후에 일어났음에 틀림없다. 그것이 그 전투와 인과관계에 놓여 있었기 때문이다. 만약 그 대립이 그 전투 직후에 일어났다면, 입다의 딸은 두 달 간의 애곡을 위해 집을 떠나 있는 상태였거나 어쩌면 그의 삶에서 영원히 떠나버린 직후였을지도 모른다(11장 참조). 에브라임 사람들은 새로운 길르앗의 지도자의 반감을 사기에 딱 좋은 최악의 시점을 선택했던 것이다.

B. 소사사 전공하기

이 시기의 성경 역사 안에 소사사들을 포함시킨 것은 이야기 전달자의 완전성과 정확성을 암시하는 증거다. 그렇지 않다면 그들은 아예 생략되었을 것이다. 입산과 엘론, 압돈 등과 관련해서는 우리가 아는 게 거의 없다(로마서 16장 1-23절의 긴 이름 목록과 비교해보라). 우리는 총체적으로 그들에 관해 네 가지를 알고 있다. (1) 그들이 봉사했던 총 연수는 25년 간이었다. (2) 그 기간들은 연속적이었고 겹치지 않았다. 각 에피소드가 '뒤에(after)' 라는 시간 이정표로 시작되기 때문이다. (3) 그들은 모두 평화의 시기 동안 사사직을 수행했던 것으로 보인다. 어떤 적도 확인되지 않고 어떤 전투도 기록되어 있지 않기 때문이다. (4) 각 사람은 입다보다 더 긴 기간 동안 사사로 다스렸다.

교안

A. 들어가는 글

1. '오만과 편견' 이야기로 시작하라.
2. 배경 설명: 여섯 명의 '소' 사사가 있고(그들에게 할애된 지면의 양이라는 기준에 따라), 그 가운데 세 명이 이 장에서 발견된다. 하지만 기본 줄거리는 한 명의 자기파괴적인 대사사(입다)에서 자기파괴적인 또 다른 대사사(삼손, 13장)로 옮겨간다. 입다의 경우에는 우리가 동정심을 느끼지만, 삼손에 대해서는 거의 동정하지 않게 될 것이다(13-16장).
3. 적용: 입다의 이야기를 마무리하는 슬픈 에필로그는 우리에게 기드온 이야기의 슬픈 에필로그를 떠올리게 한다. 두 사사 모두 자기 가정을 파괴하는 결말을 초래하는 선택을 했다. 기드온의 아들 70명은 모두 그들의 이복형제 아비멜렉에 의해 살해되었고(요담은 피신했지만, 역사에서 사라진다), 아비멜렉은 독재자가 되었으나 끝없는 탐욕의 결과로 죽음을 맞이했다. 입다는 자기 딸의 미래를 파괴하고 자신의 가계를 단절시키는 비극적인 서원을 하고 말았다. 하지만 두 경우 모두 그들의 유산은 청산되었다. 그러나 그들에게는 공통점이 또 하나 있었고, 그것은 바로 에브라임의 병적 자기중심주의였다. 하지만 두 사사는 그들을 상대하는 데 서로 다른 전략을 구사했다. 기드온은 그들을 달랬지만, 입다는 그들을 학살했던 것이다.

B. 본문 이해

1. 재판관과 배심원과 사형 집행자로서의 입다(12:1-7)
   1) 대립(12:1-3)
   2) 충돌(12:4)
   3) 대학살(12:5-7)
2. 입산(12:8-10)
3. 엘론(12:11-12)

4. 압돈(12:13-15)

C. 결론: '승리일까, 패배일까, 무승부일까?' 를 읽어주라.

토의 질문

1. 당신은 에브라임 사람들처럼 행동해본 적이 있는가? 우리는 어느 정도로 심하게 게임의 도전에 자신을 투자하기보다 방관자로 앉아 남을 비판하는가?

2. 당신은 입다처럼 상황이 우리의 이성을 누르게 만들고 타인에게 가혹하게 행동해 본 적이 있는가? 사랑하는 사람들에게도?

3. 율법에 빠져 있던 유대인들이 이방인들도 은혜를 받았다는 소식과 지속적인 하나님의 은총을 유지하기 위해 율법을 지킬 필요가 없다는 사실을 알게 되었을 때, 초대교회의 반응을 곰곰이 생각해보라(행 10-11장). 당신은 어떻게 반응했을 거라고 생각하는가?

사사기 13장

삼손: 어린 시절

"거룩함이 지루하다고 생각하는 사람은 뭘 몰라도 한참 모르는 것이다. 진짜를 만나면 압도당할 수밖에 없기 때문이다."

- C. S. 루이스(C. S. Lewis)

하나님은 지도자를 세우실 때, 그들이 거룩하기를 바라신다. 이 세상에 있지만 세상에 속하지 않고, 그분께 구별되기를 바라시는 것이다.

들어가는 글

말수가 적은 사자

미국의 제30대 대통령 캘빈 쿨리지(Calvin Coolidge)는 '과묵한 캘(silent Cal)'로 알려져 있다. 그는 언젠가 이렇게 말했다. "만약 우리가 앉아서 가만히 있기만 한다면, 이 세상에서 겪는 모든 어려움의 5분의 4가 사라지게 될 것이다." 그의 마지막 유언장은 겨우 스물세 단어로 이루어진 짧은 문장이었다. "내 아들 존을 생각할 때, 나는 동산과 부동산을 포함하여 모든 재산을 나의 아내 그레이스 쿨리지에게 무조건적으로 상속한다(Not unmindful of my son John, I give all my estate, both real and personal, to my wife, Grace Coolidge, in fee simple)." 그것이 전부였다. 더 이상은 없었다. 그의 모토는 이런 것이었다. "만약 당신이 아무 말도 하지 않는다면, 반복하도록 요청받지도 않을 것이다." 쿨리지는 심지어 재임 기간 동안 전화를 사용하는 것도 거부했다. 그가 너무 적게 말하는 것으로 악명이 높은 나머지, 한번은 백악관 만찬에 초대된 어느 여자 손님이 내기를 한 적이 있었다. 자신이 대통령으로 하여금 두 마디 이상 말하게 만들 수 있을 거라고 말이다. 그녀가 대통령에게 자신의 내기에 대해 말했을 때, 그는 이렇게 대답했다. "당신이 졌소."

우리가 공부하게 될 이 장의 주인공은 이상한 역할을 맡고 있다. 그는 계시하시는 하나님으로부터 온 사자였다. 하지만 그분의 계시는 반복적이고 불충분했다. 적어도 등장인물들이 알고 싶어 했던 정보라는 측면에서 보면 말이다. 여러 가지 면에서 우리는 마노아의 심정에 공감한다. 그는 모든 것을 알고 싶었던 것이다. 그가 사자를 구슬려 정보를 더 얻어내려고 네 번이나 시도한 것은(11, 12, 15, 17절) 거의 코미디에 가까울 정도다. 마노아에게 찾아왔던 사자는 천상의 메신저치고는 '말수가 적은 사자'였던 것이다. 그는 '알아야 할 필요성'을 근거로 행동했고, 그가 마노아 부부와 공유했던 정보는 그들이(그리고 우리가) 꼭 알아야 할 필요가 있는 내용이었다. 거기에는 삼손의 무용담에서 중심 주제가 될 거룩함(holiness)에 대한 핵심 메시지가 담겨 있었던 것이다.

본문 이해

삼손: 어린 시절

Main Idea	삼손의 이야기는 여러 가지 면에서 독특하다. 그 중에서도 특히 그 자신이 사사라는 사실이 가장 두드러진다. 이번에는 하나님이 국가적인 해방자를 보내시지 않고, 모든 전투를 혼자 싸우는 독불장군을 보내셨던 것이다. 13장은 '여호와의 사자' 에 의해 삼손의 부모들에게 전달된 예고를 기록하고 있다. 또한 이 장은 삼손을 의도적으로 수태, 임신을 거쳐 탄생으로 이끌며 그의 성장기를 언급한다. 그리고 마침내 여호와의 신이 그의 속에서 활동하기 시작했다. 여기까지는 너무나 좋았다.

A. 배경(13:1-2)

Supporting Idea	이스라엘에 블레셋 족속으로 인한 고통이 있는 동안, 두 사람의 삶에도 블레셋의 압제와는 전혀 상관없는 개인적 고통이 있었다. 그러나 하나님은 그 와중에도 역사하고 계셨고, 그 두 이야기가 서로 교차하게 만드실 것이었다.

13:1-2. 이스라엘 자손이 다시 여호와의 목전에 악을 행하였다. 히브리 원문에 나오는 정관사는 전에도 그랬듯이 다른 신들을 섬기고 여호와를 거부하는 특정 악을 암시한다(2:10-13). 그 원인은 여호와께서 그들을 블레셋 사람의 손에 붙이셨다는 약속된 결과를 수반하고 있다. 블레셋 족속은 이미 '블레셋 다섯 방백' 으로 소개된 바 있고(3:1-4 참조), 나중에는 삼갈의 이야기에도 등장했다(3:31). 그들은 좀 더 뒤에서 암몬 족속(동쪽으로부터, 10:7)과 함께 이루어지는 군사적 협공작전의 일부(서쪽으로부터)로 다시 소개되기도 했다. 현재의 압제는 삼손의 출생에 앞서 사십 년 동안 지속되었고, 다윗 왕 아래서 마침내 소멸될 때까지 계속될 것이었다.

우리는 정확히 이 시점에서 이스라엘이 회개하고 여호와께 부르짖었고 하나님께서 그들에게 한 구원자를 보내 블레셋의 압제로부터 해방시키셨다는 내용을 읽게 되리라고 기대했을 것이다. 대신에, 다음 구절들은 이스라엘 측의 어떤 회개의 존재(또는 부재)와는 전혀 상관이 없는 이야기 속에서 하나님의 구원자의 가족을 소개하고 있다. 우리는 이 장의 남자 주인공을 소개받는다. 성(어떤 남자: a certain man, NIV)에서부터 지리(소라 땅에), 지파(단 지파의), 이름(마노아) 등을 차례로 언급하여 점차 구체성을 띠어가면서 말이다. 이것은 히브리 원문의 순서를 반영하고 있다(NIV의 순서와 비교해 보라). 그 이름의 의미는 확실치 않으나, '노아' 와 관련이 있어 '휴식처' 라는 개념을 지니고 있을 것으로 추정된다. 하지만 그 커플의 중요한 반쪽은 무명의 아내였고, 그녀가 잉태하지 못하므로 그들은 자손이 없는 상태였다.

B. 삼손의 어머니에게 주어진 예고(13:3-7)

Supporting Idea	여호와의 사자가 나타나 하나님의 구원자 삼손의 출생이 가능하도록 하나님이 개입하신다는 사실을 선언했다. 그는 여호와께 구별된 나실인이 되어야 할 운명이었다.

13:3. 아내의 탄성: 아들에 대한 약속. 여호와의 사자가 마노아에게 나타나지 않고, (이 장에서 유일하게 침착한 인간으로 돋보이는 역할을 하고 있음에도 불구하고) 이름이 밝혀지지 않은 마노아의 아내에게 나타났다는 사실에 독자들은 아마 놀랐을 것이다. 우리는 그녀가 잉태하여 아들을 낳게 될 것이라는 반가운 예고에 어떻게 반응했는지 듣지 못한다. 추측컨대, 대단한 기쁨으로 받아들여졌겠지만 말이다.

13:4. 아내의 제약: 특별한 영양요법. 하지만 성경에서 자녀에 대한 약속이 주어졌던 다른 모든 여성들과는 대조적으로, 이 여인에게는 우리가 나중에 율법 조항과 일치한다는 사실을 알게 되는 특별한 식이요법이 주어졌다. 그러나 처음에는 단순히 포도주와 독주를 마시지 말며 무릇 부정한 것도 먹어서는 안 된다는 말만 그녀는 들었다. 그 제약의 이유는 곧 밝혀지게 될 것이었다.

13:5 상. 사자의 설명: 나실인의 서원. 그녀가 잉태하여 낳게 될 아들은 평생 나실인이 되어 태에서 나옴으로부터 하나님께 바쳐지게 될 것이었다. 심지어 태어나기도 전에, 그의 출생 후 식이요법이 그의 어머니에 의해 '공유되었던' 출생 전 식이요법과 동일해야 한다는 사실도 알려졌다. 나실인의 서원(민 6장, 아래 '나실인의 서원' 참조)은 포도나

무의 소산을 먹는 행위와 머리에 삭도를 대는 행위, 시체를 접촉하는 행위 등에 대한 금지를 포함하고 있었다. 그 세 가지 가운데 두 가지가 구체적으로 언급되었다.

13:5 하. 아이의 사명: 구원. 우리는 마침내 이 막간극과 블레셋의 압제라는 정황 사이를 이어주는 연결고리에 도달하게 된다. 이 아이는 블레셋 사람의 손에서 이스라엘을 구원하는 일에 관여하게 될 것이다. 하지만 그의 과업은 이전의 모든 사사들과는 달리 구원의 과정을 시작하는 데 그칠 것이다(그리고 다윗 왕의 시대 이전까지 완수되지 못할 것이다, 삼하 5:17-25).

13:6-7. 아내의 설명: 그녀의 남편에게 주어지는 예고. 여호와의 사자와 그 여인 사이의 대화는 한 마디도 기록되어 있지 않다. 그녀는 질문도 하지 않았고, 그 특별한 출생을 확증하는 표징도 요구하지 않았다. 과거 기드온이 그랬고(6:17), 장차 사가랴가 그렇게 하듯이(눅 1:18) 말이다. 대신에, 그녀는 자신의 남편에게 가서 먼저 그 방문자의 외모에 대해 전했다. 그 용모가 하나님의 사자의 용모 같아서 심히 두려우므로. 그녀가 의미하는 바는 그 존재가 누구든 간에 단순한 사람 이상이라는 것이었다. 마노아는 분명 그 의견을 공유하지 않고, 그를 선지자에 불과한 존재로 생각했던 것으로 보인다(13:16하). 그녀는 부정적인 사실 두 가지, 다시 말해 자신이 무엇을 물어보지 않았는지(어디서부터 온 것을)와 그가 무엇을 자진해서 하지 않았는지(그도 자기 이름을 내게 이르지 아니하였으며)를 덧붙였다. 하지만 그녀는 긍정적으로 그 사람이 자신에게 아들을 낳게 될 것이라는 사실과, 자신이 따라야 할 식이요법이 있다는 사실을 말했다고 전했다. 그녀는 포도주와 독주를 마시지 말아야 했을 뿐만 아니라, 무릇 부정한 것을 먹지 않도록 조심하라는 주의도 받았던 것이다(사실상 온 이스라엘이 지켜야 하는 금지 사항이었지만, 이 영적 이완의 시대에는 반복될 필요가 있었다).

그녀는 그 남자가 말한 모든 것을 정확히 이야기했지만, 세 가지 다른 점이 있었다. 우선, 그녀는 그가 그들의 결혼에서 임신치 못하는 구성원으로 자신을 지목했다는 사실을 생략했다. 둘째로, 그녀는 그 아들이 '태에서 나옴으로부터 죽을 날까지 하나님께 바치운 나실인' 이 될 것이라는 말을 추가했다(그리고 어쩌면 옳게 추측했다). 셋째로, 그녀는 아이의 머리를 깎지 말라는 명시된 금지 사항을 빠뜨렸고, 그것은 그의 죽음에 대한 언급과 결부시켜 볼 때 거의 예언적이었다. 이 사이클은 그의 머리카락을 자른 것이 그의 죽음을 초래할 때 끝나게 될 것이기 때문이었다.

게다가 여기에는 민수기 6장에 언급된 나실인의 서원의 정상적인 패턴에서 벗어난 부분들도 있었다. 보통 그 서원은 자발적이어야 했지만, 여기서는 명령된 것이었다. 통상적으로 그 서원은 임시적인 것이어야 했지만, 여기서는 영구적이었던 것이다. 그 출생의 독특함과 그 서원의 독특함은 우리에게 그 아이의 독특함을 기대하도록 만든다.

C. 삼손의 아버지에게 주어진 예고(13:8-14)

Supporting Idea	여호와의 사자는 그 아이의 출생을 확증해주기 위해 (하나님의 은혜로) 다시 그 여인과 마노아에게 나타났다.

13:8-14. 다시 한 번 우리는 또 다른 막간극에 놀라게 된다. 마노아는 아이의 출생을 다시 확인하기보다, 덜 구체적인 하나님의 이름인 주(Adonai)를 사용하면서 하나님의 인도하심을 구했다. 그는 하나님께 그 사람을 다시 보내달라고 간구하면서 이렇게 기도했다. 우리가 그 낳을 아이에게 어떻게 행할 것을 우리에게 가르치소서. 하나님이 마노아의 기도를 들으셨고, 여호와의 사자가 다시 등장했지만, 마노아에게 찾아간 게 아니라 밭에 앉아 있던 그 여인에게 찾아갔다. 그녀는 자기 남편이 그 정보를 직접 접하게 되기를 간절히 원하고 있었기 때문에, 급히 달려가서 그 남편에게 그 사람이 다시 나타났다는 사실을 알렸다.

마노아는 그가 정말로 자기 아내에게 말씀하신 사람이라는 것을 확인한 후에, 이렇게 물었다. 당신의 말씀대로 되기를 원하나이다. 이 아이를 어떻게 기르오며 우리가 그에게 어떻게 행하오리까? 그 대답은 간결했고, 그 아이의 본성이나 생애에 대해 새롭게 추가된 게 아무것도 없었다. 그 사자는 단순히 그 아이에 대한 부모로서의 보호에 대해서만 지루한 설명을 반복했다. 마노아는 하나님의 방문자를 구슬려 할 수 있는 대로 모든 정보를 얻어내려고 시도했지만, 결국에는 더 이상 알아낸 게 없었다. 그 답방이 마노아에게 그 출생을 확인시켜주는 데 있어서는(첫째로 그녀가 그에게 신실했고, 둘째로 그녀가 망상에 사로잡혀 있지 않았다는 사실 말이다) 하나님의 은혜의 증거였지만, 한편으로는 실망스러운 것이었다. 그 방문자가 천상의 전달자치고는 '말수가 적은 사자' 였던 것이다.

나실인의 서원

- 그것은 자발적이어야 했다.
  - 자신을 바쳐야 했다(NASB: dedicated himself, 민 6:2).
  - 자신을 구별해야 했다(NASB: separated himself, 민 6:5).
  - 그의(his) 서원이라는 측면을 강조하는 표현이 민수기 6장에 18번 등장한다.

- 그것은 신성한 목적을 가지고 있어야 했다.
  - 여호와 앞에(2번 언급되어 있다).
  - 여호와께(7번 언급되어 있다).

- 그것은 상징적이어야 했다.
  - 포도나무의 모든 소산물을 피해야 했다(민 6:3-4).
  - 머리에 삭도를 대지 말아야 했다(민 6:5).
  - 죽은 사람과의 접촉을 피해야 했다(민 6:6-12).

- 그것은 임시적이어야 했다.
  - 구별의 기간이 끝날 때까지(민 6:5).
  - 구별의 기간이 끝났을 때(민 6:13).

주) 다른 나실인들로는 사무엘(삼상 1:11)과 세례 요한(이론의 여지는 있지만, 눅 1:15), 바울(행 18:18) 그리고 이름이 알려져 있지 않은 네 명의 그리스도인들(행 21:23-24)이 있다. 성경은 세 명만이 평생 나실인이었다고 기록하고 있다(삼손, 사무엘, 세례 요한). 예수님은 나실인이 아니었다(마 11:18-19)!

D. 여호와의 사자에 대한 인식(13:15-23)

Supporting Idea	마노아는 더 구체적인 정보를 얻어내려고 고집하는 과정에서 그 '무엇' 에 대해서는 더 이상 알아낸 게 없지만, 그 앞에 서 있는 존재가 '누구' 인지에 대해서는 더 많은 것을 발견하게 되었다.

13:15-23. 마노아는 여전히 정보를 얻어내려고 시도하면서 그 방문자에게 말했다. 당신은 우리에게 머물러서 우리가 당신을 위하여 염소 새끼 하나를 준비하게 하소서. 그것은 어느 모로 보나 신앙심이나 복종의 표현이 아니라, 단지 환대의 표현이었다. 성스러운 것이 아니라 세속적인 것에 불과했던 것이다. 마노아에게는 놀랍게도 여호와의 사자가 이렇게 대답했다. 네가 비록 나를 머물리나 네가 너의 식물을 먹지 아니하리라. 마노아가 자기 방문자를 보는 부적절한 시각(이는 마노아가 여호와의 사자인 줄 알지 못함을 인함이었더라)은 이제 곧 수정될 것이다. 그 적절한 반응은 (세속적인) 식물이 아니라, (성스러운) 제물이었던 것이다. 번제를 준비하려거든 마땅히 여호와께 드릴지니라.

그 권고에 대한 마노아의 반응은 흥미롭다. 그는 그 방문자가 여호와를 대변하고 있는지를 묻기보다는 그의 아들에 대한 예언과 관련하여 질문했다. 만약 그 말이 이루어지게 된다면, 그는 그 선지자를 존숭하고 싶어질 것이었다. 따라서 그는 고집스럽게 물었다. 당신의 이름이 무엇이니이까? 문자적으로 볼 때, 히브리 원문은 "당신의 이름이 누구입니까(Who is your name)?"라고 기록하고 있다. "당신의 이름이 무엇입니까(what is your name)?"와 "당신은 누구입니까(who are you)?"가 문법적으로 어색하게 조합된 결과인 것으로 추정된다. 그런 문법적 오류는 아마도 마노아가 말을 제대로 잇지 못할 정도로 좌절을 느끼고 있었음을 반영하고 있을 것이다.

그 방문자는 대답하는 대신에 또 다른 질문으로 답변을 대신했다. 어찌하여 이를 묻느냐? 그리고 마노아가 대답하기도 전에, 그는 자신의 이름이 기묘(NIV: beyond understanding, NASB: wonderful)라고 덧붙였다. 메시아와 관련된(이사야 9장 6절에서도 발견되는) 이 호칭은 그 인격체가 사람이나 선지자, 심지어 천사 이상이었다는 우리의 인식을 확대시켜준다. 그분이 바로 '여호와의 사자'였던 것이다. 다시 한 번 정리하면, 그 방문자는 마노아의 모든 질문에 대답하지 않았고, 그가 대답으로 내놓은 질문들은 오히려 더 많은 의문을 불러일으켰다.

마노아는 소득 없는 질문 공세를 계속 추구하기보다 지시받은 대로 행하여 여호와께 희생 제물을 드렸다. 그들이 지켜보는 가운데 여호와께서 이적을 행하셨다(NIV: the Lord did an amazing thing). 그분은 불꽃을 일으켜 단에서부터 하늘로 타오르게 하셨고, 여호와의 사자가 단 불꽃 가운데로 좇아 올라갔던 것이다. 그들의 반응은 두려움과 경외심을 느끼며 복종의 자세로 얼굴을 땅에 대고 엎드리는 것이었다. 이제 모든 게 분명해졌다. 그 방문자는 여호와의 자리로 다시 올라가셨던 것이다. 마노아는 히스테리에 가까운 반응을 보였다. "우리가 하나님을 보았으니 반드시 죽으리로다!" ('심층 연구' 참조)

그의 아내는 그를 진정시키고 그들의 상황을 논리적으로 분석했다. 우선, 여호와께서(그녀가 처음으로 하나님의 언약의 이름을 사용하고 있음에 주목하라) 그들로부터 제물을 받으시고 거부하지 않으셨다. 둘째로, 하나님이 이 모든 일을 보이셨다. 만약 하나님의 의도가 그들을 죽이는 것이었다면, 무슨 말씀이든 그들에게 전하실 필요가 있었겠느냐는 것이다. 셋째로, 약속이 주어졌다. 하나님이 그들에게 특별한 자녀를 주시기로 되어 있었고, 그것은 그들이 살아 있어야 함을 의미했던 것이다.

E. 삼손의 출생과 성장(13:24-25)

Supporting Idea	약속된 아이가 잉태되고 태어나 어엿한 남자로 성장함으로써, 그 사자를 통한 하나님의 약속은 이행되었다.

13:24-25. 후에 마노아의 아내가 아들을 낳으매 이름을 삼손이라 하였다. 여성이 자녀의 이름을 짓는 것은 이상한 게 아니었다. 오히려 이상한 것은 그 이름 자체의 의미였다. '태양'을 뜻하는 '쉐메쉬(shemesh)'에 'on'이라는 지소사가 결합된 형태, 다시 말해 '쉼숀(Shimshon)'이었던 것이다. 따라서 그 의미는 '작은 태양' 또는 '태양같이 밝은 아이(Sunny-boy)'였다(Block, 416). 제임스(James)가 지미(Jimmy)로 불리듯이 말이다. 그 이름은 여호와께서 그들의 어두운 삶에 빛을 가져다주셨음을 의미할지도 모른다. 아이가 자라매, 여호와께서 그에게 복을 주시니. 무엇보다도 특별한 건강을 주셨다. 때가 되매, 소라와 에스다올 사이 마하네단에서 여호와의 신이 비로소 그에게 감동하시니라. 그 약속의 아이는 특별한 거룩함(special holiness)의 삶을 살기로 예정되어 있었다. 이 세상에서 살지만, 이 세상에 속하지 않은 삶 말이다.

Main Idea 복 습	삼손의 이야기는 여러 가지 면에서 독특하다. 그 중에서도 특히 그 자신이 사사라는 사실이 가장 두드러진다. 이번에는 하나님이 국가적인 해방자를 보내시지 않고, 모든 전투를 혼자 싸우는 독불장군을 보내셨던 것이다. 13장은 '여호와의 사자' 에 의해 삼손의 부모들에게 전달된 예고를 기록하고 있다. 또한 이 장은 삼손을 의도적으로 수태, 임신을 거쳐 탄생으로 이끌며 그의 성장기를 언급한다. 그리고 마침내 여호와의 신이 그의 속에서 활동하기 시작했다. 여기까지는 너무나 좋았다.

결론

격리되어 있는가, 아니면 절연되어 있는가?

여러 해 전, 어느 사내아이가 거품처럼 생긴 기구 안에서 그의 짧은 생을 산 적이 있다. 그의 플라스틱 돔은 그에게 치명적일 수도 있는 세균으로부터 그를 격리시켰다. 그의 공기는 여과되었고, 그의 음식과 물은 살균되었으며, 그의 삶은 인간과의 직접적인 접촉 없이 유지되었다. 그런 비극은 거룩함에 대한 하나님의 명령을 오해하고 있는 그리스도인들에 의해 영적 차원에서도 종종 반복된다. 물론 우리는 세속에 물들지 않아야 한다(약 1:27). 하지만 밴스 하브너(Vance Havner)는 이렇게 말한다. "우리는 격리되는 것이 아니라 절연되어 악의 한가운데서 움직이지만 그것에 흔들리지 않아야 한다." 우리는 이 세상에서 살지만 이 세상에 속하지 않아야 한다. 우리의 본보기가 바로 예수님이시다. 그분은 '거룩하고 악이 없고 더러움이 없고 죄인에게서 떠나' (히 7:26) 계시면서도 동시에 '세리와 죄인의 친구' (눅 7:34)이셨던 것이다.

■ 진리 알기

- 거룩함은 정량화되지 않을지도 모른다. 하지만 그것은 목록의 문제가 아니라, 주님에 대한 사랑의 문제다.
- 하나님은 항상 우리의 삶에 대한 그분의 장래 계획을 상세히 설명하시지 않는다. 그분은 단지 우리가 그분을 '믿고 따르기를' 바라신다.
- 하나님은 수동적이지 않으시며, 심지어 그분의 섭리 안에서 능동적이시다. "만물이 그 안에 함께 섰느니라"(골 1:17). "우리가 그를 힘입어 살며 기동하며 있느니라"(행 17:28).
- 이 장은 개인들에 관한 것이지만, 하나님이 그분의 택한 백성을 결코 버리지 않으실 것이라는 사실을 보여준다. 비록 이 사이클에는 회개도, 기도도, 변화도 없지만, 하나님은 이스라엘을 떠나보내지 않으실 것이다.

■ 적용하기

- 거룩하라. 당신은 하나님의 형상을 따라 창조되었고, 그분 자신이 거룩하시기 때문이다(벧전 1:15-16).
- 당신이 불신자들과 맺고 있는 친분 관계의 수를 기록하라. 당신은 '소금'과 '빛'으로서의 역할을 하고 있는가?(마 5:13-14)
- 당신의 삶에서 일어나는 일들이 왜 일어나는지 이해되지 않을 때도 주님을 신뢰하라. 결정적인 진리는 왜(why)가 아니라 누구(who)라는 사실을 잊지 말라.
- 하나님은 당신이 이 세상에서 살지만 그것에 속하지 않기를 바라신다. 당신은 지금 어떻게 하고 있는가?

삶의 적용

구별, 뒤집어 생각하라!

필라델피아 제십장로교회(Tenth Presbyterian Church)의 사랑하는 목사 도널드 그레이 반하우스(Donald Grey Barnhouse)는 제1차 세계대전 중에 한 젊은 병사를 주님께 인도했다. 그 젊은이는 전쟁 중에도 거리낌 없는 그리스도의 증인으로 살았는데, 전쟁에서 돌아왔을 때 자신이 구원받기 전에 몸담았던 상류사회로 다시 들어가는 것에 대해 걱정했다. 그는 과거 친구들의 유혹이 너무나 강하게 자신을 끌어당겨 자신이 그것에 굴복하고 옛 습관으로 되돌아가게 될까봐 두려웠다. 가족과 친구들 사이에서 벌여야 하는 영적 싸움의 '전선' 이 군사적 싸움의 전선보다 더 무서웠던 것이다. 반하우스는 그에게 과거 지인들 가운데 가장 중요한 열 사람에게 그가 새로 얻은 믿음에 대해 말해주라고 조언했다. 그는 그 조언을 끝까지 실천했고, 냉소와 냉대에 부딪혔다. 그는 무례하지 않았지만, 담대했던 것이다. 소문은 빠르게 퍼져나갔고, 그는 곧 걱정할 필요가 없었다. 그의 옛 친구들이 그를 포기했던 것이다(J. M. Boice, Christ' s Call to Discipleship, Moody, 1986, 122-123에서 인용).

하나님은 신자들에게 좁은 길을 걸어가라고 명령하신다. 우리는 거룩해야 하면서도 동시에 거룩함을 무효화시킬 수 있는 유혹을 제공하는 세상에서 선한 영향력을 끼쳐야 한다. 나실인의 서원은 구별의 맹세였지만, 많은 사람들이 그 의미와 적용을 오해하고 있다. 무엇으로부터(from)의 구별 그 자체는 율법주의에 불과하다. 구별은 무엇으로부터(from)이어야 할 뿐만 아니라, 무엇을 향하는(unto) 것이기도 해야 한다. 문제는 우리가 얼마나 많이 모면할 수 있느냐가 아니라, 오히려 우리가 얼마나 거룩할 수 있느냐 하는 것이다. 하나님은 당신이 얼마나 거룩해질 수 있는지에 대해서 결코 제한하시지 않을 것이다. 한번 생각해보라. 당신이 그것을 제한하는 유일한 사람은 아닌가?

기도

오 주님, 우리가 거룩한 백성이 되기를 당신이 원하신다는 사실을 우리는 압니다. 우리는 너무 자주 거룩해야 할 것들과 하지 말아야 것들의 목록으로 정량화하려고 시도하지만, 당신은 우리의 동기를 아시고 우리의 마음을 감찰하십니다. 우리가 유혹받을 때에 죄가 진정 무엇인지 우리로 보게 하옵소서. 당신께서 당신의 자녀들을 위해 준비해 오신 무한한 기쁨으로부터 우리를 떼어놓는 것이 죄라는 사실을 우리가 깨닫게 하옵소서. 우리 주 예수 그리스도의 이름으로 기도합니다. 아멘.

심층 연구

A. 블레셋 족속

블레셋 족속의 기원은 불확실하다. 하지만 그들은 분명 두 방향에서, 다시 말해 아나톨리아(Anatolia)를 통한 육로와 (크레타 섬과 키프로스 섬을 거쳐) 해상을 통해 이스라엘에 도착했던 것으로 보인다. 일찍이 바이킹처럼 그들의 발자취를 따라 파괴의 길을 남기면서 말이다(Block, 394). 다섯 명의 이스라엘 지도자가 그들을 상대했다. 삼갈과 삼손, 사무엘, 사울 그리고 마지막으로 블레셋의 위협을 종식시켰던 다윗(삼하 5:17-25) 등이었다.

B. 소라

소라(Zorah)는 '벧세메스에서 북쪽으로 몇 마일 떨어져 있는 비옥한 소렉 골짜기의 북쪽 사면에 있는 이스라엘의 작은 성읍' 이었다. 히브리 원문은 마노아가 단순히 '소라 땅에(of Zorah: 현재의 위치에 대한 언급)' 거주했다기보다 '소라 출신(from Zorah: 기원에 대한 언급)' 이었음을 암시한다. 그리고 그것은 마노아가 '소렉 골짜기에서 에스다올 쪽으로 좀 더 올라가 더 멋들어진 장소에 정착했음' 을 말해준다(Block, 400).

C. 출생 이전과 출생 이후가 동일하다

출생 이전의 조건들이 나실인의 영적 구별과 관련되어 있었다는 사실에 유의해야 한다. 따라서 여기에 출생 이전의 삶에 대한 성경적 시각과 인간성에 대한 암시가 있었다고 추론할 수도 있을 것이다. '그' 는 수태에서부터 출생에 이르기까지 그리고 그 이후에도 동일한 인간이었지 단순히 조직체가 아니었다. 그의 출생 이후에(유아로서) 영적으로 유익했던 것은 그의 출생 이전에도(배아와 태아로서도) 영적으로 유익했던 것이다.

D. '하나님을 보다'

'대면하여(face to face)' 라는 말은 비유적인 표현으로, 하나님을 친밀하게 아는 것을 의미한다. 출애굽기 33장 11절은 "사람이 그 친구와 이야기함 같이 여호와께서는 모세와 대면하여 말씀하시며"라고 기록하고 있다. 그 말의 요지는 모세가 실제로 하나님의 얼굴을 보았다는 게 아니라, 그가 하나님과 친밀하게 이야기를 나누었다는 것이다(출애굽기 33장 18-23절에서는 그 점이 더욱 분명해진다, 특히 20, 23절). 하나님은 모세에게 '대면하여' 말씀하셨지만, 모세가 '그분의 얼굴을 보도록' 허용하시지는 않았을 것이다. 그 두 가지는 똑같은 게 아니다.

E. 죄의 지루함

만약 당신이 구약의 이 책에서 좀 멀리 떨어져 조감도로 내려다본다면 무엇을 보게 될까? 첫째로, 당신은 다시 한 번 죄가 점점 더 지루해진다는 사실을 보게 될 것이다. 항상 예전과 똑같다. 죄의 새로운 범주를 떠올리기가 쉽지 않다. 그 결과 사사기에서는 한 나라를 총체적으로 도덕적 타락에 빠뜨리는 죄의 종류에 대한 보고가 사실상 '그들이 또 그랬다(하품)' 라는 정도까지 줄어들기만 한다. 더 이상 말할 게 별로 없다. 둘째로, 그에 반해서 하나님의 구원은 흥미롭다(아무리 줄잡아 말하더라도 그렇다)는 사실을 발견하게 될 것이다. 기드온과 입다와 지금 다루고 있는 삼손의 흥미진진한 이야기들을 한번 생각해보라. 거기 어디에도 지루한 구석이라고는 없다.

고안

A. 들어가는 글

1. '말수가 적은 사자' 이야기로 시작하라.
2. 배경 설명: 입다의 가슴 아픈 일화가 끝남에 따라, 우리는 여섯 명의 소사사와 다섯 명의 대사사에 대한 공부를 완료했다. 우리의 마지막 사사는 삼손이고, 그의 이야

기는 우리를 13-16장으로 안내하면서 세 가지 '베들레헴' 이야기(삿 17-18, 19-21, 룻 1-4) 쪽으로 이끌어준다.

3. 적용: 기드온과 그의 비극적 유산(아비멜렉)에 대한 이야기가 끝나자, 이스라엘의 고질적인 배교와 그에 따른 예속이 이어지고, 하나님은 다시 한 번 그분 자신이 그분의 언약에 충실하다는 사실을 증명하신다. 하지만 이번에는 어떤 군대에 의해서가 아니라, 한 개인을 통해서 구원이 이루어지게 될 것이다.

B. 본문 이해

1. 배경(13:1-2)
2. 삼손의 어머니에게 주어진 예고(13:3-7)
   1) 아내의 탄성: 아들에 대한 약속(13:3)
   2) 아내의 제약: 특별한 영양 요법(13:4)
   3) 사자의 설명: 나실인의 서원(13:5 상)
   4) 아이의 사명: 구원(13:5 하)
   5) 아내의 설명: 그녀의 남편에게 주어지는 예고(13:6-7)
3. 삼손의 아버지에게 주어진 예고(13:8-14)
4. 여호와의 사자에 대한 인식(13:15-23)
5. 삼손의 출생과 성장(13:24-25)

C. 결론: '격리되어 있는가, 아니면 절연되어 있는가?'를 읽어주라.

토의 질문

1. 신학자 존 머레이(John Murray)의 다음 글에 대해 깊이 생각해보라. "세상에 속한 그들은 멋지게 보일 수 있을지도 모른다. … 하지만 그들은 의로움에 굶주리고

목말라 있지 않다. 그들의 열망은 하늘의 것이 아니다. 그들은 이 땅에서 나그네와 순례자가 아니다. 그에 반해서 그리스도인들은 이미 죄와 사망의 왕국에서 의로움과 생명의 왕국으로 옮겨졌다. 죄는 이제 그들에게 짐과 골칫거리가 되었다. 그들은 더 이상 그것을 편하게 여기지 않는다. 여기는 이제 이국땅인 것이다."

2. 이 장 전체에 걸쳐 '여호와의 사자' 가 실제로 누구인지에 대한 인식이 점점 커져가고 있음에 주목하라. 처음에는 그가 '하나님의 사람' (6, 8절)이고, 그 다음에는 '기묘' (18절)로, 그 뒤에는 '하나님의 사자' (21절)로 그리고 마지막에는 '하나님' (22절)으로 언급된다. 다음 명제에 대해 토론하라. 이 부분의 이야기는 삼손이나 그의 가족에 대한 것이 아니라 하나님에 대한 내용이다.

3. 이 장을 읽고 그 핵심인 거룩함에 대해 이해하지 못하고 그냥 지나치기가 쉽다. 하나님은 세상이 지켜보는 가운데 그분을 대표하게 될 삼손이 거룩하기를 원하셨다. 나실인의 서원은 흥미로운 사족이 아니라 이 이야기의 핵심 그 자체인 것이다. 부활의 순간에 모든 신자는 따로 구별되어 하나님 앞에서 그분이 보시기에 지위적으로 의롭고 거룩하다고 선언된다. 고린도전서 6장 11절('거룩하게 되고' , 표준새번역)과 데살로니가후서 2장 13절('너희를 택하사 성령의 거룩하게 하심과')을 참조하라. 그러나 부활 이후 각 신자는 거룩함의 삶을 살아야 하는 책임을 지게 된다. 우리의 관행을 우리의 지위에 일치시키라는 다음 권고들을 주의 깊게 읽어보라(엡 4:1, 살전 4:3, 5:23, 벧전 1:16).

사사기 14장

사자와 마녀 그리고 예복

"목적이 없는 사람은 키가 없는 배와 같다."

- 토마스 칼라일(Thomas Carlyle)

삼손의 본능적 욕구와 무용담을 소개하는 우리의 도입부는 그의 인품에 대해서도 보여준다. 그는 사람들보다 자신의 열정을 우선하는 문제아다. 이 장에서는 그의 잘못된 선택이 그를 세 가지 일화로 이끈다. 사자와 성가시게 조르는 약혼녀(마녀) 그리고 그가 사람들을 살해하고 그들의 옷(예복)을 빼앗지 않을 수 없게 만드는 노름빚과 관련된 사건들이다. 삼손은 하나님을 저버렸던 것처럼 보이지만, 그렇다 하더라도 하나님은 삼손을 포기하지 않으셨다.

들어가는 글

하나님은 바보가 아니시다

로이스 체니(Lois Cheney)는 그녀의 책 「하나님은 바보가 아니시다(God Is No Fool)」(Abingdon Press, 1969)에서 다음과 같은 비유를 기록하고 있다.

> 언젠가 한 남자가 이렇게 말했다. "내게 여윳돈이 좀 있다면, 그것을 하나님께 드릴 텐데. 하지만 내게는 나 자신과 가족을 부양할 수 있는 정도의 돈밖에 없으니." 그리고 같은 사람이 이렇게 말했다. "내게 여유 시간이 좀 있다면, 그것을 하나님께 드릴 텐데. 그러나 내 일과 가족과 클럽과 그 밖의 다른 것들로 스케줄이 꽉 차 있어 단 한 순간도 비질 않으니." 그는 또 말했다. "내게 재능이 하나 있다면, 그것을 하나님께 드릴 텐데. 나는 아름다운 목소리나 특별한 기술도 없고, 그룹을 인도해본 적도 없고, 내가 원하는 대로 머리가 잘 돌아가거나 빨리 돌아가지도 않으니."
>
> 그러자 하나님의 마음이 움직였다. 그분답지는 않지만, 하나님이 그 남자에게 돈과 시간과 멋진 재능을 주셨던 것이다. 그리고 나서 그분은 기다리고, 기다리고, 또 기다리셨다. 그리고 얼마 후, 하나님은 어깨를 으쓱해 보이시며 그 남자로부터 세 가지 선물을 모두 회수하셨다.
>
> 잠시 후, 그 남자가 한숨을 쉬며 말했다. "그 돈의 일부라도 되돌려받기만 한다면, 그것을 하나님께 드릴 텐데. 내게 그 시간의 일부라도 있다면, 그것을 하나님께 드릴 텐데. 내가 그런 멋진 재능을 다시 발견할 수만 있다면, 그것을 하나님께 드릴 텐데."
>
> 그러자 하나님이 말씀하셨다. "어허, 입 닥쳐."
>
> 그리고 그 남자는 몇몇 친구들에게 이렇게 말했다. "있잖아, 나 이제 더 이상 하나님을 믿지 않게 될 것 같아."

하나님은 삼손에게 놀라운 재능들을 주셨지만, 삼손은 그것들을 함부로 사용했다. 그가 지닌 놀라운 잠재력에도 불구하고, 그의 승리는 모두 사적인 것이었다. 그는 어떤 사사보다도 하나님의 백성에게 기여한 바가 적었다. 블록은 그것을 이렇게 표현하고 있다. "한편으로 그는 영웅으로 태어나 죽었지만, 다른 면에서 보면 그는 강도요, 사기꾼이며, 자신의 특별한 소명과 재능을 경솔하게 낭비해버린 사람이다"(Block, 421).

본문 이해

사자와 마녀 그리고 예복

Main Idea	삼손의 인품은 그의 삶에서 펼쳐지는 충돌들 속에서 드러나고 말았다. 그는 하나님과 자신의 부모를 무시하고 잘못된 여인을 추구했고, 하나님의 명령을 무시하고 나실인의 서원을 반복적으로 어겼으며, 사회적 관례를 무시하고 결혼식 하객들을 속이려 했다. 그는 자신의 약혼녀를 모욕하고 난처하게 만들었으며, 하나같이 잘못된 이유들 때문에 자신의 능력을 이용해 적을 죽였고, 경솔하게 자신의 약혼녀를 버림으로써 사람들의 조롱거리가 되게 만들었다.

A. 동물적 욕구(14:1-4)

Supporting Idea	삼손의 인품은 그가 하나님과 자신의 부모를 무시하고 잘못된 여인을 추구했을 때 드러나고 말았다.

14:1-4. 삼손은 의도적으로 딤나라는 블레셋 성읍을 찾아갔다. 그는 영적 순례중도 아니었고, 가치 있는 목표를 지닌 사절도 아니었다. 그는 단지 파티를 즐길 작정이었던 것이다. 거기서 그는 블레셋 딸 중 한 여자를 보았고, 집으로 돌아와 자신의 부모에게 요구했다. 그녀를 취하여 내 아내를 삼게 하소서. 삼손은 그들의 이유 있는 항변을 들으려

하지 않았다. 네 형제들의 딸 중에나 내 백성 중에 어찌 여자가 없느냐? 성경은 분명하다. 신자들은 오로지 다른 신자들과만 결혼해야 한다. 그의 부모는 다곤 신에게 헌신하는 집안과의 결혼을 반대했지만, 삼손은 들으려 하지 않았다. 그의 판단 기준은 감춰져 있지 않고 분명했다(그리고 천박했다). '그녀가 매력적으로 보이오니(She looks good to me: NASB).' 히브리 원문의 문구는 사사기 17장 6절과 21장 25절에서 발견되는 표현과 동일하다. 그녀가 '자기 소견에 딱 들어맞았던(right in his own eyes: NASB)' 것이다.

그러나 삼손은 하나님과 그분의 율법을 전혀 존중하지 않았다. 하물며 자기 부모에 대한 존중이나 그들의 반대에 대한 배려는 더 말할 나위도 없었다. 그는 본능적 욕구가 채워져야만 하는 짐승과 같았던 것이다. 짐승은 오로지 먹이와 잠 그리고 다음 교미만을 바란다는 것은 주지의 사실이다. 먹고 자고 다음 성관계만을 기다리는 일부 인간들처럼 말이다. 본능적 욕구보다 더 큰 무언가를 위해 살기를 그만두는 순간, 인간으로 인식되기를 그만두는 것이다.

삼손의 육체적 욕구에 대한 추구가 언급되어 있는 한가운데서 당황스럽기도 하고 놀랍기도 한 이런 진술이 발견된다. **그의 부모는 이 일이 여호와께로부터 나온 것인지 알지 못하였지만, 그분은 블레셋 족속을 대적할 기회를 찾고 계셨다**(NIV 직역: His parents did not know that this was from the Lord, who was seeking an occasion to confront the Philistines). 하나님이 그분의 목적을 이루시기 위해 무대 뒤에서 역사하고 계셨던 것이다. 심지어 타락한 인간의 경건치 못한 욕망을 사용하시는 정도까지 말이다(행 2:23). 이스라엘 백성은 블레셋의 지배에 만족하고 있었기 때문에, 처음에는 여호와께 부르짖지 않았다. 그들은 이미 사명감이나 국가적 목표 의식을 완전히 잃어버려 하나님이 바라시는 것보다 열등한 존재로 머물러 있는 데 만족하게 되었던 것이다. 삼손은 그의 환경을 주관하시는 하나님의 주권을 인식하지 못했다. 그는 하나님이 자신의 사적인 삶과 단절되어 있는 것처럼 그의 삶을 살았다. 그에게 있어 하나님은 마음씨 좋은 할아버지와 같이 격하되어 있었다. 그러나 하나님은 이제 곧 냄비를 휘저으실 예정이었고, 현상은 더 이상 유지되지 않을 것이었다.

B. 사자의 공격(14:5-9)

Supporting Idea	삼손의 인품은 자기 부모에 대한 존경심 부족과 나실인의 서원에 대한 위반 속에서 드러났다.

14:5-9. 삼손은 그 부모와 함께 딤나에 내려가는 도중에, 그들로부터 떨어지게 되었다. '최상의' 해석은 삼손이 그들 없이 이리저리 구경을 다녔다는 것이다. '최악의' 해석은 그가 포도주를 좀 즐길 생각으로 딤나의 포도원에 갈 작정이었고(아마도 지난 번 방문 때 그랬던 것처럼), 자신이 나실인의 서원을 계속 위반하는 것을 자기 부모가 목격하게 되지 않기를 원했다는 것이다. 삼손은 그 시점에 자기 부모와 함께 있지 않았고, 무슨 일이 있었는지에 대해서도 그들에게 말하지 않았다. 그로서는 자기 일은 그들이 상관할 바가 아니었던 것이다.

갑자기 어린 사자가 그를 공격했지만, 여호와의 신이 그에게 능력을 부여함으로 말미암아 그가 맨손으로 사자를 잡아 죽였다. 삼손은 자신의 놀라운 능력을 당연하게 여겼던 것으로 보인다. 그는 자신에게 왜 그렇게 뛰어난 능력이 주어졌는지, 혹은 그런 재능들이 어떤 거룩한 사명에 사용되어야 하는지 잠시도 물은 적이 없었던 것이다.

삼손은 그 여자와 이야기를 나누었고, 결국 결혼 계획이 승인되었다. 그가 그녀를 기뻐하였더라. 그녀가 그에 대해 어떻게 생각했는지는 우리에게 알려져 있지 않다. 삼손은 그 여자를 취하려고 다시 가다가 옆길로 벗어나 그 사자의 주검을 보았다. 이것 역시 나실인의 서원에 대한 또 다른 위반이었다(민 6:6, 시체와의 접촉을 금지하는 조항으로, 추측컨대 '죽은 상태로 길에 놓여 있는 동물' 도 포함되었을 것이다). 놀랍게도(히브리 원문에는 '주시해서 보다(behold)' 로 표현되어 있다) 그 시체는 구더기가 아니라 벌 떼의 서식처가 되어 있었다. 아라비아 사막의 여름 더위 속에서는 시체들이 거의 24시간 이내에 바짝 말라 미라처럼 될 수 있다고 전해진다. 그 사자는 분명 부패 단계를 거의 거치지 않고 곧바로 석화되었던 것으로 보인다. 다시 한 번 강조하건대, 하나님은 전개되는 이야기의 필수적인 부분을 야기하시면서 역사하고 계셨던 것이다.

삼손은 의도적으로 그 시체를 찾아갔을 뿐만 아니라, 그 꿀을 나눠 먹음으로써 자기 부모들까지 부정하게 만들었다. 그들에게 그것을 드려서 먹게 하였으나, 그 꿀을 사자의 몸에서 취하였다고는 고하지 아니하였더라. 그의 행동은 상점에서 훔친 물건을 자기 부모에게 선물하는 것이나 다를 바 없다. 블록은 우리에게 이렇게 상기시킨다. "그의 부모는 그를 거룩하게 만들었는데, 그는 이제 그들을 더럽히고 있다"(Block, 430).

C. 총각 파티(14:10-14)

Supporting Idea	삼손의 인품은 자신의 결혼식 하객들을 속이려고 시도하는 데서 드러난다.

14:10-14. 삼손의 아버지가 그 여자에게로 내려갔고, 결혼 준비가 모두 완료되었다. 삼손이 거기서 잔치를 배설하였으니, 소년은 이렇게 행하는 풍속이 있음이더라. 그 '잔치'는 일주일간 계속되는 총각 파티였고, 그 말미에 삼손이 그의 신부를 아내로 맞이하고 첫날밤을 보내게 되어 있었다. 술판이 홍청망청 벌어졌고, 또다시 나실인의 서원이 위반되었다. 이번에는 이교도들이 보는 앞에서 말이다(삼손은 증인으로서의 삶에 대해 거의 신경 쓰지 않았던 것으로 보인다). 이 시점에서 이야기의 두 가닥(사자와 내통)이 하나로 합쳐진다. 삼손은 다소 위험한 사람으로 인식되고 있었기 때문에, 삼십 명의 젊은이가 그를 따라다니며 감시해야 했다[NIV의 해석처럼, 동무로 주어졌던(given) 것이 아니다]. 우리는 그 이유에 대해 확신하지 못한다. 아마도 그의 호전적인 외모와 지나친 자신감이 사람들을 불안하게 만들었을 것이다.

그러나 삼손은 그것을 이득을 볼 수 있는 기회로 여겼다. 그의 탐욕이 분별력을 이겼던 것이다. 그는 30대 1의 불리함을 무릅쓰고 수수께끼로 내기를 제안했다. 그러나 삼손은 자신이 에이스 카드를 보유한 사실을 알고 있었다. 오로지 그만이 그 답을 알 수 있었기 때문이다.

그 수수께끼는 재치있고 그럴 듯했다. 먹는 자에게서 먹는 것이 나오고, 강한 자에게서 단 것이 나왔느니라. 첫 번째 줄은 짓궂고 교묘했다. 그것이 연회에서 홍청대는 사람들로 하여금 손님들이 더 먹기 위해 방금 전에 먹은 것을 토해낼 정도로 지나치게 먹고 마시는 전통적인 연회를 떠올리게 만들 것이기 때문이었다. 어쩌면 그런 일이 바로 그 순간에 그들 주변에서 일어나고 있었는지도 모른다. 하지만 그것은 빗나간 추측이 되었을 것이다. 삼손이 의미하는 바는 그것이 아니었기 때문이다. 게다가 두 번째 줄(강한 자에게서 단 것이 나왔느니라)은 해독하기 쉽지 않은 의미를 지니고 있었다. 그 결과는 그들의 고조되는 짜증 속에서 확인되었다. 그들이 삼일이 되도록 수수께끼를 풀지 못하였더라.

D. 암송아지의 눈물(14:15-20)

Supporting Idea	삼손의 인품은 그의 재능을 남용하는 행위(잘못된 이유들 때문에 사용함으로써)와 자기 약혼녀를 모질게 대하는 행위(그녀를 모욕하고 사람들의 조롱거리가 되게 만듦으로써) 속에서 드러났다.

14:15-20. 그 군사들은 끓어오르는 좌절 속에서 삼손의 약혼한 아내에게 자신들을 위해 답을 알아내라고 말하면서 이렇게 협박했다. 너와 네 아비의 집을 불사르리라. 그녀가 소중히 여기는 모든 것이 그들의 요구에 인질로 잡혀 있었던 것이다. 그녀는 자신의 딜레마를 삼손에게 설명하기보다는(삼손이 그녀의 가족의 생명과 의복을 기꺼이 맞바꾸려고 할지 그녀가 확신할 수 없을 정도로 그의 사랑이 의문스러웠던 것이다), 끊임없이 조르는 행위와 정서적 공갈협박을 통해 그로부터 답을 얻어내려고 시도했다. 삼손의 아내가 그의 앞에서 울며 가로되, 당신이 나를 미워할 뿐이요 사랑치 아니하는도다. 우리 민족에게 수수께끼를 말하고 그 뜻을 내게 풀어 이르지 아니하도다.

그것은 우리가 그녀의 목소리를 처음으로 듣게 되는 경우였고, 그것은 불행히도 날카롭고 신경질적이다. 자신의 장래 아내를 이해하는 데 익숙한 사람이라면, 그녀가 공황상태를 보이는 이유를 조사하는 데 좀 더 관심을 기울였을 것이다. 그러나 삼손은 아니었다. 그의 냉정한 반응이 그 사실을 말해주고 있었다. 나의 부모에게도 풀어 고하지 아니하였거든. 그 함축된 의미는 그가 자기 부모에게도 말하지 않았는데, 도대체 무엇이 그녀로 하여금 그가 그녀에게 말할 거라고 생각하게 만들었느냐는 것이다. 그녀는 그녀와의 친밀한 우의에는 전혀 관심이 없고 그저 침실에서 얻게 될 것만을 바라는 남자와 약혼했던 것이다. 그 대칭은 흥미롭다. 그녀는 자기 부모를 구하기 위해 자신의 약혼한 남편을 기꺼이 속이고 배신했으며, 그는 자기 아내보다 부모에게 더 애착을 갖는 것이 도대체 뭐가 잘못인지 몰랐던 것이다.

그러나 그녀는 끊임없이 졸라댔고, 마침내 제 칠일에 삼손은 평온을 바라는 그 자신의 욕구로 인해 결국 그녀에게 말해버렸다. 그러자 이번에는 그녀가 자기 민족에게 그것을 고하였다. 결혼 축하파티 내내 함께한 우정과는 거리가 멀었던 그 손님들은 최대한 마지막 순간(제 칠일 해 지기 전)까지 기다렸다가 마지막 순간에 삼손의 손에서 승리를 낚아챘다. 그들은 두 가지 수사적인 질문을 던짐으로써 대답을 대신했다. 마치 그 대답이 추론을 통해 누구나 손쉽게 알아낼 수 있는 문제였던 것처럼 말이다. 무엇이 꿀보다 달겠으며 무엇이 사자보다 강하겠느냐?

그들은 분명 꿀의 출처나 사자의 공격에 대해서는 알지 못했을 것이다. 사실은 그 사건을 통해 삼손이 사자보다 더 강하다는 사실이 입증되었으니 말이다. 그러나 그들은 그 의미를 알지는 못했을지 모르지만, 빈칸에 써넣어야 할 정확한 답을 알고 있었던 것이다. 마치 수학 시험에서 커닝을 통해 최종 숫자만을 베껴 쓴 아이들이 그 답이 어떻게 나왔는지에 대해서는 전혀 알지 못하듯이 말이다.

삼손은 자신이 약혼녀에 의해 배신당했다는 사실을 깨달았고, 그가 알고 있는 것을 그들이 알고 있다는 사실을 알았다. 너희가 내 암송아지로 밭 갈지 아니하였더면 나의 수수께끼를 능히 풀지 못하였으리라. 당시 암송아지는 쟁기질하는 데 사용되지 않았다. 따라서 그의 모욕은 그녀에게 의도적으로 잔인하고 노골적인 것이었지만 전적으로 사실이었다. 다시 한 번, 여호와의 신이 삼손에게 '임하시어' (6절 참조) 그가 아스글론 성읍에서 삼십 명과 싸워 그들을 제압하고 의복과 병기를 빼앗을 수 있도록 능력을 부여하셨다. 아스글론은 에그론과 가드, 아스돗, 가사 등과 함께 블레셋의 다섯 성읍 연맹체(1:18, 3:3 참조) 가운데 하나였다. 삼손은 동족에 대한 충성심 때문에 자신을 배신했다고 믿고 있는 여인과 함께 첫날밤을 보내지 않고, 골이 나 입을 삐죽거리며 자기 어머니의 집으로 돌아왔다. 연쇄 살인 강도로서는 이상한 반응이었다.

그 약혼한 처녀의 아버지는 조롱을 피하기 위해(그리고 또 자기 성읍 사람들과의 유대 관계를 강화하려는 마음에서) 그 동무들 가운데 우두머리에게 그녀를 시집보냈다. (삼손은 15장에서 그 사실에 대해 알고 기뻐하지 않게 될 것이다.) 하나님의 주권적 역사에 대해 생각해보라. 삼손은 적과 함께 살 작정이었지만, 하나님이 개입하셨던 것이다. 삼손은 블레셋 사람들과 결연 관계를 맺기는커녕, 그들을 적대시하게 될 것이었다. 하나님이 냄비를 휘젓고 계셨던 것이다.

Main Idea 복 습	삼손의 인품은 그의 삶에서 펼쳐지는 충돌들 속에서 드러나고 말았다. 그는 하나님과 자신의 부모를 무시하고 잘못된 여인을 추구했고, 하나님의 명령을 무시하고 나실인의 서원을 반복적으로 어겼으며, 사회적 관례를 무시하고 결혼식 하객들을 속이려 했다. 그는 자신의 약혼녀를 모욕하고 난처하게 만들었으며, 하나같이 잘못된 이유들 때문에 자신의 능력을 이용해 적을 죽였고, 경솔하게 자신의 약혼녀를 버림으로써 사람들의 조롱거리가 되게 만들었다.

결론

큰 기대

삼손의 이야기는 사사기 13장 24절에서부터 시작되었고, 거기서 우리는 그 여인이 아들을 낳고 그 이름을 삼손으로 지었다는 사실을 알게 되었다. 또 그 아이가 자라면서 언약의 여호와에 의해 복을 받았다는 사실도 배우게 되었다. 기적적인 수태와 거룩한 의도와 관심에 대한 하나님의 약속 이후에, 사람들은 다음 구절들이 위대한 약속을 증명하는 내용들로 가득 차 있을 것이라고 기대했을 것이다. 성경에서 평생 나실인이었던 다른 두 사람의 경우에는 그것이 사실이었다. "아이 사무엘이 점점 자라매 여호와와 사람들에게 은총을 더욱 받더라"(삼상 2:26). "이 아이여 네가 지극히 높으신 이의 선지자라 일컬음을 받고 주 앞에 앞서 가서 그 길을 예비하여 주의 백성에게 그 죄 사함으로 말미암는 구원을 알게 하리니 이는 우리 하나님의 긍휼을 인함이라"(눅 1:76-78).

하지만 전에 삼손의 이야기를 읽어본 적이 없는 독자들은 놀라지 않을 수 없을 것이다. 삼손은 하나님의 영광보다 자신의 본능적 욕구에 훨씬 더 관심이 많은 사람으로 드러났기 때문이다. 하나님은 삼손에게 놀라운 재능들을 주셨지만, 그는 그것들을 함부로 사용했다. 그의 비극은 그가 원하는 여인을 얻지 못했던 게 아니라, 그가 결코 하나님이 원하시는 사람이 되지 못했다는 사실이다.

▣ 진리 알기

- 하나님은 죄 많은 인간들의 사악한 선택에 놀라지도 당황하시지도 않으며, 그로 인해 그분의 계획이 무산되는 법도 없다.
- 설사 하나님의 계획이 우리의 사악한 선택으로 구체화된다 하더라도(창 50:20), 우리는 여전히 자신의 죄에 대해 책임을 져야 한다(갈 6:7, 행 2:23)

▣ 적용하기

- 당신이 욕망을 느끼는 곳에서 어슬렁거리지 말라! 만약 당신이 유혹을 멀리한다면, 굴복할 것도 없게 될 것이다.
- 당신의 주님을 신뢰하라! 그분은 당신 삶의 세세한 부분에서 그분이 무엇을 하고 계신지 잘 알고 계신다.
- 어려운 환경 속에 있다면, 당신을 더 경건하게 만들어줄 교훈을 배울 수 있도록 하나님께 간구하라.
- 당신의 부모를 공경하라! 만약 삼손이 그들의 조언을 귀담아 들었다면, 그의 삶은 훨씬 덜 비극적이었을 것이다.
- 당신의 배우자를 소중히 여겨라! 삼손은 자기 배우자를 쓰레기처럼 취급했다가 쓰레기 더미에서 생을 마감했다.

삶의 적용

유혹

척 스윈돌(Chuck Swindoll)은 우리가 유혹에 대비해 어떻게 미리 계획을 세워야 하는지에 대해 이야기해준다.

한 아버지가 아들에게 지시했다. "아들아, 그 수로에서 수영해서는 안 된다."

"알았어요, 아버지." 아들이 대답했다. 하지만 그는 그날 저녁 젖은 수영복을 가지고 집에 돌아왔다.

"너 어디 있다 온 거니?" 아버지가 다그쳐 물었다.

"수로에서 수영했어요." 소년이 대답했다.

"내가 거기서 수영하지 말라고 하지 않더냐?" 아버지가 물었다.

"그러셨죠." 소년이 대답했다.

"그런데 왜 했니?" 그가 물었다.

"사실은요, 아버지." 소년이 설명했다. "수영복을 가지고 갔다가 그 유혹을 도저히 참을 수가 없었어요."

"수영복을 왜 가져갔니?" 그가 물었다.

소년이 대답했다. "혹시 몰라서 수영할 준비를 해간 거죠. 유혹받게 될 경우를 대비해서 말이에요."

삼손은 유혹을 물리칠 의사가 전혀 없었다. 그는 오히려 유혹에 빠지려고 미리 계획을 세웠다. 이 일화에서는 삼손에 대해 좋게 말할 수 있는 게 별로 없을 정도다.

삼손은 어떤 유혹에 굴복했는가? 우선, 방종이다. 먼저 딤나로 내려간 것부터 해서 포도원에 간 것이 모두 방종한 행동이었다. 둘째로, 정욕이다. 삼손은 그 처녀를 보았고 욕정을 품었으며 좇아갔다. 그리고 그 모든 것이 그녀의 외모 때문이었다. 셋째로, 탐욕이다. 삼손은 자기 소유물을 늘리려는 생각으로 수수께끼를 제안했다. 그것도 자기 결혼식 날 말이다. 그는 그 결혼식의 핵심인 자기 아내로 만족하지 못했던 것이다. 넷째로, 짜증이다. 그는 아무 설명도 돌아오겠다는 약속도 없이 자기 약혼녀를 내버려두고 골이 나 사라져버렸다. 그녀나 그녀의 가족에 대해서는 전혀 고려하지 않고 행동했던 것이다. 다섯째로, 분노다. 사실 삼손은 두 번씩이나 분노에 굴복했다. 그는 결혼식장을 벗어나 사람들을 죽이고 전리품을 가지고 돌아왔다가 다시 떠났고, 얼마 후 자기 약혼녀가 다른 사람에게 주어졌다는 사실을 발견했을 때 또다시 분노를 터뜨리며 복수극을 벌였다. 그리고 그 사건은 다음 장에서 그의 '사랑하는 사람' 과 그녀의 가족을 죽게 만드는 결과를 초래하고 말았다. 삼손은 결코 유혹과 씨름하지 않았다. 그는 항상 굴복하기만 했을 뿐이다. 여기에 심각한 경고가 있다. 우리는 우리를 유혹하는 것들로부터 멀리 떨어져 있어야 한다는 것이다.

기도

오 주님, 당신은 우리에게 천부적인 재능과 영적 은사를 주셨습니다. 우리는 때때로 선한 은사를 사용하여 이기적인 목표를 달성하고자 하는 유혹을 받게 됩니다. 우리가 당신이 우리에게 맡겨주신 것을 잘 관리하는 선한 청지기가 되게 하옵소서. 그래서 우리가 언젠가 당신 앞에 서게 될 때에 "잘 하였도다 착하고 충성된 종아"(마 25:21, 23)라는 칭찬을 듣게 하옵소서. 우리 주 예수 그리스도의 이름으로 기도합니다. 아멘.

심층 연구

A. 삼손: 아놀드일까, 도널드일까?

만약 헐리웃 영화계가 삼손의 일생에 대한 영화를 제작한다면, 누가 주연을 맡게 될까? 본래는 1949년 제작된 영화 〈삼손과 들릴라〉에서 빅터 마추어(Victor Mature)가 헤디 라말(Hedy Lamarr)의 상대역을 맡은 적이 있었다. 그러나 만약 그 영화가 요즘 만들어진다면, 주연은 틀림없이 아놀드 슈왈츠제네거처럼 생긴 누군가에게 돌아가게 될 것이다. 하지만 삼손이 정말로 방금 체육관이나 프로 레슬링 경기장에 걸어나온 사람과 같은 모습이었을까? 어쩌면 그랬을지도 모른다. 그러나 나는 다른 견해를 제시하고자 한다.

- 성경은 실제로 삼손이 건장한 외모를 지녔다고 말한 적이 없다(반면에, 사울과 다윗 그리고 압살롬에 대해서는 그런 표현을 사용하고 있다).
- 삼손의 힘은 분명히 그의 근육에 있지 않았다. 그렇지 않았다면, 그의 머리카락이 잘려나가고 근육은 그대로 유지되었을 때, 그의 힘이 아무런 영향을 받지 않았을 것이다. 만약 풍선에서 바람이 빠지는 것처럼 즉각적으로 퇴화되는 근육의 약화가 있었다면, 머리카락이 다시 자라면서 그의 근육도 다시 부풀어오르고 있었을 것이고, 그렇게 되면 블레셋 사람들이 그로 하여금 콜로세움을 떠받치는 두 기둥에 기대어 서도록 허용하기 전에 그것을 알아챘어야 하지 않을까?
- 들릴라의 집요한 질문은 그의 힘의 근원에 관한 것이었지, 그의 근육의 원천이나 골격의 크기에 관한 것이 아니었다. 만약 그의 근육이 이상할 정도로 거대했다면, 그 답은 알기 쉬웠을 것이다(마찬가지로 그가 다곤 신전에 끌려왔을 때, 그의 힘의 회복이 블레셋 사람들의 눈에 띄었을 것이다). 대신에, 그녀의 질문은 이런 식인 것

같다. "당신의 힘은 어째서 당신의 보통 체격과 그렇게 어울리지 않는 거죠?"

- 하나님이 능력을 부여하시는 방식은 삼손의 힘이 자연스러운 게 아니라 초자연적이라는 사실이 분명함을 필요로 했을 것 같다. 다른 사사들의 경우와 일관되게 말이다. 그래야 그 업적이 인간의 방식으로 설명될 수 없고 우리 너머에 계신 하나님, 만복의 근원이신 그분을 증거하게 되기 때문이다. 비정상적으로 발달한 근육의 모습은 그것을 의문스럽게 만들어버렸을 것이다.

따라서 그의 외모는 아놀드 슈왈츠제네거보다 오히려 돈 노츠(Don Knotts)에 더 가까웠을 가능성이 있다. 아마도 그 중간 어디쯤, 다시 말해 평균 정도였을 것이다. 어쩌면 당신과 같은 모습이었을지도 모른다.

B. 하나님의 영문 모를 주권(14:4)

불가사의한 일이지만, 성경 본문은 삼손의 어리석은 선택이 "여호와께로부터 나온 것이었고, 그분께서는 블레셋 족속을 대적할 기회를 찾고 계셨다"고 우리에게 알려준다. 그것은 하나님이 삼손을 대신해 그의 사악한 선택을 직접 행하셨음을 의미하지 않는다. 오히려 하나님은 온 세상을 위한 그분의 계획을 실행하시기 위해 그분이 철저하고 무한하게 알고 계신 인간들의 사악한 선택을 사용하고 계셨던 것이다. 이 이야기 속에는 블레셋과 이스라엘의 휴전을 뒤엎는 방향으로 나아가는 돌이킬 수 없는 일련의 인과관계들이 존재한다. 하나님이 하늘에서 그분의 성스러운 손을 쥐어짜고 그분의 거룩한 손톱을 물어뜯으며 삼손의 삶에서 '목적'도 '그 목적을 위한 수단'도 확신하지 못한 채 계셨던 게 아니다.

에베소서 1장 11절은 하나님을 '모든 일을 그 마음의 원대로 역사하시는' 분으로 언급하고 있다. 여기에 위로가 있다. 그것은 우리에게 일어나는 어떤 일도 하나님께는 뜻밖의 일이 아니라는 사실을 의미한다. 그 일은 먼저 그분의 주권적인 손을 거쳐서 온 것이다. 그것은 또한 우리 삶을 둘러싸고 있는 환경에 어떤 목적이 있었거나, 지금 있거나, 혹은 있을 수 있음을 의미한다.

C. 부적절하게 멍에를 메는 것

성경은 신자들이 오로지 다른 신자들과만 결혼해야 함을 분명히 밝히고 있다. 그것이 사리에 딱 맞는다. 그렇지 않으면, 당신의 삶에서 가장 중요한 것이 되어야 할 한 가지가(당신의 믿음이) 당신의 삶에서 가장 중요한 사람과 공유할 수 없는 것이 되어버리기 때문이다. 그것은 비논리적일 뿐만 아니라 비성경적이기도 하다(고전 7:39, 고후 6:14-17, 벧전 3:7 '생명의 은혜를 유업으로 함께 받을 자'). 아브라함이 하나님께 의인 열 명의 존재가 소돔을 구하게 될 것인지 여부를 묻는 정도에 그쳤던 이유는 롯과 그의 아내가 여섯 명의 자녀를 두었고(그래서 도합 여덟 명), 그들 가운데 두 명이 결혼하여(분명히 롯이 자기 딸들을 불신자와 결혼시키지 않았을 것이므로) 모두 합해서 열 명이었기 때문이다.

D. 이어 떨어지는 물방울

삼손은 자신의 약혼녀를 '암송아지'라고 표현했지만, 좀 더 정확히 말하자면(최악의 해석을 동원하자면) 그녀는 '잔소리꾼'이었다. 잠언은 날카로운 말로 남편을 지치게 만드는 아내를 '다투는 여인'(잠 19:13, 21:9, 19, 27:15)이라는 말로 묘사하고 있다. 그에 반해서, 호리는 말을 사용해 부주의한 남자를 유혹하는 여자를 '음녀'(잠 2:16, 5:3, 6:24, 7:5, 21)로 표현하고 있다. 더욱더 나쁜 경우를 말하자면, '다투는 여인'과 결혼했으면서도 '음녀'의 표적이 되는 남자는 얼마나 훨씬 더 취약하겠는가? 그와는 대조적으로, 하나님의 본보기는 '현숙한(noble: NIV)' 여인 또는 '훌륭한(excellent: NASB)' 여인으로 설명되어 있다(잠 31:10-31).

고안

A. 들어가는 글

1. '하나님은 바보가 아니시다' 이야기로 시작하라.

2. 배경 설명: 삼손의 이야기는 지리적인 측면에서 딤나 이야기(14-15장)와 가사 무용담(16장)으로 나눌 수 있다. 두 부분 모두 그가 이스라엘의 지도자로 지내던 시절이었음을 언급하는 내용(15:20, 16:31)으로 마무리되지만, 시간적으로는 20년의 격차가 존재한다.
3. 적용: 13장 말미에서 독자들은 큰 기대를 품게 된다. 하나님이 마침내 개입하셔서 한 구원자를 세상에 보내셨고, 그는 틀림없이 일평생 경건한 나실인으로 그분을 섬기게 될 것이기 때문이다. 우리는 그렇게 삼손의 삶에 대한 이야기로 들어서게 되지만, 전혀 뜻밖에도 삼손은 그분이 예시하셨던 약속과는 완전히 다른 사람이 되어 있었다. 우리가 삼손의 삶에서 어디로 발걸음을 옮기든 거기에는 우리가 배워야 할 부정적인 교훈, 다시 말해 따르지 말아야 할 패턴과 귀담아 들어야 할 경고들이 있음을 명심하라. "우리는 이제 겨우 시작했을 뿐이다."

B. 본문 이해

1. 동물적 욕구(14:1-4)
2. 사자의 공격(14:5-9)
3. 총각 파티(14:10-14)
4. 암송아지의 눈물(14:15-20)

C. 결론: '큰 기대' 를 읽어주라.

토의 질문

1. 다음 성경 구절들을 공부해보라(히 12:1-2, 고전 9:27, 10:12, 벧후 2:19). 두 개의 세로 행을 만들어 당신의 삶에서 당신을 영적으로 고무시켜주는 '날개들' 과, 반대로 당신을 밑으로 끌어내리는 '짐들' 을 열거해보라.

2. 때때로 능력이 별로 없는 사람들이 엄청난 영향을 끼치고, 반대로 대단한 능력을 지닌 사람들이 긍정적인 영향을 거의 미치지 못한다. 깊이 생각해보라. 무엇이 그 차이를 만들어내는가?(힌트: 요한복음 3장 30절에서 발견되는 세례 요한의 모토에 대해 생각해보라.)

사사기 15장

하나님이 취미가 될 때

"당신이 다수의 편에 서 있는 자신을 인식하게 된다면 그때는 잠시 멈추고 다시 한 번 생각해야 할 시간이다."

- 마크 트웨인(Mark Twain)

삼손은 마치 하나님이 취미인 것처럼 그분을 대했다. 시간이 있으면 관심을 기울이고, 그렇지 않으면 선반 위에 가지런히 모셔두는 식으로 말이다.

들어가는 글

앤서니의 버릇을 고쳐줄 거야

주디스 바이오스트(Judith Viorst)의 동화책 「앤서니의 버릇을 고쳐줄 거야(I' ll Fix Anthony: New York, Simon & Schuster, 1988)」에서 어린 동생은 자기 형 앤서니가 자신을 대하는 방식에 대해 불평을 늘어놓는다.

> 우리 형 앤서니는 지금 책을 읽고 있습니다. 하지만 내게는 어떤 책도 읽어주려 하지 않습니다. 그는 학교 친구인 브루스(Bruce)와 체커를 합니다. 그러나 내가 하고 싶을 때는 이렇게 말한답니다. '저리 꺼져, 그렇지 않으면 가만 안 둘 거야.' 나는 그에게 내 스누피 스웨터를 입게 하지만, 그는 절대 내게 그의 검을 빌려주지 않습니다. 엄마는 앤서니가 마음속으로는 나를 사랑하고 있다고 말합니다. 하지만 앤서니는 마음속으로 내가 형편없다고 생각한다고 말한답니다. 엄마는 심지어 앤서니가 알지도 못하는 저 마음속 깊은 곳에서는 그가 나를 사랑한다고 말합니다. 그러나 앤서니는 저 마음속 깊은 곳에서도 여전히 내가 형편없다고 생각한다고 말한답니다. 내가 여섯 살이 되면, 앤서니의 버릇을 고쳐줄 겁니다. … 내가 여섯 살이 되면, 나는 물 위로 떠오르게 될 거지만, 앤서니는 바닥으로 가라앉을 겁니다. 나는 다이빙 보드에서 뛰어내릴 거지만, 앤서니는 다시 뒷걸음쳐 내려올 겁니다. 나는 숨을 제대로 들이마시고 내뱉을 거지만, 앤서니는 콜록거리며 겨우 가게 될 겁니다.
>
> 내가 여섯 살이 되어 이가 빠지게 되면, 나는 그것들을 침대 밑에 놓아둘 겁니다. 그러면 이의 요정이 그것들을 가져가고 10센트짜리 동전을 남겨둘 겁니다. 앤서니의 이는 빠지지 않을 겁니다. 그가 이를 흔들며 다니겠지만, 그것들은 결코 빠지지 않을 겁니다. 내가 그에게 내 이 가운데 하나를 팔지도 모르지만, 안 팔지도 모릅니다….
>
> 앤서니가 지금 놀이방에서 나와 나를 쫓아오고 있습니다. 그는 내가 형편없다

고 말합니다. 나를 가만두지 않겠다고 말합니다. 지금은 도망가야 하지만, 내가 여섯 살이 되면 도망갈 필요가 없을 겁니다. 내가 여섯 살이 되면, 앤서니의 버릇을 고쳐줄 겁니다.

우리 가운데 손위 형제를 두었던 사람들은 그 감정을 이해하고, 축소판 복수를 다짐하는 어린이다운 일련의 이야기에 미소를 짓게 된다. 그러나 복수에 대한 지칠 줄 모르는 욕구는 영혼을 좀먹게 할 수 있다. 하인리히 하이네(Heinrich Heine: 1797-1856)의 냉소적인 언급에서 증명되듯이 말이다. "적을 용서해야 한다. 하지만 그들이 교수형되기 전까지는 아니다." 그러나 우리가 자신을 부당하게 대우한 누군가에게 앙갚음을 하고 싶은 생각이 들 수도 있지만, 그럼에도 불구하고 우리는 그들의 행동 이면에 숨겨져 있는 모든 환경과 동기를 알 수 있는 전지함을 지니고 있지 않다. 그것이 바로 하나님이 로마서 12장 19절에서 "원수 갚는 것이 내게 있으니 내가 갚으리라"고 말씀하셨던 이유다(롬 12:18-21 참조).

삼손은 복수가 그의 삶에 타오르는 동기가 되도록 내버려두었다. 그는 오로지 한 가지 생각만 가지고 있었다. "블레셋 놈들의 버릇을 고쳐줄 거야." 그는 하나님의 영광에도, 그분의 백성인 이스라엘의 안녕에도 관심이 없었다. 오로지 복수에 대한 자신의 이기적인 욕망만을 채우고자 했을 뿐이다.

본문 이해

하나님이 취미가 될 때

Main Idea	삼손이 복수의 길을 선택한 가운데, 폭력은 개인적인 앙갚음에서 국가적인 보복으로 점차 확대된다. 이 장에서는 그가 조종에 능할 뿐만 아니라 자기중심적인 사람인 것으로 드러난다.

A. 방문(15:1-3)

Supporting Idea	삼손이 피의 복수를 하게 된 기폭제는 그 자신의 결혼에서 발생한 신랑으로서의 자격 박탈이었다.

15:1-3. 그의 끓어오르던 분노가 가라앉을 만큼 어느 정도 시간이 흐른 뒤에, **삼손이 염소 새끼를 가지고 그 아내에게로 찾아갔다.** 우리는 이 방문이 밀 거둘 때에(5월경) 일어났다는 사실을 알게 된다. 그 세부적인 정보는 두 가지 이유에서 중요하다. 첫째로, 그의 '아내'와 아무런 연락도 없이 수개월이 지났기 때문이다. 둘째로, 그 추수가 앞으로 전개되는 이야기의 한 요소가 될 것이기 때문이다(5절). 삼손의 자기 '아내'에 대한 무감각함은 정말로 놀라울 정도였다. 그는 마치 그녀를 버리지 않았다는 듯이 첫날밤을 치르기 위해 돌아왔던 것이다. 하지만 그 사실은 삼손이 떠날 때 그 결혼을 깰 생각이 전혀 없었음을 우리에게 알려준다. 삼손은 그녀에게 선물('염소 새끼')을 가져왔다. 아마도 2천 년이 지난 오늘날로 따지면 장미 꽃다발에 해당하는 선물로, 자신의 죄책감과 남아 있을지도 모를 그녀의 노여움을 달래기 위한 것이었다.

하지만 **그녀의 아버지는 그를 들어오지 못하게 하고,** 그 이유를 이렇게 설명했다. **네가 그를 심히 미워하는 줄로 내가 생각한고로 그를 네 동무에게 주었노라**(14:20 참조). 그 아버지는 받아들여지기를 기대하면서 한 가지 제안을 내놓았지만, 그것은 자기 딸에 대한 그 자신의 무정함을 드러낸다. **그 동생이 그보다 더욱 아름답지 아니하냐? 청하노니 너는 그의 대신에 이를 취하라.** 어찌되었건, 삼손 자신이 언급한 기준에 의하면(14:3, '그녀가 매력적으로 보이오니', NASB), 그 여동생도 적격이었을 것이다.

하지만 삼손은 이미 기분이 상해버렸고, 누군가 대가를 치러야 한다. 삼손은 그 아버지나 딸에게 복수하지 않고, 모든 블레셋 사람이 자신을 경멸하기 위해 공모했다고 생각하며 그들이 반드시 후회하도록 만들어주겠다고 다짐했다. 그는 협박조로 **자신이 이번에는 블레셋 사람들에게** 앙갚음할 것이고, **그들을 정말로 해하게 될 것이라고 말했다.** 삼손은 자신이 이제 막 하려고 하는 일에 대해 도덕적으로 정당하다고 느꼈던 것이다(**내게 허물이 없을 것이니라**).

B. 앙갚음(15:4-5)

Supporting Idea	삼손은 블레셋의 수확물을 파괴하고 블레셋의 종교를 모욕함으로써 앙갚음했다.

15:4-5. 삼손은 복수를 위한 정교한 계략에 착수했다. 그것은 능란함과 잔인함이 겸비된 것이었다. 그는 여우 삼백을 붙들어서 두 마리씩 그 꼬리와 꼬리를 묶었다. 그 이유는 곧 분명해질 것이다. 그런 다음, 그 두 꼬리 사이에 홰를 하나씩 매달아 불을 붙인 후, 그 여우들을 블레셋 사람의 곡식밭으로 몰아넣었다. 만약 삼손이 그 동물들을 하나씩 따로 풀어놓았다면, 그것들은 놀라 흥분한 상태로 그 횃불이 꺼질 때까지 한 방향으로 달렸을 것이다. 그러나 꼬리와 꼬리가 서로 묶여 있었기 때문에, 그것들은 이리저리 미쳐 날뛰며 지그재그로 달려갔을 가능성이 높다. 삼손이 전에도 그런 못된 장난을 했었던 게 아닐까 하는 생각이 드는 것은 어쩌면 당연한 일인지도 모른다. 따라서 삼손은 그 여우들이 어떻게 행동할지 잘 알고 있었다.

150개의 움직이는 횃불을 매달아 얻을 수 있었던 부가적인 이득은 삼손의 복수가 의도했던 바를 분명히 밝혀준다. 그는 블레셋의 지역 경제를 파괴할 작정이었던 것이다. 그의 계획은 성공적이었다. 네 가지 표적이 효과적으로 파괴되었다. '아직 베지 아니한 곡식' 과 곡식단(추수한 곡식), 포도원(NIV, KJV, NASB 공히 포도원을 함께 언급하고 있음 - 역주), 감람원 등이었다. 삼손은 그렇게 함으로써 그들의 신 다곤을 모욕했다. 다곤은 무엇보다도 곡식과 추수의 신으로 알려져 있었기 때문이다.

C. 확대(15:6-9)

Supporting Idea	삼손이 유일하게 결혼하려고 마음먹었던 여인을 블레셋 사람들이 살해함으로써 보복한 후, 그는 또다시 복수했다. 삼손과의 충돌이 이스라엘 전역으로 확대되자, 블레셋 사람들은 그를 뒤쫓아 유다까지 침입해 들어왔다.

15:6. 블레셋의 보복. 그 파괴에 경악한 블레셋 사람들이 서로 물었다. 누가 이 일을 행하였느냐? 물론, 공통된 대답은 삼손이었다. 그러나 그들의 보복하려는 구체적인 방향

은 이상하고 흥미로웠다. 삼손의 신원은 딤나 사람의 사위로 확인되었고, 그 사건의 원인도 밝혀졌다. 장인이 삼손의 아내를 취하여 그 동무 되었던 자에게 준 연고니라. 그들은 분명 삼손의 주장대로 그 여인이 실제로는 그의 아내라는 사실에 공감했을 것이다. 그래서 그들은 삼손에게 복수하는 대신에, 그 일을 일으킨 원인이 되는 사람에게 보복했던 것이다. 그들은 그 여인과 그의 아비를 불살라버렸다. 그녀가 아내로 주어졌던 젊은 블레셋 사람의 운명에 대해서는 아무것도 언급되지 않았다. 안타깝게도, 그녀는 앞서 그녀로 하여금 삼손을 배신하게 만들었던 바로 그 테러에 희생되었던 것이다(14:15).

15:7-8. 삼손의 복수. 추측컨대, 삼손은 자신의 못된 장난이 빚어낸 결과에 마음이 심란했을 것이다. 그는 속으로 그 아버지와 딸이 응분의 대가를 받은 것이라고 고소해하기보다는 추가적인 보복을 시도하기로 결심했다. 무엇보다도 삼손이 유일하게 결혼하려고 마음먹었던 여인이 그의 행위의 결과로 이제 죽어버리지 않았는가. 삼손이 "내가 너희에게 원수를 갚기 전까지는 멈추지 않을 것이다"(NIV 직역: I won't stop until I get my revenge on you)라고 반응함에 따라 그 연쇄 반응은 계속되었다. 히브리 원문에는 "그러나 그 후에는 내가 멈추리라(but after that I will stop)"고 되어 있는 것으로 보아, 삼손은 순진하게도 한 번의 추가적인 폭력 행위가 그 폭력의 연쇄 반응을 종식시키게 될 것이라고 생각했던 것으로 보인다. 우리는 세부적인 내용을 듣지 못하지만, 삼손은 우회적으로 행동하기를 그만두었다. 단순히 블레셋 사람들을 닥치는 대로 공격하여 크게 도륙하였다. 그 뒤 삼손은 에담(알려지지 않는 장소) 바위 틈에 숨어버렸다. 하지만 삼손이 틀렸다. 그 연쇄 반응은 결코 끝나지 않았던 것이다.

15:9. 블레셋의 보복. 삼손은 단 사람이었지만(13:2), 그가 은신처로 삼은 장소는 유다 땅에 위치해 있었다. 블레셋 사람들은 삼손을 추적하여 유다에 진을 치고 '턱뼈'라는 의미를 지니고 있는 레히에 편만하였다. 충돌이 지역적인 차원에서 종족적인 차원으로, 개인적인 복수에서 국가적인 위기로 확대되고 있었던 것이다.

소년, 소녀를 만나다

- '삼손의 이야기'를 보는 또 다른 방법은 지리적인 렌즈를 통해서일 것이다. 우선, 시대 표시(20년, 15:20)로 마무리되는 딤나 이야기(삿 14-15장)가 있다. 둘째로, 동일한 시대 표시(20년, 16:31)를 반복하면서 끝을 맺는 가사 무용담(삿 16장)이 있

다. 딤나 이야기가 전개되었을 때는 삼손이 대략 25세였을 것으로 추정해볼 수 있다. 따라서 가사 무용담이 펼쳐졌을 때는 그가 45세쯤 되었을 것이다.

• 우리 렌즈를 다음 확대 배율로 바꿔보면, 딤나 이야기는 1938년 제임스 캐그니(James Cagney)와 패트 오브라이언(Pat O' Brien) 그리고 로널드 레이건(Ronald Reagan)이라는 이름의 젊은 배우 등이 출연한 로맨틱 코미디 걸작 '소년, 소녀를 만나다(Boy Meets Girl)' 이야기로 간주될 수도 있을 것이다. 삼손의 '소년, 소녀를 만나다' 버전은 유쾌한 코미디와는 좀 거리가 멀었지만 말이다. 두 장에 걸쳐 펼쳐지는 그의 각본을 여기에 소개하고자 한다.

- A. 소년, 소녀를 보다(14:1) - 삼손은 '파티' (술과 노름과 여자)를 하기 위해 딤나라는 블레셋의 요새로 내려갔다가 한 처녀를 보았다.
- B. 소년, 소녀를 원하다(14:2) - 삼손에 따르면, 그는 그녀의 외모에 반하여 그녀에게 욕정을 품게 되었다.
- C. 소년, 소녀를 요구하다(14:3-10) - 삼손은 자기 부모의 말을 듣지 않고, 하나님을 믿지 않는 그 블레셋 처녀를 무조건 원했다.
- D. 소년, 소녀를 얻다(14:11-19) - 혼담은 성사되었지만, 삼손은 총각 파티에서 내기를 했다가 졌고, 치사한 패배자가 되었다.
- E. 소년, 소녀를 잃다(14:20-15:5) - 그 처녀의 아버지는 그녀를 다른 사람에게 시집보냈다.
- F. 소년, 정말로 소녀를 잃다(15:6) - 그녀와 그녀의 가족이 삼손의 복수에 대한 보복으로 살해되었다.
- G. 소년, 소녀의 죽음을 복수하다(15:7-20) - 격노한 삼손은 블레셋 사람들과 싸웠고, 그들에게 본때를 보여주게 될 것이었다.

D. 대립(15:10-13)

Supporting Idea	삼손의 이스라엘 동포들은 그들의 블레셋 주인들과 무력 충돌에 말려들 생각이 전혀 없었다. 그들은 '상황' 이 '현상' 대로 유지되기를 더 바랐던 것이다. 이야기는 두 대립 속에서 이루어진 대화에 의해 전개된다. 첫 번째 대화에서 유다는 너무나 순종적이었고, 두 번째에서는 비겁했다.

15:10. 대화 #1: 블레셋과 유다. 유다의 대변자들이 블레셋 사람들에게 물었다. 너희가 어찌하여 올라와서 우리를 치느냐? 블레셋 사람들은 삼손을 더 이상 그냥 놔둘 수 없어 포로로 잡아갈 계획이라고 설명하며 이렇게 말했다. 그가 우리에게 행한 대로 그에게 행하려 함이로라. 그들이 의미하는 바는 분명치 않지만, 적어도 그들이 의도하는 바의 일부는 16장 21절로부터 추론될 수도 있을 것이다. 추측컨대, 블레셋 사람들은 유다를 정복해야만 그들의 투사로 알려져 있는 삼손을 굴복시킬 수 있다고 생각했던 것 같다.

15:11-13. 대화 #2: 유다와 삼손. 블레셋 사람들에게 약속을 한 후(그렇게 가정해볼 수 있을 것이다), 유다 사람 삼천 명이 삼손에게로 내려가 짜증 섞인 도전으로 그를 질타했다. 너는 블레셋 사람이 우리를 관할하는 줄을 알지 못하느냐? 우리는 그것이 바람직한 질서였음을 기꺼이 받아들이는 전제에 깜짝 놀라게 된다(8:23 비교). 그들의 책망은 이내 울음 섞인 푸념이 되어버렸다. 네가 어찌하여 우리에게 이같이 행하였느냐? 삼손이 직접적으로는 이스라엘 백성들에게 아무 짓도 하지 않았지만, 그의 행위가 그들의 수치스러운 평온이라는 현상을 깨뜨려버렸던 것이다. 삼손의 대답은 블레셋 사람들이 그에 대해 갖고 있는 불만과 다르지 않았다. 그들이 내게 행한 대로 나도 그들에게 행하였노라(15:10 참조, 거기서 그들은 '그가 우리에게 행한 대로 그에게 행할' 작정이었다).

다행히도, 그 입씨름 가운데 위안이 되는 한 가지 측면은 삼손이 자기 동포들에게 보복하지 않았다는 사실이다. 삼손은 그들로부터 약속을 받아냈다(그가 그들을 전적으로 신뢰하지 않았기 때문이다). 너희는 친히 나를 치지 않겠다고 내게 맹세하라. 그들은 동의했고, 삼손은 그들이 자신을 새 줄 둘로 결박하도록 허용했다. 잠시 후, 그들은 바위틈에서 그를 끌어냈다.

이 시점에서 우리는 어이가 없어 뒤로 물러나 앉지 않을 수 없다. 유다는 사사에 대한 하나님의 선택을 지지하고, 하나님의 명령에 순종해야 할 때라고 판단해 하나님이 그들에게 취하라고 말씀하신 땅을 취했을까? 아니었다. 유다는 싸우는 데 전혀 관심이 없었다. 유다가 군대를 규합해 블레셋 족속에게 도전할 수 없었다는 것은 의문스럽다. 그러나 유다는 분명 군대를 불러모았다. 한 남자를 넘겨주기 위해서 말이다. 그것도 자기 동포 가운데 한 사람을 말이다.

E. 자기 기념(15:14-17)

Supporting Idea	삼손은 자신이 블레셋 사람들을 꺾었다는 사실을 자랑스러워했지만, 능력을 부여해주셨던 하나님의 역할을 다시 한 번 무시했다.

15:14. 성령에 의해 능력을 부여받은 삼손. 삼손이 자신을 호송하던 이스라엘 군사들을 집결지에 남겨두고, 레히에 있던 블레셋 사람들에게 혼자 걸어갔다고 가정해도 무방할 것이다. 그들은 기쁨과 마침내 복수하게 되었다는 기대 속에서 그에게로 마주 나가며 소리를 질렀다. 그러나 블레셋 사람들은 기대했던 것과는 전혀 다른 것을 얻게 되었다. 삼손에게 두 가지 일이 발생했고, 그 둘 모두 하나님의 직접적인 개입에 의한 것이었다. 우선, 기적적으로 그의 팔에 묶여 있던 새 줄이 불탄 삼과 같이 산산조각이 나면서 그 결박되었던 손에서 떨어졌다. 일부 사람들이 그 구절을 잘못 이해하고 있듯이, 삼손은 그의 엄청난 힘으로 그 새 줄을 끊었던 게 아니다. 둘째로(그러나 시간적으로는 먼저), 여호와의 신의 권능이 삼손에게 임하였다[히브리 원문은 '덮쳤다(rushed)' 고 표현하고 있다]. 그는 이제 블레셋 사람들과 싸울 수 있게 되었다.

15:15. 블레셋 사람들을 섬멸한 삼손. 그가 선택한 무기는 예상 밖이었고, 그의 승리는 삼갈(3:31)의 경우처럼 독자적인 것이었다. 그는 블레셋 전사 한 명을 죽이고 그의 무기를 빼앗아 전투에 임하지 않았다. 대신, 나귀 턱뼈를 하나 집어들었다. 그 뼈의 상태는 삼손이 다시 한 번 나실인의 서원을 위반했다는 사실을 지적해주기 위해 새(fresh)라는 형용사로 수식되어 있었다. 삼손은 그 턱뼈로 일천 명을 쳐죽였다. 기드온이 미디안 족속을 상대로 맞닥뜨렸던 450대 1보다 훨씬 더 기적적인 확률이었다(7장). 하지만 여기서는 블레셋 군대가 등을 돌리지 않았다. 그 무시무시한 충돌은 정면으로 맞서는 것이었다. 삼손이 좁은 통로에 있었기 때문에, 블레셋 전사들이 오로지 제한된 방향에서만 그에게 접근할 수 있었던 걸까? 우리는 모른다. 만약 인간 역사에 개입하실 수 있는

하나님이 계시다면, 어떤 기적도 터무니없거나 불가능하지 않다.

15:16. 웅변조로 자찬하는 삼손. 삼손은 스스로를 말 재주가 있는 사람으로 생각하고(14:4, 18 하 참조), 자신의 업적을 영원히 기억되게 만들려고 시도했다. 그러나 사사기 5장에서 드보라가 노래했던 것과 같은 찬가를 통해서가 아니었다. 삼손의 시는 간결했다. 나귀의 턱뼈로 한 더미, 두 더미를 쌓았음이여. 나귀의 턱뼈로 내가 일천 명을 죽였도다. 그 이행 시구는 언약의 여호와를 찬양하는 것은 고사하고, 하나님의 도움에 대해서조차 한 마디도 하지 않았다. 오히려 삼손은 자신을 찬양했던 것이다.

15:17. '턱뼈의 산' 이라 칭한 삼손. 삼손은 그곳의 지명을 라맛 레히 또는 '턱뼈의 산' 이라고 다시 이름 붙였다. 그것은 아마도 근처의 어떤 지형적 특징보다 시체 더미를 가리켰을 것이다.

F. 수치(15:18-19)

Supporting Idea	삼손에게 승리를 주셨던 하나님이 그의 약함도 상기시키셨다. 하나님은 공적 때문이 아니라 은혜로 삼손을 도우셨던 것이다.

15:18-19. 삼손의 자기 기념은 곧바로 수치의 일화로 이어졌다. 놀라운 이야기의 놀라운 속편에서 삼손이 심하게 탈수되어버렸던 것이다. 그의 약화된 상태에 대한 기록은 하나님이 모든 것(군사적 승리에서부터 능력 부여, 심지어 기본적인 음식물까지)의 궁극적인 원천이시라는 사실을 우리에게 상기시켜준다. 갈증을 심하게 느끼고 있었던 삼손은 여호와께 부르짖었다(삼손의 출생 이후, 여호와가 처음으로 언급되어 있다). 주께서 종의 손으로 이 큰 구원을 베푸셨사오나 내가 이제 목말라 죽어서 할례 받지 못한 자의 손에 빠지겠나이다.

이 불평은 여러 가지 차원에서 진실하지 못한 것이었다. 우선, 그는 자신을 하나님의 '종' 이라고 불렀지만, 그럼에도 불구하고 이 이야기에서 그가 하나님에 대해 언급하거나 그분께 이야기한 것은 이번이 처음이었다. 둘째로, 그가 기도한 이유는 자신이 스스로 채울 수 없는 필요 때문이었다. 그는 자립하는 것이 불가능할 때만 하나님을 의뢰했고, 그것은 여호와께서 바라시는 친밀함의 모습과는 좀 거리가 있는 것이었다. 셋째로, 그가 '턱뼈의 산' 이라고 명명할 때 읊었던 이행 시구에 의하면, 삼손은 분명히 그 승리의 모든 영광을 자신에게 돌릴 작정이었다. 넷째로, 삼손은 하나님이 설마 자신이 '할례 받지 못한 블레셋 사람들' 의 더러운 손에 빠지는 것을 바라시지는 않겠지 하며 한탄했다. 그럼에도 불구하고, 삼손은 그들 속에서 살며 파티를 즐기고, 나중에는 블레셋 공동체로 장가들려고 기를 쓰기까지 했던 반역자였던 것이다.

그 위선적인 간청에도 불구하고, 하나님은 자비롭게 레히에 한 우묵한 곳을 터치셨고, 물이 거기서 솟아나오게 하심으로써 그의 육체적 필요를 채워주셨다. 삼손은 그 샘 이름을 엔학고레라고 불렀다. 그것은 '부르짖는 자의 샘' 이라는 의미를 지니고 있어('공급하는 자의 샘' 이 아니라), 다시 한 번 삼손이 자신을 부각시키고 있었음을 볼 수 있다. 그것도 하나님을 자기 마음대로 조종했던 사람으로 말이다. 비록 삼손의 시각은 흐려 있었지만, 우리는 하나님이 창조주이시고 공급자이시며 붙드시는 분이고 모든 영광을 받으시기에 합당한 분이라는 사실을 분명히 보게 된다.

G. 관할권(15:20)

Supporting Idea	삼손은 몰락하기 전에, 비교적 평화로운 20년 간 사사로 이스라엘을 다스렸다.

15:20. 딤나 이야기는 블레셋 사람의 때에 삼손이 이스라엘 사사로 이십 년을 지내었더라는 진술로 끝을 맺는다. '안식' 에 대한 언급은 전혀 없다. 삼손의 이야기가 시작될 때 우리가 배웠듯이, 그는 이스라엘에 대한 구원을 '시작' 만 하게 되어 있었기 때문이다(13:5). 다음 장은 딤나 이야기(14-15장)에서 20년 후인 가사 무용담으로 뛰어넘는다.

Main Idea 복 습	삼손이 복수의 길을 선택한 가운데, 폭력은 개인적인 앙갚음에서 국가적인 보복으로 점차 확대된다. 이 장에서는 그가 조종에 능할 뿐만 아니라 자기중심적인 사람인 것으로 드러난다.

결론

우리가 이야기하는 삶을 살아가자

이런 이야기가 있다. 만약 당신이 끓는 물이 담겨 있는 냄비에 개구리를 집어넣으면, 그것은 즉각적인 위험을 피하기 위해 곧바로 뛰쳐나올 것이다. 그러나 만약 당신이 시원하고 쾌적한 물이 가득 담겨 있는 솥에 개구리를 넣은 다음 물이 끓기 시작할 때까지 서서히 열을 가하면, 그 개구리는 너무 늦기 전까지 그 위험을 인식하지 못하게 될 것이다. 개구리의 생존 본능이 갑작스러운 변화를 감지하는 데 맞춰져 있기 때문이다.

삼손은 자아도취에 점점 더 깊이 빠져들어갔다. 다른 모든 이교도들과 구별할 수 없는 모습이 될 때까지 말이다. 내 친구 가운데 한 명이 어느 불신자에게 함께 교회에 나가 그리스도가 어떤 분인지 알아보자고 여러 차례 권유한 적이 있다. 그 불신자는 대신에 교회 대항 농구 시합에 함께 참석하자고 제안하면서, 사람들이 놀 때 행동하는 방식에 있어 기독교는 어떤 차이가 있는지 보고 싶다고 말했다. 시합이 끝난 후, 그 그리스도인은 어쩔 줄 몰라했고 그 불신자는 의기양양해 이렇게 말했다. "역시 제가 생각했던 대롭니다. 아무 차이가 없더군요."

아무리 해도 그건 하나님께 불공평해 보인다. 그렇지 않은가? 무엇보다도, 일곱 살짜리 아이가 아코디언으로 바흐의 곡을 망쳐 놓았다고 해서, 바흐가 형편없는 작곡가라고 결론 내리는 것은 잘못이 아니겠는가. 우리는 연주자를 통해 작곡가를, 배우를 통해 극작가를 평가해서는 안 된다. 그럼에도 불구하고, 어떤 이유로 해서 하나님은 우리를 사용하기로 결정하셨기 때문에, 지금까지 그런 불공평함을 감수하고 계신다. 그분은 사람들이 우리를 통해 예수님께 나아오므로, 우리가 예수 그리스도를 대신하여 사신이 되어야 한다고 선언하셨다(고후 5:17-21, 엡 6:20). 우리의 삶은 대부분의 불신자들이 영원히 읽게 될 유일한 성경인 것이다. 그러나 만약 그 인쇄 상태가 너무 얼룩져 있다면 정확한 메시지가 전달되지 않는다. 우리는 일부 수정된 버전을 필요로 하게 된다. 우리의 삶은 우리 주님처럼 보여야 한다.

▣ 진리 알기

- 사사기의 끝에 가까워짐에 따라 우리는 여러 차례 다음과 같은 진리에 노출된다. 이런 사람들은 구원받을 가치가 없다. 그럼에도 불구하고 하나님은 구원하신다. 그 사람들 때문이 아니라, 그분의 약속 때문이라는 사실을 명심하라.
- 자위에 의한 복수는 양쪽 모두 패할 수밖에 없는 전략이다. 행정 당국은 정의를 집행해야 하지만, 하나님 외에는 어느 누구도 완벽한 정의를 집행할 수 없다. 그분이 약속해주신 것이 바로 그것이다(롬 12:17-21).
- 우리의 자만과 착각에도 불구하고, 우리는 자신의 삶을 통제하지 못한다. 오직 하나님만이 우리의 삶을 주관하신다. "우리가 그를 힘입어 살며 기동하며 있느니라"(행 17:28).
- 우리의 형편없는 행동은 우리 삶에 나타나는 하나님의 역사에 영향을 미친다. 우리가 그분을 잘 대표할 때 그분을 가장 영화롭게 하는 것이다(엡 4:1-32, 고후 5:17-21).

▣ 적용하기

- 당신 스스로 복수하지 말라. 하나님이 모든 불공평을 처리하시도록 맡겨드려라.
- 당신에게 상처를 준 사람들을 용서하라. 당신이 그들을 용납하는 것이 열두 번의 설교보다 더 설득력 있게 말해줄 것이다.
- 하나님의 명령을 듣기만 하는 자가 되지 말고, 실행하는 자가 돼라(약 1:22-25). "당신의 말을 실행에 옮겨라!"
- 크든 작든 당신에게 승리가 찾아올 때, 하나님을 찬양하라. 당신도 그 승리들 가운데 일부를 위해 애를 썼겠지만, 오직 그분만이 '만복의 근원' 이심을 명심하라.

삶의 적용

복수는 … 누구의 몫인가?

에이브러햄 링컨이 변호사였을 때, 한 남자가 찾아와 2달러 50센트를 위해 그가 아주 싫어하는 한 빈곤한 채무자를 상대로 소송을 제기하겠다고 고집을 부린 적이 있었다. 링컨이 그를 말리려고 애를 썼지만, 그 남자는 복수심에 불타 요지부동이었다. 링컨은 그 소송을 맡기로 동의하면서 소송비용으로 10달러를 요구했고, 그 남자는 기꺼이 지불했다. 그러자 링컨이 피고인에게 그 돈의 절반을 주었고, 그는 곧바로 2달러 50센트를 지불하고 빚을 청산해버렸다. 그러나 링컨에게 훨씬 더 놀라웠던 것은 그의 의뢰인이 우쭐대며 만족스러워했다는 사실이다. 그는 결국 복수하고 말았던 것이다!(Daily Walk, May 22, 1992)

복수심은 사람들의 기력을 빼앗고 마음을 좀먹게 만든다. 따라서 그들은 명료하게 생각하지 못한다. 어떤 사람이 당신에게 불친절하거나 심지어 악의적으로 행동해왔다고 가정해보자. 직장일 수도 있고, 어쩌면 학교일 수도 있을 것이다. 당신은 기발한 방법으로 음모를 꾸며 그를 파멸시킬 수도 있다. 업무 성과를 방해하는 방법이 있을 수 있다. 혹은 그를 웃음거리로 만들거나 그의 능력이나 가정 생활, 인격 등을 조롱하는 루머를 퍼뜨릴 수도 있을 것이다. 어쩌면 그가 이미 당신의 업무를 방해해왔는지도 모른다. 그래서 당신은 주디스 바이오스트의 말을 빌려 이렇게 말한다. "그놈의 버릇을 고쳐주고 말 테야!" 그러나 그것이 그럴 만한 가치가 있는가? 그리고 그것이 어디서 끝나겠는가?

만약 당신이 보복한다면, 어떤 면에서 당신의 적은 승리한 것이다. 그가 당신을 그 자신의 수준으로 끌어내려 하나님이 당신에게 바라시는 것보다 더 못한 사람이 되도록 만드는 데 성공했으니 말이다. 클레어 부스 루스(Claire Boothe Luce)는 말년에 이렇게 말했다. "내게는 온기가 남아 있는 개인적인 적이 한 명도 없답니다. 모두 저 세상으로 가버렸으니까요. 나는 그들이 몹시 그립습니다. 나를 규정하는 데 도움을 준 사람들이기 때문이죠." 어떤 사람들은 자신을 사랑하는 친구와 가족에 대한 생각보다 그들에게 상처를 준 적들에 대한 인식을 더 크게 갖고 살아간다. 당신은 삼손처럼 행동할 것인지 아니면 구세주처럼 행동할 것인지 선택할 수 있다. 그것은 전적으로 당신의 선택에 달려 있다.

기도

"주님, 우리에게 잘못된 부분이 있다면 우리가 기꺼이 바꾸게 하시고, 우리에게 옳은 부분이 있다면 우리가 마음 편히 감수하게 하옵소서"(피터 마샬, 미 상원 원목, 1904-1949). 우리는 자신의 동기에 대해서는 생각해보지도 않고, 우리의 적들에게 악의적인 동기를 귀속시키는 데만 열심을 냅니다. 당신의 원대한 뜻이 하늘에서 이루어진 것같이 땅에서도 이루어지는 더 큰 그림을 우리가 보지 못하도록 방해하는 영적 근시로부터 우리를 지켜주옵소서. 우리 주 예수 그리스도의 이름으로 기도합니다. 아멘.

심층 연구

A. 여우일까, 자칼일까?

동일한 히브리말이 '여우'와 '자칼' 모두에 사용된다. 그러나 여우는 군거하지 않는 반면, 자칼은 무리를 지어 다닌다. 또 여우는 팔레스타인 지방에서 흔하지 않은 반면, 자칼은 많이 발견된다. 따라서 우리는 삼손이 자칼을 잡았던 것이라고 추정해볼 수 있다. 자칼은 동물 세계의 '갱단'으로 유명하며, 닥치는 대로 잡아먹는 사나운 포식자들이다. 대부분의 사람들은 삼손이 강아지나 여우를 잡아 모으지 않았다는 사실을 배우고 다행스러워한다. 그럼에도 불구하고, 삼손이 동물학대방지협회 팔레스타인 지부 회원 자격을 얻기는 도저히 불가능했을 것이다.

B. 나귀(15:16)

16절은 이해하기 쉽지 않다. 여기에는 말장난이 들어 있을 가능성이 높다. '나귀'와 '더미'에 해당하는 히브리말은 철자가 동일하다. 따라서 그 말장난은 무더기로 쌓여 있는 죽은 시체 더미를 가리킨다. 삼손은 블레셋 적들의 무용(武勇)을 격하시키면서 상해에 모욕을 덧붙여주었던 것이다.

고안

A. 들어가는 글

1. '앤서니의 버릇을 고쳐줄 거야' 이야기로 시작하라.
2. 배경 설명: 사사기 14장과 15장은 대부분 블레셋의 요새인 딤나에서 벌어진다. 딤나 이야기는 시대 표시(20년, 15:20)로 마무리된다. 가사 무용담(삿 16장) 역시 동일한 시대 표시의 반복(20년, 16:31)으로 끝이 난다. 삼손이 하나님을 무시한 것은 분명하지만, 하나님은 삼손을 모른 체하지 않으셨다. 그분은 분명히 그의 삶의 초점이 되실 작정이었던 것이다(16장).
3. 적용: 삼손은 그의 결혼식날을 격노한 상태로 방치했다. 그리고 몇 달 후 결혼 첫날밤을 보내기 위해 돌아왔지만, 결국 또다시 격노하기만 했을 뿐이다. 이 장이 전개됨에 따라 한 집안에서 시작된 사건은 한 마을의 사건으로, 또다시 한 지방의 사건으로 그리고 결국에는 한 나라의 사건으로 확대되었다.

B. 본문 이해

1. 방문(15:1-3)
2. 앙갚음(15:4-5)
3. 확대(15:6-9)
    1) 블레셋의 보복(15:6)
    2) 삼손의 복수(15:7-8)
    3) 블레셋의 보복(15:9)
4. 대립(15:10-13)
    1) 대화 #1: 블레셋과 유다(15:10)
    2) 대화 #2: 유다와 삼손(15:11-13)
5. 자기 기념(15:14-17)
    1) 성령에 의해 능력을 부여받은 삼손(15:14)

2) 블레셋 사람들을 섬멸한 삼손(15:15)

3) 웅변조로 자찬하는 삼손(15:16)

4) '턱뼈의 산' 이라 칭한 삼손(15:17)

6. 수치(15:18-19)

7. 관할권(15:20)

C. 결론: '우리가 이야기하는 삶을 살아가자' 를 읽어주라.

토의 질문

1. 삼손의 이야기에 등장하는 네 여인의 역할에 대해 곰곰이 생각해보자. 판단이 빠르고 경건한 어머니(13장)와 신경이 날카로운 약혼녀(14장), 창녀(16장), 적의 스파이(16장) 등이 그들이다. 무엇이 각 사람에게 동기를 부여했다고 생각하는가?

2. 앞서 언급한 결론과 삶의 적용 부분의 내용에 비추어 G. K. 체스터튼(Chesterton)의 다음 도전에 대해 토론해보라. "기독교는 검증되어 부족한 것으로 판명된 적이 없다. 오히려 어려운 것으로 확인되어 검증되지 못했던 것이다."

3. 삼손이 어떤 뚜렷한 영적 성장도 없이 20년 동안 사사직을 수행했던 점에 비추어 다음의 단도직입적인 도전에 대해 깊이 생각해보라. 당신의 영적 성숙 수준은 당신이 20년 동안 그리스도인이었음을 시사하게 될까, 아니면 1년 동안 단 20번만 그리스도인이었음을 암시하게 될까?

4. 찬송가 '나 같은 죄인 살리신' 의 작곡가 존 뉴턴(John Newton)의 다음 언급에 대해 삼손은 어떻게 반응했을까? "나는 나 자신뿐만 아니라 나의 주님을 위한 공간이 없는 장소에 절대 가지 않는 것을 그리스도인으로 살아가는 내 삶의 철칙으로 삼고 있다."

사사기 16장

옛날이야기가 뒤집히다!

"나는 지금까지 내 자신 안에서 내게 필요한 모든 것과 앞으로도 영원히 필요하게 될 모든 것을 발견해왔다. 나는 위대한 믿음의 사람이지만, 내 믿음의 대상은 조지 고든 리디다. 나는 결코 내 자신을 실망시킨 적이 없기 때문이다."

- 조지 고든 리디(George Gordon Liddy)

배신당해 깨어질 대로 깨어진 삼손은 자신의 적들에게 마지막으로 복수했다. 그의 슬픈 삶은 결국 자의식이 깨어짐으로 말미암아 회복되면서 끝이 난다.

들어가는 글

유명한 최후의 말들

익살꾼들은 지난 수십 년 동안 '유명한 최후의 말들'에 대해 다음과 같이 이야기하기를 즐겼다.

"아니 정말, 이것들이 그렇게 좋은 버섯이란 말이지."
"내가 붙잡고 있을 테니, 네가 도화선에 불을 붙여봐."
(남자가 훨씬 더 큰 남자를 올려다보며) "이런, 그것 참 대단한 문신이군요."
(남자가 동굴을 응시한 채, 무언가를 쿡쿡 찌르며) "어쩌면 그놈이 지금 동면중인지도 몰라."
"그리고 내가 이 버튼을 누르면 어떤 일이 일어나는 거죠?"
"그러니까, 당신이 식인종이란 말이지."
(남자가 머리를 위로 쭉 내밀며) "오리? 어떤 오리?"

재담을 제외하고 본다면, 역사적으로 진짜 유명한 일부 최후의 말들은 그다지 유머러스하지 않다. 알려진 바에 의하면, 윈스턴 처칠이 마지막 혼수상태에 빠지기 전에 남긴 최후의 말은 "모든 게 지겹다"였다. 프로이센의 여왕 루이즈(Lousie, 1820년 사망)는 이렇게 말했다. "나는 여왕이지만, 내 팔을 움직일 만한 힘도 없다." 작가 에드거 앨런 포(1849년 사망)는 "주여, 내 불쌍한 영혼을 도와주소서"라고 말했다. 아주 통절한 언급 가운데 하나는 제임스 K. 포크(James K. Polk) 대통령이 그의 아내에게 남긴 마지막 한 마디였다. "사라, 당신을 사랑하오. 영원히 당신을 사랑하오."

저명한 많은 그리스도인들의 최후의 말도 역사를 위해 기록되었다. 존 웨슬리는 죽을 때 이렇게 말했다. "무엇보다도 가장 좋은 것은 하나님이 우리와 함께 계신다는 사실이다!" 존 캘빈은 이런 말을 남겼다. "주여, 당신께서 저를 멍들게 하시지만, 저는 아주 만족합니다. 그것이 당신의 손에서 비롯된 것이기 때문입니다." 구세군 대장의 아내

캐서린 부스(Catherine Booth)는 이렇게 말했다. "물결이 높아지고 있어요. 나도 그렇고요. 하지만 나는 물 밑으로 내려가는 것이 아니라 물 위로 올라가고 있답니다. 죽음에 대해 걱정하지 마세요. 지금까지 잘 살아왔으니, 죽는 것도 괜찮을 거예요." 만화경의 발명자 데이비드 브루스터(David Brewster) 경은 이렇게 말했다. "나는 예수님을 볼 겁니다. 그분을 있는 그대로 보게 될 겁니다. 나는 오랜 세월 동안 그 빛을 간직해왔습니다. 오, 그것이 얼마나 밝은지 몰라요! 나는 지금 너무나 안심이 되고 만족스럽답니다!"

지난 수세기 동안, 많은 순교자들이 그들의 주님과 보냈던 가장 행복한 시간은 그들이 죽기 바로 직전이었다. 다른 모든 사람이 그들을 버렸을 때조차도, 주님이 여전히 그들과 함께 계셨기 때문이다(시 116:15, 디모데후서 4장 6-8절에 기록된 바울의 언급도 참조하라). 캔터베리의 대주교 토마스 베켓(Thomas Becket, 1170년 살해당함)은 이렇게 말했다. "나는 내 주님을 위해 죽을 준비가 되어 있다. 내 피를 통해 교회가 자유와 평화를 얻게 될 것이기 때문이다." 잔 다르크는 버려지고 나서 죽기 바로 직전 이렇게 말했다. "홀로 주님과 함께하는 것이 더 낫다. 그분의 우정은 나를 실망시키지 않을 것이다. 그분의 조언도, 그분의 사랑도 마찬가지다. 나는 그분의 힘에 의지해 죽을 때까지 도전하고 또 도전하고 또 도전할 것이다."

종교개혁자 존 후스(John Huss)는 1415년 화형당하면서 이런 말을 남겼다. "내가 설파했던 복음의 진리 속에서 나는 오늘 기꺼이 그리고 기쁘게 죽는다." 화염이 그에게 이르는 순간, 후스는 이렇게 노래하고 있었다. "살아계신 하나님의 아들 예수 그리스도시여, 저에게 긍휼을 베풀어주옵소서."

반면에, 삼손이 남긴 유명한 최후의 말은 이런 것이다. "주 여호와여 구하옵나니 나를 생각하옵소서 하나님이여 구하옵나니 이번만 나로 강하게 하사 블레셋 사람이 나의 두 눈을 뺀 원수를 단번에 갚게 하옵소서 … 블레셋 사람과 함께 죽기를 원하노라"(삿 16:28, 30). 이 말들이 우리가 듣게 되는 '유명한 최후의 말들' 가운데 가장 고상한 감정을 표현하고 있다고 볼 수는 없다. 그러나 삼손 자신도 역시 그다지 감동적이지 않았던 게 사실이다. 우리가 앞에서 이미 말했듯이, 삼손은 그의 주님을 위해 놀라운 일들을 하도록 하나님에 의해 준비되었지만, 자신의 잠재력을 함부로 사용해버렸다. 그는 '작은' 목표들을 추구하는 데 자신의 인생을 투자했던 것이다. 우리는 이 공부를 삼손의 슬픈 삶으로 마무리하게 된다.

본문 이해

옛날이야기가 뒤집히다!

Main Idea	삼손은 자신의 삶에 대해 누구에게도 책임질 필요가 없다고 생각했다. 그러나 삼손은 그 후 영원히 행복하게 사는 대신에, 상처받은 사람이 되고 말았다. 그는 결국 자의식이 깨어짐으로 말미암아 구원받았고, 그의 인생의 마지막 장은 비극이 승리가 되고 자기만족이 자기희생이 되면서 끝이 났다.

A. 은혜에서 치욕으로 떨어지는 사례 #1: 블레셋 기생(16:1-3)

Supporting Idea	이 세 구절은 삼손이 가사의 블레셋 주민들을 공개적으로 모욕하고 조롱하는 '승리의 짜릿함'을 기록하고 있다.

16:1-3. 삼손은 자신의 삶에 있는 좋은 것들, 다시 말해 그의 재주와 외모와 능력 등을 은혜에 의한 것이 아니라 당연한 것으로 여겼고, 그것들의 목적이 자신을 행복하게 만드는 것이라고 생각했다. 그는 완전히 잘못 생각했던 것이다(롬 2:4, 눅 12:48 참조). 만약 다른 사이클의 패턴을 따른다면, 우리는 이제 "그리고 그 땅이 20년 동안 평화를 누렸다"는 문구를 읽게 되고, 곧바로 삼손의 부고 기사가 뒤따르게 될 것이라고 기대했을 것이다. 그리고 만약 기존의 패턴에 충실하다면, 이스라엘이 또다시 죄에 빠지는 타락상을 일일이 열거하는 언급이 뒤이어 나오게 될 것이라고 예상했을 것이다. 그러나 삼손의 이야기는 아직 끝나지 않는다. 그의 반항적인 시작은 반항적인 결말과 조화를 이루게 된다.

가사는 블레셋의 다섯 성읍 연맹체(3:3) 가운데 최남단에 있는 성읍으로, 삼손의 집에서 약 72킬로미터 정도 떨어져 있었다. 이번에도 삼손은 자신의 공공연한 적들 사이에 가야 할 용무가 전혀 없었다. 그는 단순히 자신의 본능적 욕구를 채우기 위해 갔던 것이다. 아니나 다를까, 삼손은 가사에서 한 기생을 보고 그에게로 들어갔다. 정욕에 쉽게 굴복하는(요일 2:16) 그의 과거 패턴에 비추어 이 일은 그리 놀랍지 않다.

지난 20년 동안 삼손은 블레셋 사람들 사이에서 악명 높은 존재가 되어 있었다(14장과 15장에 기록된 일화들에서부터 시작하여). 그는 가사에 머물러 있는 동안 블레셋 적들의 눈에 띄었다. 삼손이 성읍 안에 있다는 소식이 전해지자, 성읍 사람들은 조치를 취하기로 마음먹었다. 마지막으로 기록된 삼손의 그들에 대한 승리는 널따란 싸움터에서였지만, 여기서는 그가 블레셋 요새 안에 갇혀 있었던 것이다. 틀림없이 그들은 생각했을 것이다. 이번에는 승산이 자신들에게 있고, 신들이 그들과 함께하고 있다고 말이다. 블레셋 사람들은 그 장소를 에워쌌다(시편 118편 12절 상반부의 '저희가 벌과 같이 나를 에워쌌으나' 라는 표현처럼 '그 주변으로 벌 떼처럼 모여들었을' 것이다). 그 동사는 어쩌면 군사적 행동이 아니라 폭도의 의중을 묘사하고 있는지도 모른다.

그들의 시간표는 정해져 있었다. 새벽이 되거든 그를 죽이리라. 그러나 삼손은 다른 시간표를 가지고 있었다. 그는 밤중까지 누웠다가 그 밤중에 일어났던 것이다. 그런 다음, 어찌 어찌하여(수단과 방법은 확실치 않지만, '첩보 영화' 에서처럼 어둠을 틈타) 발견되지 않고 성문까지 이르렀고, 거기서 엄청난 힘으로 성 문짝 둘을 그 골조에서 떼어냈다(두 설주와 빗장도 함께 뽑았다). 틀림없이 끽 하는 굉음이 발생했을 것이고 무력 저항도 있었을 것으로 추정되지만, 아무것도 기록되지 않았다. 우리는 삼손이 놀라운 힘의 묘기로 그것들을 모두 어깨에 메고 헤브론 앞산 꼭대기로 갔다는 사실을 듣게 된다. 아마도 삼손은 그 문들을 가사 내에 있는 가까운 언덕 꼭대기로 가져가 그것들을 헤브론 쪽으로 세워 놓았을 것이다.

우리는 이 사건에 대해서 모르는 것이 많다. 그 기사가 의도적으로 간결하기 때문이다. 그 이야기는 삼손과 블레셋 족속 사이의 '전형적인' 대결일 수도 있음을 예시하고 있다. 두 가지 요소가 두드러지게 나타난다. 삼손의 본능적 욕구와 블레셋 사람들의 적개심이 바로 그것이다. 삼손은 변하지 않았다. 사실은 더욱 심해져 있었던 것이다(이번에는 그 여인과 결혼할 의사도 없었다). 블레셋 사람들의 입장에서 보면, 삼손은 여전히(그럴 만한 충분한 이유로 인해) '지명 수배자' 명단의 맨 윗줄에 남아 있었던 것이다.

B. 은혜에서 치욕으로 떨어지는 사례 #2: 들릴라와 다곤(16:4-31)

Supporting Idea 이 장의 나머지는 상세한 대화체로 '패배의 고통'을 기록하고 있다. '챔피언'이 '얼간이'가 되고 말았다. 앞을 못 보는 전쟁 포로로 강제 노역에 동원되어 블레셋의 신 다곤을 섬기는 신세가 되어버렸던 것이다. 그렇다 하더라도 하나님은 삼손을 버리지 않으셨다.

16:4. 미끼. 삼손과 들릴라의 이야기는 삼손의 사이클에서 가장 긴 소품이며, 욕정과 탐욕, 배신, 복수, 회복 등의 그 고전적인 테마로 인해 문학에서 널리 알려져 있다. 삼손을 '여자에 약한 남자', 다시 말해 여자에 치명적인 약점을 지니고 있는 멍청이로 분류하고, 그에 대해 좀 더 심각하게 고려해보지 않은 채 그저 남자들에게 정욕의 유혹에 대해 경고하는 것으로만 받아들이기가 쉽다. 하지만 그것은 너무나 단순한 생각이고, 충분히 깊이 꿰뚫어보지 못하는 것이다. 삼손의 욕정은 더 큰 문제의 증상에 불과했다. 삼손의 세계의 중심에 바로 그 자신이 자리잡고 있었던 것이다.

우리는 일찍이 14장에 기록된 삼손의 무용담에서도 유사한 점들을 엿본 적이 있다. 거의 누구나 볼 수 있을 정도로 분명했다는 점에서는 지금과 다르지만 말이다. 삼손은 과거의 경험에서 아무런 지혜도 얻지 못했던 것이다. 처음이자 유일한 희소식은 그의 부모가 이미 죽었던 것으로 보이기 때문에(16:31), 그 사건들을 목격할 수 없었다는 사실이었다. 가사 창녀와의 일화 후에(그러나 아마도 몇 달이 채 지나기도 전에), 삼손은 한 여인을 사랑하게 되었다. 처음으로 삼손이 한 여인에게 깊은 감정적 애착을 갖게 되었다는 사실이 기록되어 있다. 삼손의 모든 무용담에서 여인들이 결정적인 역할을 했지만, 그들의 이름이 밝혀진 적은 없었다. 삼손의 어머니가 무명이었고, 그의 약혼녀도 무명이었으며, 가사의 기생 역시 무명이었다. 그러나 여기에 나오는 여인은 그 이름이 들릴라로 밝혀졌다. 그녀의 이름이 지니고 있는 실제 의미는 불확실하지만, 아마도 '음탕케 하는 자'라는 의미일 것이다. 따라서 사사기의 원래 독자들이 이해하는 데는 별 어려움이 없었을 것이다(잠 5:3, 7:21). 그녀는 블레셋의 최남단 지역(가사 지역)이 아니라, 블레셋의 북쪽 성읍들 가운데 한 곳에서 살았다.

16:5. 뇌물. 블레셋 연맹체의 다섯 방백이 뇌물을 가지고 들릴라에게 접근했다. 우리가 각각 은 일천일백을 네게 주리라. 지난번에 삼손을 배신했던 여인은 자기 보존이라는

동기를 가지고 있었지만(14:15), 이번에는 들릴라가 탐욕이라는 동기에 의한 방종 때문에 그를 배신하게 될 것이었다(그녀는 삼손보다 은을 더 선호했다). 그 양은 도합 5,500세겔로(무게로 따지면 318킬로그램으로), 기드온이 받았던 양(금 1,700세겔, 8:26)의 세 배가 넘는 엄청난 것이었다. 그 보화의 양은 삼손을 잡고자 하는 블레셋 사람들의 절박함을 드러내준다.

그 방백들은 그녀에 대한 요구 사항과 삼손을 향해 품고 있는 그들의 의도를 분명히 했다. 그들은 무엇으로 말미암아 그 큰 힘이 있는지 그리고 더 나아가 우리가 어떻게 그를 이기어서 결박하여 곤고케(괴롭게 혹은 고문) 할 수 있을는지 알고자 했던 것이다. 들릴라는 자신이 일단 삼손을 팔아넘기면 그에게 무슨 일이 일어날지에 대해서는 전해 듣지 못했다. 그의 운명은 죽음보다 더 심한 감금과 고문의 삶이 될 것이었다. 20년 전(14장), 삼손은 자신의 약혼녀를 한 번 쓰고 버리는 일회용처럼 취급했다. 마찬가지로, 그는 이 장의 앞부분에 나오는 기생의 운명에 대해서도 전혀 생각하지 않았다. 아이러니컬하게도, 이번에는 들릴라가 삼손에게 바로 그런 인정머리 없는 태도를 취했던 것이다. 그녀에 대한 그의 사랑에도 불구하고 말이다.

16:6-27. 뻔한 게임. 블레셋 방백들이 들릴라에게 제안을 내놓은 후에, 타협이나 논쟁, 심지어 대화가 있었다는 기록이 전혀 없다. 그녀가 삼손의 힘의 원천을 찾기 위한 탐색에 곧바로 착수했던 것이다. 6-20절 부분은 네 차례에 걸쳐 벌어지는 두 연인 사이의 실랑이로 구성되어 있으며, 다음과 같은 내용들로 이루어져 있다. (a) 삼손으로부터 정보를 얻어내려는 들릴라의 네 차례에 걸친 시도, (b) 그 때마다 자신의 힘의 원천을 설명하는 삼손의 네 가지 대답, (c) 대답할 때마다 자신이 여느 사람과 같아질 것이라고 말하는 삼손의 마무리 주장(자신이 다른 모든 사람과 다르다는 그의 인식에 주목하라. 그 독특함은 곧 변하게 될 것이다), (d) 삼손이 준 정보를 시험하는 들릴라의 네 차례에 걸친 행동 등이 그것이다.

16:6-9. 1회전: 삼손의 승리. 들릴라의 첫 번째 시도는 노골적이었다. 그녀는 단도직입적으로 그에게 요구했다. 청컨대, 당신의 큰 힘이 무엇으로 말미암아 있으며 어떻게 하면 능히 당신을 결박하여 곤고케 할 수 있을는지 내게 말하라(뒤의 "들릴라에 '눈이 먼' 삼손" 도표를 참조하라).

삼손이 들릴라에게 내놓은 첫 번째 대답은 '별 생각 없이 던진 말' 이지만 창의적이었다. 만일 마르지 아니한 푸른 칡(fresh thongs) 일곱으로 나를 결박하면 내가 약하여져서. 그 의미는 가죽 끈일 수도 '동물의 힘줄' 일 수도 있으며, 어느 것이든 최근에 도축된 짐승으로부터 얻어질 수 있는 것이었다(시편 11편 2절에서는 그 용어가 활시위를 의미하고 있다). 어떤 경우든 그것들은 마르지 않은 것이어야 하며, 그것들의 신선함은 다시 한 번 일반적으로는 부정함에 대한 하나님의 율법을, 구체적으로는 삼손 자신의 나실인의 서원을 위반하는 것이었다. 삼손은 그렇게 되면 자신이 다른 사람과 같아지게 될 것이라고 주장했다.

삼손이 잠든 후에 블레셋 사람들이 들릴라에게 푸른 칡 일곱을 가져왔고, 들릴라는 그것들로 삼손을 묶었다. 추측컨대, 그녀는(혹은 블레셋 사람들은) 그가 선뜻 내놓은 대답이 중요한 비밀치고는 너무나 쉽게 누설되었다고 느꼈을 것이다. 따라서 그를 묶은 다음 곧바로 블레셋 사람들을 불러들여 데려가도록 하지 않고, 사람들을 내실에 매복시켰다. 그런 다음 들릴라가 경보를 울렸다. 삼손이여, 블레셋 사람이 당신에게 미쳤느니라! 그러자 삼손이 그 칡 끊기를 불탄 삼실을 끊음같이 하였다. 그렇게 해서 적어도 1회전에서는 그의 힘의 비밀이 밝혀지지 않았다.

16:10-12. 2회전: 삼손의 승리. 조롱당하거나 무시당하는 것을 좋아할 사람은 아무도 없다. 따라서 들릴라의 성가신 불평이 아마도 삼손에게는 당연하게 보였을 것이다. 당신이 나를 희롱하여 내게 거짓말을 하였도다. 이번에는 그녀가 그의 힘에 대해 진실을 말해 달라고 요구했고, 그는 좀 더 그럴듯한 대답을 내놓았다(그러나 블레셋 사람들에게는 20년의 역사를 지닌 것이었다). 그가 대답으로 제시한 근거는 사람을 미혹하는 것에 불과하지만, 블레셋 족속처럼 미신에 사로잡혀 있는 집단에게는 쓰지 아니한 새 줄이라는 대답이 꽤 그럴듯하게 들리기도 한다. 15장 13절에서 유다 사람들에게도 그럴듯해 보였던 것처럼 말이다. 그리하여 들릴라는 새 줄을 가져다가 삼손을 결박하였다. 그런 다음, 사람들을 내실에 숨겨 놓은 상태에서 그에게 소리쳤다. 삼손이여, 블레셋 사람이 당신에게 미쳤느니라!

만약 20년 전 '턱뼈의 산' 에서 살아남은 사람들이 있었다면, 그들이 자신의 전우들에게 새 줄은 삼손에게 아무 효과가 없다고 미리 경고해주었을지도 모른다. 삼손이 자신의 팔에 묶여 있는 줄을 마치 실처럼 끊어버렸던 것이다.

16:13-14. 3회전: 무승부. 다시 한 번 들릴라로부터의 똑같은 호소가 대답을 이끌어

냈다. 우리는 당연히(필수적으로 반복되는 잠의 사이클이라는 단순한 논리 때문에) 이 일화들이 여러 날에 걸쳐(혹은 몇 주에 걸쳐, 16절 참조, '날마다') 일어났을 것이라고 가정하게 된다. 마침내, 이번 세 번째 회전에서는 삼손이 진실에 좀 더 가까이 다가갔다. 당시에는 들릴라가 알지 못했겠지만 말이다. 삼손이 그녀에게 말했다. 그대가 만일 나의 머리털 일곱 가닥을 위선에 섞어 짜면 되리라. 이 대답의 논리는 확실치 않다. 어쩌면 삼손이 방 안을 둘러보다가 그의 시선이 들릴라가 평소에 사용하는 바로 옆에 있는 베틀에 가 머물렀기 때문인지도 모른다. 잠시 후 삼손이 잠들자, 그녀는 그 베틀을 이용하여 삼손의 땋은 머리 일곱 가닥을 그가 보았던 날실과 함께 섞어 짰다. 물론, 그것은 효과가 없었다. 삼손이 잠을 깨어 직조 틀의 바디와 위선을 다 빼어내니라.

하지만 이번 회전은 '무승부'로 간주될 수도 있을 것이다(그 말장난에는 미안하지만 말이다). 앞서 두 회전에서 언급된 가죽 끈과 새 줄은 진실과는 거리가 멀었지만, 대답의 일부로 그의 머리를 언급한 것은 안심하기에는 너무나 근접한 것이었다. 삼손은 불을 가지고 장난치면서 '위기일발'을 자처하고 있었던 것이다.

들릴라에 '눈이 먼' 삼손

- 이 장 안에서 잠시 멈추고 누가 보아도 뻔한 일부 질문들을 물어보는 것이 적절하다. 삼손은 어떻게 그런 사태가 다가오는 것을 볼 수 없었을까?(특히, 늘어나는 증거를 눈앞에 두고도 말이다) 그는 어떻게 의심할 수 없었을까? 여러 주석자들이 주장하듯이, 삼손이 그저 특별히 어리석은 사람이었던 걸까?

- 만약 어느 은행원의 여자 친구가 그에게 "제발 나에게 보안 시스템을 해제할 수 있는 암호와 금고실로 들어갈 수 있는 숫자 조합을 말해주세요"라고 요구한다면, 그는 분명히 이렇게 묻지 않을 수 없을 것이다. "당신이 그것을 알고 싶은 이유가 정확히 뭐야?" 삼손은 오랫동안 '여자에 약한 남자'로 특징지어져왔지만(그리고 여기서도 그 사실이 너무나 분명하게 드러난 상태지만), 그의 문제는 아마도 '자신에 약한' 그의 약점 때문이었을 것이다.

- 오만이라는 용어가 그 개념을 잘 표현해준다. 그 용어는 '지나친 자부심으로 인한

이유 없는 무례함이나 건방짐'을 가리킨다. 그것은 딤나 이야기(14-15장) 전체에 걸쳐 나오는 삼손의 삶의 패턴이었다. 삼손의 몰락에 기여한 한 가지 요소는 그가 자신을 불사신으로 여기게 되었다는 사실이었다. 그의 평생 동안, 누구도 어떤 식으로든 그를 괴롭힐 수 없었던 것이다. 분명, 삼손은 개인적인 위험을 보지 못하고, 들릴라의 질문을 전희, 다시 말해 자기만족을 얻을 수 있는 게임 정도로 여겼다. 그는 마음속으로 자신이 여느 사람과 같지 않다고 생각했던 것이다. 그는 자신이 '크립토나이트(Kryptonite: 슈퍼맨의 힘을 약화시키는 크립톤 행성의 초록색 발광 물체 - 역주)'를 가지고 놀고 있다는 사실을 부정하면서 살아가는 슈퍼맨이었던 것이다.

• 성경은 반항적인 마음이 기꺼이 진리를 억누른다는 사실을 지적한다. 삼손의 경우에는 그런 의심들을 억누르지 않음으로써 빚어질 수 있는 결과가 삼손이 감내하기에는 너무나 고통스러웠을지도 모른다. 그것은 삼손이 들릴라를 사랑했다는 사실을 의미했을 것이다. 하지만 들릴라는 삼손을 사랑하지 않고 좋아하지 않을 뿐만 아니라, 그를 몹시 싫어했다. 그를 예속과 고문에 팔아 넘겼을 정도로 말이다. '남자'란 '가죽에 싸인 에고'라는 정의가 있다. 그것은 극단적으로 단순화된 어리석은 정의일 수도 있지만, 자존감과 자기 정체성이 에고의 한가운데만 놓여 있고 다른 어떤 것에도 놓여 있지 않을 때, 에고를 파괴하게 될 늘어나는 증거를 직시하지 않을 수 없게 만드는 것은 거의 불가능하게 된다. 문제는 그 증거에 있는 것이 아니라, 잘못될 위험성이 높은 너무 많은 것들에 이미 마음이 빼앗겨 있다는 사실에 있다. 삼손의 오만은 그 진리를 받아들일 수 없는 상태로 그를 몰아넣었던 것이다.

16:15-20. 4회전: 승자는 들릴라! 삼손 아웃! 마침내, 들릴라는 삼손을 돌이킬 수 없는 정도까지 들볶았다. 그녀는 친밀한 관계를 갈망하는 체하면서 그 대가로 삼손에게 가장 깊고 은밀한 자아를 공유할 것을 요구했고, 그것을 삼손의 큰 힘의 비밀을 밝히는 것으로 규정했다. 그녀는 만약 삼손이 자신을 그녀에게 공개하지 않는다면, 그녀를 사랑하지 않는 것으로 생각하겠다고 말했다(이것은 사랑에 대한 들릴라의 첫 번째 언급

이었다). 게다가 이 기간 동안 그녀가 자신의 몸을 그에게 허락하지 않았을지도 모른다. 삼손이 공유하게 된 이유는 친밀한 관계를 이루기 위한 것이 아니라(부부 간의 친밀한 관계에 대한 그의 태도는 이미 20년 전에 14장 16절에서 입증되었다), 그녀가 끊임없이 조름으로 말미암아 그의 마음이 번뇌하여 죽을 지경이었기 때문이다. 그녀는 날마다 그를 재촉하였다(14:16-17 참조). 결코 '강한' 사람이(인격자가) 아니었던 삼손은 마침내 그녀의 감언이설에 약해져(잠 21:9, 19, 27:15 참조) 그녀에게 모든 것을 말해버렸다. 드디어 적의 첩자가 그녀의 목표를 달성했던 것이다.

삼손은 그녀에게 자신의 머리에 삭도를 댄 적이 없다고 말했다. 삼손을 약하게 만들기 위해서라면, 의심할 여지없이 그 정도로도 충분한 정보였을 것이다. 더 이상은 이야기되어질 필요가 없는 것이다. 그러나 삼손은 속마음을 털어놓으면서 '알아야 할 필요성'에 따른 기준을 넘어서 너무 멀리까지 가버렸다. 그는 머리를 깎지 않은 상태의 근본적 이유까지 설명했다. 그가 모태에서부터 하나님의 대리인이었다고 말이다. 그는 여호와를 뜻하는 언약의 이름이 아니라 신을 뜻하는 일반적인 이름을 사용했고, 그것은 그가 하나님과의 친밀감이 부족했음을 암시한다. 그의 삶의 스타일에 익숙했던 들릴라는 그의 주장대로 삼손이 어떤 면에서(머리카락의 양 말고) 그의 하나님께 구별되어 있었는지 의아하게 생각했을지도 모른다. 여하튼, 들릴라는 그 소리를 들었을 때 그 속에 진실이 담겨 있다는 사실을 눈치챘다. 그녀는 이제 그의 머리가 밀리면 그의 힘이 사라진다는 사실을 알게 되었다.

확신에 차 있었던 들릴라는 블레셋 방백들에게 이렇게 전갈을 보냈다. 삼손이 내게 진정을 토하였으니 이제 한 번만 올라오라. 블레셋 방백들이 손에 은을 가지고 여인에게로 올라오니라. 한편, 그녀는 삼손으로 자기 무릎을 베고 자게 한 후에 누군가의 도움을 얻어 그의 머리털 일곱 가닥을 밀었다. 삼손의 영적 상태가 한심스럽기는 하지만, 들릴라의 성격도 분명 사악하다.

이 부분의 슬픈 결말이 불가피하게 전개되었다. 들릴라가 소리쳤다. 삼손이여, 블레셋 사람이 당신에게 미쳤느니라. 잠에서 막 깨어난 삼손은 늘 그렇듯 자신이 독립적이고 자율적이며 무엇이든 마음대로 통제할 수 있다고 생각했다. 그 '충격적인 깨달음'의 극치는 삼손의 무용담에서 가장 슬픈 언급 가운데 하나로 최고조에 달했다. 여호와께서 이미 자기를 떠나신 줄을 깨닫지 못하였더라. 삼손의 삶의 최저점이었던 것이다. 하나님의 임재를 잃어버리는 것과, 그런 일이 자신에게 일어났다는 사실을 모를 뿐만 아니라 일어날 수 없다고 생각할 정도로 영적으로 무감각한 것은 전혀 다르다. 하나님과의 교제가 부족한 것과, 그 영원한 관계가 자신에게 없다는 사실을 모를 정도로 하나님과 불화한 것은 전혀 별개다.

삼손은 자신이 맹세한 나실인의 서원까지 털어놓음으로써, 하나님을 무시하는 데서 하나님을 저버리는 데까지 나아갔다. 이제 삼손은 그의 삶에서 처음으로 하나님에 의해 버림받는다는 것이 어떤 것인지 알게 될 것이었다. 사람들이 고집스럽게 그리고 지속적으로 진리를 억누를 때, 하나님은 그들이 스스로 초래한 거짓에 그들을 넘겨주실지도 모른다(롬 1:24, 26, 28).

16:21-27. 챔피언에서 얼간이로: 삼손의 비극적인 운명. 삼손은 자신이 얼마나 가까이 다가갔는지 깨닫지 못했고, 자신의 힘이 '위험에 처해 있다' 는 사실을 알아차리지 못했다. 물론 머리를 깎는 행위가 마술적인 힘을 지닌 것은 아니었다. 그것은 한 번에 하나씩 차례로 끊겨져 나갔던 하나님과의 세 가닥 연결고리 가운데 마지막 것에 불과했다. 전도서 4장 12절은 형제들 사이에서 발견되는 힘의 진전을 언급하고 있다. "한 사람이면 패하겠거니와 두 사람이면 능히 당하나니 삼겹 줄은 쉽게 끊어지지 아니하느니라."

삼손은 그 과정을 뒤집기로 마음먹었던 것이다. 한 가닥 한 가닥씩 말이다. 그가 하나님과의 사이에 가지고 있던 연결고리 세 가닥 가운데 하나는 나실인의 서원이었다. 삼손은 그것들을 하나씩 끊으면서도 점증하는 위험을 깨닫지 못했다. 만약 그가 자신의 본능적 욕구에 굴복할 때마다 비례해서 그의 힘이 줄어들었다면, 아마 좀 더 조심했을 것이다. 그러나 삼손은 반복적으로 포도주를 마셨고, 죽은 사체와 접촉했으며(사자의 사체와 그가 옷을 빼앗았던 사람들의 시체, 나귀의 새 턱뼈, 새 줄 등), 결국은 자신의 머리카락과 관련된 비밀까지도 폭로하고 말았다. 여기서는 적어도 삼손이 피해자라고 이의를 제기하는 사람도 있을지 모른다. 그러나 삼손은 여호와에 대한 충성보다 들릴라에 대한 사랑을 선택함으로써, 사실상 이발사의 의자에 스스로 가서 앉았던 것이다.

21절의 끔찍함은 오히려 간결하게 언급되어 있다. 블레셋 사람이 그를 잡아 그 눈을 빼고 끌고 가사에 내려가 놋줄로 매고 그로 옥중에서 맷돌을 돌리게 하였더라. 삼손이 이제 포획과 고문에 취약해져 상상할 수 있는 가장 끔찍한 형벌의 희생자가 되었다는 사실로 인해 마음속으로 느꼈을 공포에 대해 우리는 이상하게 여길 수밖에 없을지도 모른다. 수족을 하나 잃는 것과, 감각 하나를, 특히 삼손이 중요시하면서도 남용했던 시각을 잃는 것은 전혀 다르다(14장 1절을 상기해보라, 그는 딤나 여인을 '보았다'). 삼손은 그의 삶에서 처음으로 더 이상 자기 마음대로 통제할 수 없음을 깨달았다.

이 이야기의 나머지는 가사에서 전개되었다. 블레셋 사람들이 생각하기에 가장 적절한 장소였을 것이다. 삼손이 한 블레셋 성읍 전체를 부끄럽게 만들었던 곳이 바로 거기였기 때문이다(16:3). 그에게 새로운 역할이 주어졌다. 그는 이제 하나님의 일시적인 구원자로 봉사하기는커녕, 놋줄에 묶여 감옥에서 블레셋의 곡식을 빻는 사람이 되었다. 그러나 얼마 동안 그랬는지에 대해서는 우리가 알지 못한다. 이 역할의 격하는 통렬할 뿐만 아니라 아이러니로 가득 차 있었다. 첫째로, '해같이 밝은 아이'는 이제 영원한 암흑 속에 놓이게 되었다. 둘째로, 그에게 소나 말처럼 짐을 운반하는 동물의 임무가 주어짐으로 말미암아 거의 나귀와 같은 역할을 하게 되었다(그가 나귀의 턱뼈를 사용했던 과거의 무용담과는 아이러니가 아닐 수 없다). 셋째로, 삼손이 과거에 블레셋의 곡식을 파괴했으므로, 그들은 삼손에게 자신들의 새 곡식을 빻는 일을 시켰다. 마지막으로, 블레셋의 신 다곤은 곡식의 신이었고, 삼손의 강제 노역의 수치는 블레셋 사람들이 그들의 신의 우월성을 과시하는 선언이었다. 다곤의 수확물의 상당 부분을 태워버렸던 삼손에게 그들의 신이 마침내 복수했던 것이다. 삼손은 비하되었고, 격하되었으며, 수치를 당하였고, 굴욕적인 취급을 당했다.

그럼에도 불구하고 삼손의 머리털이 다시 자라기 시작했다. 주의 깊은 독자는 그 세부사항의 중요성을 알아챌 것이다. 심지어 감옥 안에서도 하나님은 삼손을 버리지 않으셨던 것이다.

블레셋 연맹체의 방백들이 그들의 신을 찬양하고 다곤에게 제사를 드리는 축제를 열었다. 그 찬양은 삼손과 관련하여 부연되었다. 우리 토지를 헐고 우리 많은 사람을 죽인 원수를 우리의 신이 우리 손에 붙였다. 그들의 시각에서는 다곤이 마침내 자신을 입증하고 그들에게 수치를 주었던 원수를 꺾었던 것이다. 그 축제를 더 즐겁게 만들어줄 유일한 것은 삼손을 불러다 놓고 다곤의 우월성을 보여주는 주요 본보기로 다같이 바라보는 것이었다. 그들의 외침은 곧바로 실행되었다. 삼손을 불러다가 우리를 위하여 재주를 부리게 하자 하고 옥에서 삼손을 불러내매 삼손이 그들을 위하여 재주를 부리니라. 그의 상태 자체가 그들에게 심술궂은 여흥을 제공하는 오락거리였다는 점에서 말이다.

우리는 삼손이 기회가 주어지면 어떻게 할지 숙고하고 있었는지, 혹은 단순히 기회를 노리고 있었는지 알 길이 없다. 삼손은 자신이 어디에 있는지 그리고 무엇 때문에 거기에 와 있는지 알아차렸을 때, 자신을 감옥에서부터 데려온 수행자에게 그 신전을 떠받치고 있는 기둥을 만질 수 있는 곳으로 데려가 달라고 부탁했다. 그것에 의지할 수 있게 해 달라는 말을 덧붙이면서 말이다. 블레셋 사람들로서는 삼손같이 힘이 센 전사가 그런 기둥들에 접근하는 것을 그냥 놔두지는 않았을 것이다. 그러나 눈이 멀고 약해질 대로 약해진 삼손은 이제 더 이상 위협적이지 않았다.

삼손은 얼마나 많은 사람들이 자신의 비참함을 즐기고 있었는지 몰랐겠지만, 우리는 그 신전에 남녀가 가득하였고 지붕에 있는 발코니에도 삼천 명 가량이 있었다는 사실을 듣게 된다. 십중팔구, 블레셋 연맹체의 지도자들을 포함하여 5,000에서 10,000명 정도가 삼손이 볼 수 없는 광경을 즐기고 있었을 것이다. 하지만 삼손은 그들을 즐겁게 해주는 사람이 되지 않을 작정이었다. 그는 그들의 사형 집행인이 될 작정이었던 것이다.

16:28-31. 컴백: 죽음을 무릅쓴 삼손의 마지막 믿음의 위업. 삼손은 다곤의 신전에 있었지만, 언약의 여호와의 실체와 블레셋 신의 기만성을 인식하고 있었다. 우리는 두 번째로 삼손의 기도를 접하게 된다. 이번에는 그가 여호와께 기도하면서 하나님께 자신을 생각해(remember) 달라고 요청했다. 기억한다는 개념은 성경에서 공통된 개념을 압축해서 표현하고 있다. '하나님이 노아를 기억하사' (창 8:1, 개역개정). 물론, 전지하신 여호와께서는 노아를 잊지 않으셨다. 그러나 기억하다라는 동사는 '~ 위하여 행동하다' 라는 언외의 뜻을 담고 있을 수 있다. 삼손의 요구는 특별히 이번 한 번만 더 나를 강하게 해 달라는 것이었다. 삼손의 동기가 결코 가치 있는 것은 아니었을지 모르지만(블레셋 사람이 나의 두 눈을 뺀 원수를 단번에 갚게 하옵소서), 다음 사실들만은 분명하다. (a) 그는 여호와를 신뢰했다. (b) 그는 하나님 외에 다른 신들은 진실하지도 참되지도 않다는 사실을 알았다. (c) 그는 하나님이 그의 힘의 원천이시라는 사실을 알았다. (d) 그는 자신의 파멸된 인생에서 무엇이든 건져내려면 여호와를 의지해야 한다는 사실을 알았다.

하나님이 삼손의 기도에 응답하셨다. 블레셋 사람과 함께 죽기를 원한다는 간청도 포함해서 말이다. 삼손이 그 신전을 떠받치고 있는 두 기둥 가운데 하나에는 왼손을, 다른 하나에는 오른손을 갖다 댄 후에 온 힘을 다하여 밀자, 그 신전이 블레셋 방백들과 거기에 있던 온 백성 위에 무너졌다. 블록은 이렇게 기록하고 있다. "청중을 즐겁게 해주는 사람이었던 삼손은 말 그대로 그 집을 발칵 뒤집어 놓는다"(Block, 469). 삼손의 이야기의 시작은 그가 통제할 수 없었던 에피소드를 담고 있었다. 그의 기적적인 출생과 나실인의 헌신 등은 모두 하나님에 의해 시작된 것이었다. 그의 이야기의 끝 역시 삼손을 이제는 자신에게 통제권이 없음을 인식하게 되는 사람으로 드러내준다. 그리고 삼손의 무용담은 하나님에 의해 능력을 부여받음으로써 가능했던 기적적인 죽음으로 끝이 난다.

이 섬뜩한 일화가 끝나자, 곧바로 가슴 아픈 언급이 이어진다. 삼손은 살아생전에 자신의 백성들에게 등을 돌렸지만, 그들은 삼손이 죽었을 때 그에게 등을 돌리지 않았다. **그의 형제와 아비의 온 집이 다 내려갔던 것이다**(무너진 구조물의 잔해더미에서 그의 시체를 찾아내는 것은 2001년 9월 11일 이후 미국인들에게는 낯설지 않은 것이다). 만약 그들이 핏줄이 같은 형제였다면(실제로 그런 것처럼 보이듯이), 마노아와 그의 아내는 여호와에 의해 다른 자녀들도 허락받았던 것이다. **그들은 가사에서 그 시체를 취하여 가지고 올라와서… 그 아비 마노아의 장지에 장사하니라.**

성경은 삼손의 이야기에 세 가지 에필로그를 제공하고 있고, 그 가운데 두 가지는 이 부분에 기록된 사망 기사들이다. 첫째, **삼손이 죽을 때에 죽인 자가 살았을 때에 죽인 자보다 더욱 많았더라.** 보험이 살아 있을 때보다 죽었을 때 더 많은 가치를 만들어내기 때문에 자살했던 사람과 비슷하게, 삼손은 보람 있는 삶을 거의 살지 못했다. 그의 잠재력을 감안한다면, 그것은 형편없는 승리에 불과했던 것이다. 둘째, 15장 20절에 기록된 언급이 반복되어 있다. **삼손이 이스라엘 사사로 이십 년을 지내었더라.** 이 두 기사는 모두 삼손의 일생에 대해 새겨질 '묘비명'을 구성한다.

마지막 에필로그는 히브리서 11장 32-34절에서 발견된다. "내가 무슨 말을 더 하리요 기드온, 바락, 삼손, 입다와 다윗과 사무엘과 및 선지자들의 일을 말하려면 내게 시간이 부족하리로다 저희가 믿음으로 나라들을 이기기도 하며 의를 행하기도 하며 약속을 받기도 하며 사자들의 입을 막기도 하며 불의 세력을 멸하기도 하며 칼날을 피하기도 하며 연약한 가운데서 강하게 되기도 하며 전쟁에 용맹되어 이방 사람들의 진을 물리치기도 하며." 히브리서 11장의 일부 영웅들은 믿음과 신실함의 삶을 살았지만, 그들 가운데 일부는 삼손의 마지막 순간처럼 오직 위대한 믿음의 순간만을 경험하기도 했다. 좀 더 의미심장한 면에서 보면, 히브리서 11장은 '믿음의 전당' 인 동시에 '구조의 전당(Hall of Salvage)' 이라고 할 수 있다. 거기에 기록된 모든 사람이 중대한 실패의 경험들을 가지고 있었기 때문이다. 삼손은 그의 삶의 마지막 중대한 순간에서 '연약한 가운데서 강하게' 되었다. 믿음으로 말이다.

Main Idea 복 습	삼손은 자신의 삶에 대해 누구에게도 책임질 필요가 없다고 생각했다. 그러나 삼손은 그 후 영원히 행복하게 사는 대신에, 상처받은 사람이 되고 말았다. 그는 결국 자의식이 깨어짐으로 말미암아 구원받았고, 그의 인생의 마지막 장은 비극이 승리가 되고 자기만족이 자기희생이 되면서 끝이 났다.

결론

자립의 환상

삼손은 자신의 힘과 운명을 스스로 통제할 수 있다고 생각했다. 그러나 절대적인 자결주의(self-determination)는 환상이다. 티모시 맥베이(Timothy McVeigh)는 2001년 6월 11일 오클라호마시티 연방정부 청사 폭파 사건(168명 사망)으로 사형당할 때, 불가지론자 윌리엄 E. 헨리(William E. Henley: 1849-1903)에 의해 1875년에 발표된 유명한 시 '굴하지 않는다(Invictus)' 를 변호인을 통해 낭독한 것 외에는 아무런 언급도 하지 않았다.

온 세상이 지옥처럼 캄캄하게
나를 엄습하는 밤 속에서
나는 어떤 신들에게든

내 굴하지 않는 영혼을 주심에 감사한다.
생활의 그악스러운 손아귀 속에서도
난 신음하거나 소리 내어 울지 않았다.
우연의 몽둥이에 맞아
머리에 피가 줄줄 흘러도 결코 고개 숙여본 적이 없다.
분노와 슬픔의 이곳을 넘어
어둠의 공포가 서려온다.
하지만 그 긴 세월의 위협 속에서도
나는 결코 공포에 굴하지 않았음을 알게 되리라.
천국의 문이 아무리 좁아도
저승명부가 형벌로 가득 차 있다 해도
나는 내 운명의 주인이요
내 영혼의 선장인 것을.

이것은 세상이 당신에게 가할 수 있는 모든 것에 대한 저항과 자립과 자존의 고전적인 선언이다. 그러나 헨리는 그의 다섯 살 난 딸이 병들어 죽었을 때 자기 시의 의미가 공허하다는 사실을 깨달았다. 이 글을 읽고 있는 우리 모두는 자신의 세상이 무너져내리는 데 전화 한 통화면 족하다는 사실을 잘 알고 있다. 우리는 통제할 수 없지만, 하나님은 하실 수 있다. 우리는 옳고 선한 것을 판단하는 절대 무류(無謬)의 심판자가 아니지만, 하나님은 그런 분이시다. 우리는 우리 운명의 설계자가 아니다. 우리 운명의 설계자는 하나님이시다. 그리고 우리 영혼의 선장 역시 우리가 아니라 하나님이시라는 사실을 명심하라.

▣ 진리 알기

- 당신이 소유하고 있는 모든 재능과 능력은 하나님이 당신에게 선물로 주신 것이다. 당신은 자신에게 맡겨진 그 선물들을 잘 관리해야 하는 청지기로서 그분께 설명해야 할 책임이 있다.
- 초점을 자기 자신에게 맞추는 정도에 따라 그만큼 자기기만(self-deception)이 존재한다.
- 하나님은 우리의 삶을 주관하신다. 그분의 자비로운 사랑은 우리를 떠나보내지 않으실 것이

다. 하나님은 그분의 약속에 신실하시다(딤후 2:13).

- 비록 회개와 부흥의 희망은 항상 존재하지만, 죄의 결과(혹은 상처)는 여전히 남게 될 것이다.

▣ 적용하기

- 당신의 몸을 하나님께 산 제사로 드리라(롬 12:1-2).
- 당신을 유혹하게 될 상황이나 환경에 처하게 되는 것을 피하라(고전 9:27, 빌 4:8)
- 유혹이 당신 앞에 있을 때, 하나님의 힘을 의지해 견디어내라. 미리 포기할 필요가 없다(고전 10:13).
- 당신의 삶을 어떻게 투자하고 있는지 점검해보라. 당신의 목표들은 충분히 큰 것인가?

삶의 적용

작은 목표들을 추구하다보면

몇 년 전, 300마리의 고래가 얕은 물에 고립된 적이 있었다. 정어리 떼를 쫓다가 조수가 빠져나가는 바람에 갇혀버렸던 것이다. 삼손은 그의 삶의 대부분을 정어리를 쫓는 고래처럼 살았다. 위대한 능력으로 작은 목표들을 추구하면서 말이다. 작은 목표란 무엇인가? 자기 이익을 도모하는 목표를 말한다. 삼손은 에서처럼 작은 목표들을 위해 자신의 생득권(生得權)을 포기해버렸다. 존 파이퍼(John Piper)에 의하면, 죄는 "내가 그것을 따르면 더 행복해질 것이라고 믿도록 나를 설득함으로써 그 세력을 얻게 된다. 모든 유혹의 힘은 그것이 나를 더 행복하게 만들어줄 것이라는 전망에 있다"("Putting Your Past Behind You", E. Lutzer, San Bernadino, CA: Here's Life, 1990, p.54에서 인용). 우리는 에덴에서도 똑같은 유혹의 패턴을 보게 된다. "너희가 하나님과 같이 되어"(창 3:5).

삼손은 순결함이 없는 힘을 가지고 작은 목표들을 추구했다. 그 자신의 개인적인 욕욕의 성취를 위해서 말이다. 삼손은 자신이 원하는 여인을 얻지 못했지만, 진짜 비극은 그가 결코 하나님이 원하시는 사람이 되지 못했다는 사실이다. 물론 하나님은 용서하신다(요일 1:9). 그러나 용서가 필연적으로 결과까지 지워주지는 못한다. 다윗은 회개했지만, 헷 사람 우리야는 다시 살아나지 못했다. 삼손의 머리카락은 새로 자라났지만, 그의 눈은 다시 생겨나지 않았던 것이다.

기도

주님, 이 이야기가 너무나도 사실적입니다. 우리는 하찮은 목표들에 우리 삶을 투자하게 만드는 유혹에 둘러싸여 있습니다. 당신은 우리 각자에게 당신의 영광을 위해 사용하도록 재능을 주셨습니다. 우리가 당신이 우리에게 맡겨주신 것을 잘 관리할 수 있게 하옵소서. 우리 삶을 투자하는 목표들이 영원한 가치가 있는 것이기를 원합니다. 주님, 우리는 삼손이 살아생전 추구했던 것들 때문에 죽었음을 보았습니다. 우리는 죽기까지 추구하겠다고 말하는 것을 위해 살게 하옵소서. 우리 주 예수 그리스도의 이름으로 기도합니다. 아멘.

심층 연구

A. 성문(16:3)

구약의 세계에서 성문은 어떤 성읍에게든 중요했다. 성문은 보안과 방어의 핵심이었기 때문이다. 게다가, 성문은 사람들이 재판과 공동체 행사를 위해 모이는 장소로도 활용되었다(룻 4:1, 잠 31:31, 느 2:3). 성문의 양쪽에는 종종 높은 문루가 붙어 있었고, 성문 바로 안쪽에는 복수의 경비 초소가 배치되어 있는 게 보통이었다. 성문은 대개 공격에 대비해 불이 잘 붙지 않도록 금속판으로 씌워져 있었고, 크기가 거대했으며, 못이 점점이 박혀 있었고, 믿기지 않을 정도로 무거웠다.

B. 다곤(16:23)

다곤은 곡식의 신이었지만, 우가리트(기원전 1200년경 블레셋에 의해 파괴된 도시국가)에서 발견된 유물들은 다곤이 바알의 아버지로 간주되기도 했음을 암시해준다. 블레셋 족속은 그들의 영토 확장이 시작된 후에 다곤 숭배를 받아들였다. 그것은 가나안 사람들의 종교 제도가 단지 이스라엘 백성들만이 아니라 더 많은 사람들을 현혹시켰음을 시사해준다. 다곤에 대한 숭배는 사울 왕 아래서 통일왕국이 시작된 직후에 가장 널리 확산되었다(삼하 5:1-7).

C. 다곤 신전의 구조

"가사에서 블레셋의 다곤 신전이 발견된 적은 없지만, 텔 카실(Tell Qasile)에서의 발굴 작업 가운데 이 본문이 주는 인상을 좀 더 구체화시켜주는 건물을 X 지층에서 발견한 바 있다. 그 거대한 신전의 지붕과 상층은 둥근 주춧돌 위에 세워진 두 개의 백향목 기둥에 의해 떠받쳐져 있었고, 그 기둥 사이의 간격은 3미터가 채 안 되었다"(Block, 466).

D. 자살

삼손의 죽음은 일부 사람들에 의해 자살로 분류될 수도 있을 것이다. 하지만 그 용어는 명확한 정의를 필요로 한다. 이기적인 자살은 한 개인이 자신의 고통에 너무 몰두한 나머지 스스로 목숨을 끊을 때 일어난다. 반면, 이타적인 또는 '자선적인' 자살은 타인을 위해 자신의 생명을 내놓기로 선택할 때 일어난다(롬 5:7). 또 다른 종류의 세 번째 자살은 삼손의 경우처럼 타인의 손해를 위해 자신의 목숨을 내놓기로 선택하는 것이다. 그것이 좋은지 나쁜지는 '정의로운 전쟁'과 유사한 정황에 관련되어 있는지 여부에 달려 있다. 마지막이면서 동시에 전례가 없는 종류의 자살은 하나님의 독생자께서 그분의 원수들을 위해 자기 목숨을 내어주기로 선택하셨던 십자가상에서 일어났다(막 10:45, 요 10:18, 롬 5:8-10).

교안

A. 들어가는 글

1. '유명한 최후의 말들' 이야기로 시작하라.
2. 배경 설명: 입다의 이야기(삿 11-12장) 이후에 우리는 이스라엘의 이야기가 전개되는 가운데 더 심한 어떤 일이 일어날 수 있으리라고는 상상하지 못한다. 잘못될 수 있는 것은 거의 모두 이미 잘못되었기 때문이다. 그럼에도 불구하고, 삼손의 이야기의 종결은 훨씬 더 심각한 타협의 지경에까지 이른다. 하나님의 구원자가 자신의 주님을 무시했을 정도로 말이다. 다음에 이어지는 내용은 우리로 하여금 과연 이런 사람들을 위해 하나님이 노력하실 필요가 있을까 하는 의문을 갖게 하는 마지막 타락의 에피소드들이다(17-18장, 19-21장). 그분은 왜 계속해서 그들을 보존하시는 걸까? 물론 그 답은 구원받은 자들에게 있는 것이 아니라, 구원자의 성품에 있다는 사실을 명심하라.
3. 적용: 사사기 16장은 '삼손의 무용담'을 마무리한다. 사사기 14장과 15장에서 삼

손은 이기적인 삶을 살았던 것으로 드러났다. 그러나 16장은 삼손이 위세를 누리며(그리고 블레셋 사람들을 괴롭히며) 20년을 보낸 이후에도 여전히 자기 생각에만 몰두해 있었음을 보여준다. 그는 결국 하나님으로부터의 분리라는 비극을 경험한 이후에야 하나님과의 친밀함이 지니고 있는 가능성을 제대로 깨닫게 되었다.

B. 본문 이해

1. 은혜에서 치욕으로 떨어지는 사례 #1: 블레셋 기생(16:1-3)
2. 은혜에서 치욕으로 떨어지는 사례 #2: 들릴라와 다곤(16:4-31)
   1) 미끼(16:4)
   2) 뇌물(16:5)
   3) 뻔한 게임(16:6-27)
      ① 1회전: 삼손의 승리(16:6-9)
      ② 2회전: 삼손의 승리(16:10-12)
      ③ 3회전: 무승부(16:13-14)
      ④ 4회전: 승자는 들릴라! 삼손 아웃!(16:15-20)
      ⑤ 챔피언에서 얼간이로: 삼손의 비극적인 운명(16:21-27)
   4) 컴백: 죽음을 무릅쓴 삼손의 마지막 믿음의 위업(16:28-31)

C. 결론: '자립의 환상' 을 읽어주라.

토의 질문

1. 삼손의 무용담을 담고 있는 세 장을 자세히 읽고 나서 두 가지 목록을 만들어보라. 우선, 그가 하나님에 의해 사용될 수 있었음에도 불구하고 무시해버렸던 기회들을 적어보라. 둘째로, 그가 나실인의 서원을 위반했던 방식들을 기록해보라.

2. 하나님은 실패작들을 드라이 독에 넣지 않으시며, 심지어 단 한 번 마지막 항해에 사용될 예정이라 하더라도 그것들을 수리하신다고 주장하는 사람들이 있다. 하나님이 상처 입은 전사들을(그 상처와 모든 것을) 취하여 그분의 영광의 도구가 될 수 있도록 허락하셨던 성경의 몇몇 사례들을 통해 당신의 길을 생각해보라.

3. 우리 삶을 위해 정해 놓은 목표들을 생각해보자. 그것들은 충분히 큰가? 그것들은 하나님이 당신에게 맡기신 시간과 재능을 투자할 만한 가치가 있는가? 삼손이 그의 삶을 위해 정할 수 있었지만 그러지 못했던 목표들에는 어떤 것들이 있겠는가?

4. 하나님은 모든 신자들을 그분의 말씀과 영적 재능으로 온전케 해주셨다. 디모데후서 3장 16-17절과 히브리서 13장 20-21절에서 '온전케 하다(equip)' 라는 단어에 대해 공부해보라. 우리의 재능은 삼손의 것과 다르지만, 우리가 하나님이 우리에게 맡겨주신 것을 잘 관리하는 선한 청지기가 될 수 있는 방법을 곰곰이 생각해보라.

5. 다음 주장에 대해 곰곰이 생각해보라. 우리가 믿기를 바라는 사탄의 두 가지 거짓말이 있다. 첫 번째는 "단 한 번은 문제가 되지 않을 거야" 이고, 두 번째는 "이제 너는 문지방을 넘어섰어. 네 삶은 이미 망친 거야. 그러니 싸움을 포기하고 죄를 즐기는 편이 나을 거야" 이다.

6. 사람들은 종종 '깨어짐(brokenness)' 에 대해 말한다. 찰스 스펄전은 다음과 같이 말함으로써 그것을 정확히 표현했다. "우리는 연약하고 무기력하며 졸도하기 쉬운 인간에 불과하다." 우리가 고통에 의해 깨어질 때 하나님의 능력이 빛을 발하는 이유가 무엇인가? 디모데후서 2장 20-26절과 고린도후서 11장 16절부터 12장 10절까지를 공부해보라.

사사기 17-18장

우리 자신의 이미지 속에
하나님의 형상을 만들라

"인간은 만물의 척도다."

- 프로타고라스(Protagoras)

'고용된 종교'의 이야기는 모든 사람이 하나님의 관점에서보다 자신의 관점에서 옳은 대로 행하고 있을 때 어떤 일이 일어났었는지를 예시해준다. 하나님의 명령을 무시하기로 선택하고 그분의 방식대로 섬기기를 거부하는 하나님의 백성들은 하나님의 진노 아래 놓이는 위험에 직면하게 된다.

들어가는 글

펑크난 타이어가 만들어낸 몽상적인 이야기

토미(Tommy)는 지금 58세다. 40년 전, 그는 두 대학 사이에서 선택하는 문제를 두고 고민하고 있었다. 버지니아 공대(Virginia Tech)를 가야 할까, 아니면 테네시 대학(University of Tennessee)을 가야 할까? 그 가능성은 반반이었다. 그런데 토미가 버지니아 공대를 방문하려고 여행을 시작했을 때 그만 자동차 타이어가 펑크 나고 말았다. 그는 약속 시간에 맞춰 도착할 수 있도록 그것을 수리할 수 없었고, 시간은 자꾸 늦어지고 있었다. 그는 결국 가지 않기로 결심했다. 조금도 주저하지 않고 말이다. 이미 테네시 대학을 방문해 입학 허가를 받아 놓은 상태였기 때문이다. 그는 펑크난 타이어를 거기로 가야 한다는 하늘의 뜻으로 받아들였다.

그러나 토미가 알지 못했던 것은 만약 그가 버지니아 공대를 방문했더라면 그곳을 좋아했을 것이고, 테네시 대학 대신에 거기에 입학했을 거라는 사실이다. 재닛(Janet)은 미시간 주 그랜드래피즈(Grand Rapids) 출신으로 버지니아 공대 학생이었고, 그녀가 바로 토미의 아내가 되었을 것이다. 그들은 웃음과 사랑이 가득한 가정을 꾸몄을 것이고, 토미 주니어(Tommy Jr.)와 빌(Bill), 이선(Ethan), 게일(Gail) 등 네 명의 자녀를 두었을 것이다. 이선은 성장해 연구 의사가 되었고, 채터누가(Chattanooga)에 사는 프랜시스(Frances)라는 이름의 여성을 포함하여 수많은 생명을 살리는 새로운 종류의 심장 판막을 발명해 특허를 냈다. 토미는 자기 아들의 발명품에 많은 돈을 투자했고, 그것은 그를 편안한 노후로 안내해주었을 것이다.

그러나 토미는 버지니아 공대를 가지 않았다. 그는 테네시로 가 캐롤(Carol)이라는 이름의 여학생을 만났다. 그들은 결혼을 했으나, 순탄치 못한 삶을 살았다. 그들은 우여곡절을 겪으면서 두 차례나 별거했고, 결국은 캐롤이 다른 남자를 찾아 토미를 떠났다. 자녀는 없었다. 토미는 채터누가에서 일자리를 얻게 되었고, 후에 프랜시스라는 이름의 이혼녀를 만나 재혼했다. 그녀에게는 세 명의 자녀가 있었는데, 그 가운데 둘은 매우 거칠고 반항적이었다. 그들의 가정에는 화합도 웃음도 기쁨도 없었다. 프랜시스와 결혼한 지 6년이 되었을 때, 의사들이 그녀의 심장에 이상이 있다는 사실을 발견했고, 곧바로 모든 보험회사들이 그들의 보험 가입을 제한해버렸다. 토미는 마침내 심장 판막 삽입 수술비용을 지불할 수 있는 방법을 찾아냈지만, 불행히도 그 판막이 그렇게 효과적이지 않아 수술 후 관리 비용으로 그들의 재정이 모두 고갈된 후에 프랜시스는 사망했다. 토미는 골치아픈 세 의붓자식만 떠안은 채 무일푼이 되고 말았다. 40년 전, 토미의 자동차 타이어가 펑크나지만 않았더라면!

과연 그런 게 삶일까? 당신 삶의 진로가 이런저런 우연한 환경에 의해 좌우되는가? 당신 삶 전체의 행복이 펑크난 타이어를 가지고 있느냐 그렇지 않으냐에 달려 있을 정도로 말이다. 사사기 17장과 18장에서는 비교적 작은 선택이 한 가정의 파괴와 한 제사장의 타락 그리고 한 지파의 대량 학살로 이어졌던 일련의 사건들을 유발한다. 그러나 그것은 우연에 의한 것이 아니라, 하나님의 계획에 의해서였다.

본문 이해

우리 자신의 이미지 속에 하나님의 형상을 만들라

Main Idea	사사기 17-18장은 비록 옳은 말을 입에 담았지만, 하나님의 방식이 아니라 자신의 방식대로 그분을 섬기기만 하면 그분과 아무 문제없다고 주장했던 사람들의 이야기를 담고 있다. 그 원인은 일련의 파괴적인 결과들을 초래하는 촉매가 되고 말았고, 그 사건들은 그저 우연의 결과가 아니라 선택의 결과였다. 우리가 결정하는 작은 선택이 큰 결과를 초래할 수 있다는 것이다. 설사 그렇다 하더라도, 하나님은 '모든 일을 그 마음의 원대로 역사하시는' 분이다(엡 1:11).

A. 한 가정의 실패(17:1-6)

Supporting Idea	가정의 붕괴가 훔치고 거짓말하며 우상 숭배를 저질렀던 미가의 가족을 통해 예시된다.

17:1-6. 이야기는 미가라 이름하는 사람에 대한 소개로 시작된다. 그 이름은 '미카야후(Micayahu)' 혹은 '누가 여호와와 같은가?'의 축약형이다. 이미 두 가지 중요한 사건이 일어났다. 첫째로, 미가가 자신의 어머니에게서 거의 전 재산에 해당하는(8:26, 16:5 비교) 은 일천일백 개를 훔쳤다. 둘째로, 그는 자신의 어머니가 그 도둑의 삶에 대해 저주하는 말을 들었다. 우리는 거의 고백이 이루어지는 중간에 이야기에 들어서게 된다. 내가 그것을 취하였나이다. 미가는 '훔치다'라는 더 강한 동사를 사용하지 않았다. 그의 어머니는 기대되는 저주 대신에 그를 축복했다. 내 아들이 여호와께 복 받기를 원하노라. 그들의 생각으로는 축복이 저주를 취소해주었던 것이다. 그것은 헤브라이식 '주술'에 불과했다. 주문을 통해 영적인 힘을 조종하려는 시도였던 것이다.

게다가 그녀는 자기 아들을 위하여 한 신상(a carved image)을 새기며 한 신상(a cast idol)을 부어 만들기 위해 자신의 은을 여호와께 봉헌했다. 헤브라이어 학자들은 그 두 용어와 관련하여 하나의 신상을 조각한 다음 그 위에 은박을 씌웠던 것으로 이해하도록 분명히 권하고 있다. 그리고 나서 그녀는 자기 아들에게 맹세했다. 내가 이제 이 은을 네게 도로 돌리리라.

이 이야기를 계속 이어가기 전에, 잠시 중단하고 이것이 죄책감을 느껴 사소한 죄를 고백함으로 말미암아 사랑이 넘치는 어머니의 자비로운 용서를 받았던 한 아이의 달콤한 이야기가 아니라는 사실을 말해두는 것이 필요하리라 생각된다. 미가와 그의 어머니가 경건한 말을 사용하고 있지만, 그것은 겉치레에 불과했다. 미가는 자기 어머니의 돈을 훔쳐 제5계명(네 부모를 공경하라)과 제8계명(도적질하지 말라)을 위반한 나이 든 어른이었다. 그는 자기 어머니가 저주하는 소리를 듣고 나서야 고백했을 뿐만 아니라, 그 고백 자체도 미신과 자기 보존이라는 동기에 의한 것이었다.

미가가 그 은을 자기 어머니에게 돌려주자, 그녀는 '내 아들을 위하여 한 신상을 새기며 한 신상을 부어 만들기 위해' 그 거금을 여호와께 드리겠다는 봉헌의 말을 했다. 그 결과 미가는 에봇과 드라빔을 함께 사용하면서(드라빔은 집 안에 두는 작은 우상들이었다, 17:5, 18:14, 17, 20 참조) 유일하신 참 하나님에 대한 숭배와 가나안 사람들의 미신 숭배를 혼합해야 했다. 우상을 만들기 위해 언약의 여호와께 재산을 봉헌한다는 것은 완전히 모순된 것으로, '네모난 원' 이나 '중혼한 총각' 처럼 기괴한 모순어법이었던 것이다.

미가의 어머니는 은 이백을 취하여(약속한 일천일백이 아니었다. 다시 말해, 그녀는 5분의 4 이상을 자기 것으로 남겨 두었다!) 은장색에게 주어 한 신상을 새기며 한 신상을 부어 만들게 하였고, 그 신상은 미가의 집에 놓여졌다. 미가는 하나님이 명령하신 장소에서(실로에서, 신 12:4-27 참조) 하나님을 예배하지 않고, 예배를 편의의 문제로 만들어 버렸다(집에서 예배했던 것이다). 따라서 미가에게는 신당이 있었고, 그는 에봇과 일부 가나안 우상들을 만들어 가지고 있었다. 그는 참 예배의 수단인 레위인의 제사장직을 무시함으로써 자신의 죄를 더욱 심화시켰다. 대신에, 그는 자기 아들 가운데 한 명을 제사장으로 세웠던 것이다.

이 에피소드는 패러다임에 관한 과도기적인 언급으로 마무리된다. 그 때에 이스라엘에 왕이 없으므로, 사람마다 자기 소견에 옳은 대로 행하였더라. 이 사람들은 바알의 우상을 만들고 있었던 게 아니라, 하나님의 우상을 만들고 있었다. 그들의 예배는 진심에서 우러난 것이었지만, 그들은 완전히 잘못되었다. 자기기만과 자기착각에 빠져 하나님의 진노 아래 놓이게 되었던 것이다.

B. 제사장직의 왜곡(17:7-13)

Supporting Idea	제사장직의 타락은 한 레위 사람이 기꺼이 뇌물을 받고 '고용된 제사장' 이 됨에 따라 드러나고 만다.

17:7-13. 이 부분은 유다 베들레헴(이 문구는 7-9절에 세 번이나 등장한다) 출신의 한 젊은 레위인(이 시점에서는 우리가 그의 이름이나 배경에 대해서 듣지 못한다)을 소개하면서 시작된다. 그는 당시 유다의 영토 내에 우거하고 있었다. 현대의 독자들은 고대의 독자들이 알고 있었던 내용을 이해할 필요가 있다. 레위 사람들에게는 그들만의 영토가 주어지지 않았다. 대신, 그들은 다른 지파들 사이에 있는 성읍에서 살도록 정해져 있었다. 하지만 베들레헴은 레위 사람들에게 배정된 유다 성읍 가운데 하나가 아니었

다. 이 특별한 젊은이는 자신의 삶을 향상시킬 수 있는 방법을 찾아 배회하고 있었던 것이다. 그 자신의 설명에 의하면, 거할 곳을 찾아서 말이다.

그는 결국 미가의 집에 이르렀고, 그 집주인은 그에게 어디에서 왔는지 물었다. 그 젊은이는 자신이 유다 베들레헴의 레위인이며 거할 곳을 찾고 있다고 대답했다. 레위 사람들은 제사장직을 수행하도록 바쳐졌지만, 오직 아론 가문의 후손들만이 제사장으로 봉사할 수 있도록 허용되었다. 그 젊은이는 두 가지 이유에서 자격이 없었다. 첫째로, 그는 아론 가문 출신이 아니었다. 둘째로, 그는 제사장직을 위해 규정된 연령에 미치지 못했을 가능성이 있다(민 4:3, 30).

미가는 제사장 측면에서 좀 더 합법성을 갖출 수 있는 기회로 여기고 한 가지 제안을 내놓았다. 네가 나와 함께 거하여 나를 위하여 아비(5:7 참조)와 제사장이 되라. 물론 그것은 미가가 너무 어리고 자격이 없는 자기 아들을 마찬가지로 너무 어리고 자격은 없지만 그래도 레위 지파 출신인 다른 사람으로 대체하게 될 것임을 의미했다. 미가는 그에게 급료에다 부가적인 혜택까지 제안했다. 내가 해마다 은 열과 의복 한 벌과 식물을 주리라. 그것은 신명기 18장 3-4절과 8절에 지시되어 있는 제사장의 응식과는 거리가 먼 것이었다. 결국, 처음부터 자기 어머니에게서 은 일천일백 세겔을 훔쳤던 미가는 '용병 성직자' 가 되기를 마다하지 않았던 젊은 기회주의자를 제사장으로 '사고' 말았다.

미가는 그 젊은이를 자기 아들 중 하나같이 대해주었다. 미가는 하나님이 매수될 수 있는 분이라고 생각했고, 그 레위인이 자기 성소에 합법성을 가져다주는 '행운의 부적' 이라고 여겼다. 이제 여호와께서 내게 복 주실 줄을 아노라. 우리가 앞으로 보게 되듯이, 미가의 낙관은 때 이른 것이었다.

C. 단 지파의 타락(18:1-31)

Supporting Idea	이스라엘의 죄는 단 지파가 그 레위인을 매수하고 라이스 백성들을 학살함에 따라 배가된다.

18:1-3 상. 단에 대한 소개. 다음 장은 '그때에 이스라엘에 왕이 없었고' 라는 문구를 반복하면서 미가와 그 레위인의 이야기를 계속 이어간다. 그러나 이 장은 새로운 등장인물들을 소개하며 그 출연진은 이야기가 진행될수록 점차 확대된다. 지파적인 배교의

전형이었던 단 사람들은 하나님께 불순종했다. 그들이 이스라엘 지파 중에서 그 때까지 기업을 분배받지 못하였던 이유는 하나님이 명령하신 대로 그들의 기업을 지키지 못했기 때문이었다(수 19:40-48, 삿 1:34-36 비교). 이제 그들은 덜 위협적인 거주민들이 사는 땅을 찾고 있었다. 단 지파의 지도자들은 소라와 에스다올에서부터 용맹 있는 다섯 사람으로 구성된 정찰대를 보내어 땅을 탐지하고 살피게 하였다(우리는 어떤 땅인지 아직 듣지 못한다).

그들은 도중에 미가의 집에 이르러 거기서 유숙하였다. 그들은 거기에 머무는 동안, 그 젊은 레위인의 음성을 알아듣게 되었다. 이것은 12장 6절에서처럼 지역적 방언보다는 그 특정 젊은이의 억양을 가리키는 것이었다. 그는 방랑자였기 때문에(17:8), 여행 중에 소라나 에스다올 성읍을 통과했던 것이다(18:2). 그 젊은 레위인이 마찬가지로 여행 중인 다른 어떤 익명의 레위인과는 대조적으로 저명한 단 사람들에 의해 알려지게 되었던 이유는 이 장의 말미에서 밝혀지게 될 것이다(18:30).

18:3 하-6. 레위인에 대한 심문. 단 사람들은 그 젊은 레위인이 어떻게 미가의 집에 이르게 되었으며 거기서 무엇을 하고 있었는지 알아내기 위해 그에게 캐물었다. 그의 대답은 여호와께서 그를 이끄셨다는 것도, 그가 거룩한 사명을 수행 중이라는 것도 아니었다. 그는 진실을 말했다. 미가가 여차여차히 나를 대접하여 나를 고빙하여 자기 제사장을 삼았느니라. 자신이 '고용된 종교' 에 관여하고 있다는 사실을 전적으로 인정하면서 말이다. 그들은 그에게 자신들의 행하는 길이 형통할는지 알 수 있도록 하나님께 물어봐 달라고 부탁했다. 그 젊은이가 대답했다. 평안히 가라. 너희의 행하는 길은 여호와 앞에 있느니라.

여기서는 양측 모두 중대한 죄를 보여준다. 단 사람들은 하나님이 그들에게 다른 땅을 주셨고 그것을 차지하라고 말씀하셨다는 사실을 알고 있었다. 그들은 믿음이 부족하여 실패했던 것이다. 분명히 그 여행은 하나님의 뜻이 아니었다. 그래서 단 사람들은 그 레위인에게 언약의 여호와께 물어봐 달라고 부탁하지 않고, 하나님이라는 포괄적인 용어를 사용했던 것이다. 다른 한편, 그 레위인은 '과자 속에 든 점괘의 상투적인 문구' 처럼 그들의 여행에 대해 포괄적인 표현으로 대답했다. 그는 그들의 성공에 대해 언질하지 않았다. 그것은 반증할 수 없는 축복이었던 것이다. 그가 여호와의 언약의 이름을 들먹였지만, 이 경우에는 '아무 의미가 없는 것' 이었다. 게다가 그 레위인은 자신의 대답을 '신탁' 하기 위해 제사장의 장구를 사용했던 것으로 보인다(미신에 사로잡힌 단 사람들은 이 이야기의 뒤에서 그 장구들을 훔치게 될 것이다). 우림과 둠밈이 '앤서 에잇 볼(answer eight-ball: 뒤집으면 점괘 같은 문구가 나오는 당구공 모양의 장난감 - 역주)' 을 뒤집는 정도의 거룩함으로 대해졌던 것이다.

18:7-10. 땅에 대한 조사. 정찰대는 그들의 여행을 계속했고, 마침내 2절에 언급된 땅의 정체를 밝혀주면서 라이스('사자')에 도착했다. 그곳은 좋은 농지로서의 잠재력을 지닌 이스라엘 북쪽 끝의 비옥한 땅으로, 해안 지역에 거주하는 시돈 사람들의 보호 아래 평화로운 상태에 있었다. 단의 정찰로 그 땅이 매력적일 뿐만 아니라(부족한 것이 없으며: 개역개정), 사람들은 부유하고(부를 누리며: 개역개정) 조심성이 없으며(평온하며 안전하니: 개역개정) 고립되어 있다는 사실이 밝혀졌다. 그들은 돌아오자마자 자기 형제들에게 성급한 열정으로 보고했다. 일어나서 그들을 치러 올라가자! 그들은 심지어 하나님의 이름을 부르며 거룩한 사명의 분위기를 만들어 자신들의 공격을 정당화했다.

18:11-13. 군대의 이주. 단 지파 가족이(혹은 적어도 그들의 대표단이, 4장 14절과 7장 3절에 언급된 인원수를 참조하라) 출발했다. 육백 명이 있었고, 그것은 그들의 가족들도 그들과 함께 있었기 때문에(18:21) 모두 합쳐 최소한 삼천 명이 있었음을 의미했다. 그것은 평화로운 이주가 아니었다. 그들이 전투를 위해 무장하고 있었기 때문이다. 그들은 유다 기럇여아림에 진쳤고, 그곳은 사사기가 기록되는 당시까지도 여전히 마하네단('단의 진영')으로 불렸다. 그들은 거기서 다시 출발하여 에브라임 산지, 구체적으로는 미가의 집에 이르렀다.

18:14-18. 종교적 유물의 탈취. 다섯 명의 정탐꾼이 자기 형제들에게 미가의 집에 에봇과 다른 가정의 수호신들뿐만 아니라 은으로 도금한 신상이 있으며, 마음만 먹으면 그 모든 게 자신들의 것이 될 수 있다고 말했다. 미가는 출타 중이었고, 그 젊은 레위인은 깜짝 놀라서 입을 딱 벌린 채 신당이 약탈당하는 것을 지켜만 보고 있었다. 그것은 물론 그의 생계 수단까지도 빼앗아가 버릴 것이었다. 분명 그는 항변 이외에 아무것도 할 수 없었을 것이다. 전투를 위해 무장한 육백 명의 단 사람들이 문 입구에 서 있었기 때문이다.

18:19-21. 제사장에 대한 매수. 그들은 그 젊은 레위인에게 미가의 유물과 함께 그를 떠나 자신들의 아비와 제사장이 되라고 권했다. 그들은 무엇보다도 한 사람의 집의 제사장이 되는 것보다 한 지파 한 족속의 제사장이 되는 것이 더 낫지 않겠느냐고 주장했다. 더

큰 뇌물(훨씬 더 큰 회중과, 겨우 한 가족이 아니라 한 족속의 즉각적인 존경)을 받아 든 제사장은 마음속으로 기뻐했고, 그것은 그의 인격을 드러내주는 언급이었다. 그는 자신을 아들처럼 대해주었던 미가를 배신하고 뒤도 돌아보지 않고 떠나갔던 것이다. 단의 군사들은 용의주도했다. 그들은 뒤에서 추격해 올 것에 대비해 어린 아이들과 가축과 물품을 앞에 두고 출발했다.

18:22. 추격. 미가는 자기 이웃들을 불러 모아 추격에 나섰다. 소유물이나 가족에 의해 방해받지 않았던 그는 금방 단 자손을 따라잡았지만, 결국 자신이 인질을 확보해 협상을 시도할 기회조차 갖지 못하게 될 것이라는 사실만 발견했을 뿐이다. 전투원들이 배후에 있었던 것이다. 그럼에도 불구하고 그의 추격은 어느 정도의 담대함을 증언해준다. 결국 그 종교적 유물은 그가 자기 어머니의 돈을 훔치고 그녀가 그에게 거짓말한 결과라는 감상적 가치만을 지니게 되었다.

18:23-24. 도전. 단 자손이 낯을 돌이켜 두 번째로 침략자가 되었다. 그들은 미가가 자신들에게 도전하기도 전에 먼저 도전했다. 네가 무슨 일로 이같이 모아 가지고 왔느냐? 그들의 건방진 태도는 놀라울 정도였다. 마치 미가에게는 화낼 권리가 전혀 없다는 듯이 말이다. 미가는 그들이 도리에 따를 것이라고 생각했지만, 그것은 잘못된 생각이었다. 그는 두려움을 숨기며 소리쳤다. 나의 지은 신들과 제사장을 취하여 갔으니. 자신만의 종교 제도를 고안해 냈었다는 사실을 인정하면서 말이다. 그는 항변했다. 내게 오히려 있는 것이 무엇이냐?

18:25-26. 강압. 단 자손은 자신들의 가장 무자비한 전투원들이 미가와 맞서게 될 것이라고 협박했다. 네 목소리를 우리에게 들리게 말라. 노한 자들이 너희를 쳐서 네 생명과 네 가족의 생명을 잃게 할까 하노라. 미가는 격분했지만 자신이 무능력하다는 사실을 알았다. 아이러니컬하게도, 그가 본래 자기 어머니에게서 훔쳤던 것을 이제는 도둑맞고 말았던 것이다.

18:27-29. 맹공(단의 깡패 짓). 단 자손은 계속 진행하여 한가하고 평안한 백성이 사는 라이스에 이르렀다. 경고나 협상에 대한 아무런 기록도 없이, 단 자손은 칼날로 그들을 치며 그 성읍을 불살랐다. 그들은 외딴 골짜기에 살고 있었기 때문에, 단 자손이 예상했던 대로 그들을 구원할 자가 아무도 없었던 것이다. 그 뒤 단 자손은 성읍을 재건하고 거기에 정착하면서 그곳 이름을 단으로 개명했다(여기까지는 놀랄 일도 아니다).

18:30-31. 배교(단의 신성 모독). 이 시점에서 그 젊은 레위인은 종교적인 사업을 시작했다. 그러나 우리는 경악스럽고 실망스러운 충격에 휩싸이고 만다. 때로는 사사기의 주인공들이 익명으로 남겨지지만, 처음으로 한 등장인물의 이름이 이야기 말미에서 밝혀진다. 그것도 극적인 효과를 위해서 말이다. 그 젊은 레위인의 신원이 이제 밝혀졌다. 그의 이름은 요나단으로, 모세의 손자이자 게르손의 아들이었던 것이다. 이 반전은 우리를 이야기의 맨 처음으로 다시 되돌려놓는 촉수와 같다. 그의 정체는 이 이야기에 추가적인 의미를 부여하기 때문이다(예를 들면, 단 지파 사람들이 그를 알아보았을 뿐만 아니라 중요하게 생각했던 이유를 비롯하여). 하나님이 십계명(우상 숭배를 금하는 제1계명을 포함하여)을 주시는 통로가 되었던 사람이 제1계명을 위반한 대표적인 인물을 손자로 두었다는 사실은 아이러니가 아닐 수 없다. 경건은 유전되지 않는다.

이 뜻밖의 사실로부터 추론되는 몇 가지 암시를 언급하고 넘어가는 것이 중요하다. 우선, 그 레위인의 정체는 이 이야기를 연대기적으로 이스라엘의 약속의 땅 도착 이후 100년 이내에 고정시킨다(아마도 3장 직후였을 것이다). 그리고 그 사실은 둘째로 이 책을 공부하는 사람들이 이미 알고 있듯이 사사기 말미에 있는 이 두 '베들레헴' 이야기의 배치가 연대기적이 아니라 신학적이었다는 사실을 강화해준다. 셋째로, 본문은 요나단의 자손이 단 지파의 제사장이 되어 이 백성이 사로잡히는 날까지(따라서 사사 시대 이후 훨씬 뒤까지) 이르렀다고 지적하고 있기 때문에, 그것은 또한 사사 시대 동안 내내 실로에 있는 하나님의 제단과 대립되는 예배 장소가 있었음을 의미한다.

배교적인 이스라엘 백성들은 하나님의 집이 실로에 있는 동안 내내 미가가 만든 신상을 그대로 두고 섬겼다(단은 분열 왕국 시대 동안에도 대립되는 예배 장소가 되었다, 왕상 12:28-30). 안타깝게도 이 사례 연구는 이스라엘의 타락이 하나님의 제사장인 레위 지파에까지 확대되고, 가족에 대한 의무의 가장 높은 수준에까지 영향을 미치고 있었음을 예시해준다.

Main Idea 복습	사사기 17-18장은 비록 옳은 말을 입에 담았지만, 하나님의 방식이 아니라 자신의 방식대로 그분을 섬기기만 하면 그분과 아무 문제없다고 주장했던 사람들의 이야기를 담고 있다. 그 원인은 일련의 파괴적인 결과들을 초래하는 촉매가 되고 말았고, 그 사건들은 그저 우연의 결과가 아니라 선택의 결과였다. 우리가 결정하는 작은 선택이 큰 결과를 초래할 수 있다는 것이다. 설사 그렇다 하더라도, 하나님은 '모든 일을 그 마음의 원대로 역사하시는' 분이다(엡 1:11).

결론

노인과 바다

한 늙은 선원이 여러 차례 바다에서 길을 잃었다. 그래서 친구들이 그에게 멋진 나침반을 사주었다. 다음번에 바다에 나갈 때 그는 그 나침반을 가져갔다. 그러나 여느 때처럼 그는 속수무책으로 혼동되어 육지를 찾을 수 없었다. 결국 그는 또다시 친구들에 의해 구조되었다. 짜증이 난 친구들이 물었다. "자네 도대체 왜 우리가 사준 그 나침반을 사용하지 않았나? 우리를 이렇게 고생시키지 않을 수 있었을 텐데 말이야!" 그 선원이 대답했다. "나도 어쩔 수가 없었다니까! 나는 북쪽으로 가려고 했는데, 나침반 바늘이 북쪽을 향하게 만들려고 내가 아무리 애를 써도 그게 계속 남쪽만 가리키고 있는 거야."

그 노인은 자신이 가고 있는 방향에 대해 너무 확신에 차 있었던 나머지 고집스럽게 자신의 개인적 방위를 그 나침반에 강요했고, 그렇게 할 수 없게 되자 나침반의 안내를 무시하고 그것을 한쪽으로 치워 놓았던 것이다. 다시 말해, 그는 자기 소견에 옳은 대로 고집했다. 그 비유를 좀 더 확장해서 그 나침반이 가죽으로 싸여 있고 동서남북 방위 표시가 금도금 된 양각 글자로 새겨져 있는 아주 멋진 것이었다고 가정해보자. 그리고 바다의 조물주가 그 나침반들을 만들어 놓고 이렇게 선언했다고 가정해보자. "이 나침반이 너의 안내자다. 만약 네가 그것을 따르면, 네 길은 순탄하게 될 것이다. 그것에서 좌로나 우로나 치우치지 말라. 그러면 너는 항상 예정된 방향으로 나아가게 될 것이고, 네 여행은 성공하게 될 것이다"(여호수아 1장 7-8절과 잠언 3장 6절에 대한 의역). 만약 우리가 "그것은 저에게 맞지 않아요. 제가 더 잘 압니다"라고 선언한다면 어떻게 되겠는가? 우리가 그런 지침을 무시하면 위험에 직면하게 될 뿐이다.

▣ 진리 알기

- 순종의 대가는 불순종의 대가에 비하면 아무것도 아니다.
- 이 이야기는 설득력 있는 부정적인 사례를 통해 누구든 하나님에 의해 이끌리지 않고, 돈 때문에 사역에 임하거나 더 많은 돈을 찾아 이리저리 옮겨 다녀서는 안 된다는 경고를 담고 있다.
- 믿음이 의식이나 관례에 불과한 것으로 변질될 때, 그 생명력과 진실성과 힘을 잃게 된다.
- 믿음은 주관적이기만 한 게 아니라 객관적이기도 하다. 어떤 사람이 잘못된 대상에 믿음을 두고 있다고 해서(예를 들어, 거짓을 믿는다고 해서) 그 믿음의 강도나 진정성이 갑자기 그 믿음의 대상을 참된 것으로 만들어주는 것은 아니다.

▣ 적용하기

- 현명하게 의사결정을 하라. 작은 의사결정이 엄청난 결과를 초래할 수도 있다.
- 성경의 지침을 따르라. 그것은 하나님이 제시해주신 삶의 청사진이다.
- 이단을 조심하라. 거짓 종교들과는 달리, 그들의 진리와의 근접성은 매력적인 것이 될 수 있다. 특히 그들의 공동체 의식이 강할 때 더욱 그렇다.
- 명심하라. "어떤 길은 사람의 보기에 바르나 필경은 사망의 길이니라"(잠 14:12).

삶의 적용

듣는 자와 행하는 자

한번 이렇게 상상해보자. 당신은 사장이 해외 출장의 필요성을 절감하고 장기간을 해외에서 보내는 회사에서 일한다. 그래서 사장은 당신과 다른 믿을 만한 직원들을 불러놓고 말한다. "이보게들, 나는 떠나야 한다네. 내가 가 있는 동안 자네들이 사업에 신경을 바짝 써주면 좋겠어. 내가 떠나 있는 동안 자네들이 모든 걸 관리해주게. 내가 정기적으로 자네들에게 편지를 써줄 거야. 그 때마다 지금부터 내가 돌아올 때까지 자네들이 해야 할 일을 지시해주겠네."

모두가 동의한다. 그는 떠나고 2년 동안 해외에 머문다. 그 기간 동안 사장은 종종 편지를 써 그의 바람과 관심사를 전달한다. 마침내 사장이 돌아온다. 그는 회사 정문을 들어서면서 곧바로 모든 게 엉망이라는 사실을 발견한다. 화단에는 잡초가 무성하고, 건물 정면의 유리창은 죽 깨져 있으며, 안내 데스크의 여직원은 졸고 있고, 사무실 이곳저곳에서 시끄러운 음악 소리가 쿵쾅거리며, 뒷방에서는 두세 사람이 야단법석을 떨며 장난치고 있다. 사업은 이익을 내기는커녕 엄청난 손실이 누적되어 휘청거리고 있다.

사장은 지체 없이 모든 직원을 소집하여 성난 표정으로 묻는다. "도대체 무슨 일이 있었던 거야? 자네들 내 편지를 받지 못했나?" 당신이 말한다. "아-예, 물론 다 받았죠. 책으로 묶어 놓기까지 했는걸요. 그리고 저희 가운데는 그 내용을 암기하고 있는 사람들도 있답니다. 사실, 저희는 매주 일요일 '편지 연구' 모임을 갖고 있거든요. 아, 정말 대단한 편지들이더군요."

그러면 사장은 이렇게 물을 것이다. "그렇다면 자네들 내가 지시한 내용들에 대해서는 어떻게 조치했나?" 그러면 직원들은 의심할 여지없이 이렇게 대답할 것이다. "조치요? 글쎄요, 아무것도 안 했죠. 그러나 하나도 빼놓지 않고 다 읽었거든요!" (Charles Swindoll, "Living Above the Level of Mediocrity", 242에서 인용). 우리의 삶을 향한 하나님의 뜻은 분명 그분의 말씀 안에 표현되어 있다. 그러나 하나님은 우리가 그것을 읽기보다 행하기를 바라신다. 그분은 우리가 그것을 삶에서 실천하기를 기대하시는 것이다(약 1:21-25).

기도

오 주님, 우리가 당신보다 더 잘 안다고 생각하게 될 때 우리를 지켜주옵소서. 때때로 우리는 목이 곧은 백성이며, 우리 문화는 우리를 철저한 개인주의로 이끌어 진리가 사적인 것이 되게 합니다. 그러나 당신의 명령은 모든 사람에게 적용되며, 예수님의 십자가상의 희생은 모두를 위한 공개적인 변론이었습니다(롬 3:25-26). 우리가 결코 사랑의 진리와 삶의 진리에 대한 초점을 잃지 않게 하옵소서. 우리 주 그리스도의 이름으로 기도합니다. 아멘.

심층 연구

A. '그 때에는 이스라엘에 왕이 없으므로' (17:6)

이 문구는 종종 잘못 이해된다. 요점은 이스라엘이 도덕적으로 올바로 서기 위해서는 왕이 필요하다는 것이 아니라, 왕이 있든 없든 이스라엘이 죄에 빠졌다는 것이다(예: 왕상 12:25-33). 심지어 사사 시대 동안에도 왕정을 확립하려는 유일한 시도가 오히려 유혈 참사와 무법 상태로 이어졌다(삿 9장, 아비멜렉). 블록은 이렇게 기록하고 있다. "이 문구('사람마다 자기 소견에 옳은 대로 행하였더라')의 다양한 변형이 사사기에는 7번 등장하지만, 사무엘서와 열왕기서에는 20번 이상 되풀이되고 있다. 대부분 왕의 행위에 대한 언급과 함께 말이다." 그는 계속해서 이렇게 적고 있다. "왕정 시대 동안에는 왕들이 혐오스러운 행위에 앞장섰고, 왕정 이전 시대에서는 백성들이 스스로 그렇게 행동했던 것이다"(Block, 484).

B. 단 자손

단 사람들은 최소한의 노력으로 최상의 상황을 원했다. 그들은 미가를 괴롭혔고, 곧이어 라이스의 거주민들을 학살했다. 그들이 '단'이라 불렀던 성읍은 후에 우상 숭배의 중심지가 되었다(왕상 12:29). 하지만, 결국에 가서는 지파로서의 단이 사실상 사라지고 말았다. 단은 역대상에 열거된 지파들 가운데도 포함되지 않았고, 미래에 등장할 것으로 예언된 144,000 명의 증인들을 구성하는 지파들 사이에도 열거되어 있지 않다(계 7:4-8).

C. 므낫세와 모세

만약 미가가 '스스로 알아서 하는(do-it-yourself)' 종교를 전공했다면, 모세의 손자이자 게르손의 아들인 요나단은 '스스로를 만족시키는(gratify-yourself)' 종교를 전공했다. 요나단은 자유 계약 선수가 되어 최고가 입찰자와 계약을 맺었던 것이다. 그는 나무를 지어 나르는 데서(그는 아론 가문 출신이 아니었기 때문이다) 시작하여 한 정착지의 제사장이 되었다가 급기야는 한 지파 전체의 제사장까지 되었다. 그의 이름이 밝혀진 것이 너무나 충격적인 나머지, 일부 필경사들은 모세의 이름에 '눈'으로 발음되는 히브리어 자음 'nun'을 추가해야 할 필요성을 느꼈을 정도다. 모세를 므낫세로 바꾸기 위해서 말이다(KJV에 잘못 옮겨졌던 것처럼). 그런 수정의 목적은 모세 가문의 명성을 지키고 보존하기 위해서였다. 그러나 진리는 진리일 수밖에 없다. 우리가 그것을 믿든 그렇지 않든 간에 말이다. 경건은 유전되는 게 아니라는 사실을 명심하라.

고안

A. 들어가는 글

1. '펑크난 타이어가 만들어낸 몽상적인 이야기'로 시작하라.
2. 배경 설명: 사사기 3-16장은 관심의 초점을 퇴보하는 나라에서 결함이 있는 구원자들로 옮기면서 타락을 폭로했다. 초기 사이클의 경우, 적어도 지도자들은(백성들은 아니라 하더라도) 칭찬받을 만했다. 그러나 말기 사이클에서는 지도자들마저도 혐오스러워지고 말았다. 17-21장에 차례로 기록된 두 에피소드는 한 나라의 타락에 대한 사례 연구를 제공해준다. 17-18장은 우상 숭배(영적 타락)를 예시해주는 반면, 19-21장은 무법 상태(도덕적 타락)를 보여준다.
3. 적용: 사이클들은 마무리되었지만, 이스라엘의 타락에 관한 이야기는 아직 끝나지 않았다. '고용된 종교'의 이야기는 이스라엘이 "사람마다 자기 소견에 옳은 대로 행하였더라"(삿 17:6, 21:25)는 도덕적 상대주의의 작동 원리를 전적으로 받아들였음을 예시해준다.

B. 본문 이해

1. 한 가정의 실패(17:1-6)
2. 제사장직의 왜곡(17:7-13)
3. 단 지파의 타락(18:1-31)
   1) 단에 대한 소개(18:1-3상)
   2) 레위인에 대한 심문(18:3하-6)
   3) 땅에 대한 조사(18:7-10)
   4) 군대의 이주(18:11-13)
   5) 종교적 유물의 탈취(18:14-18)
   6) 제사장에 대한 매수(18:19-21)
   7) 추격(18:22)
   8) 도전(18:23-24)
   9) 강압(18:25-26)
   10) 맹공(단의 깡패 짓)(18:27-29)
   11) 배교(단의 신성 모독)(18:30-31)

C. 결론: '노인과 바다' 를 읽어주라.

토의 질문

1. 우리는 지금까지 미가에 대해서만 언급했다. 그러나 이제는 미가의 어머니에 대해서도 생각해보자. 우선, 그녀는 회개를 불러일으키기 위해 자기 아들에게 도전하지 않았다. 둘째로, 그녀는 하나님의 명령(출 20:4-5)과는 정반대로 여호와에 대한 숭배와 우상 숭배를 혼합하는 것을 주도했다. 셋째로, 그녀는 봉헌된 은을 실로나 다른 어떤 예배의 중심지로 가져가기보다는 바로 자기 옆에 두었다. 넷째로, 그녀

는 아나니아와 삽비라처럼(행 5장) 실제로 여호와께 봉헌한 양에 대해 거짓말을 했다('모든 것을 포기한' 게 아니라, '18퍼센트만 포기한' 것이다). 미가와 그의 어머니는 종교적인 놀이에 사용하는 토큰처럼 경건한 말을 사용했지만, 그들의 마음속에는 살아계신 하나님의 실체가 없었다. 부모와 자녀의 적절한 성경적 역할에 대해 읽고(예: 신 6:4-9; 엡 6:1-4; 딤후 1:5), 미가의 가정이 어디에서 붕괴되었다고 생각하는지 토론해보라.

2. 하나님은 제한받지 않으신다. 그분은 인간 도구들이 그분께 순종하기로 마음먹든 불순종하기로 선택하든 그분의 뜻을 이루기 위해 그 개인들을 사용하실 수 있다. 단 지파 사람들은 미가의 가정을 징계하기 위해 사용되었고, 후에 갈대아 사람들은 이스라엘을 징벌하기 위해 사용되었던 것이다(합 1장). 창세기 20장 20절을 그 주변 문맥 속에서 읽고, 다음 명제에 대해 토론해보라. "하나님은 그분의 뜻을 이루기 위해 심지어 인간의 사악한 선택까지 사용하실 수 있다."

3. 이 이야기는 우리에게 거짓 숭배에 대한 사례 연구를 제공해준다. 그러나 오해하지 말라. 그들은 자신들이 참 하나님을 섬기고 있다고 생각했다. 그것들은 바알 신상이 아니라 여호와에 대한 기념물이었다. 하지만 그들은 자신들의 희망을 하나님의 인격에 두기보다는 사람이 만들어 놓은 하나님의 상징물에 두었던 것이다. 마찬가지로, 현대의 이단도 비록 한두 가지(삼위일체나 정경의 충분성 같은) 정통 교리는 부정할지 모르지만 '매우 가까워' 보인다. 이런 도전에 대해 우리의 반응은 어떤 것이 되어야 하는가? (힌트: 갈라디아서와 골로새서, 베드로후서, 유다서, 요한일서, 요한이서 등에서 발견되는 거짓 가르침의 도전에 대해 특별히 생각해 보라.) 그러나 잠깐만! 그들의 공동체가 매우 매력적이고 진실한 것 또한 사실이다. 이단의 공동체에서 종종 발견되는 집단적인 따뜻함에 대한 우리의 반응은 무엇이어야 하는가? (힌트: 에베소서 4장의 도전과 고린도전서 1-4장의 권고에 대해 생각해보라.)

사사기 19-21장

포르노 등급의 문화에 대한 X선 사진

"모든 것이 원점으로 돌아왔도다."

- 에드먼드(Edmund), 윌리엄 셰익스피어의 〈리어 왕〉에서

이스라엘의 도덕적 타락의 절정은 입에 담을 수 없는 죄들의 장황한 설명을 통해 드러난다. 사람마다 자기 소견에 옳은 대로 행한 것이다.

두 이야기(사사기 17-18장, 19-21장)의 역사적 개요

사사기 17-18장	사사기 19-21장
죄: 우상 숭배	죄: 무법 상태
초점: 영적 타락	초점: 도덕적 타락
주요 지파: 단	주요 지파: 베냐민
이슈: 방랑	이슈: 멸절
원인: 죄의 선택	원인: 죄의 선택
600명의 군대(18:11, 16, 17)	600명의 군대(20:47)
레위인(8번)	레위인(2번)
모세의 손자	아론의 손자
에브라임 산지(17:1)	에브라임 산지(19:1)
베들레헴(17:7, 8, 9)	베들레헴(19:1, 2, 18[2번])
실로 이야기로 마무리(18:31)	실로 이야기로 마무리(21:19-24)
상대적 윤리(17:6)	상대적 윤리(21:25)

들어가는 글

소돔으로의 추락

"나는 사람들에게 비교적 가벼운 즐거움을 주며 내 인생의 절정기를 보냈다. 그러나 내가 얻은 것은 모욕과 궁지에 몰린 남자라는 존재가 전부다." 이 박해받는 자의 전형은 누구였을까? 알폰소(Alphonse: '알') 카포네(Capone). 연쇄 살인범 제프리 다머(Jeffrey Dahmer)는 1994년 2월 NBC 데이트라인(Dateline)의 스톤 필립스(Stone Phillips)에 의해 인터뷰되었다. 다머는 인류가 순전히 자연적인 원인에 의해 이 땅에 존재하게 되었으며, 죽음으로 모든 것이 끝난다고 믿어왔다고 진술했다. 그는 만약 신이 없다면 무엇 때문에 자신의 행동을 수정해야 되느냐고 말했다. 그가 자신의 희생자들을 살해해 먹지 말아야 하는 이유가 무엇이란 말인가? 그래서 다머는 17명을 살해했던 것이다.

이런 경우들은 극단적이지만, 서구 문화에서 하나님에 대한 억압과 절대윤리의 부정이 점차 우리의 도덕적 풍조를 변화시켜왔던 것은 사실이다. 1957년 에벌리 브라더즈(Everly Brothers)는 '일어나라, 사랑스러운 수지야(Wake up, Little Suzie)' 라는 히트송을 불렀는데, 거기에는 이런 가사가 담겨 있다. "우리의 평판은 엉망이야." 왜일까? 그들이 보호자 없이 너무 밤늦게까지 돌아다녔기 때문이다. 그것은 오늘날 오락 매체를 통해 우리에게 융단폭격을 가하고 있는 노골적인 성(性)과는 거리가 먼 것이다. 어느 익살꾼은 옛날에는 젊은 여성들이 당황스러울 때 얼굴을 붉혔지만, 요즘은 얼굴을 붉히면 오히려 바보 취급을 당하게 되는 것 같다고 말했다.

절대윤리는 과거의 유물로 간주되고 있다. 성경의 진리에 대한 믿음은 종종 조롱과 비웃음에 직면하게 된다. 얼마 전, 기드온협회의 일원이신 나의 아버지는 어느 지역 호텔에서 낡은 성경책을 바꿔 놓다가 누군가 성경 안에 라벨을 하나 붙여 놓은 것을 발견했다. 유명한 어느 무신론 단체에 의해 인쇄된 것으로 거기에는 이렇게 쓰여 있었다. "경고: 분별 있는 사람들은 이 책이 모든 사람의 정신적, 육체적 건강에 위험하다고 판단해왔다는 사실을 명심하십시오."

우리는 사사기의 마지막 이야기에 대한 공부를 시작하면서, 세 장으로 이루어진 이 에피소드 전체에서 이름이 밝혀져 있는 사람이 유일하게 한 명 있다는 사실에 주목해야 한다. 바로 아론의 손자 비느하스다. 종전의 이야기(삿 17-18장)에서 이름이 밝혀져 있던 유일한 사람은 모세의 손자 요나단이었다. 이 두 이야기는 모두 이스라엘이 3세대만에 타락하여 하나님께 등을 돌렸다는 사실을 주장하고 있다. 이 책의 시작 부분에서 거의 '일과성' 언급처럼 진술되었던 내용(삿 2:7, 10)이 이제 적절한 북엔드로 밝혀진다. 내적 일관성을 보여주는 대표적인 문구로 이 책을 처음부터 끝까지 아우르면서 말이다.

게다가 비느하스는 우리의 이야기에서 카메오로 특별 출연하고 있지만, 다른 모든 사람들은 익명이다. 이것은 우연이 아니다. 사람마다 자기 소견에 옳은 대로 행했던 시대에는 이 이야기에 묘사된 등장인물들이 거의 이스라엘의 어느 누구도 될 수 있었다. 그 이름은 바뀔 수 있을지 모르지만, 언약의 여호와에 대한 반역은 한결같이 그대로였던 것이다. 하나님의 명령을 무시할 때, 우리는 모두 소돔 사람이 될 수 있다는 사실을 명심하라.

본문 이해

포르노 등급의 문화에 대한 X선 사진

Main Idea	한 개인의 죄는 한 도시의 사악한 행동으로 확대되고(19장), 그것은 다시 한 지파의 사악한 행동으로 확대되며(20장), 그것은 또다시 한 나라의 사악한 행동으로 확대된다(21장). 개인적인 차원에서는 한 여인의 사지가 절단되고, 집단적인 차원에서는 한 나라가 자기 지파들 가운데 하나를 거의 멸절시키게 될 것이다.

A. 강간: 베냐민의 성도착(19:1-30)

Supporting Idea	호의의 미덕은 완전히 뒤집혀져 우리가 한 문명의 타락을 보게 되는 끔찍한 렌즈가 된다.

19:1-10. 지나친 호의. 이야기는 '이스라엘에 왕이 없을 그 때에'(17:6, 18:1, 21:25 참조)라는 상투적인 문구로 시작된다. 이 이야기는 사사기 17-18장처럼 연대기적으로 삼손의 이야기 뒤에 이어지지 않고, 사사 시대 초기에 일어났다. 아론의 손자의 존재가 암시해주듯이 말이다(20:28). 여기에 배치된 이유는 사사기의 도덕적 종국(또는 최저점)이라는 그 특성 때문이다.

이 장의 주인공은 에브라임 산지 구석에 우거하는 어떤 레위 사람이다. 그는 '2급' 아내로(첩으로) 유다 베들레헴 출신의 어느 처녀와 결혼했다. 이 지리적 언급은 세 '베들레헴' 이야기 가운데 두 번째로 우리를 안내해준다('사사기와 룻기 서문 중 3. 베들레헴: 두 이야기의 도지' 참조). 그 여인은 불륜을 저지른 것으로 드러났고, 그녀의 남편을 떠나 베들레헴에 있는 자기 아버지 집으로 돌아갔다. 4개월 후, 그녀의 남편이 그녀를 찾아가 다시 돌아와 달라고 사정했고, 그녀는 동의했던 것으로 보인다.

그 예기치 않은 상황 변화에 기뻤던 그녀의 아버지는 그들이 자신의 호의를 받아들이도록 고집을 피웠다. 그 레위인은 동의했고, 3일간의 잔치가 끝난 후 다시 떠날 준비를 했다. 그녀의 아버지는 그들에게 한 끼 식사를 더 하고 가라고 권했고, 나중에는 또다시 하룻밤을 더 묵어가도록 설득했다. 다섯째 날 아침에도 그녀의 아버지는 그들이 오후까지 머물도록 설득했고, 또다시 그들을 하룻밤 더 붙잡아두려고 시도했다. 이 시점에서야 그 레위인은 지금 떠나지 않으면 영원히 집에 돌아가지 못할지도 모른다는 사실을 깨달았다. 결국에는 위험한 여행 여건 때문이었다는 사실이 밝혀졌지만, 어리석게도 그는 초저녁에 출발하여 예루살렘 쪽으로 향했다.

19:11-15. 부족한 호의. 그들은 겨우 8킬로미터쯤 여행한 후에 예루살렘에 도착했고, 종은 거기서 유숙하자고 제안했다. 그 레위인은 그 제안을 거절했다. 예루살렘(여부스)이 이스라엘 성읍이 아니라 외인의 성읍이었기 때문이다. 대신, 그들은 약 8킬로미터 정도 더 떨어져 있는 기브아나 라마까지 가보기로 했다. 이 시점에서 우리는 그의 동기가 안전이었는지 편견이었는지, 아니면 그 둘이 혼합된 것이었는지 확신하지 못한다. 하지만 그의 동기가 무엇이었든지 간에, 그의 계획은 예상과 정반대로 빗나가버리고 말았다.

그들은 해가 질 무렵 기브아에 이르렀고, 거기서 유숙하기 위해 그리로 들어갔다. 그들이 비록 유다 지파의 영역(베들레헴과 예루살렘)을 통과하여 베냐민 지파의 영토(기브아)로 들어갔지만, 여전히 여행 중인 레위인이 관대하게 받아들여질 것이라는 기대가 있었다. 그러나 그의 장인의 열렬한 환대와는 대조적으로 기브아 사람들 사이에는 이상하게도 호의가 결여되어 있었다. 심지어 그들이 성읍 거리에 앉아 여행자임을 명백히 드러냈음에도 불구하고, 그들을 집으로 영접하여 유숙케 하는 자가 아무도 없었던 것이다. 이 관례에 어긋나는 상황은 곧 충격적인 타락의 모습에 의해 설명되어질 것이지만, 그 순간에는 그 레위인과 그의 일행에게 어리둥절한 일이었음에 틀림없다.

19:16-23. 보호하는 호의. 그들에게 관심을 보인 유일한 사람은 기브아나 베냐민 지파 출신이 아니라, 에브라임 지파 출신인 한 노인이었다. 그는 현재 기브아에 우거하고 있었다. 그는 낯선 행객들에게 어디서 왔으며 어디로 가고 있는지 물었다. 그 레위인은 자신이 에브라임 산지에 사는데 예루살렘에서 볼일을 보고 돌아가는 중이라고 대답했다(그 볼일에 대해서는 설명하지 않았다). 그는 세 가지 점을 분명히 했다. 우선, 그는 여호와의 집으로 돌아가는 중이었다. 둘째로, 그 때까지 아무도 그를 자기 집으로 영접하지 않았다. 셋째로, 그는 자신의 양식을 가지고 있었기 때문에(나귀들에게 먹일 짚과 보리가 있고 … 먹을 양식과 포도주가 있어), 잠자리만을 필요로 했다.

노인은 그들을 자기 집으로 초대하며 자신이 숙식을 제공하겠노라고 제안했다. 그들은 노인의 제안을 받아들여 그의 집으로 갔다. 짐승들에게 먹이를 주고, 손님들도 편히 쉬면서(그들이 발을 씻고) 먹고 마시며 즐거운 시간을 보내고 있었다.

하지만, 그 성읍의 비류들이(히브리 원문에 의하면, '벨리알의 아들들', 고후 6:15 참조) 에브라임 노인이 성읍 거리에 앉아 있던 낯선 사람에게 호의를 보였다는 사실을 알고 있었다. 그들은 그 노인의 집을 에워싸고 그 남자를 내놓으라고 요구했다(그들은 그가 레위인이라는 사실을 몰랐거나, 알았다 하더라도 개의치 않았을 것이다). 자신들이 그를 상관할(have sex with him) 수 있도록 말이다. 에브라임 사람은 그런 망령된 일을 행치 말라고 간청하며 형제로서 그들에게 호소했다. 그의 이유는 그들의 요구가 하나님 보시기에 혐오스러운 행위이기 때문이 아니었고, 그저 호의의 규범 측면에서 설명되었다. 이 사람이 내 집에 들었으니.

19:24-28. 왜곡된 호의. 이 시점에서 이야기가 갑자기 우회한다. 호의의 가치가 기사도(약자에 대한 보호)의 가치를 누르면서 말이다. 에브라임 사람이 동성애 강간의 대안으로 이성애 강간을 제안했던 것이다. 훨씬 더 놀라운 것은 그가 레위인의 첩과 함께 자신의 처녀 딸까지 제안했다는 사실이다. 그 제안은 기브아 사람들이 문자 그대로 '너희

보기에 좋은 대로' 욕보이든지 어찌하든지 마음대로 해도 된다는 것이었다. 이 책의 절정에 해당하는 주제를 상기시키면서 말이다. "사람마다 자기 소견에 옳은 대로 행하였더라"(삿 17:6, 21:25).

에브라임 사람의 비겁한 제안은 오로지 자기 첩을 무리에게로 밀어내는 레위인의 이기적인 행동에 의해서만 필적되고 능가되었다. 히브리 원문은 분명치 않지만, 문맥상 그것은 에브라임 사람이 아니라 레위인에 의해서 행해졌던 것 같다. 그 젊은 여인이 겪은 밤의 끔찍함은 간결하게 언급되어 있다. 그들이 그에게 행음하여 밤새도록 욕보이다가. 분명 그녀의 '남편'은 그녀를 완전히 단념하고 위기를 넘긴 것에 대해 기뻐했을 것이다. 그녀는 나중에 에브라임 사람의 집 문간까지 되돌아왔고, 거기서 나머지 밤 시간을 보냈다. 다음날 아침, 그녀의 주인('남편'이 아니다)이 집 문을 열었다. 그녀를 찾으려는 게 아니라, 분명 그녀 없이 자신의 여행을 계속하기 위해서 말이다. 놀랍게도 그녀가 거기에 누워 있었지만, 레위인이 무정하게 "일어나라, 우리가 떠나가자"라고 명령했을 때 그에게 대답할 수 없었다. 그녀는 죽어 있었던 것이다. 레위인은 그녀의 시체를 나귀에 싣고 집을 향해 출발했다.

19:29-30. 비뚤어진 명예심. 그 레위인의 비뚤어진 명예심이 상처를 입었고, 그는 집에 도착하자마자 그녀의 시체를 취해 그 마디를 찍어 열두 덩이로 나누고 그것을 이스라엘 사방에 두루 보냈다. 분명 사건의 전말을 설명하는 메시지와 회합 소집에 대한 계획도 함께 보냈을 것이다. 그 소름끼치는 실물 교육에 대한 반응은 즉각적이었다. 수령자들은 하나같이 이렇게 탄식했다. 이스라엘 자손이 애굽 땅에서 나온 날부터 오늘날까지 이런 일은 행치도 아니하였고 보지도 못하였도다. 전국적인 외침은 "깊이 생각하고 상의해보자. 분명한 조치가 취해져야 한다!"였다. 그러나 이번에도 이스라엘은 무분별하게 어떤 계획에 전념할 때까지 여호와의 인도하심을 구해볼 생각은 하지도 않고 성급하게 행동하게 될 것이었다.

B. 보복: 베냐민의 축출(20:1-48)

Supporting Idea	한 지역의 죄가 이스라엘에 내전을 일으키는 국가적 대립의 촉매가 되었다. 모든 지파가 베냐민과의 전쟁을 시작했던 것이다.

20:1-7. 레위인의 왜곡된 노여움. 이스라엘 백성들은 트랜스요르단 지역에서 온 사람들을 포함하여 전국에서 미스바의 여호와 앞으로 모여들었다. 그 집단적 분노의 정도는 사십만의 군사가 모였다는 데서 가늠될 수도 있을 것이다. 그 레위인은 각 지파의 지도자들에 의해 사건의 전말을 말해 달라는 요청을 받았다. 그의 축약된 설명은 기본적인 사실들을 전했다. 기브아 사람들이 나를 치러 일어나서 밤에 나의 우거한 집을 에워싸고 나를 죽이려고 하고 내 첩을 욕보여서 그로 죽게 한지라. 그러나 성경을 공부하는 사람들은 너무나 명백한 왜곡과 생략을 알아차리게 될 것이다.

우선, 그는 자신의 가족 문제에 대해 전혀 언급하지 않았다. 그것이 없었다면 애초부터 아무 일도 일어나지 않았을 텐데도 말이다. 둘째로, 그는 마치 기브아가 자신의 의도된 목적지였던 것처럼 말했다. 예루살렘에 머물자는 조언을 자신이 무시했다는 사실에 대해서는 전혀 언급하지 않은 채 말이다. 셋째로, 그는 기브아 사람들이 자신을 죽이려 했다고 주장함으로써, 자신의 개인적 위험을 과장했다. 정확히 말하자면, 기브아 사람들은 그를 죽이려 했던 게 아니라 강간하려 했던 것이다. 넷째로, 그는 자신이 자기 첩의 생명을 자신의 생명과 맞바꿔 그녀를 문 밖으로 내밀었던 범죄자(혹은 기껏해야 겁쟁이)라는 사실을 생략했다.

게다가 주의 깊은 독자들은 그 요약된 설명의 초점이 오로지 그 자신을 괴롭힘당하는 희생자로 부각시키는 데 있다는 사실을 눈치 채게 될 것이다(4-5절: 내가 내 … 나를 … 나의 … 나를 … 내). 그는 이스라엘 백성에 대한 도전으로 말을 맺었다. 너희의 의견과 방책을 낼지니라. 이 시점부터 그 레위인은 이야기에서 사라지게 된다.

20:8-11. 이스라엘의 분노에 찬 반응. 이스라엘이 하나가 되었던 것은 이스라엘 역사의 이 시기에서 이때가 처음이었다고 말하는 사람들도 있다(1, 8절: '일제히', 11절: '하나같이'). 불행히도 그들은 자기 형제 지파들 가운데 하나를 멸하는 데 의기투합하여 '하나가 되었던' 것이다. 그들은 제비를 뽑아 파상 공격의 순서를 정했고, 양식의 보급선을 유지하기 위한 병참 계획도 수립했다(병력의 10퍼센트에 해당하는 인원을 배치하여). 그들의 계획은 간단히 말해서 그들이 행한 대로 되갚아주기 위해 기브아 성읍을 공격하는 것이었다. 그들은 보복하려고 단단히 벼르고 있었던 것이다.

20:12-16. 베냐민의 완고한 반응. 한 가지 심각한 문제가 남아 있었다. 기브아가 모(母)지파인 베냐민과 맺고 있는 관계는 어떻게 할 것인가? 이스라엘의 나머지 지파들에

게는 불행하게도, 베냐민 자손은 자기 지파의 형제들을 넘겨주기를 거부했고, 국가적 단결 대신에 지파의 단결을 선택했다. 그들은 기브아 거민 중에서 택한 자 칠백 명 외에도 칼을 빼는 자 이만 육천 명을 동원했다. 베냐민 군대에는 뛰어난 저격수들이 포함되어 있었다. 칠백 명은 다 왼손잡이라. 물매로 돌을 던지면 호리도 틀림이 없는 자더라(사사기 3장 15-30절에 기록된 베냐민 출신 사사 에훗에 대한 설명을 참조하라). 의심할 여지 없이 승리는 값비싼 대가를 치르게 될 것이다.

20:17-19. 전투 계획. 이 이야기에서는 장군도 저명한 지도자도 그 이름이 밝혀져 있지 않다(한 명을 제외하고는 말이다, 28절). 이 이야기 내내 지파들은 그저 함께 행동하는 것처럼 보인다. 비록 화합하지는 못하지만 말이다. 이스라엘이 칼을 빼는 자 사십만 명을 징집해 놓은 가운데, 군대가 기브아와 맞서 싸우기 위해 집결했다. 그들은 성막이 임시로 놓여 있는 장소('심층 연구' 참조)인 벧엘로 올라가서 전투의 순서를 분별하기 위해 제비를 뽑았다.(우리 중에 누가 먼저 올라가서 베냐민 자손과 싸우리이까?) 그들이 언약의 여호와께 묻지 않고, 신을 지칭하는 포괄적인 이름(하나님)을 사용했다는 사실에 주목하라. 그들의 질문은 자신들이 언약의 파트너를 공격해야 할지 여부나 여호와께서 내전 이외에 그 문제를 해결할 수 있는 다른 어떤 방법을 제시해주실 것인지 여부가 아니었다. 그들의 마음은 이미 정해져 있었고, 하나님은 그들이 자기들 계획대로 하도록 '내버려 두셨던' 것이다(롬 1:24, 26, 28).

성경 본문은 이렇게 명시하고 있다. 여호와께서 가라사대, 유다가 먼저일지니라. 이 응답은 이치에 맞았다. 희생자가 유다 베들레헴 출신이었기 때문이다(레위인이 아니라, 그 첩이 말이다). 사사기는 처음에 약속의 땅을 점령하기 위해 누가 먼저 올라가 가나안 사람과 싸워야 할지 여부를 여호와께 묻는 질문에서부터 시작되었다. 당시 그들은 언약의 여호와께 물었고, 그분은 유다가 먼저 올라가야 할 것이라고 응답하셨다(삿 1:1-2). 처음과 끝의 이 유사성은 사사기의 내적 일관성을 적절하게 반영하고 있다. 그들은 기브아 근처에 진을 치고 공격할 태세를 갖추었다.

20:20-22. 전투 #1. 여호와로부터 확증을 받은 후에, 이스라엘 사람들은 대승이나 꽤 손쉬운 승리를 기대했을 것이다. 그러나 이번에는 그런 경우가 되지 않았다. 오히려 베냐민 자손이 첫 번째 전투에서 약 이만 이천 명의 이스라엘 사람들을 죽였던 것이다. 베냐민측 사상자 수는 기록되어 있지 않지만, 틀림없이 소수였을 것이다. 그들의 군대가

본래 약 이만 칠천 명으로 구성되어 있었는데(15절), 세 번째 전투에서 이만 오천 명 정도가 죽임을 당했기 때문이다(26-48절).

20:23-25. 전투 #2. 이스라엘 사람들은 심리적으로 사기가 저하된 상태에서('여호와 앞에서 저물도록 울며', 이번에는 하나님의 언약의 이름을 사용하고 있다) 여호와께 다시 공격해야 할지 여부를 물었다. 아마도 제비뽑기라는 수단을 통해서였겠지만, 여호와께서 승인하셨다. 올라가서 치라. 이스라엘 자손은 이 두 번째 전투에서도 일만 팔천 명을 잃고 말았다. 우리는 두 번째로 베냐민의 사상자 수에 대해 듣지 못하지만, 이스라엘의 나머지 지파들은 벌써 총 사만 명의 군사를 잃어버렸다.

20:26-48. 전투 #3. 이스라엘 자손은 세 번째로 벧엘의 여호와 앞으로 올라갔다. 이번에는 그들이 여호와 앞에 다른 모습으로 나타났다. 모든 백성이 올라가서 벧엘에 이르러 울며 거기서 여호와 앞에 앉고 그 날이 저물도록 금식하고 번제와 화목제를 여호와 앞에 드리고. 사사기에서 처음으로 언약궤가 언급된다. 아론의 저돌적인 손자 비느하스와 함께 말이다. 비느하스가 여전히 살아 있었다는 언급은 절정에 해당하는 이 에피소드가 실제로는 사사 시대 초기로 거슬러올라가며, 연대기적으로가 아니라 주제 상으로 여기에 배치되어 있다고 보는 핵심 이유 가운데 하나다('심층 연구' 참조). 그들은 다시 한 번 여호와께 물었고, 이번에는 여호와로부터의 말씀이 승리에 대한 확언을 담고 있었다. 올라가라. 내일은 내가 그를 네 손에 붙이리라.

이스라엘 자손은 매복을 계획했다. 그들은 열의가 없어 보이는 공격을 시도한 후에 곧 후퇴했고, 베냐민 자손은 그들을 추격했다. 종전과 같이 그들을 무찌르게 될 것이라고 생각하면서 말이다. 이스라엘 사람들은 베냐민 자손을 성에서 멀리 끌어낸 후에 양 측면에서 공격하여 베냐민 사람 이만 오천일백 명을 죽였다. 결국, 이 날에 베냐민의 칼을 빼는 자의 엎드러진 수가 모두 이만 오천이었다('심층 연구' 참조). 그런 다음 이스라엘 자손은 눈에 띄는 모든 것을 파괴하며 베냐민 성읍들을 쑥대밭으로 만들었다. 살아남은 유일한 사람들은 광야로 도망하여 림몬 바위에 피신했던 육백 명이었고, 그들은 거기서 넉 달을 지냈다.

C. 후회: 베냐민의 보존(21:1-25)

Supporting Idea

내전의 여파 가운데는 죄책감과 후회도 있었다. 이스라엘 백성들은 베냐민이 멸절되도록 놔두지 않고, 살인과 납치를 통해 어떻게든 그 지파를 보존하려고 시도했다.

21:1-7. 문제 #1: 한 지파의 멸절. 이제 이스라엘 사람들은 전쟁에서 승리했지만, '평화를 얻는' 문제에 직면하게 되었다. 그들의 승리의 철저함이 딜레마를 만들어냈던 것이다. 몇 안 되는 베냐민 자손이 살아남았지만, 모두 남성들뿐이었다. 동시에 이스라엘 사람들은 미스바에서 어느 지파든 딸을 베냐민 사람에게 아내로 주지 않겠다고 맹세했다(추측컨대, 사사기 20장 1절에서였을 것이다). 게다가 모든 이스라엘 백성은 이스라엘 밖에서 결혼하는 것이 금지되어 있었다(출 34:11, 16, 신 7:3). 그렇다면 이 책의 원래 독자들의 입장에서 봤을 때 사울 왕은(그리고 나중에 후대의 독자들의 입장에서 봤을 때 다소의 사울은) 어디에서 왔을까?(두 사람 모두 베냐민 사람이었다.)

결국 벧엘에서 또 다른 회합이 열렸고, 거기서 그들은 대성통곡하며 여호와께 부르짖었다. 그들의 불평은 자신들에게서 완전히 벗어나 거의 하나님께 향해 있었다. 어찌하여 이스라엘에 이런 일이 생겨서 오늘 이스라엘 중에 한 지파가 없어지게 하시나이까(21:3, 개역개정). 물론 대답은 분명했다. 그들 자신이 그들의 경솔한 행동과 그로 인해 베냐민에 끼친 결과에 책임이 있었다.

그들의 문제에 대한 해결책은 비도덕적 음모의 사례 연구 대상이다. 그들은 미스바 회합의 '회의록'을 다시 쭉 훑어보다가 자신들이 했던 또 다른 맹세에 주목했다. 그들은 미스바에서 이스라엘 사람 가운데 누구든 베냐민과의 전투에서 자신들에게 합류하지 않는 자는 처형하겠다는 맹세도 했던 것이다. 작위적인 해결책이 만들어지고 있었다. '돌 하나로 두 마리 새를 잡을' 수는 없을까? 첫 번째 어리석은 맹세를 깨기보다는 두 번째 어리석은 맹세를 작동시킴으로써 문제를 해결할 수 있는 방법은 없을까? 만약 일부 다른 이스라엘 사람들을 죽인다면, 그것이 생존해 있는 베냐민 자손에게 아내 역할을 해줄 충분한 수의 여성을 자유롭게 만들어주지 않을까?

21:8-11. 문제 #2: 비전투원들에게 형벌을 가하다. 그들은 전투 소집에 응했던 사람들의 출석 명부를 면밀히 검토했다. 누락자들을 찾아내기 위해서 말이다. 그들은 야베

스 길르앗(요단 강 동안에서 약 3킬로미터 떨어져 있는 성읍)에서는 한 사람도 출두하지 않았다는 사실을 발견했다. 일만 이천 명의 용사들로 이루어진 파견대가 그 성읍의 모든 사람, 다시 말해 모든 남자와 부녀와 어린아이를 죽이라는 명령과 함께 급파되었다. 그러나 처녀들만 예외였다.

21:12-15. 작위적인 해결책 #1: 이스라엘 형제들을 죽이다. 우리는 다행히도 그 끔찍한 형제 살해의 세부 내용을 듣지 못하고, 단순히 그 결과만 알게 된다. 그들은 아직 남자와 자지 않은 처녀 사백 인을 찾아냈고, 그들을 실로 진영으로 데려왔다. 성경적으로, 남성은 여성의 학대자가 아니라 보호자가 되어야 한다. 그러나 사사 시대에는 성경적 우선 순위들이 거꾸로 되어 있었다. 그 젊은 여성들이 가족을 잃고 고아가 된 것과 강제 결혼을 위해 '포획된' 것에 대해 어떻게 느꼈을 것인지에 관한 문제는 간과되고 있다.

다음 단계는 평화 제의가 림몬 바위에 은신해 있던 베냐민 사람들에게 전달되는 것이었다. 그 용서 제의는 살려 두었던 야베스 길르앗 여인들과 함께 받아들여졌다. 하지만 육백 명의 남자들에게 사백 명의 여인이 주어졌고, 그 비율이 이스라엘 사람들을 더욱 슬프게 했다. 여인 수가 아직도 부족했기 때문이다. 의심할 여지 없이, 만약 성이 뒤바뀌었다면(사백 명의 남성에 육백 명의 여성이었다면) 그들의 양심의 가책이 경감되었을 것이다. 이스라엘 백성들은 베냐민을 위해 몹시 슬퍼했다(grieved: NIV). 그들의 이상한 관점에서는 여호와께서 이스라엘 지파들 중에 한 지파가 궐이 나게 하셨기 때문이다. 그 말의 어조는 이스라엘 백성이 그 상황에 대해 아무런 책임감도 느끼지 않았음을 암시한다.

21:16-25. 작위적인 해결책 #2: 이스라엘 자매들을 납치하다. 이스라엘 백성은 자신들의 행동에 대한 책임을 받아들이지 않았을 뿐만 아니라, 논리적으로 생각하지도 못했다. 이스라엘 지도자들의 작동 원리는 베냐민의 도망하여 면한 자에게 마땅히 기업이 있어야 하며, 만약 나머지 이백 명의 남자들에게 결혼할 여자가 없다면 그 지파가 멸절될 것이라는 논리였다. 그러나 사백 가족으로 구성된 지파가 멸절될 가능성이 얼마나 되었을까?

그들은 또 다른 작위적인 해결책을 궁리했다. '우리가 우리의 딸을 그들의 아내로 주지 못하리니' 라는 말이 또다시 반복되었다. 그렇다면 쓸모 있는 여성들을 끌어모을 수 있는 두 번째 출처는 무엇이었을까? 그들의 해결책은 충격적이고 대담하기까지 하다.

매년 실로에서 여호와의 절기가 있을 때마다, 실로 거민의 딸들이 여호와 앞에서 춤을 추었던 것이다. 마침내 계략이 세워졌다. 독신인 베냐민 사람들은 포도원에 숨어 있다가 적절한 때에 앞으로 달려나가 실로의 딸 중에서 각각 그 아내로 붙들어 가지고 베냐민 땅으로 돌아가게 했던 것이다. 그 납치는 어느 정도 공인되었고, 그 뒤에 이어지는 결혼 역시 실로 아버지들에 대한 징벌 없이 승인되었다. 정확히 말해서, 그 아버지들은 21장 1절과 18절에 언급된 맹세를 어기고 자기 딸을 베냐민 자손에게 '준' 게 아니라, '빼앗긴' 것이기 때문이다.

피해를 본 실로의 아버지들이 불평을 제기하면, 이런 말을 듣게 될 것이었다. 너희가 자의로 그들에게 준 것이 아니니, 너희에게 죄가 없을 것임이니라. 신약의 바리새인들처럼, 지파의 지도자들은 스스로 특별 규칙을 정해 놓고 이제는 자신들이 빠져나갈 구멍을 만들고 있었다. 그들은 마치 아이들처럼 게임을 진행하면서 필요할 때마다 규칙을 바꾸고 있었다.

우리는 성경에 기록된 많은 사건들이 규범적이 아니라 서술적이라는 사실을 명심해야 한다. 지파의 지도자들은 하나님께 순종하고 있지 않았다. 그들은 '자신들에게 참인' 것을 행하고 있었던 것이다. 게다가, 이 에피소드는 더 큰 사회적 문제의 징후를 나타내고 있다. 혹은 블록이 표현하듯이, '사악함이 민주화되어 있다' (Block, 583)고 할 수도 있을 것이다. 약자가 학대받고, 정의는 이스라엘에서 사라진다. 사사기는 시의 적절한 언급으로 마무리된다. 그 때에 이스라엘에 왕이 없으므로 사람이 각각 그 소견에 옳은 대로 행하였더라. 말 그대로, 그들은 자신들이 보기에 옳은 대로 행하고 있었다. 그들이 옳다고 생각하는 것을 하고 있었다는 사실에 주목할 필요가 있다. 옳지 않다고 생각했던 것이 아니다. 이스라엘은 이미 그들의 도덕적 지주를 잃어버렸기 때문에, 가나안 사람들의 윤리를 자신들에 맞게 수정해 채택했던 것이다.

Main Idea 복습

한 개인의 죄는 한 도시의 사악한 행동으로 확대되고(19장), 그것은 다시 한 지파의 사악한 행동으로 확대되며(20장), 그것은 또다시 한 나라의 사악한 행동으로 확대된다(21장). 개인적인 차원에서는 한 여인의 사지가 절단되고, 집단적인 차원에서는 한 나라가 자기 지파들 가운데 하나를 거의 멸절시키게 될 것이다.

결론

하나님의 해결책

하나님은 이 장들에 묘사되어 있는 도덕적 실패들에 대해 해결책을 제시하신다. 기묘하게도 그것은 이론의 여지가 있지만 지난 세기 가장 악명 높은 범죄자에 의해 예시된다. 아니다. 알폰소 카포네가 아니다. 그의 탐욕과 살인은 우리가 이해하고 있는 것들이다. 우리도 모두 탐욕을 경험하며 살인을 유발하는 분노를 이해할 수 있기 때문이다.

나는 지금 제프리 다머를 이야기하고 있는 것이다. 이 장의 처음에서 내가 언급했던 그 연쇄 살인범 말이다. 다머는 1994년 2월 인터뷰를 했던 스톤 필립스에게 만약 신이 없다면 보편적인 윤리란 없는 것이고, 내세에서 져야 할 책임도 없는 것이기 때문에 자신의 행동을 수정해야 할 아무런 이유가 없다고 말했다. 바로 그 인터뷰에서 다머는 나중에 이런 말을 덧붙였다. "나는 그 후로 주 예수 그리스도께서 하나님이시며, 언젠가 내가 그리고 다른 모든 사람들도 그분 앞에서 책임을 지게 될 것이라는 사실을 믿게 되었다." (제프리 다머는 1994년 11월 29일 또 다른 수감자에 의해 살해되었다.) 인류를 고질적으로 괴롭히는 종류의 사회적 · 정치적 · 도덕적 병폐에 대한 유일한 해결책은 만왕의 왕이시요 만주의 주시며 최후의 심판자이신 예수 그리스도의 복음을 받아들이는 것이다(요 5:22-27).

■ 진리 알기

- 하나님이 그분의 백성들을 참으시는 이유는 그들의 공적과 아무 상관없고, 전적으로 그분의 성품 및 영광과 관련되어 있다. 그분은 언약의 약속을 해주셨다. "우리는 미쁨이 없을지라도 주는 일향 미쁘시니 자기를 부인하실 수 없으시리라"(딤후 2:13).
- 하나님은 남편들이 그들의 아내를 그리스도께서 교회를 사랑하심같이 사랑하기를 바라신다(엡 5:25). 그런 사랑과 보호의 역할에 대한 어떤 위반도(예: 그 레위인) 그리스도의 보호하시는 사랑의 모범을 따르지 않는 것이 된다(엡 5:27-29).

• 비뚤어진 문화의 왜곡된 가치 기준은 종종 개인들의 왜곡된 가치 기준으로 나타난다.
• 레위인의 이야기는 근엄한 경고처럼 들린다. "그런 일은 우리의 거울이 되어 우리로 하여금 저희가 악을 즐겨한 것같이 즐겨하는 자가 되지 않게 하려 함이니"(고전 10:6).
• 문화적 개인적 타락에 대한 유일한 해결책은 그리스도의 복음이다(롬 1:16-17, 고전 1:18, 24).

■ 적용하기

• 당신이 하나님께 요구하는 것에 대해 주의하라. 정말 얻게 될지도 모른다.
• 문화의 가치 기준이라는 유혹을 물리쳐라. 그것들은 멸망의 길로 인도하는 문이기 때문이다(마 7:13-14).
• 당신의 소견에 옳은 대로 행하지 말고, 하나님 보시기에 옳은 것을 하라.

삶의 적용

'스너프 필름(snuff film)'에서 얻는 교훈

나는 성경의 이 부분에 대한 설교를 들어본 적이 없다. 읽기 쉽지 않은 부분이며, 공부하기는 훨씬 더 어려운 부분이다. 그럼에도 불구하고, 사사기 19-21장 역시 하나님의 감동으로 된 말씀이기 때문에, 여기에도 우리에게 필요한 것들이 분명 있다. "저희에게 당한 이런 일이 거울이 되고 또한 말세를 만난 우리의 경계로 기록하였느니라"(고전 10:11).

이 이야기에 등장하는 모든 주인공들은 왜 익명일까? 이름을 갖는다는 것은 정체성을 갖는 것이고 의미를 지니는 것이다. 사람마다 자기 소견에 옳은 대로 행하였던 시대에는 다른 학자들도 주장해왔듯이 그 레위인은 모든 레위인이 될 수 있었고, 그 여인은 모든 여인이 될 수 있었으며, 모든 집주인은 여성들에게 잔혹 행위를 저지를 수 있었고,

모든 남편은 자기 아내를 버릴 수 있었으며, 모든 남자는 여성들에게 무정할 수 있었다. 또 모든 여인은 강간과 살인의 잠재적인 희생자였고, 모든 성읍은 잠재적인 지옥이었으며, 모든 지파는 잠재적인 갱단이었던 것이다.

우리는 지금까지 죄가 사사기의 사이클을 거치면서 점차 커져가고 있음을 지켜보았다. 이제 끝에서 우리는 한 문명의 혼돈이 완전히 굳어지는 것을 보게 된다. 사람마다 자기 소견에 옳은 대로 행한 것이다. 사사기 19-21장은 다음과 같은 사실을 분명히 전달해주는 '스너프 필름' 이다. 사람들이 하나님의 명령을 무시하기 시작할 때, 도덕적 기준은 모호해지고 결국 사라지고 만다. 사람들이 악에 둔감해질 때, 그들의 삶의 방식은 더러워질 수밖에 없다는 것이다.

초점	죄
강간(19장)	우상 숭배(19:2) 박대(19:15) 동성애(19:22) 부도덕한 비겁(19:24) 강간(19:25) 살인(19:26) 무정함(19:27-29)
보복(20장)	거짓말(20:5) 경솔한 맹세들(20:8) 잘못된 우선순위(20:13) 불순종(20:27) 살육(20:48)
후회(21장)	경솔한 맹세(21:1) 정죄(21:8) 대량 학살(21:10-11) 속박(21:12) 강압(21:22) 납치(21:19-23)

기도

오 주님, 이 이야기는 우리의 영혼을 지치게 합니다. 우리는 때때로 우리 마음속에 극도의 사악함을 저지를 수 있는 가능성이 자리잡고 있음을 잊어버립니다. 우리가 우리 자신의 어떤 공적이 아니라 은혜에 의해 구원받는다는 사실을 인정합니다. 또한 우리가 때때로 당신의 명령에 무관심하며, 십자가의 사랑보다는 문화의 유혹에 더 친숙하다는 사실을 고백합니다. 그리스도에 대한 우리의 고백이 항상 진정한 순종으로 이어지지 않는다는 사실을 깨닫게 됩니다. 우리가 늘 경고에 민감하고 조심하며 참되게 하옵소서. 우리 주 예수 그리스도의 이름으로 기도합니다. 아멘.

심층 연구

A. 전투의 세부 사항

세 가지 요소가 이 장에 기록된 전투들의 결과를 피로 물들게 만들었다. 우선, 베냐민은 한 산지 내에 깊숙이 박혀 있었다. 공격하기는 어렵고, 방어하기는 쉬웠던 것이다. 둘째로, 베냐민은 자신들의 영토를 끈질기게 방어하고 있었고, 그곳은 그들에게 익숙한 지역이었다. 셋째로, 베냐민의 군사들은 뛰어난 전사들이었다. 그들은 이스라엘 사람들이 육박전을 할 수 있을 정도로 가까이 다가오기 전에, 물매를 이용해 시속 145킬로미터 이상의 속도로 돌을 던짐으로써(삿 20:16) 상대방을 쓰러뜨릴 수 있었다.

B. 소돔과 기브아

블록은 사사기 19장 22-24절과 창세기 19장 4-8절의 동사와 문법을 비교 분석한 후에 이렇게 결론 내리고 있다. "창세기에서 발견되는 단어들 가운데 약 4분의 1이(16개 단어가) 사사기에서도 동일한 형태로 등장한다. 그리고 창세기의 24가지 추가적인 표현이 유사한 짝을 찾게 된다"(Block, 532-534). 요점은 이스라엘 백성의 행위와 소돔과 고모라의 도덕적 무법 상태 사이에 상당히 의도적인 문학적 유사성이 드러난다는 것이다. 이스라엘 백성이 하나님과의 사이에 누렸던 관계는 전적으로 공적이 아니라 은혜에 의한 것이었다.

C. 두 내전의 비교

미국의 남북 전쟁에서 530,000명이 사망했고, 이는 나중에 두 차례에 걸친 세계대전에서 사망한 전체 인원 수보다 더 많았다. 북군이 365,000명을 잃은 반면, 남군은 165,000명을 잃었다. 530,000명의 사망자 가운데 215,000명이 질병으로 목숨을 잃었다

(북군: 140,000, 남군: 75,000). 박테리아가 총알보다 더 치명적이었던 것이다. 이 이스라엘의 내전에서는 모두 합쳐 65,000명의 사상자가 있었다. 거의 모두 처음 며칠 동안의 전투에서 목숨을 잃었다. 그러나 훨씬 더 비극적인 것은 450,000명의 도덕적 사상자들이 있었다는 사실이다.

D. 성막

성막은 이 에피소드가 진행되는 동안 벧엘에 위치해 있었다(삿 20:27). 이것은 의외의 사실이다. 성막이 그 이전(수 18:1)과 그 이후(삼상 1:9)에 실로(삿 18:31)에 있었기 때문이다. 그것은 오로지 그 전투를 위해 벧엘 근처로 옮겨졌을지도 모른다. 일종의 일부 지파들을 위한 '행운의 부적' 처럼 말이다.

E. 비느하스

비느하스는 세 장으로 구성된 이 에피소드 전체에서 이름이 밝혀져 있는 유일한 사람으로 눈에 띈다. 그는 아론의 손자이자 엘르아살의 아들로, 참 여호와의 타협하지 않는 옹호자로 알려져 있었다(예: 민 25:7-13, 31:6). 여호수아 22장 9-34절에서는 비느하스가 깨어질 위기에 놓인 지파 간의 연합을 유지시키기도 했다. 에스라는 비느하스의 후손이었다(스 7:5).

F. 전장의 보고

마지막 전투에 대한 요약 설명이 사사기 20장 29절부터 36절 상반부에 주어져 있다. 고대 근동 지역의 전통적인 방식에 따라, 먼저 요약 설명이 주어진 후에 사사기 20장 36절 하반부부터 46절에서 똑같은 이야기가 상세하게(특히, 매복과 관련된 세부 사항에 초점을 맞추어) 다시 전달된다. (이런 형태의 이야기 방식에 대한 추가적인 논의를 위해서는 다음 자료를 참조하라, Kenneth A. Kitchen, Ancient Orient and the Old Testament, 116-127.)

고안

A. 들어가는 글

1. '소돔으로의 추락' 이야기로 시작하라.
2. 배경 설명: 불순종의 암은 한 가정에서(17:1-6) 종교 제도로(17:7-13) 마침내는 한 지파 전체로(18:1-31) 퍼진다. 사사기 17-18장은 영적 부패가 반드시 도덕적 부패로 이어진다는 법칙을 예시하고 있고, 그 도덕적 부패가 바로 사사기 19-21장의 테마다.
3. 적용: 이제 사사기의 사이클들이 모두 완료된 상태일 뿐만 아니라, 가정과 종교 제도 역시 혼란스러워져 있는 상태다(삿 17-18장). 이 마지막 이야기는 모든 사회적 구조가 혼란스러워져 있음을 추가로 보여줌으로써, 앞서의 실망스러운 평결을 강화해준다.

B. 본문 이해

1. 강간: 베냐민의 성도착(19:1-30)
    1) 지나친 호의(19:1-10)
    2) 부족한 호의(19:11-15)
    3) 보호하는 호의(19:16-23)
    4) 왜곡된 호의(19:24-28)
    5) 비뚤어진 명예심(19:29-30)
2. 보복: 베냐민의 축출(20:1-48)
    1) 레위인의 왜곡된 노여움(20:1-7)
    2) 이스라엘의 분노에 찬 반응(20:8-11)
    3) 베냐민의 완고한 반응(20:12-16)
    4) 전투 계획(20:17-19)
    5) 전투 #1(20:20-22)

6) 전투 #2(20:23-25)

7) 전투 #3(20:26-48)

3. 후회: 베냐민의 보존(21:1-25)

1) 문제 #1: 한 지파의 멸절(21:1-7)

2) 문제 #2: 비전투원들에게 형벌을 가하다(21:8-11)

3) 작위적인 해결책 #1: 이스라엘 형제들을 죽이다(21:12-15)

4) 작위적인 해결책 #2: 이스라엘 자매들을 납치하다(21:16-25)

C. 결론: '하나님의 해결책' 을 읽어주라.

토의 질문

1. 마태복음 5장 46-47절과 7장 20절 그리고 야고보서 1장 25-27절을 읽어보라. 하나님은 우리 믿음의 진실성을 어떻게 판단하시는가?

2. 만약 당신이 사사기 19-21장을 쭉 훑어보면, 취약한 입장에 놓여 있었고 희생되어도 상관없다고 여겨졌던 사람들, 다시 말해 이 세 장 모두에서 범죄와 탐욕의 주요 희생자가 되었던 사람들을 어렵지 않게 찾아낼 수 있다. 우리 사회에서 취약한 사람들은 누구인가? 하나님은 우리를 어떻게 평가하실 거라고 생각하는가? (참조: 사사기에 '전시되어' 있는 타락상은 룻기에 '전시되어' 있는 경건함과 극명한 대조를 이룬다.)

3. 사사기 17장 6절과 21장 25절은 당신이 지금 살고 있는 시대에 대해 무엇을 말해

줄 수밖에 없는가? 그 구절들의 진리는 당신의 일상적인 삶에서 어떻게 분명해지는가? 하나님은 당신이 그것에 대해 어떻게 행동하기를 원하신다고 생각하는가?

4. 이 장들에 묘사된 종류의 죄에 대한 유일한 해결책은 무엇인가?

룻기 1장

죽음이 우리를 갈라놓을 때까지

"어설픈 분별력으로 주님을 판단하지 말고, 그분의 은혜를 의지하라. 그분은 험상 궂은 섭리 뒤에 미소 짓는 얼굴을 감추고 계신다."

- 윌리엄 쿠퍼(William Cowper)

사사 시대라는 어두움과 개인적 상실이라는 절망에도 불구하고, 하나님의 자비로운 품으로 돌아오는 개인들은 항상 환영받는다.

룻기의 개요

- 이방인의 이름을 따서 명명된 성경의 두 책 가운데 하나(다른 하나는 누가복음이다)
- 담화를 통해 이야기가 전개됨(총 85개 구절 가운데 59개 구절이 대화를 담고 있다)
- 이 책에는 기적이 전혀 없음(많은 기적과 천상의 방문자들이 기록되어 있는 사사기와는 대조를 이룬다)
- 이 책에는 악한이 전혀 없음
- 룻기에서는 모두가 이름으로 불림(3장 12절과 4장 1-8절에 등장하는 '아무개 친족' 만 빼고)
- 주요 등장인물들이 모두 모종의 위기에 직면하며, 그들의 의사결정은 그들의 우선순위를 반영함
- 사랑이라는 단어는 단 한 번 등장하지만(4:15), 사랑 이야기임
- 여러 기도와 축복이 언급되어 있지만, 모두가 타인을 위해 기도하고 축복함
- 은혜의 개념에 가까운 하나님의 신실한 사랑을 뜻하는 헤세드(chesed)와, 친족 구속자를 의미하는 고엘(go' el)이 두 가지 핵심 개념을 이룸

들어가는 글

하나님이 우리를 괴롭히려고 애쓰실 때

그녀는 옛날부터 마을에서 정평이 나 있는 한 가문 출신이었다. 조상으로부터 물려받은 재산도 좀 있고 사회적 지위도 있는 그런 가문 말이다. 그녀의 가족은 그 마을에서 '최초로 설립된 교회'에 다녔다. 그녀와 그녀의 남편은 두 아들을 두었다. 그 남편은 지금보다 더 매력적인 곳을 찾아 다른 마을로 이주하기로 결심했고, 그곳에서는 삶이 더 즐거울 것이라고 생각했다. 그러나 그는 갑자기 심장마비로 48세에 사망했다. 그가 전 재산을 투자했던 벤처사업마저 파산하는 바람에 그의 가족은 무일푼이 되고 말았다. 두 아들은 고등학교를 중퇴하고 직장을 다녀야 했고, 빠듯한 살림을 꾸려나가기 위해 부업으로 공장에서 야간 근무까지 했다. 그들은 또 자기 종족과 종교 밖에 있는 처녀들과 결혼했고, 그것은 그들의 어머니에게 적응하기 어려운 상황이었다. 어느 날 밤, 두 형제가 새벽 2시경 귀가하다가 운전하던 형이 조는 바람에 차가 도로를 벗어나는 사고가 발생했고, 두 아들 모두 죽고 말았다. 과거 모든 걸 다 가졌던 여인에게는 이제 아무것도 남지 않게 되었다! 그녀는 하나님이 자신에게 적대적이라고 느꼈다. 그녀는 자부들에게 그들의 부모에게로 돌아가라고 말했다. 한 명은 돌아갔고, 다른 한 명은 그러지 않았다.

자, 어디서 들어본 적이 있는 것 같지 않은가. 이 가상의 이야기는 룻기 1장에서 발견된다. 몇 가지 세부 내용이 다르고, 약 3천 년 전의 사람들이 등장한다는 점만 제외하고 말이다. 하나님의 백성들이 크게 고통받을 때가 종종 있다. 나쁜 일이 좋은 사람들에게 발생할 때, 우리는 사랑의 하나님에 대한 우리의 시각을 어떻게 고수하는가? 욥과 마찬가지로 나오미도 하나님에 대해 원망하게 되었지만, 그래도 여전히 신앙을 가지고 있었다. 하나님의 선하심에 대해서는 체념했지만, 하나님에 대해서는 포기하지 않았던 것이다.

본문 이해

죽음이 우리를 갈라놓을 때까지

Main Idea	삶의 비극적인 환경은 종종 절망과 침체로 이어지기 때문에, 우리는 때때로 즉각적인 하나님의 임재를 감지하지 못한다. 설사 그렇다 하더라도, 그분은 필요한 시점에서 격려가 되고 힘이 되어줄 수 있는 사람을 곁에 붙여주실지도 모른다. 우리가 받아들이든 받아들이지 않든 상관없이 말이다.

A. 가족의 상실(1:1-5)

Supporting Idea	하나님께 속한 사람들도 때때로 그들의 믿음을 굽힘으로 말미암아 비참한 결말을 보게 된다.

1:1-2. 모압으로의 이주. 룻기는 '우리를 있어야 할 곳에 갖다 놓으면서' (사사들의 치리하던 때에, 사사기와 룻기 서론 참조) 시작된다. 이 기간 동안에 발생했던 여섯 가지 사건이 구체적으로 명시되어 있어 이 이야기의 초점을 드러내준다. 첫째로, 그 땅에 흉년이 있었다. 둘째로, 그 흉년이 유다 베들레헴 출신의 한 사람과 그의 아내와 두 아들에게 영향을 미쳤다. 그 구체적인 시기에 대해서는 우리가 확신하지 못하지만, 모압의 압제에 대한 언급의 부재와 여행의 자유 등으로 미루어 보아 모압 왕 에글론의 압제가 에훗에 의해 종식된 직후, 다시 말해 기드온의 시대에 근접한 시기에 그 사건들이 발생했던 것으로 추정된다.

셋째로, 그 사람은 자신의 가족을 모압 지방으로 데리고 가서 우거하였다('체류하였다' , 임시적인 이주). 여기에 두 가지 잘못이 관련되어 있었다. 그가 하나님의 약속의 땅을 버리고 하나님의 적들의 땅으로 갔던 것이다. 넷째로, 네 가족 구성원 모두 이름으로 그 신원이 확인되었다. 가장은 엘리멜렉('나의 하나님은 왕이시다')이고, 그의 아내는 나오미('유쾌한')이며, 두 아들은 말론('병약한')과 기룐('연약한')이었다(두 아들의 이름에 주어진 의미는 불확실하다). 다섯째로, 그들은 유다 베들레헴 출신이었다. '베들레헴' 이라는 이름은 '빵집' 을 의미하며, 그들이 기근을 피해 도망쳤고 그들 가운데 한 명만이 풍요로 다시 돌아오게 될 거라는(22절) 점에 비추어볼 때 아이러니가 아닐 수 없다. 여섯째로, 그들은 에브랏 사람들이었다. 에브랏은 그 지역의 옛 이름으로, '옛' 거주민들을 가리킬지도 모른다(창 35:19, 48:7). 부유한 상류층의 개념을 전달하면서 말이다. 그리고 그것은 나오미의 귀향에 수반된 오명뿐만 아니라, 그녀가 '풍족하게' 나갔다가 '비어' 돌아왔다(21절)는 언급과도 들어맞는다.

1:3-5. 모압에서의 불행. 우리는 방금 전에 만난 네 사람 가운데 세 사람의 부고를 곧바로 읽게 된다. 먼저 나오미의 남편 엘리멜렉이 그녀에게 두 아들만 남겨 둔 채 죽고 말았다. 아들들은 두 모압 여자와 결혼했고, 그것은 하나님의 율법(신 7:3-4)에 대한 직접적인 위반이었다. 그들의 이름은 오르바('목의 견실함', 아마도 품위 있는 아름다움과 몸가짐에 대한 언급일 것이다)와 룻(아마도 '우정' 또는 '원기 회복' 을 의미할 것이다)이었다. 우리는 그들의 가정생활에 대해 아무 이야기도 듣지 못한다. 이스라엘의 여호와나 모압 신 그모스에게 행해지는 그들의 숭배에 대해서도 마찬가지다. 말론과 기룐 두 사람 모두(그들의 아버지와 함께) 죽었지만, 그들의 죽음의 원인은 전혀 주어져 있지 않다.

분명히 두 아들의 결혼은 그 가족이 모압에 살았던 십 년이라는 전체 기간 내에 발생했고, 아마도 그 젊은이들은 결혼하고 얼마 되지 않아 죽었을 것이다. 두 커플 모두 자녀가 없었기 때문이다. 그 여인은 두 아들과 남편의 뒤에 남았더라. 이 구절은 구약에서 아들(sons)을 의미하는 이 특정 단어가 결혼한 남성에게 사용되었던 유일한 곳이다. 그것은 종종 어린 자녀들을 의미하기 때문이다(4장 17절에서처럼). 그 의미는 나오미가 '그녀의 아이들을 잃었다' 는 것이었고, 그 말은 그녀가 아들들과 친밀했음을 말해준다. 아이러니컬하게도, 그들이 베들레헴을 떠났던 이유는 바로 죽음을 피하기 위해서였는데, 그럼에도 불구하고 죽음이 그 가족의 75퍼센트를 덮쳤다.

B. 친구의 상실(1:6-8)

Supporting Idea	심지어 절망 속에서도 약한 신자(나오미)는 자비롭게 행동하고 어려운 길을 택할 수 있으며, 새 신자라도 고결하게 행동하며 쉬운 길 택하기를 거부할 수 있다.

1:6-10. 나오미의 준비. 나오미와 그녀의 두 자부에게 미래는 암울해 보였다. 그들은 자신들이 있는 곳에 머문다면 더 이상 생존할 수 없었다. 나오미는 **모압 지방에서 풍요**와 기근을 모두 주관하시는(신 28:23-24, 38-40) **여호와께서 이스라엘을 권고하사 그들에게 양식**(문자적으로는 '빵', '베들레헴' 이라는 이름에 대한 말장난)**을 주셨다는 소식을 들었다.** "빵집이 다시 채워지고 있는 중이다"(Block, 631). **이에 두 자부와 함께 일어나… 유다 땅으로 돌아오려고 길을 행하다가.** 아마도 나오미는 도중에 자신의 지난 여정을 회고했을 것이다. 그녀가 이국땅에서 빈손이 되게 만들었던 그 여정을 말이다. 그 젊은 여인들에게(그들도 이스라엘에서는 이방인이 될 것이었다) 똑같은 운명을 대물림하고 싶지 않았던 나오미는 결정을 내렸다. 그들에 대한 그녀의 희생적이고 진심 어린 애정은 이 책의 첫 번째 대화에서 분명하게 드러났다. **너희는 각각 어미의 집으로 돌아가라.** 나오미는 그들이 자신의 친(親)가족 곁에 머물러 있는 것이 최선이라고 생각했다. 그런 정황에서는 그들이 좀 더 쉽게 재혼할 수 있었던 것이다.

뜻밖에도(당시 그녀가 지니고 있던 하나님에 대한 왜곡된 시각을 감안할 때) 나오미는 여호와의 언약의 이름으로 그들을 축복하며 두 배의 축복기도를 했다. 그녀는 먼저 이렇게 선언했다. **여호와께서 너희를 선대하시기를 원하며.** 둘째로, **여호와께서 너희로 각각 남편의 집에서 평안함**(안정)**을 얻게 하시기를 원하노라.** 그녀의 아들들이 살아 있는 동안 룻과 오르바는 좋은 아내였고, 나오미도 그 사실을 알고 인정하며 그들에게 감사했던 것이다(이 책에서는 시어머니에 대한 험담이 생길 수 없었다). 이 시점에서 그녀의 의도는 지리적으로 그들을 돌려보내는 것뿐만 아니라, 감정적으로도 그들을 해방시키는 것이었다. **그리고 나서 나오미는 그들을 입맞추었다.**

두 자부는 비슷한 감정으로 반응하며 **함께 소리를 높여 울었다.** 그것은 큰 소리로 울부짖었음을 표현하는 문구다. 그들은 한목소리로 다짐했다. **아니니이다. 우리는 어머니와 함께 어머니의 백성에게로 돌아가겠나이다.**

1:11-13. 나오미의 추론. 나오미는 그들의 최상의 유익을 지향하는 논리 수업으로 반응했다. 그 요점들 가운데 어느 것 하나도 그들을 돌려보내기에 충분했을 것이다. 그러나 마치 산사태처럼, 돌 하나를 피하더라도 다른 돌들이 있었다(엘리멜렉이 생존해 있을 때 과연 아내와의 논쟁에서 승리한 적이 있었을까 궁금할 정도다).

먼저, 그녀는 이렇게 말했다. **나는 늙었으니 남편을 두지 못할지라.** 두 번째 암시 역시 그 논지에서 비롯되었다. 설사 그녀가 남편을 두기에 너무 늙지 않았다 하더라도, 아들을 낳기에는 너무 늙었던 것이다. 셋째로, 설사 그녀가 아들들을 생산하기에 너무 늙지 않았다 하더라도, 너희가 어찌 그것을 인하여 그들의 자라기를 기다리겠느냐? 아마도 그것은 그 아들들이 성년이 되었을 때는 오르바와 룻이 너무 늙게 될 것이라는 사실을 완곡하게 표현하는 말이었을 것이다. 마지막으로, 그녀는 가장 통렬한 주장을 전달했다. 여호와의 손이 나를 치셨으므로 나는 너희로 인하여 더욱 마음이 아프도다. 나오미는 자신이 구체적이고 의도적인 하나님의 심판에 의해 '불운' 에 빠진 것이라고 생각했다. 오르바와 룻은 다시 결혼하여 가정의 안정을 되찾을 수 있었던 반면, 나오미는 외롭고 빈궁한 노년을 맞이할 수밖에 없었던 것이다. 그녀는 그 젊은 여인들에게 '피해를 주고' 싶지 않았다.

그 전체 요지는 무엇이 그들에게 최선이 될 것인지에 초점이 맞춰져 있었다(11절 '돌아가라' , 12절 '돌이켜 너희 길로 가라' , 15절 '돌아가라' , 두 번이나 그들을 내 딸들이라고 부르고 있다). 그 대안들이 나오미 자신에게 무엇을 의미할지에 대해서는 전혀 고려하지 않은 채 말이다. 그녀는 진심으로 자신의 며느리들을 사랑했고, 그들을 위해 기꺼이 그들을 포기하려고 했던 것이다. 만약 그들이 장래 전망에 대해 이성적이었다면, 그녀의 논리를 귀담아 들었을 것이다.

1:14-18. 룻의 선언. 그들이 소리를 높여 다시 울더니 오르바는 그 시모에게 입 맞추되 룻은 그를 붙좇았더라. 오르바는 다시 아내가 되기를 원했지만, 룻은 딸로 남아 있기를 선택했다. 오르바는 자연스런 선택을 했으나, 룻은 초자연적인 선택을 했던 것이다. 나오미는 오르바의 예를 지렛대로 사용하면서 주장을 굽히지 않았다. 보라 네 동서는 그 백성과 그 신에게로 돌아가나니('심층 연구' 참조), 너도 동서를 따라 돌아가라. 룻의 반응은 헌신의 고전적인 진술인 동시에, 그녀의 삶을 바꾸어 놓게 될 분수령과 같은 결단이었다. 비록 그녀가 나오미의 파란만장한 삶이라는 렌즈를 통해 언약의 여호와를 불완전하게 알고 있었지만, 그것은 그녀에게 그모스와 모압에 등을 돌리면서 나오미와 여호와를 고수하도록 동기를 부여할 정도로 충분히 설득력이 있었던 것이다. 그녀는 세 부분으로 구성되어 있는 헌신의 선언을 주장했다. (1) 어머니께서 가시는 곳에 나도 가고, 어머니께서 유숙하시는 곳에 나도 유숙하겠나이다. (2) 어머니의 백성이 나의 백성이 되고, 어머니의 하나님이 나의 하나님이 되시리니. (3) 어머니께서 죽으시는 곳에서 나도

죽고 거기 장사될 것이라.

첫 번째 선언은 나오미와의 변함없는 교분(companionship)에 대한 맹세였다. 두 번째는 헌신(commitment)에 대한 맹세였다. 한 사람의 삶에 의미를 부여하는 관계들이 룻에 의해서도 받아들여지게 될 것이었다(나오미의 백성과 그녀의 하나님, 이 시점에서는 룻이 하나님을 지칭하는 좀 더 일반적인 이름을 사용했다). 세 번째로, 룻은 나오미를 기념하겠다고 맹세했다. 나오미가 죽은 후에도 동일한 장소에서 살며(아마도 수십 년 동안), 그녀 자신이 죽을 때도 동일한 장소에 장사될 정도로 나오미에 대한 기억을 소중히 간직하겠다고 말이다. 룻은 그녀의 문화와 언어, 가족(그녀의 부모가 모두 여전히 살아 있었다, 2:11) 그리고 장래의 가정에 대한 기대까지 모두 포기했던 것이다(눅 14:33 참조).

그녀는 맹세에서 이스라엘의 언약의 여호와를 증인으로 언급하면서 말을 맺었다. 만일 내가 죽는 일 외에 어머니와 떠나면 여호와께서 내게 벌을 내리시고 더 내리시기를 원하나이다. 그 히브리 원문은 좀 더 의미심장하게 "여호와께서 내게 행하시기를 원하나이다" 였고, 아마도 심판을 의미하는 보편적인 제스처가 수반되었을 것이다. 어쩌면 목에다 손가락을 갖다 대고 옆으로 긋는 거나 마찬가지였을지도 모른다(삼상 3:17). 그녀는 구속력 있는 맹세를 통해 만약 자신이 나오미에 대한 헌신에 신실하지 못하게 된다면, 그 때 여호와께서 그녀를 가혹하게 심판하시기를 지금 요구하고 있었던 것이다.

'만일 내가 죽는 일 외에 어머니와 떠나면' 이라는 문구는 여러 변형을 인정한다. 문맥상 '심지어 죽음이 어머니와 나를 갈라놓을지라도' 로 이해하는 것이 이치에 맞다. 죽음을 제외시키는 게 아니라, 죽음까지도 포함시켜서 말이다(롬 8:38-39, 고전 15:55-57 참조). 룻의 결심을 확인한 나오미는 그녀에게 돌아가라고 말하기를 그쳤다. 과거 그모스의 숭배자였던 모압 여인 룻이 여호와의 백성들 사이에서 발견되어야 할 수준의 신뢰와 사랑을 보여주었던 것이다.

C. 체면의 상실(1:19-22)

Supporting Idea	때때로 신자들은 그들의 개인적 고통이 삶의 환경 속에서 하나님의 보호의 섭리를 볼 수 있는 그들의 능력을 무력화시키도록 내버려둔다.

1:19. 나오미와 룻에 관한 소문. 여정이 계속되었다. 그 두 사람이 행하여 모압 지방으로부터 약 80킬로미터 떨어져 있는 베들레헴까지 이르렀다.

나오미의 마음 상태를 감안할 때, 아마도 그녀는 남의 눈에 띄지 않고 도착하여 그 성읍에서의 삶에 흡수되기를 바랐을 것이다. 하지만 그렇게 되지 않았다. 그들이 들어서자마자, 온 성읍이 그들을 인하여 떠들썩하였다. 나오미는 이제 빈궁한 처지가 되었고, 그녀의 젊은 동반자는 나오미의 딸이 아니라 모압 여인이었던 것이다. 나오미는 이름 있는 가문 출신이었고, 과거에 그녀를 알았던 사람들에 의해 쉽게 인지되었다. 주변에서 수군대는 집단적인 질문(이가 나오미냐?)의 이면에 숨겨진 나오미의 신원에 대한 반신반의는 한 개인의 자아를 진작시켜주지 못했을 가능성이 매우 높다.

1:20-22. 나오미로부터의 응수. 자부들을 상대로 나무랄 데 없는 논리를 펼쳤던 나오미가 이번에는 논리를 내던지고 감정적으로 폭발했다. 부와 외모와 가족의 급격한 변화를 절감하고 있었던 나오미는 신경질적으로 반응했다. 나를 나오미('유쾌한')라 칭하지 말고 마라('괴로운')라 칭하라. 그녀의 생각에 그 이유는 분명했고, 네 가지 진술로 표현되었다. 전능자가 나를 심히 괴롭게 하셨음이니라 … 나로 비어 돌아오게 하셨느니라 … 나를 징벌하셨고 … 나를 괴롭게 하셨거늘. 첫 번째와 네 번째 문구는 힘과 안정을 상징하는 '산' 을 뜻하는 고대 단어에서 파생된 것으로 보이는 하나님에 대한 칭호 샤다이(Shaddai)를 사용하고 있다. 의미심장하게도 그 단어는 창세기 17장 1절에 기록된 언약의 확립에서도 등장한다. 두 번째와 세 번째 문구는 출애굽기(예: 3:14)에서 발견되는 여호와에 대한 언약의 이름을 사용하고 있다.

나오미가 한 가지만은 절대적으로 옳았다. 하나님이 주관하신다는 사실 말이다. 하지만 주권에 대한 그녀의 시각은 비뚤어져 있었다. 다른 학자들도 주장해왔듯이, 그녀는 하나님의 능력만을 보고 그분의 연민을 보지 못했기 때문이다. 그녀는 동정 없는 주권과 은혜 없는 정의만을 보았던 것이다. 그녀는 자신을 하나님의 우주적 과녁 정중앙에 있는 흑점으로 보았다. 그러나 하나님의 장엄한 주권 역시 이 장을 마무리하는 과도기적인 세부 내용 속에서 발견된다. 그들이 보리 추수(여러 추수 기간 가운데 첫 번째) 시작할 때에 베들레헴에 이르렀던 것이다. 이 사실은 다음에 이어질 상황의 틀을 제공해 준다.

Main Idea 복 습	삶의 비극적인 환경은 종종 절망과 침체로 이어지기 때문에, 우리는 때때로 즉각적인 하나님의 임재를 감지하지 못한다. 설사 그렇다 하더라도, 그분은 필요한 시점에서 격려가 되고 힘이 되어줄 수 있는 사람을 곁에 붙여주실지도 모른다. 우리가 받아들이든 받아들이지 않든 상관없이 말이다.

결론

고도를 바꿈으로써 태도를 바꿔라

당신은 하나님께 실망해본 적이 있는가? 그것은 주님이 원하신다고 생각하는 것을 당신이 했는데, 모든 게 기대하는 대로 되지 않을 때 일어난다. 하나님이 기대에 부응하시지 않은 것이다. 당신이 직장에서 위험을 무릅쓰고 옳은 일을 했는데, 칭찬받기는커녕 해고될 때처럼 말이다. 나오미 역시 하나님께 실망을 경험했다. 그녀는 자신의 남편과 두 아들, 재산, 지위, 외모 등 모든 것을 잃었다. 흥미로운 것은 그녀가 하나님의 선하심에 대해서는 체념했음에도 불구하고, 하나님에 대해서는 포기하지 않았다는 사실이다. 그녀는 가능하면 언제나 '최악의' 시나리오 속에서 하나님을 해석하는 마음이 몹시 상한 신자가 되었던 것이다. "왜 제게 사랑스런 당신의 모습을 보여주지 않는 거죠? 왜 제게 친절한 당신의 모습을 보여주지 않는 겁니까? 왜 당신의 모습조차도 보여주시지 않습니까?" 때로는 구세주의 지문보다 사단의 손을 식별하는 것이 더 쉬운 것 같다. 그렇지 않은가?

나오미는 하나님이 자신을 괴롭히려고 애쓰고 계시다고 느꼈다. 존 파이퍼(John Piper)는 이렇게 말했다. "나는 언제나 오늘날 복음주의 잡지와 책에 넘쳐나는 하나님에 대한 감상적인 시각보다는 나오미의 신학을 취하고 싶다. 나오미는 흔들림 없이 다음 세 가지 사실에 대해 확신하고 있기 때문이다. 하나님은 존재하신다. 하나님이 주관하신다. 하나님이 그녀에게 영향을 끼쳐오셨다." 나도 그렇게 생각한다. 그러나 나오미는 하나님이 비극을 승리로 바꾸실 수 있다는 사실을 잊고 있었다(창 50:20). 앞으로 이야기가 전개되면서 나오미의 태도도 바뀌게 될 것이다. 그녀가 고도를 높임에 따라서 말이다. 하나님의 관점에서 삶의 환경을 보게 되는 것이다. 의미심장하게도 하나님은 그녀를 바로잡기 위해 선지자를 보내거나 그녀를 징계하기 위해 사사를 보내지 않으시고, 보리와 보아스와 아기를 보내셨다.

하지만 이 시점에서는 그녀가 하나님의 사랑을 통해 자신의 환경을 해석하기보다는 그녀의 환경을 통해 자신에 대한 하나님의 사랑을 해석했다. 나오미는 말했다. "하나님이 나를 괴롭히려고 애쓰고 계시구나!" 그러나 룻이 그녀의 손을 붙잡고 말했다. "자, 함께 가시죠. 어머니의 하나님이 나의 하나님이 될 것입니다."

▣ 진리 알기

- 우리가 이 세상에서 하는 선택은 결과를 동반한다.
- 우리가 자신의 환경으로 우리에 대한 하나님의 사랑을 해석할 때 하나님의 계획을 오해하게 된다(예수님은 우리가 이 세상에서 고난을 경험하게 될 거라고 말씀하셨다, 요 16:33).
- 우리가 모든 문제의 해결책을 우리 방식대로 요구한다면, 이 세상이 최후의 정의를 판가름하는 무대가 아니라는 사실을 잊게 된다.
- 심지어 우리가 하나님께 버림받았다고 느낄 때조차도, 하나님은 그분의 가장 미세한 관심까지도 우리에게 쏟고 계신다.

▣ 적용하기

- 불가능한 일 안에서 즐겨라. 과거에도 신실하셨던 하나님은 현재에도 당신의 필요를(당신의 '탐욕'이 아니라) 채워주실 것이다.
- 영적으로 근시안이 되지 말라. 당신이 괴로워하고 있을 때, 다른 사람들이 당신을 돕도록 내버려두라.
- 고결한 일을 하라. 심지어 그것이 고통을 안겨줄 때조차도 말이다. 이 세상은 당신의 본향도, 당신의 희망도 아니라는 사실을 명심하라.
- 삶의 불평등 속에서도 주님을 신뢰하라. 당신의 태도는 당신의 고도에 의해 결정된다.

삶의 적용

여기, 아니면 집?

룻에 대해 생각해보자. 그녀는 힘든 삶을 살아가는 젊은 직장 여성이었다. 결혼했다가 다시 혼자가 되었고, 다문화 사회에서 살아가면서 삶을 항상 반쯤 빈 유리잔으로 보는 나이든 친족을 돌봐야 하는 책임까지 맡고 있었다. 만약 다음 장에서 좋은 일이 전혀 발생하지 않았다면 어떻게 되었을까? 만약 그녀와 나오미가 매년 비참한 삶을 간신히 이어가면서, 룻은 육체노동에 시달려 항상 지쳐 있고, 나오미는 늘 퉁명스러운 태도를 보이며 건강이 좋지 않아 죽을 때까지 고생했다면 어떻게 되었을까? 만약 룻이 평생 '이방인' 으로 베들레헴에 머물다가 결국 죽게 되었다면 어떻게 되었을까? 다시 말해, 만약 보아스가 없었다면 그래도 하나님은 선하신 걸까?

한 선교사에 대한 이야기가 있다. 그는 평생 선교사로 봉사한 후에 집으로 돌아가는 중이었고, 그가 뒤에 남겨 두었던 사랑하는 사람들은 모두 이미 주님 곁으로 가버린 상태였다. 배가 부두에 들어서자, 배에 타고 있던 정부 고위 인사들을 맞이하기 위해 많은 군중과 밴드가 기다리고 있었다. 하지만 그를 맞이하려고 기다리는 사람은 아무도 없었기 때문에, 그는 자신의 처지에 대해 비애를 느끼기 시작했다. 그는 혼자서 이렇게 말했다. "주님, 저는 당신을 위해 제 삶을 희생하며 당신께 봉사하기 위해 헌신했는데, 집에 돌아와 보니 이제 저 혼자뿐이네요." 그는 그 말이 끝나기가 무섭게 그에게 영원한 시각을 일깨워주시는 하나님의 임재를 느낄 수 있었다. "아들아, 너는 아직 집에 온 게 아니란다."

진 스테이커 가튼(Jean Staker Garton) 박사는 이런 말을 남긴 바 있다. "많은 그리스도인들은 번드르르하게 이렇게 말한다. '주님, 저는 기꺼이 십자가를 지고 당신을 따르겠습니다.' 그러나 우리는 마음속으로 이런 말을 덧붙인다. '그게 가볍고, 접을 수 있으며, 이전할 수 있고, 환불 보증이 가능하다면 말이죠.' 만약 당신이 그리스도인이라면, 장작 위에서도 좋은 모습을 보일 수 있어야 한다." 한번 생각해보라. 삶은 때때로 공평하지 않다. 그러나 그 삶은 진짜 삶이 아니다. 그것은 하늘 아버지와 함께하게 될 미래로 들어서는 로비일 뿐이다.

기도

오 주님, 믿음으로 사는 것보다 보이는 대로 사는 게 훨씬 더 쉽습니다. 그럼에도 불구하고 우리는 당신이 우주의 주권자이시며, 먼저 당신의 손을 거치지 않고는 아무것도 우리의 삶에 들어올 수 없음을 압니다. 우리는 당신을 사랑하는 사람들을 위해 모든 것이 합력하여 선을 이룬다는 진리를 받아들입니다. 때로는 그것이 분명하지만, '희미하게 보일' 때도 있음을 고백합니다. 우리에게 당신의 눈을 통해 큰 그림을 볼 수 있는 능력을 허락하옵소서. 그래서 우리가 당신의 관점을 얻고, 우리의 태도가 우리의 고도를 높이게 되기를 원합니다. 우리 주 예수 그리스도의 이름으로 기도합니다. 아멘.

심층 연구

A. 메길로스의 5분의 1

룻기는 매년 유대인의 절기에 읽혀졌던 작은 '두루마리 책들' 인 다섯 메길로스(Megilloth) 가운데 하나였다. 유월절의 아가와 칠칠절(유월절이 끝나고 50일 뒤에 시작되는 우리의 오순절, 출 23:16)의 룻기, 압(Ab)달 제9일(기원전 596년 예루살렘의 함락을 기념하는)의 예레미야 애가, 장막절(티슈리: Tishri)의 전도서, 부림절(아다르: Adar)의 에스더 등이 그것이다. 룻기는 룻의 약혼이 이 절기 중에 일어났기 때문에 칠칠절에 읽혀졌을 가능성이 있다(룻 1:22, 3:2).

B. 모압

모압 지방은 베들레헴에서 남동쪽으로 80킬로미터 정도 떨어져 있었다. 모압의 상이한 지형은 그 기후 역시 베들레헴에서와 항상 똑같지 않음을 의미했다. 유대인들과 모압 족속과의 관계는 그들의 기원(롯과 그의 딸의 근친상간, 창 19:30-38)과, 그들의 이스라엘에 대한 거절(민 22-24장), 그들의 이스라엘에 대한 유혹(민 25장) 그들의 이스라엘에 대한 최근의 압제(삿 3:15-20, Block 627 참조) 등으로 인해 긴장되어 있었다. 종교적으로는 그들이 야만스러운 전쟁신인 그모스를 숭배했고, 정치적으로는 18년 동안 이스라엘 백성을 예속했다가 에훗에 의해 살해된 비둔한 왕 에글론에 의해 통치되었다. 그곳은 참 하나님의 숭배자로 알려져 있는 사람이 체류하기에는 어울리지 않는 장소였다.

C. 나오미가 이단이었다?

나오미 신학의 교리나, 아니면 적어도 그 성숙도에 대해 의문을 제기하는 사람들이 있다. 우선, 나오미는 자신의 모든 불운을 여호와 탓으로 돌렸다(13, 21절). 둘째로, 그녀는 자신의 자부들이 그모스에 대한 우상 숭배로 돌아가도록 독려했다(15절). 베들레헴 사람들이 나오미의 귀향에 대해 반응하고 있을 때, 그녀가 하나님께 비통한 감정을 터뜨렸던 사실(19-20절)을 추가하는 사람들도 있을지 모른다. 비판자들은 나오미의 지식이 불완전했고, 그녀가 혼란스러운 사사 시대 동안 살았다는 사실과, 우리 모두가 신학적 무모순성이 아니라 구속의 은혜에 의해 구원받는다는 사실을 마음에 새겨야 할 것이다.

D. '모압 여인'

룻의 이름은 이 책에서 12번 등장하는데, 그 가운데 5번의 언급이 '모압 여인' 이라는 말을 덧붙이고 있다(1:22, 2:2, 21, 4:5, 10, 2:6 비교). 이 책 밖에서는 그녀의 이름이 단 한 번 언급되어 있으며, 예수 그리스도의 족보 속에 새겨져 있다(마 1:5).

E. '헤세드'

이 중요한 히브리 단어는 여러 가지 풍부한 뉘앙스를 담고 있다. 신실한 사랑과 친절함, 은혜, 자비 그리고 여호와 자신의 도덕적 속성에 기반을 두고 있는 다른 비슷한 특징들이 그에 해당된다. 룻과 오르바는 이스라엘 백성(엘리멜렉의 가족, 1:8)에게 헤세드(자비)를 보여주었기 때문에, 나오미도 여호와께서 그들에게 헤세드를 보여주시기를 간구했다(창 12:3).

F. 룻의 개종(1:16)

룻이 여호와를 믿는 신자가 되었던 시점에 대해 다소 의문의 여지가 있다. 1장 16절에 기록된 그녀의 언급이 전형적인 '로마의 길(Roman Road)' 은 아니지만, 다음 절(1:17)에서 이스라엘이 언약의 여호와께 행한 맹세를 통해 이 시점에서 행한 그녀의 헌신이 진심이었다고 이해하는 것이 불합리하지는 않다. 보아스도 그 사실을 알았던 다른 사람들을 통해 그녀가 이스라엘의 언약의 하나님께 헌신을 다짐했다는 사실을 이해하고 있었다(2:11-12). 그녀는 추측컨대 그녀의 믿음을 두게 될 여호와에 대해 충분히 알 수 있을 정도로 충분한 기간 동안 나오미의 며느리였던 것이다.

G. '만일 내가 죽는 일 외에 어머니와 떠나면' (1:17)

서로 다른 번역이 룻의 언급에 대해 대안적인 이해를 제공해주고 있다. 블록은 룻이 죽음 이외에는 아무것도 그녀를 나오미로부터 떼어놓지 못할 것이라고 말하고 있다고 주장한다(그의 논거에 대해서는 다음을 참고하라, Block, 643). 그럼에도 불구하고 그것은 '심지어 죽음조차도' 라는 의미를 배제하지 않고 있다. 당시 룻은 죽어서도 나오미가 장사된 곳에 묻힐 거라고 선언했기 때문이다. 다시 말해, 나오미에 대한 그녀의 헌신은 나오미의 생존 기간 동안 내내 계속되었고, 심지어 룻의 나머지 생애를 거쳐 그녀의 사망 시점에까지 이어졌던 것이다.

고안

A. 들어가는 글

1. '하나님이 우리를 괴롭히려고 애쓰실 때' 이야기로 시작하라.
2. 배경 설명: 룻기는 사사기와 룻기를 연결시켜주는 '사사들의 치리하던 때에' 라는 히브리 문구로 시작된다. 이 장은 사사 시대의 이야기를 계속 이어간다. 뜻밖의 전환과 함께 말이다. 그것은 우리에게 어려운 시대에 어려운 삶을 살아가는 사람들도 여호와께 신실함을 유지하는 것이 가능하다는 사실을 상기시켜준다.
3. 적용: 희소식(룻 2-4장)이 있기 전에, 먼저 나쁜 소식이 있다. 우리가 고통과 역경뿐만 아니라 세월이 흐름에 따라 변하는 관계 속에서 이 세상을 살아가고 있다는 사실이다(1장). 여호와께 계속 충실하기로 선택한 사람들은 그런 시기에 어떻게 살아가야 할까?

B. 본문 이해

1. 가족의 상실(1:1-5)
    1) 모압으로의 이주(1:1-2)

2) 모압에서의 불행(1:3-5)

2. 친구의 상실(1:6-8)

1) 나오미의 준비(1:6-10)

2) 나오미의 추론(1:11-13)

3) 룻의 선언(1:14-18)

3. 체면의 상실(1:19-22)

1) 나오미와 룻에 관한 소문(1:19)

2) 나오미로부터의 응수(1:20-22)

C. 결론: '고도를 바꿈으로써 태도를 바꿔라' 를 읽어주라.

토의 질문

1. 룻기 1장 1-5절을 묵상하라. 당신이 신자라는 사실은 당신의 삶이 고통으로부터 자유로울 것임을 의미하는가?

2. 이 이야기의 첫 부분이 격려가 될 만한 것으로 여겨지는가? 그것이 이 이야기가 사사기에서 발견된 것들과 좀 다를 것이라는 어떤 희망을 제공하는가? (나는 아니라고 생각한다.) 그렇다면 이 이야기의 나머지 부분(룻 2-4장)이 사사기와 그렇게 다른 이유는 무엇인가?

3. 두 개의 세로행을 만들어 각각 '세상의 마음' 과 '그리스도의 마음' 이라는 제목을 붙여라. 일상생활과 관련된 실제적인 화제를 가능한 한 많이 떠올려 생각해보고,

두 가지 사고방식과 생활방식을 대조해보라.

4. 앞으로 벌어질 일을 미리 생각해볼 때, 룻기의 등장인물들이 주변 문화의 영향을 초월해 살아갈 수 있도록 만들어준 것은 무엇이었는가? 이제 다음 질문에 대해 좀 더 개인적으로 묵상해보라. 나는 어떻게 내 주변 문화의 영향을 초월하여 살아가고 있는가? (다음 성경 구절들을 참조하라. 롬 6장, 12장, 엡 4:17-5:2, 15-21, 빌 2:1-11, 4:4-9)

룻기 2장

소년, 소녀를 만나다

"하나님은 종업원을 찾는 고용주가 아니라, 그분의 날개 아래로 피하게 될 사람들을 찾는 독수리이시다."

- 존 파이퍼(John Piper)

하나님은 그분의 목적을 이루기 위해 우리 삶의 세세한 부분까지 준비하시면서 섭리하신다.

들어가는 글

최상의 시기와 최악의 시기

찰스 디킨스(Charles Dickens)의 1859년 소설 「두 도시 이야기(A Tale of Two Cities)」는 다음과 같은 유명한 문장으로 시작되었다. "당시는 최상의 시기이면서 동시에 최악의 시기였다." 어디서 들어본 것 같지 않은가? 대부분의 사람들은 거기서 멈추게 된다. 디킨스는 계속해서 이렇게 적고 있었다. "지혜의 시대이면서 동시에 어리석음의 시대였고, 믿음의 시대이면서 동시에 불신의 시대였으며, 빛의 시기이면서 동시에 어둠의 시기였고, 희망의 봄이면서 동시에 절망의 겨울이었다. 우리는 우리 앞에 모든 것을 가지고 있으면서 동시에 아무것도 가지고 있지 않았으며, 우리 모두는 천국으로 곧장 가고 있으면서 동시에 반대 방향으로 내닫고 있었다." 이 설명은 사사 시대를 묘사하는 것처럼 들린다. 영적 정신분열증의 시대 말이다. 우리는 이 '좋은 소식과 나쁜 소식' 이야기가 몇 번이고 되풀이하여 재생되는 것을 본 적이 있다. 룻기는 우리에게 최악의 시기에 하나님이 최상의 시기(4:13-22)를 계획하고 계심을 보여준다.

그것은 우연히 일어나지 않았다. 하나님이 '보이지 않는 곳에서' 그분을 사랑하는 사람들을 위해 모든 것이(사악한 사람들의 사악한 선택까지도 포함하여) 합력하여 선을 이루도록 역사하고 계셨던 것이다. 룻기 1장은 그 여정의 과속방지턱이었다. 그것은 베들레헴에서 살아갈 희망이 전혀 보이지 않는 두 미망인으로 마무리되었다. 그러나 2장이 시작되면서 우리는 롤러코스터 놀이기구의 맨 꼭대기에 올라가 있다. 출발할 준비를 하고 말이다.

이 장을 로맨틱한 스타일로 분류하고 싶어진다. 그것이 주요 등장인물들의 마음속에서 가장 중요한 관심사는 아니었지만 말이다. 그러나 많은 훌륭한 연애소설에서처럼 독자들은 등장인물들보다 더 많이 안다. 보아스가 보여준 수줍은 관심은 그의 친절함(헤세드)과 매력적인 망설임(그가 자신을 자격 없는 청혼자로 여겼기 때문에)과 함께 우리로 하여금 그 자신도 아직 인식하지 못하는 추구에서 그를 지지하게 만든다. 룻은 그의 관심의 의미를 눈치 채지 못한다. 그의 관심을 순전히 하나님의 축복으로 간주하는(그것은 분명한 사실이다) 그녀의 겸손한 순진함 역시 우리로 하여금 그녀를 매력 있는 여성으로 간주하게 만든다. 그 롤러코스터 트랙은 우여곡절과 오르내림을 보이다가 뜻밖의 결말로 귀결되면서 우리가 모르는 사이에 끝나게 될 것이다. 자, 이제 승선해서 브레이크를 풀어보자.

본문 이해

소년, 소녀를 만나다

Main Idea	심지어 비관적인 시기에도 하나님은 그분의 메시아를 통해 세상을 구원하시려고 그분의 계획을 펼치고 계셨다. 룻과 보아스 같은 사람들 그리고 그들의 꽃피는 로맨스에 대한 일상적인 토론의 세부 내용은 하나님의 우주적 목적과 별로 관련이 없어 보이지만, 설사 그렇다 하더라도 하나님은 구속의 계획을 연출하는 수석 지휘자이시다.

A. 소년이 소녀를 보다(2:1-7)

Supporting Idea	룻은 이삭줍기라는 힘든 일을 통해 그녀 자신과 나오미를 부양하기로 마음먹었고, 보아스를 포함하여 그녀를 아는 사람들이 감동되었다.

2:1-7. 두 가지 중요한 사실이 이 장에서 벌어지는 사건들의 무대를 설정한다. 우선, 룻과 나오미는 보리 추수가 시작되는 시점에 베들레헴에 도착했다(1:22). 둘째로, 나오미의 친족 중에 유력한 자(아마도 '부와 사회적 지위와 존경' 을 의미할 것이다)가 베들레헴에 있었다. (동일한 용어가 잠언 31장 10절에서 르무엘의 이상적인 여인의 고결한 품성을 묘사하기 위해 사용되어 있다.) 그의 이름은 보아스였다. 그 이름의 의미는 불확실하다. 그것이 '그의 속에 힘이 있다' 혹은 '(내가) 여호와의 힘을 (신뢰한다)' 를 의미

할지도 모르지만 말이다.

룻은 여호와께서 이방인과 과부, 고아 등('심층 연구' 참조) 취약한 자들을 위해 행해지는 자비의 행위를 높이 평가하신다는 사실을 이해할 수 있을 정도로 이스라엘 종교에 대해 충분히 알고 있었다. 룻은 이방인이고 룻과 나오미가 모두 과부였기 때문에, 그들은 세 가지 기준 가운데 두 가지에 해당되었다. 하지만 룻은 나오미에게 두 번이나 허락을 요청했다(2, 7절). 당시는 사사 시대였고(1:1), 아무것도 당연한 것으로 여겨질 수 없었기 때문이다. 룻이 먼저 제안했다. 나로 밭에 가게 하소서. 내가 뉘게 은혜를 입으면 그를 따라서 이삭을 줍겠나이다. 나오미는 그 계획을 승인하면서 애정으로 반응했다. 내 딸아 갈지어다.

나오미가 생존을 위한 그런 기본적인 노력에 나서지 않은 사실은 다소 의문을 불러일으킨다. 그것이 우울증과 삶에 대한 무관심 때문이었는지는 의문스럽다. 무엇보다도 그녀가 베들레헴으로 돌아오는 수고를 마다하지 않았기 때문이다. 나중에 격려로 힘입게 되었을 때도(2:20) 그녀는 여전히 룻과 함께 밭에 나가지 않았다. 룻이 위험을 무릅쓰고 밖에 나가 곡식을 줍는 동안 나오미는 집안일에 매달렸을 거라는 추론도 가능하지만, 그녀가 단순히 너무 늙거나 육체적으로 약하여 이삭 줍는 사람들에게 요구되는 매우 힘든 노동을 할 수 없었을 가능성이 더 높다. 그러나 룻은 자신의 새로운 삶을 전적으로 받아들였다. 게다가 자신이 괴롭힘의 위험을 감수해야 한다는 사실도 알고 있었다. 그녀가 이방인인 데다 설상가상으로 모압 사람이었기 때문이다.

NIV 성경은 '나중에 밝혀졌듯이(as it turned out)' 라는 문구로 무슨 일이 일어났는지를 묘사하는 데, 이는 너무 단조롭다. 히브리 원문은 문자적으로 '그녀의 행운이 우연히 발견했다' 고 기록하고 있다. 이 이야기의 나머지 부분이 분명하게 보여주듯이(잠 16:33 참조), 그런 '행운' 이 하나님의 섭리 아래 있다는 사실을 분명히 하면서 말이다. 룻은 일을 시작한 바로 그 날 베들레헴 외곽 지역에 있는 밭들 가운데 특정 구획을 '우연히 발견했고', 그 구획 내에 있는 어떤 경작지를 '우연히 발견했으며', 그 경작지 내에 있는(2:8) 엘리멜렉의 친족 보아스에게 속한 밭을 '우연히 발견했다.' 베들레헴에 빵을 가져다주시고(1:6) 그들의 귀향 시점을 주관하셨던 하나님이 이제 또 관여하고 계셨던 것이다. 그분은 그들의 장래에 대해 계획을 갖고 계셨다. 당시 그들도 알지 못했던 장래에 대해서 말이다.

룻기의 저자 역시 깜짝 놀란 상태로 이야기 밖에 서 있다. 히브리 원문은 '보라(behold)' 는 단어로 그 점을 분명히 하고 있다(NIV에서는 '마침(just then)' 으로 번역되어 있다). 그 단어는 그 사건과 그 섭리에 의한 타이밍에 우리의 주의를 집중시키기 위해 본문에 처음으로 등장한다. 우리가 듣게 되는 그 '귀족' 의 첫마디는 자비로운 축복의 말이다. 여호와께서 너희와 함께하시기를 원하노라. 그 인사말에 그의 일꾼들도 대답했다. 여호와께서 당신에게 복 주시기를 원하나이다.

두 번째 인사말은 복합적인 동기를 가지고 있었을지도 모르고 여호와에 대한 헌신이 의심스러울 수도 있는 사람들에 의해 언급되어 있지만(실제로 9, 15, 16, 22절에 기록된 그들에 대한 경고에 유의하라), 첫 번째 인사말은 여호와께 매우 헌신적인 한 남자에 의해 제시되어 있다. 그와 여호와의 관계는 그가 자기 고용인들에게 말한 내용의 첫 부분이고, 나중에 그가 이성의 일원과 나누는 대화의 첫 부분이 될 것이다(12절).

보아스는 일꾼들에게 인사말을 건넨 뒤, 베는 자들을 거느린 사환에게 물었다. 그 질문은 "저 젊은 여인이 누구냐?"가 아니라 "이는 뉘 소녀냐(Whose young woman is that)?" 였다. 두 가지 점을 주목할 만하다. 첫째로, '젊은(young)' 이라는 형용사의 존재는 그가 그들의 나이 차이를 의식했음을 말해준다. 둘째로, 그럼에도 불구하고 소유대명사는 보아스가 그녀의 가족관계에 대해 묻고 있었음을 암시한다. 그녀가 한 남편에게 속해 있었는가? 이 장에서 보아스 측의 로맨틱한 관심을 모두 배제하기는 어렵지만, 그가 자애로운 관심을 가지고 그녀를 보았고 그들의 나이 차이 때문에 뻔뻔스럽게 행동할 생각이 전혀 없었을 가능성이 훨씬 더 높다.

베는 자를 거느린 사환이 그녀의 이름을 몰랐을 수도 있지만, 나오미를 알고 있었기 때문에 룻의 신원을 나오미와 함께 모압 지방에서 돌아온 모압 소녀로 파악하고 있었다. 하지만 이 인종적 신원 확인은 멸시 속에서 이루어진 게 아니었다. 그가 곧바로 자진해서 보아스가 물어본 것 이상의 대답을 했기 때문이다. 첫째로, 그녀는 뻔뻔스럽게 행동하지 않았고 자신이 이삭을 주워도 되는지 공손하게 물었다. 둘째로, 그녀는 노동에 대한 바람직한 가치관을 가지고 있었다. 아침부터 와서는 잠시 집에서 쉰 외에 지금까지 계속하는 중이니이다. 그 문구의 히브리 원문은 이해하기 쉽지 않지만, 그 요지는 분명하다.

B. 소년이 소녀를 만나다(2:8-13)

Supporting Idea	룻은 뜻밖에 보아스의 개인적 관심을 받게 되자 놀랐고, 보아스는 그것이 그녀의 품성에 대한 그의 존경의 결과라고 설명했다.

2:8-13. 우리는 보아스와 룻의 대화를 통해 그가 먼저 가장 큰 밭을 수확하고 있는 일꾼들에게 찾아가 그 모압 여인을 괴롭히지 말라고 엄한 지시를 내렸다는 사실을 추론하게 된다. "건드리지 마라!" 그런 다음 보아스는 룻에게 다가갔고, 황홀한 대화가 이어졌다. 보아스가 그의 일꾼들에 건넨 첫마디가 축복의 말이었듯이, 그가 룻에게 건넨 첫마디도 존중과 거리(내 딸아, 1:11, 12, 13, 2:2 참조) 그리고 보호의 따뜻한 말이었다. 그는 그녀가 다른 밭으로 벗어나지 말고 자기 밭에서 **그의 소녀들과 함께 있기를** 요청했다. 그리고 나서 그녀는 보아스가 남자 일꾼들에게 그녀를 건드리지 말라고 말했다는 사실을 알게 되었다. 블록은 이렇게 기록하고 있다. "보아스는 그렇게 해서 성경에 기록된 최초의 직장 내 성희롱 금지 정책을 시행하게 된다"(Block, 660).

게다가 보아스는 그녀의 보호자에 그치지 않았고 그녀의 공급자이기도 했다. 그녀가 목마를 때, 이삭 줍는 다른 사람들에게는 허용되지 않는 것을 할 수 있는 권한이 주어졌던 것이다. **그릇에 가서 소년들의 길어온 것을 마실지니라.**

그것은 이삭 줍는 사람들에 대한 법조문을 형식적으로 준수하는 것을 훨씬 넘어서는 것이었다. 그런 친절함은 룻에게 주체하기 힘든 것이었고, 그녀는 말과 행동으로 반응했다. 우선, 그녀는 경의와 감사의 표시로 땅에 엎드려 절했다. 둘째로, 그녀는 감동해 말했다. **나는 이방 여인이어늘 당신이 어찌하여 내게 은혜를 베푸시며 나를 돌아보시나이까?** 사실, 자비로운 사랑(헤세드)의 남자는 사람들을 이용할 수 있는 객체가 아니라 존중해야 할 주체로 대한다(헤세드와 관련해서는 315페이지의 설명을 참고하라). 룻은 아마도 나오미가 모압에서 이방인으로서 받았던 대우를 통해 자신이 베들레헴에서 예상할 수 있는 종류의 거부에 대해 이해하고 있었을 것이다. 그러나 룻은 오히려 예상치도 못했던 친절을 받았기 때문에 그 이유를 이해하지 못했다.

보아스의 대답은 적어도 그 미스터리의 일부를 제거해주었다. **네 남편이 죽은 후로 네가 시모에게 행한 모든 것과 … 일이 내게 분명히 들렸느니라.** 그리고 나서 보아스는 그 '모든 것' 을 일일이 열거했다. 그녀는 자기 가족(**부모**)을 떠났고, 자기 **고국**(모압)을 떠났으며, 자기가 알지 못하던 땅에서 알지 못하던 백성 가운데서 살기를 마다하지 않았던 것이다. 분명 성읍 사람들이 소문을 퍼뜨렸을 것이고(1:19-21), 나오미가 때로는 까다로운 사람으로 알려졌을 가능성이 있다. 이 모압 여인은 보아스의 깊은 존경을 받았다. 심지어 그가 그녀를 보기도 전에 말이다. 그녀는 나오미에게 헤세드를 보여 왔던 것이다(1:8, 3:1).

그런 다음, 보아스는 축복을 선언했다. 여호와께서 네 행한 일을 보응하시기를 원하며 이스라엘의 하나님 여호와께서 그 날개 아래 보호를 받으러 온 네게 온전한 상 주시기를 원하노라. 여호와께서는 참으로 우주에서 정의와 자비의 균형을 유지하신다. 이승이든 저승이든 상관없이 말이다. 보아스의 기도는 룻이 이 세상에서 온전한 보상을 받게 될 것이라는 내용이었다. 보아스가 알지 못했던 것은 바로 그 자신이 그 축복을 실현시킬 촉매가 될 거라는 사실이었다. 보아스가 룻에 대해 가지고 있었던 이미지는 작은 병아리처럼 홀로 방치되어 보호받지 못하던 한 개인이 보호와 피난처를 찾아 두 팔을(날개를) 벌린 여호와의 안전한 품으로 달려가는 모습이었다(마 23:37).

룻은 깊이 감동해 대답했다. 그리고 자신의 취약함을 인정하며 보아스에게 그가 자신을 위로해주었고(히브리 원문은 누군가에게 다시 한 번 깊이 호흡할 수 있게 해준다는 의미를 지니고 있음), 마음을 기쁘게 하는 말을 해주었다(문자적으로는 '내 마음을 움직였다')고 말했다. 룻은 자신이 보아스의 시녀들 가운데 하나만도 못하다고 생각했기 때문에, 그녀의 놀라움은 배가되었다.

C. 소년이 소녀에게 먹을 것을 주다(2:14-17)

Supporting Idea	룻은 뜻밖에 보아스의 개인적 호의를 받자 놀랐고, 보아스는 그 이유를 설명하지 않았다.

2:14-17. 식사할 때에(룻은 그날 아침 어디로 갈지 몰랐었기 때문에, 음식을 가지고 있지 않았을 가능성이 높다) 보아스가 다시 한 번 룻을 놀라게 했다. 첫째로, 그는 분명 자기 고용인들과 함께 식사했던 것으로 보인다. 둘째로, 그는 룻에게 이리로 와서 함께 식사하자고 권했다(이삭 줍는 다른 사람들은 초대되지 않았다). 그것은 이삭 줍는 사람이 기대할 만한 친절의 범위를 훨씬 넘어서는 것이었다. 보아스는 그녀에게 떡을 먹으

며 네 떡 조각을 초에 찍으라고 권했다. 그것은 아마도 딱딱한 빵 먹는 것을 좀 더 즐겁게 만들어주는 소스 혼합물이었을 것이다. 다른 추수꾼들은 아마도 자신들이 룻과 함께 먹기에는 너무나 훌륭하다고 생각했을 것이다. 그녀가 빈곤한 이방 여인이었기 때문이다. 셋째로, 보아스는 룻에게 자신이 직접 볶은 곡식을 제공함으로써 모두를 깜짝 놀라게 했다. 그녀가 그의 보호 아래 있다는 사실에 대해 의심할 여지를 전혀 남겨두지 않으면서 말이다. 보아스의 관대한 1인분은(룻이 배불리 먹고 남았더라) 그녀가 일부를 집에 있는 나오미에게 가져갈 수 있게 해주었다.

그녀가 일터로 돌아간 후에 보아스는 자기 추수꾼들에게 이미 추수되어 있는 곡식 단에서 줄기 일부를 뽑아 그녀가 지나가는 길에 뿌려 놓으라고 지시했다. 게다가 보아스는 그들에게 그녀를 책망하거나 꾸짖지 말라고 경고했다. 앞서 보아스는 그녀를 육체적 학대로부터 보호하기 위해 조치를 취했다("그 소년들에게 명하여 너를 건드리지 말라 하였느니라", 9절). 여기는 그가 언어적 학대로부터 그녀를 보호했던 것이다.

룻은 계속해서 저녁까지 쉬지 않고 일했다. 그녀가 주운 것을 털어보니, 그 양이 한 에바쯤 되었다('심층 연구' 참조). 그런 식으로 보아스의 일꾼들이 그의 지시에 따라 행동했지만, 룻 역시 열심히 일했다. 만약 보아스가 단순히 그녀에게 곡식을 주었다면, 그것이 그렇게 가치 있게 여겨지지 않았을지도 모른다.

D. 소녀가 '어머니' 께 고하다(2:18-23)

Supporting Idea	나오미가 처음으로 자신과 룻을 돌보시는 하나님의 섭리의 손을 인식하기 시작했다.

2:18-23. 룻은 나오미가 있는 집으로 돌아와 그녀에게 자신이 얼마나 많이 주웠는지를 보이고 식사 때 먹고 남은 것으로 그녀를 먹였다. 나오미는 그들의 축복 받은 은인에 대해 큰 관심을 보이며 속사포 같은 질문으로 반응했다. 우리는 룻이 어떻게 대답했는지 자세히 듣지 못하지만, 그녀는 마침내 그 땅 소유주의 이름이 보아스라고 말했다. 보아스가 성경에 기록되어 있지 않은 대화의 일부분에서 자신을 소개했거나, 아니면 룻이 그에 대해 이야기하는 다른 일꾼들로부터 그 이름을 들었을 것이다. 그것은 나오미로부터 세 가지 언급을 불러일으켰다. 첫 번째 언급은 또 다른 흥분의 탄성이었다. 여호와

의 복이 그에게 있기를 원하노라! 둘째로, 나오미는 여호와께서 생존한 자(룻과 나오미를 의미한다)와 사망한 자(말론을 의미한다, 룻은 나오미가 그 문구로 무엇을 의미하는지 궁금했을지도 모른다)에게 은혜(헤세드, 나오미가 룻을 위해 모압 남편을 염두에 두고 말했던 1장 8절을 참조하라) 베풀기를 그치지 아니하셨다고 주장했다.

셋째로, 나오미는 그 사람이 우리의 근족일 뿐만 아니라(확신컨대, 룻은 그가 멋진 친족이라고 생각했을 것이다), 우리 기업을 무를 자 중 하나라고 설명했다. 고엘(go' el)이라는 그 용어가 룻에게는 아무 의미가 없거나 별로 중요하지 않았을지도 모른다. 그럼에도 불구하고, 그녀는 도움이 되는 정보이기를 바라는 내용을 덧붙였다. 그가 내게 또 이르기를 내 추수를 다 마치기까지 너는 내 소년들에게 가까이 있으라 하더이다. 나오미는 그 말에 흔쾌히 동의하며 룻이 보호받기에 딱 좋은 계획이라고 말했다. 그리고 마음속으로 그것이 보아스와 룻 사이의 지속적인 접촉을 보장해줄 거라고 생각했다. 이에 룻이 보아스의 소녀들에게 가까이 있어서 보리 추수와 밀 추수를 마치기까지 이삭을 주우며. 그 기간은 대략 7주간이었다.

Main Idea 복습	심지어 비관적인 시기에도 하나님은 그분의 메시아를 통해 세상을 구원하시려고 그분의 계획을 펼치고 계셨다. 룻과 보아스 같은 사람들 그리고 그들의 꽃피는 로맨스에 대한 일상적인 토론의 세부 내용은 하나님의 우주적 목적과 별로 관련이 없어 보이지만, 설사 그렇다 하더라도 하나님은 구속의 계획을 연출하는 수석 지휘자이시다.

결론

"내가 지금 무엇을 생각하고 있을까요?" 게임을 해보자

우리의 주인공들이 무엇을 생각하고 있었는지 추측해보는 것이 가능하다. 우리가 그들의 동기를 연구할 때, 은혜와 명예와 기사도 등에 대해 배울 만한 교훈이 있기 때문이다. 우선, 룻에 대해 생각해보자. 그녀는 자기 권리를 요구하는 스타일의 사람이 아니었다. 그녀는 '받는 사람' 이 아니라 '주는 사람' 이었던 것이다. 룻은 나오미나 그 밭 관리자, 보아스, 심지어 하나님께도 뻔뻔스럽게 행동하지 않았다. 룻에 관해 말하자면, 그녀는 일을 시작한 첫날부터 꿈과 같은 일자리를 찾았다. 근로 조건이나 부가적인 혜택이 그녀의 기대를 능가했던 것이다. 그녀의 상사는 기사도의 사람이었다. 그녀는 결코, 심지어 무의식적으로도 자신이 은혜를 받을 만하다고 생각해본 적이 없다. 그녀는 오히려 은혜로 인해 경외심을 느꼈다.

둘째로, 보아스에 대해 생각해보자. 그는 일터에서 자신의 믿음을 실천하는 실업가였다. 그는 자신의 삶을 '신성한 것' 과 '세속적인 것' 으로 구분하지 않았다. 기억하라. 당시는 사사 시대였고, 보아스는 그를 위해 일하는 거친 사람들을 데리고 있었다(2:9, 15-16, 22). 게다가 보아스는 올곧고 이성을 존중할 줄 아는 사람이었다. 룻을 대하는 그의 태도에서 무례한 구석을 전혀 찾아볼 수 없기 때문이다. 그녀가 대부분의 여성들보다 훨씬 더 취약한 입장에 있었는데도 말이다. 그녀는 모압 여인이었고 게다가 과부가 아니었는가! 보아스는 기사도의 사람이었다. 최상의 의미에서 말이다.

▣ 진리 알기

- 하나님은 신자들이 일터에서 '빛과 소금' 으로서 그분을 섬기도록 부르신다.
- 신자들은 그들의 삶을 '신성한' 영역과 '세속적인' 영역으로 구분해서는 안 된다. 삶의 모든 영역이 신성한 것이다(일터에서의 우리의 동기에 대해 골로새서 3장 23-24절을 읽어보라).
- 우리는 결코 은혜를 받을 만하지 않다. 우리는 항상 은혜로 인해 경외심을 느끼며 살아야 한다.
- 때때로 하나님의 은혜를 받는 것은 상황이 우리가 원하는 대로 흘러가지 않는 것을 의미한다. 바울이 삶의 교훈을 깨달았을 때처럼 말이다. "내 은혜가 네게 족하도다 이는 내 능력이 약한 데서 온전하여짐이라" (고후 12:9).

▣ 적용하기

- 일터에서 당신의 믿음을 실천하라. 사람들이 눈치 챌 것이다.

• 받는 사람이 아니라, 주는 사람으로 알려지라.
• 희망을 잃지 말라. 하나님이 여전히 그분의 보좌에 계시지 않는가!
• "항상 복음 전파하되, 필요할 때는 말을 사용하라" [아시시의 성 프란시스(St. Francis of Assisi)].

삶의 적용

고독과 우울에서 기쁨으로

룻기 1장에서 나오미는 침울했다. 그러나 우리가 2장을 떠날 때는 나오미가 기쁨에 차 있었다. 저 멀리 수평선상에 하나님이 보내신 사람의 손만한 희망의 구름이 보였던 것이다(왕상 18:44). 하나님이 그녀를 위해 움직이고 계셨다. 나오미는 보아스의 친절한 행동 속에서 룻보다 더 많은 것을 인식했다. 어쩌면 보아스보다도 더 많은 것을 인식했을 것이다. 아마도 십 년 이상의 세월 만에 처음으로 나오미는 어느 정도의 희망을 갖게 되었다. 언약의 여호와의 축복에 근거해서 말이다. 그리하여 룻이 '보리'를 생각하는 동안, 나오미는 '신부'를 떠올리고 있었다. 룻이 '빵'을 생각하는 동안, 나오미는 '웨딩 케이크'를 생각하고 있었다. 룻이 '곡식'을 생각하는 동안, 나오미는 '할머니'를 생각하고 있었던 것이다.

하지만 그와 관련하여 분명히 해두고 싶은 게 있다. 사람들이 오해할 수 있기 때문이다. 우리는 환경의 변화를 보고 나서 희망을 발견하는가? 아니면 환경에도 불구하고 하나님의 성품을 보고 희망을 떠올리는가? 예레미야는 희망을 가져다주는 것이 하나님의 신실하심이라는 본성에 대한 깊은 묵상이라는 점을 분명히 했다(애 3:21-25). 우리는 하늘을 올려다보고 희망을 믿기보다는 주위를 둘러보며 희망의 증거를 찾으려고 하기가 훨씬 더 쉽기 때문에 그것이 어렵다. 하지만 믿음은 당장 보이지 않고, 우리의 환경은 때로 변하지 않는다. 나오미는 절망에서 기쁨으로 옮겨갔다. 그러나 하나님은 변하신 적이 없었다. 그분은 항상 그분의 자녀들이 그분 안으로 피난하여 안식하기를 간절히 바라며 거기에 계셨던 것이다. "하나님이여 나를 긍휼히 여기시고 나를 긍휼히 여기소서 내 영혼이 주께로 피하되 주의 날개 그늘 아래서 이 재앙이 지나기까지 피하리이다 … 주여 내가 만민 중에서 주께 감사하오며 열방 중에서 주를 찬송하리이다 대저 주의 인자는 커서 하늘에 미치고 주의 진리는 궁창에 이르나이다 하나님이여 주는 하늘 위에 높이 들리시며 주의 영광은 온 세계 위에 높아지기를 원하나이다" (시 57:1, 9-11).

기도

오 주님, 당신은 우리의 시민권이 하늘에 있기 때문에 우리가 이 세상의 환경에 자족할 줄 알아야 한다고 말씀하셨습니다. 우리에게는 믿음으로 걷는 것보다 보이는 대로 걷는 것이 더 쉬운 것처럼 보인다는 사실을 고백합니다. 우리가 당신의 사랑에 대한 우리의 이해를 당신의 약속보다 우리의 환경을 근거로 판단할 때 우리를 용서해주옵소서. 우리가 당신의 은혜로부터 용기를 얻고, 당신의 자비에 경외심을 느끼며, 당신의 날개 아래서 안식을 구하게 되기를 원합니다. 우리 주 예수 그리스도의 이름으로 기도합니다. 아멘.

심층 연구

A. 룻기와 사사기의 여성들

룻기의 처음 두 장을 계율적으로 검토할 때, 이 장은 사사 시대에 예상할 수 있는 것과는 깜짝 놀랄 만한 대조를 제공한다. 지난 '베들레헴' 에피소드(삿 19-21장)는 학대와 경멸, 배신, 강간 등을 당했던 한 취약한 여성의 이야기를 전해주었고, 같은 이야기 속에서 다른 여성들은 납치당하고 거래의 대상으로 이용되었다. 보호자가 전혀 없었던 것이다. 하지만 룻기에서는 아주 취약한 입장에 있는 두 여성이(게다가 한 명은 이방인이었다.) 잔인한 학대를 감당하기보다는 헤세드를 받게 되었다.

B. 하나님과 취약한 사람들

하나님은 그분의 경제 체제 속에서 취약한 사람들, 특히 이방인과 과부와 고아들에게(레 23:22, 신 10:18-19, 24:17-21, 27:19) 필요한 것들을 공급하셨다. 그들 가운데 누구에게든 자선을 베푸는 것은 하나님 그분 자신께 행해지는 경건한 행동으로 간주되어진다. 그 이유 가운데 하나는 개념상 그들 가운데 누구도 자신의 은인에게 대가로 아무것도 해줄 수 없기 때문이다. 따라서 그들을 도와주려는 우리의 동기가 호혜적이지 않고 순수할 수밖에 없다(마 5:46-47). 다시 말해, 우리가 받기 위해 주는 게 아니라 하나님이 우리에게 주라고 말씀하셨기 때문에 그리고 그분이 모든 주는 자들 가운데서 최고의 본을 보이셨기 때문에(요 3:16, 고후 9:15, 약 1:27) 주는 것이다.

C. 에바

곡식 한 에바는 대략 23리터 정도 될 것이다. 블록은 사무엘상 17장 17절에 근거하여 "곡식 한 에바로 50명의 전투원을 먹일 수 있었다"(Block, 670)고 지적한다. 따라서 그 정도 양이면 두 미망인에게 여러 주 동안 먹을 수 있는 식량을 의미했을 것이다.

D. 계대결혼(2:20)

하나님께서 사망한 자에게 은혜를 베푸셨다는 나오미의 언급은 계대결혼(Levirate marriage)으로 알려져 있는 구약의 관습을 그 배경으로 하고 있다(신 25:5-10, 마 22:24 참조). 그 관습에 의하면, 추측컨대 미혼의 형제가 자기 형제의 자식 없는 미망인과 결혼하게 되어 있었다. 자손을 잇기 위한 목적이었다. 그 첫 아이는 죽은 사람의 아들로 간주되었다. 그의 이름이 이스라엘에서 이어지도록 말이다. 그 관습이 공식적으로는 형제들에게 적용되었으나, 사사 시대에는 혈통 내에 있는 가까운 친족에게까지 확대되었던 것으로 보인다. 블록은 이렇게 기록하고 있다. "'레비레이트(levirate)' 라는 단어는 '시동생' 이라는 뜻의 라틴어 '레비르(levir)' 에서 파생된 것이므로, Levi나 Levitical과는 아무 상관없다" (Block, 636, n. 58).

E. 기업을 무를 자(Kinsman-Redeemer)

친족(kinsman)을 뜻하는 고엘(go' el, 2:20, 3:9, 12, 4:1, 3, 4, 6)은 즉각적으로 분명해 보이는 것보다 더 많은 책임을 내포하고 있다. 구약에서 고엘은 배상하고, 정의를 실행하며, 가문 소유의 땅을 보호하고, (아마도) 혈통을 잇는 등의 일가 구성원으로서의 책임을 가지고 있었다(4장 1-6절의 설명 참조). 어근의 분사는 '구속하다(to redeem)' 라는 의미를 지닌다(시 19:14, 잠 23:11, 욥 19:25 참조). 계대결혼은 언어학적으로 고엘과 관련되어 있지 않지만, 구약의 유대인들은 분명히 그렇게 이해하고 있었다. 나오미가 그것을 염두에 두고 그 두 개념을 결합해 동시에 언급했던 것이다. "하나님이 사망한 자에게 은혜를 베푸셨도다" (계대결혼). 이를 문자적으로 옮기면 "그는 우리의 고엘이니라" (룻 2:20).

고안

A. 들어가는 글

1. '최상의 시기와 최악의 시기' 이야기로 시작하라.
2. 배경 설명: 룻기 1장은 사사기 19-21장에 묘사된 것과 똑같은 잔인한 학대를 받을 가능성이 있는 취약한 두 여성을 소개했다. 하지만 룻기 2장은 이 이야기의 분수령으로, 이스라엘 백성들 가운데 하나님을 두려워하는 사람들이 남아 있다는 사실을 보여준다. 심지어 베들레헴에도 말이다. 3장과 4장은 이스라엘의 여호와를 믿는 그들의 믿음이 진실했음을 증명해줄 것이다.
3. 적용: 지난 장에서 나오미는 실의에 빠진 채, 하나님이 그녀를 그분의 우주적 과녁의 흑점으로 삼으셨다고 확신하고 있었다. 이 장에서는 나오미가 절망에서 기쁨으로 옮겨갔다. 무슨 일이 일어났던 걸까? 나중에 밝혀졌듯이, 그것은 룻이 일을 시작한 첫날 만났던 사람들 때문이었다. 이 장에서의 액션은 먼저 집 안에서 일어나고(1-2절), 그런 다음 대부분이 밭에서 일어나며(3-17절) 그리고 나서 다시 집 안에서 일어난다(18-23절).

B. 본문 이해

1. 소년이 소녀를 보다(2:1-7)
2. 소년이 소녀를 만나다(2:8-13)
3. 소년이 소녀에게 먹을 것을 주다(2:14-17)
4. 소녀가 '어머니' 께 고하다(2:18-23)

C. 결론: " '내가 지금 무엇을 생각하고 있을까요?' 게임을 해보자" 를 읽어주라.

토의 질문

1. 당신이 '불가능한 일들' (만만한 해결책이 전혀 없는 상황)에 직면해 있고, 그 속에서 주님을 신뢰하고 있을 때 무엇을 기대하게 될까? 여기에 다른 신자들이 경험했던 몇 가지 옵션을 소개한다.

   - 결과는 우리가 기대하고 바라는 대로일 것이다. 하나님이 그것을 어떻게 해내실지 우리가 알지는 못하지만 말이다(히브리서 11장 17-19절에 기록된 아브라함의 정신적 딜레마).
   - 결과는 우리가 기대하는 바와 비슷할 테지만, 하나님이 그 세부 사항은 조정하실지도 모른다(로마서 15장 22-24절에 기록된 대로 로마에 가고자 했던 바울의 계획처럼, 비록 쇠사슬에 묶인 채로 가고자 했던 것은 아니지만 말이다. 빌립보서 1장 12-14절에 기록된 결과에 주목하라).
   - 결과는 우리가 두려워했던 것이 되겠지만, 우리는 더 이상 그것을 두려워할 필요가 없다(고후 4:4, 16-17, 12:8-10).
   - 결과는 여전히 미지수다. 룻이 룻기 1-2장에서 느꼈던 방식처럼 그리고 우리가 지금 당장 느끼고 있을지도 모르는 방식처럼 말이다.

위 옵션들을 다 읽고 묵상한 뒤에, 하나님은 우리가 삶의 도전을 어떻게 직시하기를 바라시는지 말해보라.

2. 보아스와 룻에게서 칭찬할 만한 인품을 각각 두 가지씩 뽑아보라. 먼저 당신이 그것들을 선택한 이유에 대해 곰곰이 생각해본 다음, 주님은 우리가 우리의 '사사 시대' (삿 21:25, 룻 1:1) 한가운데서 어떻게 살아가기를 바라시는지 그리고 우리가 어떻게 그 자질들로 전환될 수 있는지 묵상해보라.

룻기 3장

'어느 황홀한 저녁'

"사랑하는 것은 취약해지는 것이다. 천국 이외에 우리가 사랑의 모든 위험으로부터 완벽하게 안전할 수 있는 유일한 장소는 지옥이다."

- C. S. 루이스(C. S. Lewis)

하나님의 사람들은 그분의 뜻을 추구하기 위해 심각한 오해의 위험을 무릅쓰고 미묘한 상황을 헤쳐나간다.

들어가는 글

둥근 달아, 모른 체해다오

좋은 소식은 이것이다. 보아스는 점잖고 신사다운 태도를 계속 유지하면서 룻을 자신의 보호 아래 두었다. 그러나 나오미에게는 나쁜 소식도 있다. 보아스가 관대하게 대해준 것 말고는 더 이상 말하거나 행동하지 않았던 것이다. 만약 나오미가 2천 년 전의 상담 코너에다 조언을 구하는 편지를 썼다면, 그것은 다음과 같은 내용이 될 수도 있을 것이다. "친애하는 아비가일(Abigail), 미망인이 된 내 자부가 매일 그녀에게 관심과 존경을 보이는 나이 든 남자와 접촉하고 있어요. 사실 그 남자는 자부를 본 순간부터 깊은 관심을 보이며 공주처럼 대해주고 있답니다. 그러나 벌써 두 달이 지났는데도 그는 여전히 그들의 관계를 다음 단계로 진전시키자는 얘기를 전혀 하지 않고 있습니다. 자부도 그를 좋아하고 있지만, 그가 더 이상 젊어질 수는 없지 않겠어요! 우리가 어떻게 하면 그가 무덤덤함에서 벗어나 자신의 무기력에 불을 붙이고 자신의 무감각을 청산하게 만들 수 있을까요? 베들레헴에서 어찌할 바를 모르는 이가."

나오미는 당혹스럽고 어리둥절하여 어떻게 풀어나가야 할지 모르고 있었다. 보아스는 분명히 자신의 독신 상태를 바꿀 즉각적인 계획을 갖고 있지 않았다. 설상가상으로, 오늘 밤은 수확기 축제의 마지막 밤이었고, 따라서 룻과 보아스의 정기적 접촉도 곧 끝나게 될 것이었다. 이제 어떤 조치든 취해야 할 시점이었다. 위험을 감수해야 할 시기가 도래했던 것이다.

본문 이해

'어느 황홀한 저녁'

Main Idea	하나님의 백성들은 하나님이 장벽을 제거해주시기를 수동적으로 기다려야 할 때가 있고, 때로는 하나님의 백성들이 직접 그 장벽과 싸워야 할 때가 온다. 두 경우 모두 하나님이 그분을 사랑하는 사람들을 위해 모든 것이 합력하여 선을 이루도록 역사하시며, 그분이 우리 삶의 세세한 부분까지도 관심을 기울이신다는 믿음으로 행해진다. 이 장의 세 등장인물은 모두 그들을 취약하게 만들 수도 있는 위험을 감수했고, 하나님을 신뢰했으며, 사랑이라는 동기에 의해 행동했다.

A. 나오미가 은밀히 계획을 세우다: 반려자(3:1-5)

Supporting Idea	나오미는 보아스가 룻의 관심에 대해 통지를 받을 수 있는 계획을 세웠다. 그러나 모든 관련자의 당혹감을 최소화하면서 그가 'no' 라고 말할 수 있는 방식을 취했다.

3:1-5. 두 달이 빠르게 지나갔다. 나오미는 룻에 대한 보아스의 관심이 친절한 은인의 범위를 넘어선 것이라고 확신했다. 그래서 어느 날 나오미는 사랑하는 어머니에게 어울리는 다정함으로 룻에게 접근했다. 매우 미묘한 화제를 꺼내기 전에 그녀를 '내 딸아' 라고 부르면서 말이다. 먼저 질문이 던져졌다. 내가 너를 위하여 안식할 곳을 구하여 너로 복되게 하여야 하지 않겠느냐? 이제는 룻이 애도를 그만두고 다른 차원의 가정생활로 들어서야 할 시점이었던 것이다. 나오미는 화제를 꺼낸 뒤에 곧바로 자신이 세운 계획의 대상을 밝혔다. 보아스는 우리의 친족이 아니냐(2장 20절에서처럼 복수 소유격을 사용하고 있음에 주목하라). 나오미는 오래 전부터 룻을 자신의 딸로 생각해왔기 때문에, '기업 무를 자' 의 보호를 룻에게까지 확대하는 것은 적법하고도 논리적이었다.

그런 다음, 나오미는 그 계획이 지체될 수 없음을 설명했다. 보라(Behold, NIV 성경에는 빠져 있다), 그가 오늘 밤에 타작마당에서 보리를 까불리라('심층 연구' 참조). 그녀는 곧바로 자신의 전략을 설명했다. 매력적으로 보이라. 주의를 기울여라. 과단성 있게 행동하라. 순종할 준비를 갖추라. 우선, 룻은 애도의 모든 흔적을 지우고 자신을 매력적으로 만들어야 했다. 너는 목욕하고 기름을 바르고 의복을 입고. 의복(NIV: your best clothes)이라는 용어는 아마도 룻의 옷장에서 특별한 의상을 꺼내라는 게 아니라, 단순히 겉옷을 의미했을 것이다. 빈곤한 삶을 영위하기 위해 이삭 줍는 사람으로서, 고를 만한 옷들이 있었을 가능성이 없기 때문이다. 그녀는 기근이라는 환경을 피해 자신의 모든 소유물을 가지고 이제 막 베들레헴에 도착했었다.

블록은 그 의미를 분명히 해주는 설득력 있는 유사 사례를 제공해준다. 다윗의 갓 태어난 아들이 마침내 죽었을 때, 그는 몸을 씻고 기름을 바르고 의복(NIV에 의해 'best clothes' 로 번역된 동일한 히브리 단어가 사용되어 있다)을 갈아입고 성전에 들어가 경배했다(삼하 12:20). 목욕과 단장과 의복은 다윗의 신하들에게 그의 애도 기간이 끝났음을 의미했던 것이다.

마찬가지로, 룻의 단장은 그녀의 공식적인 애도 기간이 끝났음을 암시하게 될 것이다. 만약 그녀가 실제로 상복을 입고 있었다면, 그것은 로맨스에 대한 보아스의 무기력함을 설명하는 데 도움이 되었을 것이다. 이제 룻의 외모는 그녀가 정상적인 삶으로 되돌아갈 준비가 되어 있음을 알리는 시각적인 선언이 될 것이었다. 결혼의 가능성까지도 열어 놓으면서 말이다.

둘째로, 룻은 하루 일과와 축제가 모두 끝난 후에 보아스가 수면을 취하는 장소에 주의를 기울여야 했다. 그 사람이 먹고 마시기를 다하기까지는 그에게 보이지 말고 그가 누울 때에 너는 그 눕는 곳을 알았다가. 그러나 우리는 룻이 사람들을 깨우지 않기 위해 이제 막 잠이 든 사람들을 조심스럽게 넘어 마침내 보아스의 자는 모습을 발견했을 거라고 생각해서는 안 된다. 분명 보아스는 나머지 일꾼들로부터 어느 정도 떨어져 있는 곳에서 잠을 잤던 것으로 보인다. 그것이 다음에 이어지는 대화와 행동이 남의 눈에 띄지 않았던 이유를 설명해준다.

셋째로, 룻은 과단성 있게 행동해야 했다. 들어가서 그 발치 이불을 들고 거기 누우라. 그것은 두 가지 목적에 기여하게 될 행동이었다. 먼저 그녀가 그에게 겸손한 태도로 접근했음을 상징해주었다(뻔뻔스러움에 대한 오해의 소지를 방지하기 위해). 그것은 또한 그 노병을 깨워주었다. 그러나 서서히, 갑작스럽지 않게 말이다(보아스가 '겁' 을 내지 않도록).

넷째로, 룻은 순종할 준비를 갖추어야 했다. 그가 너의 할 일을 네게 고하리라.

룻이 나오미에게 대답한 말은(어머니의 말씀대로 내가 다 행하리이다) 단순히 '그렇게 하겠습니다' 보다 더 강한 언급이었다. 그것은 여러 가지 사항을 인정하고 받아들이는 대답이었던 것이다. 첫째로, 룻은 여호와에 대한 나오미의 헌신을 신뢰했고, 그녀가 자신에게 도덕적으로 옳은 일만 시킨다는 사실을 믿었다. 둘째로, 그녀는 자신에 대한 나오미의 애정을 신뢰했고, 유혹으로부터의 안전(그녀의 순결)이라는 측면에서 자신이 부당한 위험에 처하지 않게 될 것이라는 사실을 믿었다. 셋째로, 룻은 비방으로부터의 안전(그녀의 평판)이라는 측면에서 그것이 그 상황에 대처하는 최선의 방법이라는 나오미의 판단을 신뢰했다. 마지막으로, 그녀는 보아스의 성품과 반응에 대한 나오미의 평가를 신뢰했다. 그녀가 상상할 수도 있는 여러 가지 가능한 반응에도 불구하고 말이다. 룻은 그저 나오미를 신뢰했던 것이다.

B. 룻이 청혼하다: 데이트(3:6-10)

Supporting Idea	룻은 나오미의 판단에 기초해 자신의 안전과 평판이 위험에 처하는 상황을 마다하지 않았고, 보아스가 기사도의 사람이라는 그들의 공통된 평가를 기꺼이 신뢰했다.

3:6-10. 곡식이 탈곡되고 키질되어 성읍으로 운반될 준비가 완료되었고, 그 작업은 다음날 아침까지 기다려야 할 것이었다. 룻은 약속했듯이 타작마당으로 내려가서 시모의 명대로 다 행하였다. 이 요약된 진술은 다음 구절들에서 부연된다. 축제가 끝난 후에 보아스는 마음이 즐거웠다(NIV: Boaz was in good spirits). 여기에 말장난('spirits' 이 독주라는 의미도 지니고 있음 - 역주)은 없었다고 확신한다. 그는 술에 취했던 게 아니라, 기쁘고 흡족했던 것이다. 그가 노적가리 곁에 누울 때, 룻은 그의 위치를 눈여겨보아 두었다. 그리고 그가 잠들자, 룻은 가만히 가서(사무엘상 24장 4절에 사용된 것과 동일한 단어다) 그 발치 이불을 들고 거기 누웠다. 그녀가 잠을 잤는지 여부는 알려져 있지 않지만, 당시 상황에 비추어 그것은 의문스러워 보였을 것이다.

그리고 나서 한밤중에(혹은 자정쯤에) 그가 한기를 느껴 손으로 더듬어 자신의 망토를 찾다가 놀라 일어났다(놀라 몸을 돌이켜본즉 한 여인이 자기 발치에 누웠는지라). 당연한 질문이 던져졌고(네가 누구뇨?), 대답이 제시되었다(나는 당신의 시녀 룻이오니). 룻은 앞서 자신을 보아스의 시녀들(servants)보다 못한 사람으로 낮추었다(2:13). 그녀가 여기서 사용했던 말은 다른 용어(handmaiden)로, 그 어감은 그들 지위의 상대적 격차를 줄여주고 있다. 어떤 의미에서 그는 '부엌데기 시녀를 둔 기사'에서 '항상 곁에서 시중드는 시녀를 둔 기사'로 옮겨갔던 것이다.

룻은 거기서 멈추지 않았다. 결혼에 대한 그녀의 소망을 정확히 밝혔던 것이다. 당신의 옷자락으로 시녀를 덮으소서. 그 관용어구 자체가 정곡을 찌르는 것이었다. 그것은 보아스가 룻에 대해 경의를 표시했던 종전의 언급을 상기시켰다. 룻은 언약의 여호와의 '날개' 아래 놓이는 보호를 추구했었다(2:12). 여기에 똑같은 히브리 단어가 반복되어 있으며, 2장에 기록된 그 용어와의 연계는 의도적이다. 거기서는 보아스가 룻에게 여호와의 축복을 빌었고, 여기서는 그가 중개인이 되어 여호와께서 그를 통해 룻을 축복하시게 될 것이었다. 거기서는 룻이 여호와의 '날개' 아래로 찾아왔고, 여기서는 여호와의 '날개'가 보아스의 '날개'가 되는 것이다(하나님이 이스라엘을 아내로 주장하고 계시는 에스겔 16장 8절의 병행구를 참조하라). 그런 식으로 룻은 언약의 여호와를 자신의 요구에 함축적으로 끌어들였다.

룻은 보아스가 자신을 지나치게 뻔뻔스럽다고 생각하게 내버려두지 않고, 곧바로 가장 중요한 세부 내용을 덧붙임으로써 그녀의 요구를 뒷받침하는 신학적 근거를 명시적으로 언급했다. 당신은 우리의 기업을 무를 자가 됨이니이다. 이 시점에서는 룻이 고엘의 의미와 그 역할에 부수된 책임에 대해 제대로 알고 있었을 거라고 가정할 수 있을 것이다. 보아스는 아주 고결한 사람이었기 때문에, 그 책임을 그 앞에 놓는 것이(나중에 판명되었듯이, 참으로 당연한 일지만) 명예롭고 긍정적인 반응을 불러일으키게 될 것이었다. 하지만 룻에게는 보아스가 보인 열정적인 반응이 뜻밖이었을지도 모른다. 그의 첫 언급은(여호와께서 네게 복 주시기를 원하노라) 다시 한 번 여호와를 그들 계획의 중심에 놓았다.

그들의 연령 차이는 틀림없이 중요한 부분이었을 것이다. 그 사실이 두 가지 언급을 통해 증명된다. 첫째로, 그가 다시 한 번 그녀를 내 딸이라고 칭했다(2:8). 보아스는 룻에 비해 자신이 너무 늙었다고 생각했기 때문에, 그녀에게 관심을 표시함으로써 그녀를 불편하게 만들고 싶지 않았었다. 그는 계속해서 말했다. 너의 베푼 인애가 처음보다 나중이 더하도다. 처음이란 나오미를 돌보면서 베푼 인애를 말하는 것이다(모두가 알고 있었듯이 말이다, 2:11-12). 그의 겸손한 관점은 매력적인 것이었다. 사실 룻이 자기 가족과 고국과 종교를 떠나 시어머니를 돌보는 데 헌신하기로 했던 선택은 지금의 행동보다 훨씬 더 위대한 헤세드의 표현이었기 때문이다. 그러나 보아스는 그렇게 보지 않았던 것이다.

그녀가 일단 상복을 벗은 후에는 '자유 계약 선수' (블록의 표현을 빌리자면)로서 유망한 젊은 남자들 가운데 아무나 골라잡을 수 있었을 것이다. 그 점에 대해서는 보아스도 전혀 의문을 제기 않았다(네가 빈부를 물론하고 연소한 자를 좇지 아니하였으니). 보아스의 관점에서 볼 때, 룻은 나오미에게 헤세드를 주었을 뿐만 아니라 이제 그에게도 헤세드를 주었고, 그는 자신을 가장 축복받은 사람으로 간주했다. 보아스는 그것에 대해 기도하거나 조언을 구하거나 심지어 생각할 필요도 없었다. 그런 축복은 여호와의 손으로부터 직접 오는 것이었고, 보아스는 영광송을 불렀다.

요컨대, 우리는 두 가지 장벽이 보아스로 하여금 룻에게 어떤 제안도 하지 못하도록 방해했다는 사실을 알고 있다. 첫째로, 그는 나이 든 사람으로서 그녀가 자신에게 관심을 갖지 않을 거라고 생각했다. 룻이 그 장벽을 제거해주었다. 하지만 또 다른 남자가(더 가까운 친족이) 그들 사이에 끼어들 수 있다는 두 번째 장벽이 있었다. 룻이 첫 번째 장벽을 제거했으므로, 이제 보아스가 두 번째 장벽 제거에 나섰다.

C. 보아스가 약속하다: 기다림(3:11-18)

Supporting Idea	보아스는 자신이 하나님과 룻 모두로부터 은혜를 받은 수혜자라고 느꼈고, 룻을 정중하게 대했으며, 그녀를 위해 고엘의 역할을 추구하는 리스크를 받아들였다.

3:11-18. 도덕적 타협을 위한 환경이 어렵지 않게 상상될 수 있었을 것이다. 보아스는 룻을 사랑하고 있었다. 별빛도 없는 밤이었고, 그는 포도주를 많이 마셔 얼근한 상태였으며, 주위에는 아무도 없었다. 모두가 잠든 한밤중인 데다, 그녀가 자진해서 그의 망토 아래 놓이게 해달라고 부탁까지 하지 않았는가. 당시는 사사 시대였고, 그들 주변에

는 온통 난교 행위가 예배 상황으로 간주되는 다산 숭배의 사교가 판을 치고 있었다. 그러나 보아스는 수치스러운 행위를 거부했다. 그는 참으로 '책망할 것이 없는' 사람이었던 것이다(딤후 3:2). 보아스는 그녀의 보호자로서 그녀가 마음에 담고 있을지도 모를 염려를 달랬다. 두려워 말라. 내가 네 말대로 네게 다 행하리라. 보아스는 또 그 날 저녁의 사건들에 비추어 그녀를 안심시켜주었다. 네가 현숙한 여자인 줄 나의 성읍 백성이 다 아느니라. '현숙한(noble character)' 으로 번역된 동일한 용어가 룻기 2장 1절에서 보아스에 대해서도 사용되었다(그리고 잠언 12장 4절과 31장 10절에서도 발견된다).

룻은 이제 보아스가 자신에 대해 어떻게 생각하는지(우리는 알고 있었지만, 그녀는 모르고 있었다) 알게 되었다. 그가 그녀를 돌보며 여생을 보내고 싶어 한다는 사실도 함께 말이다. 하지만 그들에게 좀 더 가까운 친족이 가계 내에 있었다. 보아스는 다음날 아침 그 사람에게 도전할 작정이었다. 그가 기업 무를 자의 책임을 네게 이행하려 하면 좋으니 그가 그 기업 무를 자의 책임을 행할 것이니라. 비록 보아스 자신은 상심하게 되겠지만, 룻은(그리고 나오미도) 보살핌을 받게 될 것이다. 만일 그가 기업 무를 자의 책임을 네게 이행코자 아니하면 여호와의 사심으로 맹세하노니 내가 기업 무를 자의 책임을 네게 행하리라.

계대결혼과 고엘의 중복되는 책임이(그리고 당시 그것들이 어떻게 적용되었는지에 대한 우리의 이해 부족이) 그 사안이 판결되어야 하는 엄격한 기준을 약간 모호하게 만든다. 보아스도 그 무명의 친족도 룻과 결혼해야 하는 법적 의무를 지니고 있지 않았던 것이다(계대결혼의 책임에 대한 엄격한 해석에 의하면). 나오미의 계획은 그들의 도덕적 의무감에 의존하고 있었다(428 페이지 설명 참조).

야심함과, 한밤중에 홀로 돌아다니는 여성의 취약함(2장 22절이 낮 동안의 공격을 가리키고 있다는 사실에 주목하라) 그리고 성읍 내에 퍼져 있는 보아스와 룻 모두의 평판(2:1, 4, 11-12, 3:11) 때문에, 최선의 대안은 룻이 밤새 보아스와 함께 머물러 있다가(이 밤에 여기서 머무르라 … 아침까지 누울지니라) 사람이 피차 알아보기 어려울 때에 돌아가는 것이었다. 사실은 그녀가 떠나기 전에 보아스가 지시를 내렸다(추측컨대, 믿을 만한 어느 종에게). 여인이 타작마당에 들어온 것을 사람이 알지 못하여야 할 것이라. 룻과 보아스가 많은 잠을 잤을지는 의문스럽다. 아마도 나머지 밤 시간 동안 내내 조용히 이야기를 나누었을 것이다.

그 다음날 아침 이른 시간에 두 사람 모두 성읍으로 돌아왔다. 보아스는 룻이 가져갈 수 있도록 보리를 여섯 번 계량해주었고, 그것은 두 가지 목적에 기여했을 것이다. 우선, 그것은 그의 의도(그의 진술된 이유)를 나오미에게 맹세하는 행위가 되었을 것이다. 둘째로, 그것은 룻이 왜 그런 시간에 나와 돌아다니는지 의아해하는 이웃들에게 설명을 제공해주었을지도 모른다. 한편, 보아스는 더 가까운 친족과의 교섭을 위한 계획을 세우려고 성으로 들어갔다.

나오미도 그날 밤 내내 거의 잠을 자지 못했을 것이다. 그녀가 물었다. 내 딸아 어떻게 되었느냐(NIV: How did it go, my daughter)? 문자적으로는 "내 딸아, 너는 누구냐(Who are you, my daughter)?"라는 질문이었다. 만약 우리가 그 질문을 액면 그대로 받아들인다면, 나오미는 룻에게 그녀가 말론의 미망인 룻인지 아니면 보아스의 약혼녀 룻인지를 묻고 있었던 것이다. 룻은 의견 발표회에 나서는 학생처럼 흥분한 어조로 대답했다. 룻이 그 사람의 자기에게 행한 것을 다 고하고 가로되 그가 내게 이 보리를 여섯 번 되어주며 이르기를 빈손으로(empty-handed) 네 시모에게 가지 말라 하더이다. 룻에게는 보아스가 언어적으로 보증을 해주었다. 나오미는 이제 어떤 식으로든 그녀의 '공허한(empty)' 날들이 끝나게 되었다는 시각적인 보증을 받았던 것이다(동일한 단어가 1장 21절에서도 사용되었다). 그리고 어떤 식으로든 룻도 남편을 갖게 될 것이다. 그 남편이 누가 될지는 보아스도 알지 못했다.

나오미는 메시지를 받아 들고 그것을 한껏 즐겼다. 내 딸아 이 사건이 어떻게 되는 것을 알기까지 가만히 앉아 있으라. 그 사람이 오늘날 이 일을 성취하기 전에는 쉬지 아니하리라. 나오미가 수립한 계획의 1단계가 완료되었다. 이제 그녀와 룻은 2단계 계획의 결과를 알게 될 때까지 함께 기다리게 될 것이었다.

Main Idea 복습	하나님의 백성들은 하나님이 장벽을 제거해주시기를 수동적으로 기다려야 할 때가 있고, 때로는 하나님의 백성들이 직접 그 장벽과 싸워야 할 때가 온다. 두 경우 모두 하나님이 그분을 사랑하는 사람들을 위해 모든 것이 합력하여 선을 이루도록 역사하시며, 그분이 우리 삶의 세세한 부분까지도 관심을 기울이신다는 믿음으로 행해진다. 이 장의 세 등장인물은 모두 그들을 취약하게 만들 수도 있는 위험을 감수했고, 하나님을 신뢰했으며, 사랑이라는 동기에 의해 행동했다.

결론

새디 호킨스 데이

1937년 11월, 새디 호킨스(Sadie Hawkins)가 알 캡(Al Capp)의 연재만화 〈릴 애브너(Li' l Abner)〉에 처음으로 등장했다. 새디는 너무나 못생겨서 미국 도그패치(Dogpatch)의 강력한 시장인 그녀의 아버지가 그녀를 시집보내지 못할까봐 걱정할 정도였다. 절박했던 그는 새디 호킨스 데이(Sadie Hawkins Day)를 선포했다. 도그패치의 모든 미혼 남성들은 일렬로 늘어서야 했고, 새디와 다른 미혼 여성들이 그들을 좇아 달리기를 시작하기 전에 10초 먼저 출발하도록 되어 있었다. 각 여성이 붙잡은 남성은 결국 강제 결혼을 위해 주례 담당 경찰관 앞으로 나아가게 되어 있었다. 분명 새디는 못생긴 만큼이나 재빨랐고, 그녀의 남자를 붙잡았다. 그러나 도그패치의 여성들이 그것을 너무나 좋아하는 바람에, 그것이 여성들에 의해서는 소중히 여겨지고 남성들에 의해서는 끔찍하게 여겨지는 연례행사가 되고 말았다.

우리가 알 캡의 만화 세상을 보고 미소짓지만, 룻이 보아스에게 "나와 결혼해주세요"라고 말했다는 것은 피할 수 없는 사실이다. 한번 생각해보라. 룻은 뻔뻔스러운 여성이 아니었다. 만약 나오미가 아무 말도 하지 않았다면 그녀가 그렇게 행동했을까? 아니다.

그녀는 무엇에 관한 것이든 자신을 위해 뻔뻔하게 행동한 적이 한 번도 없었다(2:2, 7). 그러나 여기서 우리는 "여성이 남성에게 청혼하고, 젊은 사람이 나이 든 사람에 청혼하며, 농장 일꾼이 농장 소유주에게 청혼하고, 이방인이 원주민에게 청혼하며, 가난한 사람이 부자에게 결혼을 요구하는 것을" (Block, 687, 692) 보게 된다.

룻은 자신을 위험에 노출시켰다. 그러나 룻은 그 방법을 통해 하나님의 말씀에 순종함으로써 그분에 대한 그녀의 사랑을 보여줄 수 있었던 것이다. 그녀는 여호와를 위해 그리고 그분의 백성 가운데 한 사람을 위해 기꺼이 계대결혼의 관습에 참여했다. 그 결과, 룻은 은혜로 그녀의 메시아의 계보에 들어가게 되었던 것이다.

왜 그런 위험을 감수할까? 자신의 일부를 주는 것과 자기 자신을 주는 것 사이에는 차이가 있다. 암탉과 돼지가 계란과 베이컨으로 차려진 아침식사에 각자가 기여한 바를 토론하고 있었다. 암탉에게는 그것이 제물이었지만, 돼지에게는 그것이 철저한 헌신이었던 것이다. 이 장에 등장하는 사람들은 모두 '받는 자' 가 아니라 '주는 자' 다. 나오미는 룻의 최고 유익을 추구했고, 룻은 나오미와 보아스의 최고 유익을 추구했으며, 보아스는 룻과 나오미의 최고 유익을 추구했다. 그리고 때로는 철저한 헌신이 위험을 감수하는 것을 포함한다. 믿음으로 말이다.

▣ 진리 알기

- 하나님은 당신이 바라는 것보다 훨씬 더 많이 그분의 뜻이 당신의 삶 속에서 이루어지기를 원하신다.
- 우리는 하나님이 그분의 백성들이 삶 가운데 소위 사소한 '우연' 이면에서 역사하신다는 사실을 몇 번이고 되풀이해서 보아왔다.
- 하나님은 장벽을 극복하고 장애물을 디딤돌로 만드는 특별한 버릇이 있으시다.
- 하나님을 사랑하는 사람들은 자연적으로 하나님의 뜻을 행하기 원하며, 그분의 뜻이 그들의 뜻이 된다. 심지어 그것이 고난을 수반할 때조차도 말이다.

▣ 적용하기

- 당신은 자신의 일부를 그리스도께 드리는가, 아니면 당신 자신을 그분께 드리는가? 당신은 하나님의 능력을 원하는가, 아니면 하나님을 원하는가? 당신의 전(全) 존재를 하나님의 전

(全) 존재께 드려라.

- 믿음은 리스크를 수반한다는 사실을 인식하라.
- 용기를 내라. 당신의 리스크는 하나님의 성품에 기반을 두고 있고 그분의 약속에 근거하고 있다.

삶의 적용

사랑은 리스크다

C. S. 루이스는 이렇게 말했다. “사랑하는 것은 취약해지는 것이다. 무엇이든 사랑해 보라 그러면 당신의 마음은 분명 괴로워질 것이고, 아마도 깨어지고 말 것이다. 만약 당신이 꼭 자신의 마음을 온전하게 간직하고 싶다면, 그것을 아무에게도 주어서는 안 된다. 심지어 동물에게조차도 말이다. 그것을 취미와 약간의 사치품으로 조심스럽게 싸라. 모든 복잡한 관계를 피하라. 그것을 당신의 이기심이라는 상자나 관 속에 안전하게 보관하라. 그러나 어둡고 공기가 통하지 않으며 흔들림이 없어 안전한 그 상자 안에서도 그것은 변하게 될 것이다. 그것이 깨어지지는 않겠지만, 좀처럼 꺾일 줄 모르고 이해할 수 없으며 되살릴 수 없는 것이 되고 말 것이다. 그 비극의 대안은, 아니 적어도 그 비극의 리스크에 대한 대안은 지옥행이다. 천국 이외에 우리가 사랑의 모든 위험과 불안으로부터 완벽하게 안전할 수 있는 유일한 장소는 지옥이다”(Lewis, The Four Loves).

이 장의 세 등장인물은 모두 위험을 감수했다. 세 사람 모두 사랑이라는 동기에 의해 행동했다. 오해의 가능성이 엄청난 상황이 아니었는가! 룻은 나오미가 친족 구속자에 대한 하나님의 율법에 매달리는 것을 오해할 수 있었다. 보아스는 룻이 그에게 내놓은 제안에 대해 오해할 수도 있었다. 룻과 나오미 모두 보아스가 어떤 사람인지 잘못 판단할 수도 있었던 것이다.

세 등장인물 모두 사랑의 리스크를 감수하신 하늘 아버지의 마음을 반영하고 있었다(요 3:16). 하나님은 우리와 사랑에 빠져 계시다.(놀랍지 않은가?) 그분은 우리를 너무나 사랑하시기 때문에, 우리 없이 살기보다는 죽기를 택하셨던 것이다. 그분의 사랑은 그분 자신이 취약해지도록 동기를 부여했다. 왕이 아니라, 아기로 성육신하심으로써 말이다. 그리고 속죄가 이루어졌다. 그분이 지금 팔을 벌리고 계신다. 우리는 어떻게 반응할 것인가?

기도

주여, 우리가 스스로에 너무 만족하고 있을 때, 우리가 너무 적게 꿈꾸었기 때문에 우리의 꿈들이 모두 실현되었을 때, 우리가 해변에서 너무 가까이 항해했기 때문에 안전하게 도착할 때, 우리를 방해하소서. 주여, 우리가 소유하고 있는 풍요로운 것들로 말미암아 생명수에 대한 목마름을 잃어버렸을 때, 우리가 이 세상과 사랑에 빠짐으로써 영원을 꿈꾸기를 그만두었을 때, 우리가 새로운 세상을 건설하려는 노력 속에서 새 하늘에 대한 우리의 비전이 희미해지도록 내버려두었을 때, 우리를 방해하소서. 주여, 우리가 좀 더 대담하게 도전하여 폭풍이 당신의 권능을 보여줄 더 넓은 바다로, 육지가 보이지 않아 우리가 별을 찾게 될 더 넓은 바다로 모험을 떠나도록 우리를 흔들어주소서. 그래서 우리가 희망의 한계를 더 넓히고, 힘과 용기와 희망과 사랑을 가지고 미래로 나아가기를 원합니다[프랜시스 드레이크 경(Sir Frances Drake)의 기도].

teaching guide

티칭 가이드

심층 연구

A. 나오미의 은밀한 계획

나오미가 그 특별한 계획과 타이밍에 대해 얼마나 오랫동안 숙고했었는지는 알려져 있지 않지만, 그것이 순간적인 생각으로 실행되었던 게 아니라고 가정하는 것이 안전하다. 많은 주석자들은 그 이상한 전략과 그 독특한 계획 속에 내재된 상당한 리스크에 대해 오랫동안 숙고해 왔다. 우리가 룻과 나오미의 고결함(보아스도 마찬가지고)에 대해 알고 있는 모든 것을 감안할 때, 그 전략 속에서 어떤 성적 유혹이나 선정적 동기를 읽어서는 안 될 것이다. 우리가 지금 당장은 알지 못하지만, 우리의 관점을 향상시켜 줄 문화적인 정보가 더 있을지도 모른다. 그러나 나오미의 의도에 대해 그녀에게 '최상의' 해석을 부여하는 게 안전하다. 그녀의 의도에 대한 룻의 복종에 대해서도 마찬가지고 말이다. 그 해석은 보아스의 해석에 의해 그 타당성이 증명된다. 그의 해석은 나오미와 룻 모두가 성취하려고 의도했던 것과 정확히 일치했다.

B. 룻의 의존

룻이 나오미의 계획을 기꺼이 신뢰했던 사실에 아무도 놀라지 않았을 것이다. 무엇보다도, 바로 그녀가 남은 삶 동안 나오미를 돌보겠다고 말하지 않았는가(룻 1:16-17). 룻은 그 약속을 가시적인 방식으로 이행하고 있었던 것이다. 여기서 발견되는 복종의 품성은 구세주의 계보 안에 있는 또 다른 여인 마리아의 그것과 매우 흡사하다. 그런 복종은 대주재이신 하나님의 주권적인 능력에 대한 절대적인 신뢰에 근거를 두고 있었다. "대저 하나님의 모든 말씀은 능치 못하심이 없느니라"(눅 1:37). 물론 룻기는 동정녀 탄생이라는 지상 최고의 기적은 고사하고 아무 기적도 담고 있지 않다. 그러나 계보를 따라 메시아까지 이어졌던 똑같은 정신이 장래에 그녀의 후손의 입을 통해 표현될 것이다. "주의 계집종이오니 말씀대로 내게 이루어지이다"(눅 1:38). 마리아의 모범은 바로 룻이었다.

C. 곡식

추수된 곡식은 세 단계 과정을 거치도록 되어 있었다. 첫 단계에서는 곡식이 동물들에 의해 밟아 으깨짐으로 말미암아 껍질과 분리되었다. 두 번째 단계에서는 그 혼합물이 꽤 강한 바람이 부는 동안 공중으로 던져졌다. 겨는 바람에 날리어 가고, 더 무거운 낟알은 곧바로 떨어지도록 말이다. 마지막 단계에서는 그 곡식들이 한 곳으로 모아져 일정한 곳에 저장될 때까지(사사기 6장 4절에서 이스라엘 백성들이 그들의 곡식을 숨기려 했다는 사실을 상기하라. 미디안 족속이 노동의 성과를 훔쳐가지 못하도록 말이다) 지켜졌다(만약 키질이 밤늦게 바람이 부는 동안 행해졌다면, 현장에서 잠자는 것을 포함하여). 따라서 타작마당은 보통 널따란 언덕처럼 바람에 노출되기 쉬운 장소에 있었다(사사기 6장 11절에서는 기드온이 폐쇄된 포도주 틀 속에서 밀을 두드려 타작하기를 마다하지 않았던 모습에서 그의 절박함이 읽혀졌었다).

D. 보아스의 나이

1960년에 〈룻 이야기(The Story of Ruth)〉가 대형 스크린을 강타했다. 그 '예고편'에는 다음과 같은 말들이 포함되어 있었다. "모압의 한 여사제가 이스라엘의 하나님을 위해 그녀의 신들을 버리게 된다. 그녀가 이방인이기 때문에, 그녀의 헌신은 마을 사람들에 의해 쉽사리 받아들여지지 않는다." 분명 할리우드는 그 이야기에 충실하지 않았다. 그리고 그 영화에서 보아스는 룻보다 십 년(아마도) 연상이었다. 보아스가 룻보다 정확히 얼마나 더 나이가 많을까? 우리는 알지 못하지만, 분명 그가 고령이거나 심지어 노쇠하지는 않았을 것이다. 그는 자신의 일꾼들과 함께 하루 종일 일하고 나서 수확물 곁에서 밤을 보냈다. 무기를 들고 그것을 지키면서 말이다. 그는 룻을 '내 딸' 이라고 부를 정도로 충분히 나이 든 사람이었다. 그것도 세 번씩이나 말이다. 그는 스물다섯 살짜리 '매력남' 은 아니었지만, 동시에 맥코이 할아버지(Grandpa McCoy)도 아니었다. 우리는 지금 55세 정도 되는 사람이 25세 정도 되는 사람과 결혼하는 것을 바라보고 있는지 모른다.

E. 곡물의 계량 단위(3:15)

우리는 보아스가 룻에게 준 보리의 정확한 양을 알지 못하지만, 그것은 보아스가 그녀에게 이워주어야 했을 정도로 충분히 무거웠다. 가장 적합한 양은 6세아(seah)다. 3세아는 1에바(약 18~23리터, 사 40:12, 출 16:36 참조)였기 때문에, 그녀는 이삭줍기 첫째날 밭에서 모았던 것의 두 배 정도(대략 30~34킬로그램의 곡식)를 지고 갔을 것이다.

교안

A. 들어가는 글

1. '둥근 달아, 모른 체해다오' 이야기로 시작하라.
2. 배경 설명: 1장에서 나오미는 절망과 우울 속에 있었지만, 그럼에도 불구하고 룻은 그녀를 사랑했다. 2장에서는 나오미가 희망의 이유를 찾기 시작했고, 그 순간에도 룻은 계속해서 그녀를 부양했다. 이 장에서는 나오미가 자신과 룻의 장래를 위해 하나님의 율법과 보아스의 성품을 근거로 계획을 수립했다. 룻은 그녀의 바람에 순종했다. 이 장에 관련된 사람들은 모두 하나님의 뜻이 이루어지기를 소망했다.
3. 적용: 지금까지 여러 주 동안 보아스는 룻을 정중하게 대했지만, 개인적 애착도 가지고 있었다. 시간이 다 되어가는 것처럼 보였다. 추수는 곧 끝나게 될 것이고, 룻과 보아스의 정기적인 접촉도 더 이상 발생하지 않게 될 것이었다. 나오미와 룻은 수동적으로 기다리기보다 주도권을 가지고 일련의 행동에 착수했다.

B. 본문 이해

1. 나오미가 은밀히 계획을 세우다: 반려자(3:1-5)
2. 룻이 청혼하다: 데이트(3:6-10)
3. 보아스가 약속하다: 기다림(3:11-18)

C. 결론: '새디 호킨스 데이' 를 읽어주라.

토의 질문

1. 이 장에 등장하는 배우들과 그들의 연기에 대해 잠시 생각해보자. 모든 배우들이 그 또는 그녀가 맡은 역할을 충실히 연기했다. 그러나 만약 그들이 그렇게 하지 않았다면 어떻게 되었을까? 한 걸음 더 나아가 무엇이 잘못될 수 있었을까? (기억하라, 당시는 여전히 사사 시대였다.)

2. 당신이 보기에 보아스와 룻 사이의 관계 속에 나타나는 그리고 당신의 생각에 위대한 결혼에 기여하게 될 거라고 믿어지는 성격적 특징과 행동과 태도를 열거해보라. 그런 것들이 오늘날 어떻게 해석될 수 있을지 설명해보라.

3. 이 장에서 하나님은 어디 계신가?(10절 이외에) 여호와께서 이 사건들을 주관하고 계셨는가? 당신은 나오미가 개입하는 것이 하나님의 뜻이었다고 생각하는가, 아니면 그 반대라고 생각하는가? 그녀가 단순히 그 문제에 관해 기도만 하고 아무 행동도 하지 말았어야 했을까? 당신 같으면 어떻게 했겠는가? 우리가 하나의 사례를 가지고 모든 경우의 표준으로 삼는 것은 지양해야 하지만, 그래도 의문은 여전히 남는다. 우리는 수동적으로 주님을 기다리는 인내심(성경적이다)과 우리 자신의 기도에 대한 응답을 추구하는 데 능동적으로 관여하는 믿음(이것 역시 성경적이다) 사이에서 어떻게 균형을 유지해야 할까?

룻기 4장

오래도록 행복하게

"결코 오지 않을지도 모르는 큰 기회를 바라고 기다리며 당신의 시간을 낭비하지 말고, 항상 당신의 주의를 요구하고 있는 작은 일들을 신실하게 처리하라."

- F. B. 마이어(F. B. Meyer)

하나님은 무대 뒤에서 일하고 계시며, '하나님을 사랑하는 자'(롬 8:28)를 위해 모든 것이 합력하여 선을 이루도록 '보이지 않는 곳에서' 역사하신다. 나오미와 룻과 보아스의 이야기가 이제 마무리된다. 오래도록 행복하게 사는 것으로 말이다.

들어가는 글

고대 재판 기록 들여다보기

당신이 사사 시대 동안, 특히 룻의 시대에 베들레헴에 사는 평범한 농장 일꾼이라고 가정해보자. 당신은 어떤 사건들을 목격하게 되었을까?

먼저, 당신은 두 여인이 당신의 밭을 지나 성읍으로 걸어가는 모습을 보았을 것이다. 그들 가운데 한 명은 분명 외국인이었다. 나오미는 하나님이 자신을 괴롭히기 위해 애를 쓰고 계시다고 표현할 정도로 인생의 쓴맛을 경험한 여성이었다. 그녀에게 아무것도 없다는 사실은 모두에게 분명했다. 과부가 된 모압 출신 며느리를 제외하고는 말이다(룻기 1장). 그런 다음 당신은 두 가지 사실에 놀랐을 것이다. 첫째로, 당신은 그 젊은 모압 과부가 열심히 일하는 모습을 보고 감동했을 것이다. 둘째로, 당신은 지역 유지인 보아스가 그녀 쪽을 자꾸 쳐다보며 평상시 그 근처 밭을 더 많이 '감독' 하는 것을 보고 놀랐을 것이다(룻기 2장).

몇 주 후, 당신은 추수를 모두 끝내고 성읍으로 돌아가는 길에 룻을 목격했을지도 모른다(당신의 눈이 예리하다면 말이다). 그녀는 더 이상 상복을 입지 않은 모습이었고, 다른 방향으로 조용히 걸어가고 있었다. 성읍에서 나와 추수된 모든 곡식이 밤새 놓여 있게 될 장소를 향해서 말이다. 그러나 만약 당신이 보아스가 거기 있다는 사실을 알았다면, 그녀가(한밤중에 혼자 돌아다니는 젊은 여인이) 안전하게 지켜질 거라는 사실도 알았을 것이다(룻기 3장).

그리고 이제 당신은 추수된 곡식의 운반 작업을 시작하기 위해 성문을 거쳐 밭으로 가다가 사람들이 모여 있는 것을 보게 된다. 좀 더 가까이 다가가보니, 모든 장로들이 거기에 있다. 그 시간대에는 극히 드문 일이다. 그리고 나서 당신은 보아스가 다른 남자와 함께 그들 중앙에 앉아 있는 모습도 보게 된다. 그 주위에는 성읍 사람들로 이루어진 군중이 둘러싸고 있고, 모두들 서로 밀치며 조금이라도 더 가까이 다가가 무슨 일이 벌어지고 있는지 들으려고 애를 쓰고 있다. 그것은 흥미진진한 미니 법정 드라마로 밝혀진다. 이 장은 그 '재판 기록' 을 담고 있다(룻기 4장).

본문 이해

오래도록 행복하게

Main Idea	결국 하나님은 모든 장벽을 극복하시고 나오미를 공허함에서 충만함으로, 보아스를 독신자에서 행복한 기혼남으로, 룻을 이방인 과부에서 이스라엘의 가장 위대한 왕의 증조모로 인도하신다. 하나님의 구속적 목적은 결코 좌절되지 않을 것이다.

A. 소송(4:1-6)

Supporting Idea	보아스는 나오미의 '더 가까운' 친족을 조심스럽게 유도하여 그가 고엘로서의 책임을 이행할 것인지 여부를 결정해야 하는 상황으로 이끌었다.

4:1-2. 보아스의 다급함. 룻은 최근 두 가지 확실한 약속을 받았다. 우선, 보아스가 룻에게 걱정하지 말고 기다리라고 말했다. 그녀의 장래가 보장되어 있었고, 그녀가 보호받게 될 것이기 때문이었다(3:13). 어떤 식으로든 말이다. 둘째로, 나오미가 보아스의 결의를 확인해주었다. 그가 룻과 나오미의 장래를 확보할 때까지는 '쉬지 않을' 것이라고 확신하면서 말이다. 사실상 '오늘' 모든 게 판가름날 것이었다(3:18).

보아스의 결단성에 대한 나오미의 확신은 잘못된 것이 아니었다. 그는 참으로 결단과 행동의 사람이었다. 보아스는 성문에 올라가서 거기 앉아 그가 찾고 있는 사람을 기다렸다. 이 미니 드라마(1-12절)는 전부 성문에서 일어난다. 그곳은 장로들이 분쟁을 판결하기 위해 모이는 장소였다('심층 연구' 참조).

분명히 보아스는 원래 그 아침에 성읍으로 돌아올 작정이 아니었다. 무엇보다도, 그는 지난 밤을 그의 곡식 곁에서 지내지 않았는가. 그 곡식을 밭에서 성읍으로 운반하는 다음날의 주간 작업을 기대하면서 말이다. 그 이른 시간에 다른 성읍 사람들은 하루 일과를 시작하기 위해 성읍에서 밭으로 나가고 있었다. 그러나 보아스에게는 지금 우선적으로 처리해야 할 다른 일이 있었다. 그의 삶이 이제 곧 바뀌게 될 것이었다. 그는 저녁까지 기다리지 않았다(3:13, '아침에'). 그의 곡식을 먼저 운반한 뒤에도 동일한 목적을 달성할 수 있었을 텐데 말이다. 다시 말해, 보아스는 그 남자가 일하러 가고 있을 때 그를 불러 세우는 대신에, 그가 성읍으로 다시 돌아올 때 그를 맞이할 수 있었을 것이다. 하지만 보아스는 그의 사업이 아니라 그의 신부에 대해 생각하고 있었다. 그의 초점은 장사가 아니라 룻에게 집중되어 있었던 것이다.

보아스는 주도권을 쥐고 앞으로 펼쳐질 드라마에 필요한 출연진을 모두 불러모았다. 기업 무를 자와 성읍 장로 십 인 등 그들 모두는 하루의 시작부터 주의를 산만하게 만드는 그 사건이 그들이 주목할 만한 일이라고 주장하는 보아스를 기꺼이 신뢰했다. 무언가 중요한 일이 벌어지고 있음을 직감한 다른 목격자들도 청중 자격으로 모여들어('성문에 있는 모든 백성', 11절) 초대받지 않은 '증인'(10절)이 되었다. 더 가까운 그 친족이 지나가고 있을 때, 보아스가 그를 부르며 이리 와서 앉으라고 요청했다.

더 가까운 그 고엘이 이 책에서 이름이 밝혀져 있지 않은 유일한 사람일 뿐만 아니라, 그에게 '아무개(Mr. X)'라는 캐리커처식 이름이 주어져 있다는('my friend'라고 번역한 NIV와는 달리) 사실은 아이러니가 아닐 수 없다. 그의 익명성과 그 희화화의 목적은 언급되어 있지 않지만, 그에 대한 우리의 존경을 약화시키려는 의도일 수도 있고(블록이 주장하듯이, 707), 단순히 보아스에게 상대적으로 관심을 집중시키기 위한 것일지도 모른다.

4:3-4. 논제 I : 나오미의 땅. 다음에 이어지는 내용은 기원전 1000년에 쓰인, 우리의 재판 기록에 해당하는 것으로 묘사되어 왔다. 보아스는 곧장 첫 번째 요점으로 들어갔다. 그의 관심사는 나오미와 우리 형제 엘리멜렉의 소유지에 관한 문제였다. 보아스는 '아무개'에게 그가 가장 가까운 친족 구속자이기 때문에 선매권을 보유하고 있다고 말했다. 하지만 만약 그가 그 소유지를 되사지 않기로 마음먹는다면, 보아스가 즉시 그렇게 할 계획을 가지고 있었다. 그가 계보 상 그 다음이었기 때문이다. 보아스는 충동적으로 행동하지 않고 있었다. 룻에 대해서는 아무것도 이야기되지 않았기 때문이다. 보아스는 그런 상황에 적합하다고 판단되는 전략을 따르고 있었던 것이다(그리고 나중에 밝혀졌듯이, 그가 옳았다).

그럼에도 불구하고, 보아스가 그 남자로부터 '내가 무르리라'는 즉각적인 대답을 들었을 때 그의 가슴이 철렁 내려앉았을 거라는 데는 별 의문의 여지가 없다. 이 시점에서는 '아무개' 가 보아스가 어떤 전략을 추구하고 있으며 그 목적이 그의 고엘 자격을 박탈하는 것이라는 사실을 눈치 채지 못했다. 첫 번째 논쟁의 양상이 나오미의 땅에 초점을 맞추고 있는 동안, 보아스는 이미 룻의 손이라는 두 번째 이슈로 나아가고 있었던 것이다. 마침내 그가 걸려들었고, 보아스는 이제 막 릴을 감아 그를 끌어당기려 하고 있었다.

4:5-6. 논제 II: 룻의 손. 보아스는 만약 더 가까운 그 친족이 '첫 번째 부분' 에 동의한다면, '두 번째 부분' 에도 동의해야 한다고 주장했다. 보아스는 그 남자가 생각해볼 시간도 없이 결혼을 강요당하고 있다고 느낄 수 있는 방식으로 룻과 결혼해야 하는 의무를 제시했다. 보아스는 그에게 그가 한 과부(나오미)의 고엘이 되어야 할 뿐만 아니라 두 번째 과부(룻)의 고엘 역할도 해야 한다고 말했던 것이다. 룻에 대해서는 상당히 매력적이지 않은 방식으로 묘사되었다. 죽은 자의 아내 모압 여인 … 그 죽은 자의 기업을 그의 이름으로 잇게 하여야 할지니라. 보아스는 룻이 어떤 사람인지 잘 알고 있었다(그의 성읍 백성이 그랬던 것처럼, 3:11). 그러나 이론의 여지는 있지만 그렇게 잘 아는 사람은 드물었을 것이다. 실제로 보아스는 그 성읍에서 룻과 정기적으로 접촉했던 유일한 남성이었다.

보아스는 왜 땅을 먼저 언급하고 나중에 룻을 언급했을까? 그가 약간 남성 우월주의자였을까? 아니다. 그는 현명하게 행동하고 있었던 것이다. 때로는 무언가가 제시되는 방식이 매우 부정적인 반응을 불러일으킨다. 베르메르(Vermeer)의 그림을 끼우고 있는 아주 귀중한 금제 액자의 가치를 '벨벳을 입은 엘비스' 를 모시고 있는 똑같은 액자와 비교하여 평가하는 것처럼 말이다. 보아스는 그 친족이 손익 측면에서 생각하도록 그 상황을 조종하고 있었던 것이다. 그리고 그 남자의 마음이 회계 장부에 가 있는 동안, 보아스는 카테고리를 갑자기 전환해버렸다. 그래서 이제 그 친족은 룻에 대해 흥분한 눈으로 재정적 책임을 바라보기보다는 재정이라는 렌즈를 통해 룻을 바라보도록 유도되었던 것이다.

그의 반응은 어쩌면 신중한 숙고의 결과라기보다는 반작용에 가까웠고, 그것은 정확히 보아스가 바라던 바였다. 나는 내 기업에 손해가 있을까 하여 나를 위하여 무르지 못하노니. 아마도 그는 부자가 아니었을 것이다. 그는 그 거래가 자신의 재산에 더하기가 아니라 빼기가 될 거라는 사실을 깨달았던 것이다. 그가 나오미뿐만 아니라 룻도 부양해야 할 것이기 때문이었다(1장 16-17절에 기록된 룻의 맹세와 비교해보라). 그의 딜레마에 대한 우리의 이해는 당시 가족과 공동체 내의 합법적인 거래의 정확한 관례에 대한 우리의 지식 부족과 그 남자의 가족과 재정적 상황에 대한 우리의 무지로 인해 복잡해지지만, 한 가지만은 분명하다. 나오미의 땅을 얻는 것은 그에게 이익이 되지만(혹은 적어도 손해는 되지 않지만), 룻의 손을 얻는 것은 그의 삶과 은행 계좌를 모두 복잡하게 만들 것이었다. 아마도 그것은 그가 다른 자녀들에게 물려줄 유산이 위태롭게 될 거라는 사실을 의미할 수도 있었을 것이다.

아직도 해결되지 않은 질문들이 있다. 어떤 자녀들이었을까? 얼마나 많은 재산을 지니고 있었을까? 룻의 민족적 배경이 그에게 중요했던 걸까? 보아스가 의도적으로 룻이 '모압 여인' 임을 상기시켰던 이유 가운데 하나가 바로 그 때문이었을까? 그것들은 우리가 간단히 답을 얻을 수 있는 질문들이 아니다(무엇보다도, 그는 '아무개' 가 아닌가). 그러나 우리는 그것이 그가 기꺼이 감수하려고 했던 리스크가 아니었다는 사실을 안다. 그리고 그것은 물론 보아스와 대조를 이룬다. 보아스는 룻을 얻기 위해 어떤 명예로운 리스크도 기꺼이 감수하려고 했던 것이다.

B. 교섭(4:7-12)

Supporting Idea	보아스는 기꺼이 그리고 열정적으로 나오미와 룻에 대한 고엘의 역할을 받아들였고, 베들레헴 사람들은 그 거래에 증인으로서 입회해 그들의 가정을 축복했다.

4:7-8. 더 가까운 고엘에 의한 포기. 7절은 추측컨대 이 책이 쓰인 시대에 의해 버려졌던 관습에 대한 설명을 제공해준다. 사사 시대 동안에는 이스라엘 내에서 그 율법 조항이 지켜지지 않았을 뿐만 아니라, 그 율법 정신 역시 무시되었다. 진리를 무시하는 것이 진리에 대한 무지로까지 발전했다고 해도 좋을 만큼 말이다. 따라서 설명이 주어졌다. 옛적 이스라엘 중에 모든 것을 무르거나 교환하는 일을 확정하기 위하여 사람이 그 신을 벗어 그 이웃에게 주더니.

그 관습은 신명기 25장 5-10절을 그 기원으로 하고 있다.

형제가 동거하는 데 그 중 하나가 죽고 아들이 없거든 그 죽은 자의 아내는 나가서 타인에게 시집가지 말 것이요 그 남편의 형제가 그에게로 들어가서 그를 취하여 아내를 삼아 그의 남편의 형제된 의무를 그에게 다 행할 것이요 그 여인의 낳은 첫 아들로 그 죽은 형제의 후사를 잇게 하여 그 이름을 이스라엘 중에서 끊어지지 않게 할 것이니라 그러나 그 사람이 만일 그 형제의 아내 취하기를 즐겨하지 아니하거든 그 형제의 아내는 그 성문 장로들에게로 나아가서 말하기를 내 남편의 형제가 그 형제의 이름을 이스라엘 중에서 잇기를 싫어하여 남편의 형제된 의무를 내게 행치 아니하나이다 할 것이요 그 성읍 장로들은 그를 불러다가 이를 것이며 그가 이미 정한 뜻대로 말하기를 내가 그 여자 취하기를 즐겨 아니하노라 하거든 그 형제의 아내가 장로들 앞에서 그에게 나아가서 그의 발에서 신을 벗기고 그 얼굴에 침을 뱉으며 이르기를 그 형제의 집 세우기를 즐겨 아니하는 자에게는 이같이 할 것이라 할 것이며 이스라엘 중에서 그의 이름을 신 벗기운 자의 집이라 칭할 것이라.

다른 여건에 의해 설명되는 중요한 차이들이 존재한다('심층 연구' 참조). 룻기 4장에서 우리는 한 사람이 다른 사람에게 권리를 양도할 때 샌들이 어떻게 사용되었는지 보게 된다. 샌들을 푸는 것은 거래를 합법화하는 수단을 상징했다.

'아무개' 는 자신의 상황과 고엘이 되라는 보아스의 제안에 비추어 진술(네가 너를 위하여 사라)과 그것을 확증하는 행동(그 신을 벗는지라)으로 자신의 권리를 양도했다. 소송 절차나 재판 기록에 대한 영구적인 기록이 없었던 시대에는 증인들이 거래를 기억해야 했기 때문에, 그런 극적인 시각 효과가 거래를 잊을 수 없는 것으로 만들어주었던 것이다. 샌들의 의미는 본래 소유지에 대한 주권을 상징했을 것이다. 그래야 자신의 소유지를 '걸을' 수 있을 것이기 때문이었다(시 60:8, 신 1:36, 수 1:3).

4:9-10. 보아스에 의한 선언. 보아스는 무슨 일이 벌어지고 있는지 지켜보기 위해 모여 있었던 장로들과 모든 백성에게 오늘날 그들이 두 가지 중요한 결정에 증인이 되었다고(두 번씩이나 언급했다) 선언함으로써 그 순간을 엄숙하게 만들었다. 첫째로, 엘리멜렉과 기룐과 말론에게 있던 재산권이 이제 보아스에게 이전되었다. 그것은 보아스가 그 소유지를 사들였음을 의미하지 않았다. 오히려 그 소유지를 감독하고 되살 수 있는 권

야기에서 나오시게 될 것이었다(다윗은 선지자 나단을 통해 하나님이 그의 계보를 통해 역사하실 거라는 사실을 알고 있었다, 삼하 7:8-17). 이스라엘의 가장 어두운 시기인 사사 시대에(룻 1:1) 하나님은 죄로부터 구속하시려고 기초를 놓고 계셨던 것이다.

Main Idea 복습	결국 하나님은 모든 장벽을 극복하시고 나오미를 공허함에서 충만함으로, 보아스를 독신자에서 행복한 기혼남으로, 룻을 이방인 과부에서 이스라엘의 가장 위대한 왕의 증조모로 인도하신다. 하나님의 구속적 목적은 결코 좌절되지 않을 것이다.

결론

다윗의 뿌리

어느 성탄절에 나는 나이지리아에서 방문차 온 학자인 내 친구를(그를 토마스라고 부르기로 하자) 약속 장소까지 태워다주고 있었다. 나는 당시 성탄절 설교를 위해 예수님의 족보를 연구해오던 중이었기 때문에, 그에게 족보가 미국에서보다 아프리카 문화에서 더 소중히 여겨지고 있는지 물었다. 그의 얼굴이 밝아지더니, 그는 나에게 족보의 중요성에 대해 열심히 이야기했다. 토마스는 그들이 성경을 읽을 때 족보를 절대 건너뛰지 않는다고 말했다. 그들에게는 그것이 가장 중요한 부분인 것이다. 그들은 그것을 그들의 '뿌리'라고 부른다.

토마스가 젊었을 때는 한 개인이 그의 조상으로 인해 일자리를 얻을 수도 거부당할 수도 있었다. 언젠가 영국 정부가 누구든 일련의 시험에서 우등을 차지하는 사람에게 교직을 주기로 하는 특별 채용을 실시한 적이 있다. 내 친구가 일등을 차지했지만, 영국 정부는 그를 거부했다. 비록 그가 자신의 신앙을 거리낌 없이 고백하는 그리스도인이었지만, 그의 아버지가 과거에 유명한 이슬람교도였기 때문이다. 다시 말해, 그의 뿌리 때문이었다. 아프리카의 결혼식에서는 예식의 일부로 신랑과 신부 양측의 족보(뿌리)

가 기억할 수 있는 데까지 거슬러올라가 낭독된다.

룻의 이야기는 다윗의 '뿌리'에 대한 낭독으로 끝을 맺는다. 언젠가 메시아가 '이새의 줄기에서 나는 한 싹'이 될 것이며, '여호와의 신이 … 그 위에 강림하실' 것이다(사 11:1-2). 다윗은 메시아를(그 자신의 후손을) '내 주'라고 불렀다(시 110:1, 마 22:41-46). 그리고 결국에 가서는 '그 날에 … 열방이 그(이새의 뿌리)에게 돌아올' 때가 도래하게 될 것이다(사 11:10, 53:2 참조).

■ 진리 알기

- 하나님은 때때로 그분의 목적을 이루고 그분의 사랑을 보여주기 위해 연약한 사람과 뜻밖의 사람을 사용하기를 즐기신다.
- 하나님은 상대적 윤리의 시대에 올바른 우선순위를 가지고 원칙을 위해 싸우는 사람들을 사용하신다.
- 하나님이 항상 우리의 길을 쉽게 만드시지는 않지만, 그 길을 곧게 만들어주실 것이다(잠 3:5-6).
- 하나님은 우리가 보아스처럼 일을 적절하게 그러나 지혜롭게 처리하기를 바라신다(마 10:16).
- 신자들이 느끼기에 하나님이 그들을 버리신 것 같을 때도(룻기 1장에서의 나오미의 태도), 그분은 여전히 그들 삶의 세세한 부분에까지 관여하고 계신다(룻기 4장에서의 나오미의 인식).
- 하나님이 우리의 삶 속에서 '알아야 할 필요가 있는 것'을 기준으로 작용하실 때가 있다. 우리가 항상 알아야 할 필요는 없다. 그저 신뢰하고 순종해야 하는 것이다.

■ 적용하기

- 룻기 전체에 걸쳐 설정되어 있는 모범을 따르라. "쉬지 말고 기도하라"(살전 5:17).
- 신실하라. 하나님은 일향 미쁘시다(딤후 2:13).
- 주님을 신뢰하라. 그분은 당신의 삶에 대해 당신보다 더 큰 계획을 갖고 계신다.
- 당신의 증언을 조심하라. 당신 주위에 청중이 있다는 사실을 잊지 말라(빌 4:5, 고후 11:10, 히 12:2).

삶의 적용

다음 일을 하라

R. P. 듀간(Dugan)은 미국 역사에서 매우 극적인 순간을 기록하고 있다. 1780년 5월 19일, 코네티컷 주 하트퍼드(Hartford)의 날씨는 매우 음울했다.

> 정오에 하늘이 푸른색에서 잿빛으로 변하더니, 오후 중반쯤에는 사방이 너무 심하게 어두워져 종교적인 시대에 살았던 당시 사람들은 무릎을 꿇고 종말이 오기 전에 마지막 축복을 빌었다. 그 날은 코네티컷 의회가 개정 중이었다. 일부 의원들은 바닥에 엎드리고 다른 의원들은 큰 소리로 즉각적인 휴회를 요구하고 있을 때, 콜로넬 데이븐포트(Colonel Davenport)라는 이름의 하원 의장이 자리에서 일어섰다. 그는 의원들을 진정시킨 후 이렇게 말했다. "심판의 날이 다가오고 있는 것일 수도 있고, 그렇지 않을 수도 있습니다. 만약 그렇지 않다면, 휴회할 이유가 전혀 없습니다. 그러나 만약 심판의 날이 다가오고 있다면, 나는 내 의무를 이행하다가 심판을 맞이하고자 합니다. 따라서 나는 촛불이 준비되기를 바라는 바입니다!"
> [Dugan, Winning the New Civil War (Sisters, OR: Multnomah, 1991), p.183].

'인생의 90퍼센트는 그저 보여주기 위한 것' 이라는 말들을 한다. 그러나 최선을 다하고, 주께 하듯 당신의 의무를 이행하는 것은 기본적인 신실함의 필수 요소다. 사사기와 룻기에 대한 공부를 마무리하면서 한 가지만은 분명하다. 하나님은 그분의 자녀들이 신실함으로 평범치 않은(sub-ordinary) 어려운 때에 비범한(extraordinary) 삶을 살기를 바라신다는 것이다.

보아스와 룻은 신실한 삶을 살았던 평범한 사람들이었다. 사사기와는 대조적으로 이 조그만 책은 아무 기적도 담고 있지 않다. 그것은 '평소와 다름없는 삶' 이었던 것이다. 그러나 하나님의 관점에서는 '평소와 다름없는 삶' 이 영원한 가치를 지닌다는 사실을 명심하라.

기도

오 주님, 우리는 우리의 원대한 계획보다는 자만심을 내세울 때가 있습니다. 사실은 우리가 당신의 기쁨과 영광을 위해 존재하고 있는데도 말입니다. 우리가 매일의 삶에 영원한 가치를 부여하고, 우리가 무엇을 하도록 당신이 부르셨든지 간에 우리가 섬기는 분은 바로 주 그리스도시라는 사실을 인식하고 매순간을 살아가기를 원합니다(골 3:23-24). 우리 주 예수 그리스도의 이름으로 기도합니다. 아멘.

심층 연구

A. '모압 여인'

우리는 때때로 이 책에서 '모압 여인' 이 실제로는 룻의 성이 아니라는 사실을 거의 잊어버린다. 그러나 그 호칭은 가족적 배경이('뿌리' 가) 하나님의 언약 밖에 있었던 한 여인의 삶 속에서 하나님이 역사하고 계셨음을 상기시켜주는 표시라고 할 수 있다. 그 표현은 모욕으로서가 아니라 은혜의 암시로서 끊임없이 반복된다(1:22, 2:2,21, 4:5,10 참조, '룻' 이라는 이름이 12번 나오는 가운데 5번 함께 등장한다). 그 사용 목적이 의문스러운 유일한 경우는(보아스의 있을 법한 전략 측면에서 설명될 수 있지만) 룻기 4장 5절에서다(룻기 4장 5-6절에 대한 본문 이해 참조).

B. 족보

성경의 족보는 매우 다양하다. 잘못 알고 있는 일부 독자들은 그것들이 모두 똑같다고 가정할지도 모른다. 기록된 시기에 따라 사람들의 이름만 다를 뿐 말이다. 사실상, 그것들이 똑같다고 말하는 것은 보조바퀴가 달린 자전거와 메르세데스(Mercedes)가 똑같다고 말하는 것이나 마찬가지다. 둘 다 바퀴가 네 개고 기동성을 제공한다는 측면에서 말이다. 일부 족보들은 짐을 끄는 말이다. 그 족보들의 목적은 많은 양의 정보를 전달하는 것이다. 단 하나의 요점을 지닌 족보들도 있다. 일부 족보들은 시야에 있는 모든 것을 노출시켜주는 스타디움의 조명등과 같다. 그러나 대부분은 한 가지 요점이나 한 개인 혹은 한 혈통에 초점을 맞추는 극장의 스포트라이트와 같다. 마태복음 1장에 기록되어 있는 예수 그리스도의 족보는 네 명의 여인을 포함하고 있고, 그들 모두 유대인이 아니라 이방인이다. 룻을 포함해서 말이다(한 명은 헷 사람이었고, 둘은 가나안 사람이었으며, 나머지 한 명은 모압 사람이었다). 그들은 순결의 전형도 아니었고, 그 넷

가운데 셋은 간음죄로 돌에 맞아 죽을 수도 있었다. 그 중 예외는 룻이었다.

이 족보를 포함시킨 목적은 앞으로 나올 다윗의 언약(삼하 7장)에 비추어 모든 언약 뒤에 계신 여호와를 우리에게 다시 한 번 증거해주는 것이다. 하나님은 그분의 목적을 이루기 위해 당신과 나의 이야기를 서로 엮으면서 모든 것이 합력하여 선을 이루는 방향으로 역사를 움직이고 계신다.

C. 성문

이 법정 드라마 전체는 성문에서 일어났고, 그곳은 어느 고대 성읍의 공동체적인 삶에서든 가장 중요한 장소였다. 우리의 이야기에서 그곳은 사람들이 밭으로 나가는 길에 지나가는 장소였다. 그것은 군사적 방어의 장소이면서 동시에, 성읍 사람들의 삶에 중대한 영향을 미칠 수도 있는 행사를 위해 모이는 장소이기도 했다(삿 5:8, 11, 16:2-3, 잠 31:23, 31, 사사기 16장 3절에 대한 '심층 연구' 참조).

D. 계대결혼의 개정판

신명기 25장과 우리가 룻기에서 읽은 내용 사이에는 계대결혼의 책무에 대한 적용 측면에서 차이가 존재한다. 신명기는 그 형제가 율법을 이행할 수 있음에도 불구하고 완고하게 그렇게 하기를 거부하기 때문에, 평판에 가해지는 처벌을 상정하여 묘사하고 있다. 따라서 그는 공개적으로 수치를 당하게 된다(관련 당사자인 여인이 그의 신을 벗기고, 그에게 침을 뱉으며, 그 이후로는 그의 이름이 추문과 연관된다). 룻기에서는 상황이 적잖이 다르다.

우선, 신명기에서는 그 남자가 형제이지만, 여기서는 그가 말론의 형제가 아니라 또 다른 친족이다. 둘째로, 룻기에서는 '아무개'가 무턱대고 거부하는 게 아니라, 분명 두 가지 책임 모두('땅'과 '손')의 재정적 부담을 떠안을 수 없는 상황인 것으로 보인다. 셋째로, 신명기에서는 다른 친족이 없는 상황이고, 그것은 그의 거부로 인해 그의 형제의 이름이 정말로 사라지게 될 것임을 의미한다. 그러나 여기에는 자발적인 대리인이 있다. 넷째로, 신명기에서는 그 남자가 이기적인 이유 때문에 죽은 형제의 이름이 사라지게 만들 각오를 하고 있지만, 여기서는 아무개가 가족과 관련된 이유라는 동기에 의해 행동했다. 그래서 룻은 그 법적 공방이 진행되는 동안 그 자리에 있지 않았다. 그녀는 그의 샌들을 벗기지도 않았고(그가 스스로 벗었다), 그가 침 뱉음을 당하거나 그 성읍에서 평판을 잃음으로써 수치를 당하는 일도 없었던 것이다.

고안

A. 들어가는 글

1. '고대 재판 기록을 들여다보기' 이야기로 시작하라.
2. 배경 설명: 이 장은 엘리멜렉의 가족의 파란만장한 이야기를 마무리한다. 룻은 나오미를 돌보고 그녀의 필요를 공급하면서 그녀의 충실하고 사랑스러운 딸임을 입증했다(1-2장). 나오미는 룻의 장래를 위해 계획을 세움으로써 그녀의 지혜로운 옹호자임을 보여주었다(3장). 이 장에서는 보아스가 핵심 인물이다. 그는 더없이 기쁘게 룻과 나오미 모두를 돌보는 데 자신의 여생을 투자하기로 마음먹는다.
3. 적용: 지난 장에서는 룻이 보아스 앞에서 취약해지면서까지, 그가 그녀와 결혼해 주기를 원한다는 자신의 소망을 그에게 알렸다. 보아스는 어떻게 했을까? 그의 반응은 열정적이고 즉각적이며 조직적이었다. 이 장이 열리는 순간, 그는 더 가까운 친족을 숨어서 기다리고 있었다.

B. 본문 이해

1. 소송(4:1-6)
    1) 보아스의 다급함(4:1-2)
    2) 논제 I : 나오미의 땅(4:3-4)
    3) 논제 II : 룻의 손(4:5-6)
2. 교섭(4:7-12)
    1) 더 가까운 고엘에 의한 포기(4:7-8)
    2) 보아스에 의한 선언(4:9-10)

3) 증인들에 의한 축복(4:11-12)

3. 대(代)(4:13-22)

1) 오벳의 친지들(4:13-17)

2) 다윗의 조상들(4:18-22)

C. 결론: '다윗의 뿌리' 를 읽어주라.

토의 질문

1. 룻기는 축복으로 가득 차 있다(1:8-9, 2:4, 12, 20, 3:10, 4:11-12, 14-15). 각각을 읽고, 그것들이 일어나는 모든 일의 동인(動因)을 여호와께 돌리고 있다는 사실을 묵상해보라. 하나님은 그분의 계획을 성취하신다.

2. 우리는 때때로 왜 하나님이 우리의 삶에 장애물이 끼어들도록 내버려두시는지 궁금하게 여긴다. 요한복음 9장 1-2절과 고린도후서 11장 22절부터 12장 10절을 읽어보라. 바울이 괴로울 때 보인 반응은 기도하는 것이었다(8절 참조). 이 작은 책 룻기는 '쉬지 말고 기도하라' 는 신약의 권고를 실천하는 여러 모범적인 사례를 담고 있다. 추수는(룻기에 대한 설명은) 이제 끝이 났지만, 우리가 이 책으로부터 기도와 축복의 지속적인 태도에 대해 배울 수 있는 교훈들을 '이삭줍기' 하는 것은 유용할지도 모른다.

- 비참한 상황에서(1:8)
- 시장에서(2:4)
- 만남에서(2:12)

• 감사와 희망 속에서(2:19-20)
• 기쁨 속에서(3:10)
• 결혼식에서(4:11-12)

3. '친족 구속자' (히브리어: 고엘)의 개념에 대해 지금까지 많은 언급을 했다. 아래 도표는 몇 가지 구체적인 요구 조건과 그에 상응하는 충족을 포함하고 있다. 룻기의 관련 구절들을 공부한 후에, 그것들을 우리 주 예수 그리스도에게서 발견되는 구속의 패턴과 비교해보라.

요구 조건	룻기	그리스도의 패턴
관련성이 있어야 한다(피)	2:3, 20, 3:9	히 2:9,14-16, 갈 4:4-5
구속의 능력이 있어야 한다	3:13, 4:4-10	히 7:23-25, 벧전 1:18-19
구속을 위해서는 자유로워야 한다	2:1	히 4:15, 7:26
구속할 의사가 있어야 한다	3:11-13, 4:4-5	히 12:2, 요 10:11-18
결과: 안식!	1:9, 3:1	히 3-4, 마 11:28-29

■ 용어 해설

1. **풍유법**(allegory) - 문자적인 의미보다 상징적이거나 감춰진 의미에 초점을 맞춤으로써, 어떤 이야기를 제시하거나 해석하는 방법.
2. **사자**(angel) - 천상의 존재나 인간으로서, 하나님의 지시나 경고, 바람 등에 관한 메시지를 전달하는 하나님으로부터의 메신저.
3. **속죄**(atonement) - 그리스도의 순종과 죽음으로 죄를 극복하여 신자들을 하나님과의 올바른 관계로 회복시키는 하나님의 방법.
4. **고백**(confession) - 개인적인 죄를 인정하고 타인으로부터의 용서를 구하는 것.
5. **봉헌**(consecration) - 하나님의 사용을 위해 따로 구별하는 것.
6. **개종**(conversion) - 한 개인이 어떤 다른 신앙이나 무신론에서 회개와 믿음으로 그리스도께 돌아서는 데 반응하여 하나님이 그 개인의 삶을 변화시키는 행위.
7. **언약**(covenant) - 하나님의 백성들에게 주어지는 그분의 은혜로운 약속과 그 결과로 그들이 그분과 맺고 있는 관계를 표현하는 계약이나 약정.
8. **훈계**(discipline) - 하나님의 자녀들이 의로운 삶을 살아가도록 훈련시키기 위해 그분에 의해 사용되는 교훈이나 훈련.
9. **윤리학**(ethics) - 인간의 행동을 이끄는 도덕과 도덕적 의사결정에 대해 연구하는 학문.
10. **악**(evil) - 하나님의 계획에 대적하는 어떤 사람이나 어떤 것.
11. **출애굽**(exodus) - 구약에서 가장 중요한 국가적 구원 행위로, 하나님이 이스라엘 백성으로 하여금 이집트를 탈출하게 하셨을 때 일어남.
12. **믿음**(faith) - 영원한 생명을 위해 예수 그리스도를 믿고 그분께 개인적으로 헌신하는 것.
13. **은혜**(grace) - 공로 없는 자가 타인으로부터 받게 되는 수용과 사랑. 특히 죄인들에게 구원을 공급하는 데 있어 나타나는 하나님 특유의 태도.
14. **거룩함**(holy) - 하나님을 모든 창조물로부터 구별해주는 그분 특유의 속성. 그리스도인들이 그리스도 예수 안에서 알려져 있는 것처럼 하나님의 성품을 반영하려고 노력할 때 그들의 도덕적 이상.
15. **우상 숭배**(idolatry) - 하나님이 아닌 대상을 예배하는 것.

16. **주**(Lord) - 구약에서 하나님에 대한 칭호로 신약에서는 예수님께도 사용된 바 있으며, 복종의 대상이 되는 소유주나 주인을 의미함.

17. **메시아**(Messiah) - 선지자들에 의해 약속된 오실 왕. 그 예언적 약속을 이행하셨던 예수 그리스도. 그리스도(Christ)는 히브리어 메시아를 헬라어로 번역한 것임.

18. **기적**(miracle) - 경탄을 불러일으키고, 하나님의 위대함을 나타내며, 사람들이 이 세상에서 역사하시는 하나님을 인식하도록 만드는, 인간의 이해를 뛰어넘는 하나님의 행위.

19. **순종**(obedience) - 신자들에게 기대되는 것으로, 하나님으로부터의 명령과 지시를 듣고 따르는 것.

20. **전능**(omnipotent) - 하나님의 거룩하고 의로운 성품에 근거하여 무엇이든지 할 수 있는 그분의 무한한 능력.

21. **무소부재**(omnipresence) - 항상 모든 곳에 계시는 하나님의 무한한 임재.

22. **전지**(omniscience) - 하나님의 무한한 지식.

23. **선지자**(prophet) - 하나님을 대변하는 사람.

24. **죄**(sin) - 인간들이 하나님을 거역하고, 그들의 삶에 대한 하나님의 목적을 놓치며, 하나님보다 악의 세력에 굴복하는 행위.

25. **주권**(sovereignty) - 하나님이 외부의 제약으로부터 자유로운 상태. 하나님의 창조물에 대한 그분의 무한한 지배와 통치.

26. **영**(spirit) - 사람들이 하나님과의 관계에 마음을 열도록 만들어주는, 사람 안에 있는 자질이나 능력 혹은 힘. 하나님의 성령.

27. **하나님의 진노**(wrath of God) - 죄를 적대하고 징벌하는 하나님의 일관된 반응.

28. **야훼**(Yahweh) - 모세에 계시된 하나님의 인격적인 히브리 이름. 이 이름은 유대인들에 의해 너무 거룩해서 발음할 수 없는 이름으로 간주되기에 이르렀고, 종종 주(Lord)나 여호와(Jehovah)로 번역되었음 .

■ 참고 문헌

어떤 주석가라도 다른 사람들이 이루어놓은 성과물에 빚을 질 수밖에 없다. 다음의 참고 서적들은 사사기와 룻기를 공부하는 학생이라면 누구에게나 유익한 목록이 될 것이다. 특별히 다음의 세 책은 이 책이 빚을 진 너무나 소중한 저작물이다.

Daniel I. Block, Judges, Ruth(Broadman & Holman, 1999)

Leon Wood, The Distressing Days of the Judges(Zondervan, 1975)

Robert L. Hubbard, The Book of Ruth(Eerdmans, 1988)

사사기와 룻기, 두 책의 주석을 위해 사용할 수 있는 가장 완벽한 자료인 다니엘 블록의 포괄적인 연구는 그 중에서도 압권이었다. 내가 항상 그의 결론들을 채택한 것은 아니었지만, 내가 모든 논점들을 다루고 모든 선택 항목들을 검토할 수 있었던 것은 모두 블록 덕분이었다.

Barber, Cyril J. Judges: A Narrative of God's Power. Neptune, N.J.: Loizeaux Brothers, 1990.

Block, Daniel I. Judges, Ruth. The New American Commentary. Edited by E. Ray Clendenen. Nashville, Tenn.: Broadman & Holman, 1999.

Boling, R. G. Judges. Garden City, N.J.: Doubleday, 1975.

Constable, Thomas L. "A Theology of Joshua, Judges, and Ruth." In A Biblical Theology of the Old Testament. Edited by Roy B. Zuck. Chicago: Moody Press, 1991.

Cundall, Arther E. Judges. Tyndale Old Testament Commentaries. Edited by D. J. Wiseman. Downers Grove, Ill.: InterVarsity Press, 1968.

Elwell, Walter A., editor. Evangelical Dictionary of Theology. 2nd ed. Grand Rapids, Mich.: Baker Book House, 2001.

Gundry, Stanley, editor. Show Them No Mercy: Four Views on God and Canaanite Genocide. Grand Rapids, Mich.: Zondervan, 2003.

Harrison, Roland K. Introduction to the Old Testament. Grand Rapids, Mich.: Eerdmans, 1969.

Howard, David M. An Introduction to the Old Testament Historical Books. Chicago: Moody Press, 1993.

Hubbard, Robert L. The Book of Ruth. Grand Rapids, Mich.: Eerdmans, 1998.

Huey, F. B. Ruth. In the Expositor's Bible Commentary. Edited by Frank E. Gaebelein. Grand Rapids, Mich.: Zondervan, 1992.

Inrig, Gary. Hearts of Iron, Feet of Clay. Chicago: Moody Press, 1979.

Kaiser, Walter C. Hard Sayings of the Old Testament. Downers Grove, Ill.: InterVarsity Press, 1988.

__________. Toward Old Testament Ethics. Grand Rapids, Mich.: Zondervan, 1983.

Kitchen, Kenneth A. Ancient Orient and the Old Testament. Downers Grove, Ill.: InterVarsity Press, 1966.

Lindsey, F. Duane. "Judges." In The Bible Knowledge Commentary: Old Testament. Edited by John F. Walvoord and Roy B. Zuck. Wheaton, Ill.: Victor Books, 1985.

Merrill, Eugene H. An Historical Survey of the Old Testament. Grand Rapids, Mich.: Baker, 1991.

___________. "The Book of Ruth: Narration and Shared Themes." Bibliotheca Sacra, 142:566 (1985).

Moore, G. F. A Critical and Exegetical Commentary on the Judges. 2nd ed. International Critical Commentary. Edinburgh: T.&T. Clark, 1908.

Morris, Leon. Ruth. Tyndale Old Testament Commentaries. Edited by D. J. Wiseman. Downers Grove, Ill.: InterVarsity Press, 1968.

Slotki, Judah J. Judges: Introduction and Commentary. In the Soncino Books of the Bible. Edited by A. Cohen. London: The Soncino Press, 1950.

Tenney, Merrill C., editor. The Zondervan Pictorial Encyclopedia of the Bible. Grand Rapids, Mich.: Zondervan, 1975.

Wolf, Herbert. Judges. In The Expositor' s Bible Commentary. Edited by Frank E.

Gaebelein. Grand Rapids, Mich.: Zondervan, 1992.

Wood, Leon. A Survey of Israel's History. Grand Rapids, Mich.: Zondervan, 1970.

____________. The Distressing Days of the Judges. Grand Rapids, Mich.: Zondervan, 1975.

Main Idea 로 푸는

사사기·룻기

1쇄 인쇄 | 2008년 4월 15일
2쇄 발행 | 2015년 11월 11일

책임 편집 | 맥스 앤더스(Max Anders)
지은이 | 게리 필립스(W. Gary Phillips)
옮긴이 | 이중순
펴낸이 | 고종율

펴낸곳 | 주)도서출판 디모데〈파이디온 선교회 출판 사역 기관〉
등록 | 2005년 6월 16일 제319-2005-24호
주소 | 서울특별시 서초구 서초대로 141-25(방배동, 세일빌딩)
전화 | 마케팅실 070) 4018-4141
팩스 | 마케팅실 031) 902-7795
홈페이지 | www.timothybook.com

값 25,000원
ISBN 978-89-388-1367-1 03230
Copyright © 주)도서출판 디모데 2008 Printed in Korea